本书系国家社会科学基金青年项目"批判理论语境中马克思与黑格尔关系再研究"(项目编号:17CZX006)的阶段性成果

The Adventure of Critique
Critical Theory of Karl Marx and His After

批判的历险
—— 马克思及其后的批判理论

孙海洋 著

中国社会科学出版社

图书在版编目(CIP)数据

批判的历险：马克思及其后的批判理论／孙海洋著.
—北京：中国社会科学出版社，2020.8
ISBN 978-7-5203-7172-8

Ⅰ.①批… Ⅱ.①孙… Ⅲ.①马克思主义—辩证批判理论—研究 Ⅳ.①A811.63

中国版本图书馆 CIP 数据核字（2020）第 170493 号

出 版 人	赵剑英
责任编辑	朱华彬
责任校对	张爱华
责任印制	张雪娇

出　　版	中国社会科学出版社
社　　址	北京鼓楼西大街甲 158 号
邮　　编	100720
网　　址	http：//www.csspw.cn
发 行 部	010-84083685
门 市 部	010-84029450
经　　销	新华书店及其他书店

印刷装订	北京市十月印刷有限公司
版　　次	2020 年 8 月第 1 版
印　　次	2020 年 8 月第 1 次印刷

开　　本	710×1000　1/16
印　　张	19
插　　页	2
字　　数	311 千字
定　　价	118.00 元

凡购买中国社会科学出版社图书，如有质量问题请与本社营销中心联系调换
电话：010-84083683
版权所有　侵权必究

目 录

导 言 什么是批判 ·· 1

第一章 马克思批判理论的历史语境 ·· 6
  第一节 批判时代的批判嬗变：从康德到马克思 ························· 6
    一、重审康德的"哥白尼式革命" ·· 7
    二、调和与康德哲学的内爆 ·· 10
    三、颠倒与马克思批判理论的出场 ··· 14
  第二节 思入现实的批判：黑格尔的社会病理学 ························· 19
    一、游走在观念的思辨与现实的批判之间 ······························· 20
    二、超越保守主义与自由主义的二元对立 ······························· 23
    三、政治经济学批判与市民社会的病理诊断 ··························· 27
  第三节 现代性困境的突围：思辨的抑或实践的 ························· 31
    一、社会现实与内在批判：黑格尔与马克思的对话 ················ 31
    二、政治经济学批判：揭示市民社会的对抗性本质 ················ 33
    三、政治哲学的规划：图绘个人自由的公共性建制 ················ 36
    四、思辨与实践：超越现代性困境的不同突围之路 ················ 38

第二章 马克思批判理论的逻辑透视 ·· 41
  第一节 批判的重新定向：从观念论走向批判理论 ····················· 41
    一、批判支点的移位：从人道主义到社会现实 ······················· 42
    二、批判根基的重塑：内在于实践的社会批判 ······················· 46
    三、批判与建构：在批判旧世界中发现新世界 ······················· 48
    四、批判与矛盾：在黑格尔内部突破黑格尔 ··························· 49

第二节　人道主义的视界：在历史观与价值观之间 … 52
一、方法论的自觉：划界、历史与总体 … 53
二、人道主义历史观的原初认同 … 55
三、人道主义历史观的彻底清算 … 59
四、人道主义价值观的在场 … 63

第三节　总体性研究取径：哲学与社会科学的联盟 … 66
一、单向度的马克思与整体性的呼唤 … 67
二、哲学与社会科学的总体逻辑布展 … 69
三、社会现实的透视与思维范式的选择 … 75

第四节　内在批判的方法：资本逻辑的悖论与超越 … 77
一、超越功能批判与规范批判 … 77
二、资本逻辑的内在批判 … 81
三、内在批判的唯物史观意蕴 … 84

第三章　马克思批判理论的哲学效应 … 90

第一节　在错误思潮批判中捍卫马克思：青年列宁的批判哲学锋芒 … 90
一、摧毁主观社会学之基 … 91
二、揭开客观主义的伪饰 … 103
三、驳斥经济主义的谬论 … 112

第二节　在形而上学批判中继承马克思：从叔本华到法兰克福学派 … 125
一、理性形而上学的突围 … 125
二、启蒙逻辑的历史嬗变 … 136
三、物化生存的技术追问 … 148

第三节　在生态危机批判中发展马克思：生态学马克思主义的视野 … 169
一、重释生态文明的三维内涵 … 170
二、追溯生态危机的深层根源 … 175

三、重建人与自然的总体关联 ⋯⋯⋯⋯⋯⋯⋯⋯⋯⋯⋯⋯ 182

第四章 批判理论在当代的发展趋势 ⋯⋯⋯⋯⋯⋯⋯⋯⋯⋯ 187
第一节 当代社会批判理论的问题域 ⋯⋯⋯⋯⋯⋯⋯⋯⋯⋯ 188
一、主题聚焦:资本主义的一与多 ⋯⋯⋯⋯⋯⋯⋯⋯⋯⋯ 188
二、方法勘定:批判进路的分与合 ⋯⋯⋯⋯⋯⋯⋯⋯⋯⋯ 195
三、旨趣重申:解放的理论与实践 ⋯⋯⋯⋯⋯⋯⋯⋯⋯⋯ 200
第二节 资本主义批判的分化与整合 ⋯⋯⋯⋯⋯⋯⋯⋯⋯⋯ 205
一、正义话语的诱惑与批判的迷途 ⋯⋯⋯⋯⋯⋯⋯⋯⋯⋯ 206
二、总体视野的复归与整合的规划 ⋯⋯⋯⋯⋯⋯⋯⋯⋯⋯ 212
三、异化的超越与人类解放的希望 ⋯⋯⋯⋯⋯⋯⋯⋯⋯⋯ 215
第三节 社会主义理念的反思与复兴 ⋯⋯⋯⋯⋯⋯⋯⋯⋯⋯ 219
一、历史嬗变:从革命替代到民主驯化和规范重构 ⋯⋯⋯ 219
二、逻辑起点:资本主义本质的再思考 ⋯⋯⋯⋯⋯⋯⋯⋯ 223
三、理论要务:危机的多重性及其疗愈 ⋯⋯⋯⋯⋯⋯⋯⋯ 225
四、实践规划:建制边界、社会剩余与市场空间 ⋯⋯⋯⋯ 229
第四节 社会转型的策略逻辑与主体 ⋯⋯⋯⋯⋯⋯⋯⋯⋯⋯ 233
一、规范基础与左翼的价值立场 ⋯⋯⋯⋯⋯⋯⋯⋯⋯⋯⋯ 233
二、策略逻辑与社会转型的可能性 ⋯⋯⋯⋯⋯⋯⋯⋯⋯⋯ 237
三、替代方案与社会主义的构成要素 ⋯⋯⋯⋯⋯⋯⋯⋯⋯ 241
四、政治主体与集体行动者的生成 ⋯⋯⋯⋯⋯⋯⋯⋯⋯⋯ 246

附录一 "马克思时刻" ⋯⋯⋯⋯⋯⋯⋯⋯⋯⋯⋯⋯⋯⋯⋯⋯⋯ 251

附录二 恩格斯归来 ⋯⋯⋯⋯⋯⋯⋯⋯⋯⋯⋯⋯⋯⋯⋯⋯⋯⋯ 267

参考文献 ⋯⋯⋯⋯⋯⋯⋯⋯⋯⋯⋯⋯⋯⋯⋯⋯⋯⋯⋯⋯⋯⋯⋯ 281

导言　什么是批判

哲学是一种批判之思。批判是自苏格拉底以降全部哲学的基本特征，这一点几乎没有什么异疑。但问题在于，什么是批判？回顾哲学史的发展，对这一问题的回答可谓仁者见仁、智者见智，且不说其具体意涵从古希腊日常评判语言向近代康德哲学代名词的嬗变，也不问其应用对象从分析说理、政治实践、法律诉讼到文艺批评乃至理性自身的扩展，就是单纯以"批判"命名的学术著作在哲学史上也是汗牛充栋、不胜枚举。

以"三大批判"为德国古典哲学奠基的康德直言，在一个批判的时代，没有任何东西可以规避批判的考量，对于什么是批判，他进一步解释道：批判的真正对象就其根本而言乃一般理性能力，而不是个别书本或理论体系，批判必须以原则为根据对形而上学的起源、边界及其可能性做出规定。①

以对资本主义社会"现存的一切进行无情批判"为毕生志业的马克思更是将其多部著作直接或间接地冠以"批判"之名，如《资本论》的副标题为"政治经济学批判"，《神圣家族》的副标题为"对批判的批判所做的批判"，还有《黑格尔法哲学批判》《哥达纲领批判》，等等。作为德国批判哲学的当然继承人，马克思对"什么是批判"极为自觉：辩证法在本质上是批判的，这种批判的力量源自其同时从肯定和否定、生成和灭亡的双重视角看待一切，将现实置于历史的视域之下进行考量。②

以对现代资本主义社会微观权力支配和规训的生命政治学批判而被当代左翼激进思潮奉为圭臬的法国哲学家福柯在《什么是批判》一文中强调："批

---

① ［德］康德：《纯粹理性批判》，邓晓芒译，人民出版社2004年版，"第一版序"第3—4页。
② 《马克思恩格斯选集》第2卷，人民出版社2012年版，第94页。

判是不被统治到如此程度的艺术"①。他还说，批判不是要指出事物没有按原来正确的方向发展，而是要表明事物并不是如人们所相信的那样不言而喻的，"批判的实践就是使得自然的行为变得陌生化"②。对福柯而言，批判是主体对权力的质疑，是主体的反抗和反思，是对主体屈从状态的根本解除。

如果说康德、马克思、福柯对"什么是批判"的回答，尚因各自言说的哲学语境不同而带有某种个别性，那么，当代著名文学批评史家勒内·韦勒克（Rene Wellek）在《批评的诸种概念》及其续篇《辨异》等著作中则试图通过研究批判一词的概念史来澄清上述问题："按照亚里士多德最初的规定，批判就是指正确判断的标准"，在希腊文中，"krites"的意思是"裁判"，"krinein"的意思是"判断"；到了中世纪，这个词作"危象（crisis）"和"病情危急（critical）"讲，似乎是一个医学名词；近代以来，随着日益增长的怀疑态度与普遍批判精神的传播，"批判的功用和要求同样扩大到使批判成了某种接近整个世界观或者甚至一个哲学体系的地步"③。在图绘当代欧洲批判的轮廓时，韦勒克强调，20世纪较之以往更配得上"批判的时代"之名，因为"欧洲主要的民族都固守各自的批判传统，不易改变，甚至即使在一个民族内，不同流派、不同意识形态和个人之间同样纷争不断"④，这实际上总体勾勒了批判内涵的历史变迁与当代格局。

为了更清晰明确地理解批判的概念及其关键特征，我们不妨采用一种分析哲学的言说方式，简单地说，批判是一种基于特定标准的否定性评判。具体而言，其一，批判首先是一种判断，它可以通过明晰的语法结构"S 是 P"表达出来，也可以诉诸某种无声的行动，甚或只是个人内心的隐性决断。其二，批判在最广泛的意义上是一种评价性判断。如果诉诸一定的标准，如道德准则，它就成为规范性的，由此也就具有了"应当"如何的意涵。其三，批判几乎总是否定性的。尽管在原则上批判完全可以是肯定性的，如对文艺

---

① ［法］米歇尔·福柯：《什么是批判：福柯文选Ⅱ》，汪民安编，北京大学出版社2016年版，第174页。
② 包亚明主编：《权力的眼睛——福柯访谈录》，严锋译，上海人民出版社1997年版，第51页。
③ ［美］勒内·韦勒克：《批评的概念》，张金言译，中国美术学院出版社1999年版，第20—32页。
④ ［美］勒内·韦勒克：《辨异：续〈批评的诸种概念〉》，刘象愚等译，上海人民出版社2015年版，第307页。

作品予以正面积极的赞扬，但在事实上，大部分批判总是趋向于对某物做出否定性的负面评价。其四，批判依赖于特定的标准。一个判断的做出要言之有据，换言之，判断本身的辨识性、合理性取决于恰当标准的选取。

把握批判概念的上述关键特征有助于我们进一步理解真正的批判何以是内在的。内在批判之所以可能，就其根本而言，在于批判的标准从属于或存在于批判对象本身。所谓内在批判，概而言之，就是根据内在于事物自身的标准对其进行批判。根据著名学者约阿希姆·里特尔（Joachim Ritter）等人编撰的最新版《哲学历史大辞典》，"内在批判"这一词条的解释是："根据它们自身的标准，对历史时代、文化形态、文学文本等加以判断。"① 当然，这一解释仍然比较抽象和一般，为了更好地把握内在批判的具体含义，我们不妨将其置于20世纪社会批判理论发展史的语境中来加以考察。②

纵观20世纪的社会批判理论，不论是正统的马克思主义还是以法兰克福学派为代表的西方马克思主义的诸多流派，尽管在方法论、规范性和描述性等层面不尽相同，但却共享着这样一个核心承诺：对现代资本主义社会的批判绝不仅仅是一种外在的伦理道德谴责，不是基于某种未经社会实践考量的主观预设的规范性标准，毋宁说，真正的社会批判是而且只能是一种内在批判，它所依凭的标准源于批判对象即现实社会实践本身。因此，所谓内在批判，就是通过透视生活世界的对抗、分裂与歧异现象，揭示社会现实本身的内在矛盾本质及其历史生成、总体结构和演化趋势。质言之，内在批判就是要发现矛盾、解释矛盾、超越矛盾，这种矛盾的自我扬弃过程同时也就是批判理论的诊断社会病理、透视运行机制、塑造公共秩序的过程。正是在这一意义上，笔者赞同提图斯·施塔尔（Titus Stahl）的如下判断："内在批判作为一种社会批判形式，旨在对构成社会实践的经验行为及其社会主体的自我理解进行评估，从而推动包括社会行动和自我理解在内的双重实践变革。"③

---

① Joachim Ritter, Gründer Karlfried and Gottfried Gabriel, eds., *Historisches Wörterbuch der Philosophie* (*Vol. 4*). Basel: Schwabe Verlag, 2007, S. 1292.

② 关于20世纪批判理论发展史的宏观考察，参见拙译［加］莫伊舍·普殊同《批判理论与20世纪》，《学术研究》2016年第4期。

③ Titus Stahl, *Immanent Kritik. Elemente einer Theorie sozialer Praktiken*, Frankfurt a. M.: Campus, 2013, S. 34.

由此观之，作为一种哲学理论的内在批判包括如下三个层面：其一，批判的标准，或者说批判的规范性潜能，必须存在于现实社会实践的内部，这是本体论层面；其二，这些标准是能够被批判者所发现并加以辨识的，这是认识论层面；其三，这种标准如何构成主体介入社会实践的理由，换言之，这种批判要能为其主张提供理据，这是规范论层面。

从理论与实践相统一的视角来看，真正的内在批判还需要满足如下双重要求：一方面，认知上的内容性要求，即可拓展，具有增益性；另一方面，实践上的有效性要求，即可转化，具有效用性。在一定意义上，这两方面的要求恰恰反映了内在批判与其他批判路径相比之特异性所在。如果一种批判不符合上述双重要求——既不能在理论认知上增益新知识，也不能在实践上发挥改造现实的功效，那么，这种进行批判的方式通常被称之为"外在批判（external critique）"。所谓外在批判，就是依凭某种超历史的普遍的永恒的价值悬设来关照具体的历史的特殊的社会现实，从应然与实然的张力中获取批判的力量，即是说，外在批判的本质特征在于预设某种外在的先验理想标准作为批判现实的根据、标准与尺度。与此同时，由于诉诸某种外在的强力标准，外在批判还极有可能演化为一种精英主义甚至是帝国主义思维，从而导致政治实践领域的压抑或反动后果。相比之下，内在批判的优越性不显自彰。

正如英国著名马克思主义哲学家肖恩·塞耶斯（Sean Sayers）所言，马克思的批判理论是"内在的、历史的，其理论前提是要在现存的社会条件本身中为其批判的观点寻找根据"[①]。这就是说，在塞耶斯看来，现实社会并非一个和谐的整体，而总是时刻充斥着对抗与矛盾的，其中既有辩护性的力量，又有否定性的力量，而且后者即"批判的力量就内在于其中，它们无须在超越价值的形式中从外部引进"[②]。在这里，塞耶斯实际上分析了批判的根据和标准问题，而这一点正是区分内在批判与外在批判的关键。具体来说，如果一种批判理论的根据和标准是作为矛盾统一体的社会现实，那么，这就是一种内在批判；如果一种批判理论的根据和标准是从"超越历史和价值形式的外部引进"的，那么，这就是一种外在批判。

---

① ［英］肖恩·塞耶斯：《马克思主义与人性》，冯颜利译，东方出版社2008年版，第168页。
② ［英］肖恩·塞耶斯：《马克思主义与人性》，冯颜利译，东方出版社2008年版，第168页。

事实上，内在批判是从黑格尔到马克思再到霍克海默、阿多诺、哈贝马斯、霍耐特、拉埃尔·耶吉（Rahel Jaeggi）等当代批判理论家一以贯之的方法论逻辑。马丁·杰伊（Martin Jay）在回顾批判理论发展史时就曾指出："如果说批判理论确实有一个真理概念，那么它就存在于对资本主义社会的内在批判之中。这种批判把资产阶级意识形态的主张与其社会现实相比较。真理并不外在于社会，而就内在于它的要求之中，人类在实现其意识形态之中仍然怀有解放的旨趣。"① 本书便聚焦于此，试图勾勒出马克思批判理论的历史语境、逻辑构架、哲学效应及其当代延展。让我们开始这一批判的历险吧！

---

① ［美］马丁·杰伊：《法兰克福学派史（1923—1950）》，单世联译，广东人民出版社 1996 年版，第 76 页。

第一章　马克思批判理论的历史语境

任何哲学都是它那个时代的哲学，而且只有这样，才是真正的哲学。换言之，哲学的存在必须正当其时，唯其如此，才能成其所是，才能配得上"自己时代的精神上的精华"之誉。马克思的哲学便是这样一种切中时代的"批判的哲学"，并致力于"对当代的斗争和愿望作出当代的自我阐明"①。这种对时代的迫切问题的彻底性把握、总体性理解和斗争性介入，不仅构成了马克思批判理论的精神内核，而且为马克思之后的批判理论家们提供了最鲜明的马克思主义的标识———一种永不妥协的批判精神。

但是，批判绝非马克思哲学的特权，批判哲学亦非马克思的原创，那肇始于康德并一直苦苦纠缠于思维与存在、理性与现实、应然与实然、理论与实践之间的德国古典哲学同样以批判自称。那么，我们不禁要问：马克思的批判理论与康德、黑格尔等人的哲学究竟有何关联？马克思的批判理论何以植基于观念论的哲学传统，最后又实现了对它的突围和超越？要回答这些问题，首先就要回到马克思批判理论得以生成的思想史语境之中。

第一节　批判时代的批判嬗变：从康德到马克思

正如汤姆·洛克摩尔所言，"不仅19世纪的德国观念论，而且整个20世纪的西方哲学基本上都可以被直接地或间接地理解为对康德哲学的一系列反

---

① 《马克思恩格斯全集》第47卷，人民出版社2004年版，第67页。

应"①。马克思的批判理论同样带有康德哲学的批判底色。而为康德哲学这一"20世纪哲学的共享背景"地位奠基的正是其在《纯粹理性批判》中提出的"哥白尼式革命",为了理解批判哲学的历史嬗变,我们首先从发生学的视野来对此进行一番重审,着重分析康德"哥白尼式革命"的两个理论质点——调和与颠倒——及其引发的效应:康德哲学的内爆与马克思批判理论的出场。重思康德的"哥白尼式革命"对于深入理解德国批判哲学的发端,全面把握马克思批判理论的形成乃至整个后古典哲学时代的智识取径有着极为重要的理论价值。

一、重审康德的"哥白尼式革命"

自古希腊以来,形而上学一直被视为一切科学的女王,因为形而上学是对作为存在的存在即最高的存在之追问,哲学家也被认为是智慧的化身。在中世纪,形而上学虽然沦为神学的奴婢,但在当时所谓的理性的学问中仍然占据着至高的地位,即便是对上帝存在的诸路证明也无一不绽显出理性的光辉。然而及至近代,经验论与唯理论的百年争论,不仅使形而上学成为"无休止的争吵的战场",而且导致了独断论的专制与怀疑论的游牧,人类理性由此跌入到黑暗和矛盾冲突之中。"其他一切科学都不停在发展,而偏偏自命为智慧的化身、人人都来求教的这门学问却老是原地踏步不前,这似乎有些不近情理。"② 为了摆脱形而上学的窘境,走出独断论与怀疑论的阴影,康德主张重新对理性进行自我认识,用他的话说,就是要组建一个理性法庭,既受理理性的合法性保障的权利,又驳回一切无根据的非分的僭妄要求,这个法庭就是对纯粹理性本身的批判。在康德看来,纯粹理性批判"不是对某些书或体系的批判,而是对一般理性能力的批判,是就这批判可以独立于任何经验而追求的一切知识来说的,因而是对一般形而上学的可能性和不可能性进行裁决,对它的根源、范围和界限加以规定,但这一切都是出自原则"③。由此可见,康德对纯粹理性进行批判是想为建立未来的科学的形而上学找到可

---

① Tom Rockmore, *In Kant's Wake: Philosophy in the Twentieth Century*, Oxford: Blackwell Publishing, 2006, p.161.
② [德] 康德:《未来形而上学导论》,庞景仁译,商务印书馆1978年版,第4页。
③ [德] 康德:《纯粹理性批判》,邓晓芒译,人民出版社2004年版,第3—4页。

靠的路径，这就是康德批判哲学出场的思想史语境。

从康德哲学的内在逻辑看，众所周知，康德出身于莱布尼茨—沃尔夫学派，最初持唯理论的观点，但在牛顿自然科学理论的影响下，康德开始从唯理论出走而逐渐转向经验论，培根、霍布斯、洛克等人的经验论学说，特别是休谟对因果必然性的怀疑论思想，对康德产生了极为重要的影响。休谟在其《人性论》的末尾坦承："当我进而说明在思想中或意识中结合前后接续的各个知觉的那些原则时，我的全部希望便都消逝了。我发现不出在这个题目上能使我满意的任何理论。……就我而论，我不得不要求一个怀疑主义者的特权，并且承认，这个困难太大了，不是我的理智所能解决的。不过我也不冒昧地断言，它是绝对不可克服的。其他人或者我自己在较为成熟的考虑之后，也许会发现出可以调和这些矛盾的某种假设。"① 正是在休谟的"调和"启示下，康德意识到经验论和唯理论的道路已经被终结，要想重建形而上学必须另辟蹊径，正如他自己所言，"我坦率地承认，就是休谟的提示在多年以前首先打破了我教条主义的迷梦，并且在我对思辨哲学的研究上给我指出来一个完全不同的方向"②。

那么，这个"完全不同的方向"是什么呢？康德认为"必须到堪称真正的和客观的那些科学中去谋求"③，因为尽管逻辑学自亚里士多德以来就早已走上科学之路，但它只研究思维的形式而不涉思维的内容，于是他决定以数学和物理学作为范例，"至少尝试着就这两门科学作为理性知识可与形而上学相类比而言对它们加以模仿"④。在康德看来，数学和物理学之所以能结束黑暗中的来回摸索而走上科学的康庄大道，要归功于一场革命。这场革命的实质，或者说，康德所谓的"完全不同的方向"在于"我们关于物先天地认识到的只是我们自己放进它里面去的东西"，"理性只会看出它自己根据自己的策划所产生的东西"，"他必须不把任何东西、只把从他自己按照自己的概念放进事物里去的东西中所必然得出的结果加给事物"⑤。康德自己认为，经验

---

① ［英］休谟：《人性论》（下册），关文运译，商务印书馆1980年版，第673—674页。
② ［德］康德：《未来形而上学导论》，庞景仁译，商务印书馆1978年版，第9页。
③ ［德］康德：《纯粹理性批判》，邓晓芒译，人民出版社2004年版，第11页。
④ ［德］康德：《纯粹理性批判》，邓晓芒译，人民出版社2004年版，第15页。
⑤ ［德］康德：《纯粹理性批判》，邓晓芒译，人民出版社2004年版，第13页。

论和唯理论之所以走入死胡同，原因就在于它们存在着一个共同的理论预设，即认为"我们的一切知识都必须依照对象；但是在这个假定下，想要通过概念先天地构成有关这些对象的东西以扩展我们的知识的一切尝试，都失败了"①。这就是说，如果假定知识必须符合对象，那么关于对象的知识就只能是后天的经验的，这样一来，形而上学企图从概念出发，通过推理获得关于对象的知识，以建立起关于世界的最高的实在的绝对知识体系的主张就成为完全不可能的了。与此同时，它也就不能为科学知识的普遍必然性提供保证。有鉴于此，康德提出了他的哥白尼式替代方案："因此我们不妨试试，当我们假定对象必须依照我们的知识时，我们在形而上学的任务中是否会有更好的进展。这一假定也许将更好地与所要求的可能性、即对对象的先天知识的可能性相一致，这种知识应当在对象被给予我们之前就对对象有所断定。"② 应该承认，康德的替代方案与哥白尼的"日心说"当初的处境极为相似，如果说在天文学中，哥白尼用"观测者围绕星体旋转"颠倒了之前"星体围绕观测者旋转"，那么在形而上学中，康德则用"对象符合知识"颠倒了"知识符合对象"，实现了知识与对象关系上的"哥白尼式革命"。对此，加德纳准确地评论道，"正如哥白尼通过在地球上的观察者的运动说明了太阳的似动运动，康德通过我们的认知样式说明了我们关于看似独立构建之对象的知识。在两个情形中，人们以前视作具有独立实在性的现象都被重新描述为依赖于主体的显象。在这一方面，康德和哥白尼两人都摒弃了常识"③。这样一来，经验论与唯理论的两难困境就得到了解决，一方面，知识的确建立在经验的基础上，另一方面，进行认识活动的主体本身亦具有一整套存在于经验之先并使经验得以可能的认识形式，因此，科学知识的普遍必然性就得到了证明。

在康德看来，人类理性在认识过程中，不是像洛克所说的"白板"一样消极被动地接受对象，而是运用头脑中先天固有的认识形式去整理后天的感觉经验质料，使这些原本杂乱无章的、偶然的、无规律的感性材料形式形成一个按普遍必然规律而存在的经验对象，即自然界。当然，这个对象并非不

---

① [德] 康德：《纯粹理性批判》，邓晓芒译，人民出版社 2004 年版，第 15 页。
② [德] 康德：《纯粹理性批判》，邓晓芒译，人民出版社 2004 年版，第 15 页。
③ Sebastian Gardner, *Routledge Philosophy Guidebook to Kant and the Critique of Pure Reason*, London and New York: Routledge, 1999, pp. 27–28.

可认识的物自体,而是指可能的知识对象,或者说一切已经认识和尚未认识但可以认识的自然观念的总和。在这一意义上,我们说,认识就是一种建构,不仅建构出有关自然界的知识,而且建构出知识的对象,即自然界本身。正如汤姆·洛克莫尔所言,"通常被称为康德在哲学中的哥白尼式革命实际上是对知识论的一种卓越的建构主义探讨,尽管这一探讨仍然没有得到充分赏识,但他却以一种激动人心的方式打开了新的领地"[①]。康德"哥白尼式革命"的直接结果是把世界一分为二,一个是可以认识的、受自然必然性支配的现象,一个是不可以认识的、自由自决的物自体,"知识只适用于现象,相反,自在的事物本身虽然就其自己来说是实在的,但对我们却处于不可知的状态"[②]。而且康德明确指认,经验论和唯理论之所以陷入困境,其根本原因就在于没有区分现象和物自体,不懂得现象可知而物自体不可知的道理。从这个角度看,康德"哥白尼式革命"实际上是对人的理性认识能力的限制,而这一限制却为理性的另一种能力即实践能力开辟了无限广阔的天地,因为道德或实践理性是以自由为其根据的,而自由恰恰处于超越现象界的物自体领域,用康德的话说,"我不得不悬置知识,以便给信仰腾出位置"[③]。总之,康德的"哥白尼式革命"一方面通过主体的先天认识形式确证了科学知识的普遍必然性,突出了主体在认识过程中的地位、作用和能动性,高扬了人的主体性,另一方面通过限制理性的认识能力为实践理性、为自由开辟了道路。当然,康德的这一革命从根上讲仍然是不彻底的,在其理论体系中仍然存在许多无法克服的矛盾,这是由康德哲学的调和特征所决定的。

二、调和与康德哲学的内爆

如前所述,休谟的"调和这些矛盾的某种假设"的预言在康德这里变成了现实,而且康德还将调和这一"哥白尼式革命"的理论质点与原则贯彻到底,使之成为自己哲学的显著特征,正如列宁所言:"康德哲学的基本特征是调和唯物主义和唯心主义,使二者妥协,使不同的相互对立的哲学派别结合

[①] Tom Rockmore, *In Kant's Wake: Philosophy in the Twentieth Century*, Oxford: Blackwell Publishing, 2006, p.38.
[②] [德]康德:《纯粹理性批判》,邓晓芒译,人民出版社2004年版,第17页。
[③] [德]康德:《纯粹理性批判》,邓晓芒译,人民出版社2004年版,第22页。

在一个体系中。"① 具体来说,康德哲学的调和特征表现在如下几个方面。

首先,调和经验论与唯理论是康德"哥白尼式革命"得以发生的关键。经验论与唯理论围绕科学知识的普遍必然性与客观有效性问题展开激烈论争,但二者最终非但没有解决问题,反而陷入了怀疑论与独断论的窘境。康德意识到二者都有其片面性但又各有其长处,于是力图将二者调和起来,一方面,康德同意经验论一切知识都必须来源于经验的原则,另一方面亦赞同唯理论的主张,即对科学知识来说,仅有经验是不够的,还必须具备先天的普遍必然性,用他自己的话说,"尽管我们的一切知识都是以经验开始的,它们却并不因此就都是从经验中发源的"②。这就是说,为了保证知识的客观有效性,康德接受了经验论的主张,即人类的知识内容只能来自感觉经验;为了保证知识的普遍必然性,康德又继承了唯理论的思路而诉诸先验的自我意识:"一切必然性任何时候都是以某种先验的条件为基础的。……现在,这个本源的先验条件不是别的,正是先验的统觉。"③ 由此,康德通过调和经验论与唯理论的"哥白尼式革命"解决了知识与对象之间的符合问题。

其次,正如列宁所明确指认的,康德哲学的基本特征是调和唯物主义与唯心主义,"当康德承认在我们之外有某种东西、某种自在之物同我们表象相符合的时候,他是唯物主义者;当康德宣称这个自在之物是不可认识的、超验的、彼岸的时候,他是唯心主义者。康德在承认经验、感觉是我们知识的唯一泉源时,他就把自己的哲学引向感觉论,并且通过感觉论,在一定的条件下又引向唯物主义。康德在承认空间、时间、因果性等等的先验性时,他就把自己的哲学引向唯心主义"④。也就是说,康德既表现了唯物主义的观点,又表现了唯心主义的观点,但既不是彻底的唯物主义者,又不是彻底的唯心主义者,而且双方都对他进行了无情的斗争。

与康德调和唯物主义与唯心主义相对应,他还试图调和可知论与不可知论,这与其将世界二分化为现象和自在之物有关,康德一方面认为"我们关于作为自在之物本身的任何对象不可能有什么知识,而只有当它是感性直观

---

① 《列宁选集》第 2 卷,人民出版社 2012 年版,第 161 页。
② [德]康德:《纯粹理性批判》,邓晓芒译,人民出版社 2004 年版,第 1 页。
③ [德]康德:《纯粹理性批判》,邓晓芒译,人民出版社 2004 年版,第 119 页。
④ 《列宁选集》第 2 卷,人民出版社 2012 年版,第 161 页。

的对象、也就是作为现象时，才能有知识"①；另一方面又主张"我们正是对于也是作为自在之物本身的这同一些对象，哪怕不能认识，至少还必须能够思维。因为，否则的话，就会推导出荒谬的命题：没有某种显现着的东西却有现象"②。在康德看来，我们只能认识现象而不能认识自在之物，但康德却又承认自在之物是可以思维的，在这里康德调和可知论与不可知论的企图得到了明显表现。当然，按照康德的逻辑，我们也可以作如下解释：认识是针对现象界而言的，认识对象的存在必须从正面证明，思维是针对本体界即自在之物的，只要不包含矛盾就是可以被思维的。

再次，康德对纯粹理性的四个二律背反的解决也表现出他的调和态度。面对前两个二律背反，康德认为正题与反题都是错误的，因为不论断言世界是有限的还是无限的，也不论肯定事物是单一的还是复合的，这都超出了我们的经验，世界作为整体或自在之物本身究竟是什么，其实我们根本就不知道。可见，康德在这里是通过区分现象与物自体、相对与绝对、有限与无限来解决问题的，而且与其说是对问题的解决，毋宁说是一种悬置或逃避。面对后两个二律背反，康德采用划界的方法来肯定自然和自由、有限的事物和绝对必然的存在者分属两个不同的领域，在现象界，一切受因果律支配，只有必然没有自由，然而在本体界，却存在着自由，也存在着上帝，当然这是出于道德需要而作的悬设。③ 显然，在后两个二律背反的解决中，我们能清晰地看出康德调和科学与道德、科学与宗教、必然与自由的倾向。

除此之外，在康德的伦理学与美学中，我们同样可以看出他对各种矛盾的调和倾向。在伦理学中，其一，在道德来源问题上，康德调和了功利主义与宗教神学；其二，在德性与幸福的关系上，康德调和伊壁鸠鲁的幸福主义与斯多葛派的德性主义；其三，在自由与必然的关系上，康德认为，人作为自然的产物是服从自然必然性的，但人作为道德主体则又有其自由意志，于是通过悬设上帝的存在，使自由与必然统一起来。在美学中，康德的《判断力批判》本身就是一部调和之作，因为判断力的提出正是为了沟通理论理性

---

① ［德］康德：《纯粹理性批判》，邓晓芒译，人民出版社2004年版，第20页。
② ［德］康德：《纯粹理性批判》，邓晓芒译，人民出版社2004年版，第20页。
③ 舒远招：《德国古典哲学——及在后世的影响与传播》，湖南师范大学出版社2005年版，第104页。

与实践理性，为了调和认识领域与实践领域，而且在对美的分析中也充分表现了康德的调和原则，他通过调和传统美学中的感性主义和理性主义两大流派的思想，为德国古典美学的深入发展奠定了基础。

"康德哲学的'调和'性质，使之包容或者'综合'了不同的哲学倾向，从而为拓展不同的哲学方向留下了广阔的空间。"① 但同时这也使得康德哲学中的各种对立观点只是外在的糅合在一起而未能实现内部的融通，从而最终导致了康德哲学的内爆，即其理论体系中不可克服的矛盾。康德哲学的内爆，一方面表现为现象与物自体之间难以逾越的鸿沟，更确切地说，就是康德物自体中所蕴含的难以解决的矛盾，难怪雅可比如此评价康德的物自体概念：没有它，不能走进康德的体系，然而有了它，又不能走出康德的体系；另一方面表现为康德哲学文本中显性或隐性的矛盾与混乱。由于主题所限，在此只举一例，在"先验感性论"部分第一节，康德一方面指出，"一个经验性的直观的未被规定的对象叫作现象"②，这就是说，现象是经验性的感觉杂多，另一方面，康德又说现象的"形式却必须是全都在内心中先天地为这些现象准备好的"③，这就是说，形式是感觉之外的先天的，在此矛盾就出现了，现象作为经验性的感觉杂多如何具有感觉之外的先天的形式？从根本上说，康德整个思想中无法解决的矛盾是由康德哲学的调和思路决定的，在康德看来，构成知识的既有先天因素又有后天因素，既有经验成分又有先验成分，不出矛盾是不可能的，正是在此意义上我们说，正是"哥白尼式革命"的调和特质造成了康德哲学的内爆。

事实上，"矛盾不仅是康德的特征，而且是一切对哲学思维有真正推动的哲学家学说的特征，那些彻底的哲学家也不是没有矛盾，而是尚未意识到或尚未发展自身所包含的矛盾"④。矛盾性是真正哲学家的本性，这源于形而上学的特质与人的超越性追求，即透视纷繁复杂而又变动不居的现象背后去把握其永恒不变的唯一内在本质。假如康德只是简单地宣称站在经验论或唯理

---

① 张志伟：《说不尽的康德哲学——兼论哲学史研究的几个方法论问题》，《安徽大学学报》（哲学社会科学版）2004年第5期。
② [德] 康德：《纯粹理性批判》，邓晓芒译，人民出版社2004年版，第25页。
③ [德] 康德：《纯粹理性批判》，邓晓芒译，人民出版社2004年版，第26页。
④ 杨祖陶、邓晓芒：《康德〈纯粹理性批判〉指要》，人民出版社2001年版，第8页。

论的立场上，他的理论体系可能因此而是彻底的，但这样一来，他就不可能超越前人而成为为德国古典哲学奠基的一代圣哲。所以问题的关键不在于康德哲学中有无矛盾，而在于为何会有这些矛盾以及这些矛盾对康德哲学有何意义。在一定意义上，康德哲学的矛盾正是其价值所在，是后来哲人理论创新的源泉，例如，康德关于物自体不可知的思想在某种意义上反而揭示了人类认识的丰富性、复杂性与过程性，而且反对了当时那种认为人类可以穷尽一切绝对认识的形而上学观点，具有不容忽视的正面价值与意义。因此，我们必须辩证地看待康德哲学的调和特质以及由此导致的康德哲学之内在紧张，正确评价康德哲学的利弊得失，以期打破传统教科书的解释构架，恢复康德哲学的历史原像。

三、颠倒与马克思批判理论的出场

如果说康德的"哥白尼式革命"在内容方面的理论质点是其调和经验论与唯理论，以及在此基础上通过张扬主体性而确证了科学知识的普遍必然性与客观有效性的话，那么康德"哥白尼式革命"在形式方面的理论质点则在于其颠倒性，即将"知识依照对象"颠倒为"对象依照知识"。康德甚至认为自己正是通过这种颠倒找到了走出休谟怀疑论困境的路径，"休谟的问题的全面解决虽然同他自己的预料相反，然而却给纯粹理智概念恢复了它们应有的先天来源，给普遍的自然法则恢复了它们作为理智的法则应有的有效性，只是限制它们用在经验之中而已；因为它们的可能性仅仅建筑在理智对经验的关系上，但这并不是说它们来自经验，倒是说经验来自它们。这种完全的颠倒的连结方式，是休谟从来没有想到过的"①。在这里康德明确指认自己的哲学具有颠倒性质。后来谢林更是明确地总结道："先验观念论一般是通过直接颠倒迄今的哲学说明样式而产生的。"②

可以说，康德的"哥白尼式革命"就是一场"直接颠倒迄今的哲学说明样式"的革命，一场颠倒传统哲学思维方式的革命。首先，从显性逻辑上看，

---

① [德]康德：《未来形而上学导论》，庞景仁译，商务印书馆1978年版，第83—84页。
② Sebastian Gardner, *Routledge Philosophy Guidebook to Kant and the Critique of Pure Reason*, London and New York: Routledge, 1999, p. vi.

康德模仿哥白尼在天文学领域用"日心说"颠倒"地心说"的做法，在认识论领域，用"对象符合知识"颠倒了以往哲学所预设的"知识符合对象"，通过思维方式的革命性转换，把知识围绕对象旋转颠倒为对象围绕知识旋转，把以物为中心颠倒为以人为中心，由此高扬了人类在认识过程中的主体性，确证了科学知识的普遍必然性和客观有效性，走出了经验论和唯理论的困境，为重建形而上学开辟了新的道路。其次，如果从存在论的视角来解读康德的"哥白尼式革命"，我们会发现另一种深层的隐性颠倒。按照康德的逻辑，对象要去符合的知识是一种先验的知识，即人类头脑中固有的先天认识形式，也就是空间、时间这两种感性直观的纯形式以及因果性等知性范畴。这种先验知识在主体成为主体之前就已经置身其中了，因而具有逻辑上的在先性。如前所述，在康德那里，认识活动本质上就是一种建构活动，不仅建构出有关对象的知识，而且建构出知识的对象本身。而既然一切现实对象都是主体，更确切地说，是由主体的先验知识建构出来的，也就是说，对象是先验知识的产物，那么从存在论上讲，先验知识就成为本源，对象就成了前者的派生物。用传统的马哲话语来说，先验知识成了第一性的，现实对象成了第二性的，这当然是对马克思主义哲学唯物论立场的根本反叛。但是，如果撇开意识形态因素不谈，康德"哥白尼式革命"对主体能动性的强调以及认识活动之建构本质的揭示具有不容忽视的深远的哲学史意义。再次，康德的"哥白尼式革命"还实现了伦理学领域中由他律向自律的颠倒。在康德看来，以往伦理学的根本缺陷在于其他律性，即认为道德法则源于自然或上帝，而非理性本身，"这种他律性不仅由于其决定论品格而泯灭了人的自由、价值和尊严，而且将由于其外在性和条件性而使道德法则失去内在的普遍约束性，从而最终使道德成为不可能"[①]。有鉴于此，康德认为，人作为自然存在物要服从必然性的制约，没有自由；而人作为道德存在物则是自由的，也就是说，道德法则是理性为自己确立的法则，自己立法自己遵守，自由即自律，这就是康德的"哥白尼式革命"在伦理学领域实现的由他律向自律的颠倒。康德的"哥白尼式革命"在认识论、存在论与伦理学中所实现的颠倒，从根本上

---

① 张志伟：《伦理学中的"哥白尼式革命"——兼论康德的道德世界观》，《中国人民大学学报》1993年第1期。

讲，都是一种思维方式的转变，因为要想实现哲学理论创新，思维方式的转变是根本性的转变，可以说，哲学史上的每一个重大进步都是颠倒传统思维方式的结果，马克思批判理论的出场也不例外。

我们说康德的"哥白尼式革命"通过颠倒知识与对象的关系解决了经验论与唯理论争论不休的科学知识的普遍必然性问题，事实上，康德哲学革命之颠倒性原则的伟大意义与深远影响远非如此。其一，颠倒性原则成为贯穿整个德国古典哲学逻辑进程的一条线索。熟悉德国古典哲学历史演进的人都知道，从康德的现象与物自体的对立到费希特的自我哲学、谢林的同一哲学再到黑格尔的绝对精神、费尔巴哈的人本学唯物主义，在解决主客矛盾，即主体能动性与客观制约性的矛盾，也就是思维与存在的同一性这一哲学基本问题的内在逻辑上，后者都是对前者的某种颠倒。其二，颠倒性原则成为马克思批判旧哲学、建构历史唯物主义新世界观的核心方法论原则。无论是马克思对黑格尔法哲学的批判，还是对德意志意识形态的批判，抑或是对资本主义社会三大拜物教的批判，无一不渗透着颠倒性原则的内蕴。其三，颠倒性原则成为哲学乃至理论创新的一种重要的思维方式，也是人生在世透视浮华世事把握人生真谛的处世智慧。

接下来笔者将着重探讨一下康德"哥白尼式革命"的颠倒性原则对马克思批判理论出场的影响。现在马哲学界有一种观点认为马克思的颠倒方法主要来源于费尔巴哈，其文本依据是费尔巴哈在《基督教的本质》与《关于哲学改造的临时纲要》中的两段话："只要我们把宗教上的关系颠倒过来，始终把宗教设定为手段的东西理解成为目的，把宗教认为是从属的、次要的东西，把宗教认为是条件的东西，提升为主要的东西，提升为原因，这样，我们就会打破幻觉而看到真理的纯净光辉。"① "我们只要经常将宾词当作主词，将主体当作客体和原则，就是说，只要将思辨哲学颠倒过来，就能得到毫无掩饰的、纯粹的、显明的真理。"② 不可否认，费尔巴哈把宗教神学的上帝颠倒为人，把思辨哲学的宾词颠倒为主词以及在此基础上对宗教神学与思辨哲学的批判的确启发了马克思，甚至可以说，费尔巴哈直接促成了马克思从唯心

---

① 《费尔巴哈哲学著作选集》（下卷），荣震华等译，商务印书馆1984年版，第320页。
② 《费尔巴哈哲学著作选集》（上卷），荣震华等译，商务印书馆1984年版，第102页。

主义向唯物主义的转变。然而，如前所述，颠倒性原则贯穿于由康德奠基的整个德国古典哲学，费尔巴哈也不例外，正是在这一意义上，我们认为马克思的颠倒方法从根本上说是源自康德的。当然，有人可能会反驳说：亚里士多德《范畴篇》中所说的"个别事物是第一实体，种属是第二实体"的观点不也是对柏拉图理念论主张的"理念是原型，个别事物是对理念的模仿"的颠倒吗？那是不是也能将马克思的颠倒方法回溯到亚里士多德呢？我们承认颠倒性原则是自古希腊以来整个哲学史演进的一条内在逻辑，但严格说来，特别是就马克思在思维与存在、主体能动性与客体制约性的关系问题上的颠倒而言，我们主张回到康德！从根本上讲，马克思批判理论的出场是受益于康德"哥白尼式革命"之颠倒性原则的。

具体说来，其一，马克思通过对黑格尔法哲学的批判，颠倒了国家与市民社会的关系，"决不是国家制约和决定市民社会，而是市民社会制约和决定国家"[①]。在黑格尔看来，家庭和市民社会是由现实的观念产生的，把它们结合成国家的不是它们自身的生存过程，而是观念的生存过程，是观念使它们从自身中分离出来。与之相反，马克思则认为："家庭和市民社会都是国家的前提，它们才是真正活动着的；而在思辨的思维中这一切却是颠倒的。"[②] 而且马克思还指认了黑格尔法哲学的神秘主义实质，即"黑格尔在任何地方都把观念当作主体，而把本来意义上的现实的主体，例如，'政治信念'变成谓语。而发展却总是在谓语方面完成的"[③]。也就是说，在马克思看来，要想获得理解人类历史发展过程的钥匙，不应当到黑格尔描绘成大厦之顶的国家中去寻找，而应当到黑格尔所轻蔑的市民社会中去寻找。由此马克思通过对黑格尔法哲学的颠倒开辟了理解社会历史发展的批判理论方向，即"对天国的批判变成对尘世的批判，对宗教的批判变成对法的批判，对神学的批判变成对政治的批判"[④]。

其二，马克思通过对费尔巴哈以及青年黑格尔派思辨哲学的意识形态批判，颠倒了思维与存在、观念与现实的关系，"不是意识决定生活，而是生活

[①]《马克思恩格斯选集》第4卷，人民出版社2012年版，第202页。
[②]《马克思恩格斯全集》第3卷，人民出版社2002年版，第10页。
[③]《马克思恩格斯全集》第3卷，人民出版社2002年版，第14页。
[④]《马克思恩格斯全集》第3卷，人民出版社2002年版，第200页。

决定意识"①。在《神圣家族》中,马克思揭示了青年黑格尔派思辨哲学方法的神秘主义本质,即先把概念实体化,再把实体主体化,这是意识形态颠倒的认识论根源;在《德意志意识形态》中,马克思通过考察现实的人及其物质生产活动,指出:"意识在任何时候都只能是被意识到了的存在,而人们的存在就是他们的现实生活过程。如果在全部意识形态中,人们和他们的关系就像在照相机中一样是倒立成像的,那么这种现象也是从人们生活的历史过程中产生的,正如物体在视网膜上的倒影是直接从人们生活的生理过程中产生的一样"②,这是意识形态颠倒的社会根源;此外,马克思还指认了意识形态颠倒的阶级实质,他认为意识形态对现实的颠倒总是通过一定阶级利益的棱镜折射而实现的,也就是说,每一时代占统治地位的思想必然是统治阶级的思想,因为统治阶级为了维护其统治地位,势必把本阶级的利益虚伪地说成是全体社会成员的共同利益,从而赋予本阶级的思想以普遍性的形式。通过对意识形态颠倒性的批判,马克思实现了对黑格尔和费尔巴哈的超越,并由此建构了科学的唯物主义历史观。

其三,马克思通过对资本主义社会三大拜物教的政治经济学批判,重新颠倒了被资产阶级经济学家们颠倒了的人与物的关系,揭示了资本主义世界是一个"着了魔的、颠倒的、倒立着的"世界之实质。马克思指出:"商品形式和它借以得到表现的劳动产品的价值关系,是同劳动产品的物理性质以及由此产生的物的关系完全无关的。这只是人们自己的一定的社会关系,但它在人们面前采取了物与物的关系的虚幻形式。……我把这叫做拜物教。"③ 严格说来,这只是拜物教的第一个层级:商品拜物教,也就是说,生产者之间的社会关系颠倒地表现为商品之间的关系,人与人之间的社会关系颠倒地表现为物与物之间的关系,可以说,劳动产品一旦作为商品生产,就带上了拜物教的性质,因此,拜物教是同商品生产分不开的。随着货币作为一般等价物地位的确立,它不仅消灭了一切商品之间质的差别,而且表现为一切人类劳动的直接化身。在货币的中介下,商品的使用价值颠倒地表现为价值,具

---

① 《马克思恩格斯选集》第1卷,人民出版社2012年版,第152页。
② 《马克思恩格斯选集》第1卷,人民出版社2012年版,第152页。
③ 《马克思恩格斯选集》第2卷,人民出版社2012年版,第123页。

体劳动颠倒地表现为抽象劳动，社会劳动颠倒地表现为私人劳动，这就是货币拜物教的实质。由于所有的商品最终都要转化为货币，货币于是就成了人们追求的唯一目标，成了万物之神，由此使得社会关系的物化与颠倒变得更为隐蔽和神秘。在马克思看来，资本拜物教作为拜物教理论的第三层级才是其社会批判理论的核心，因为最富有拜物教性质的形式是生息资本，"在生息资本上，这个自动的物神，自行增殖的价值，会生出货币的货币，纯粹地表现出来了"①，而且在这一形式上，人们再也看不到它的起源的任何痕迹了。由此，马克思指认了资本拜物教这一"资本主义生产所固有的并成为其特征的这种颠倒，死劳动和活劳动、价值和创造价值的力之间的关系的倒置"②。于是马克思得出结论，资本根本不是资产阶级经济学家所说的任何一种物，而是一种历史性的社会关系，这是资本主义社会生产方式的本质。

综上，贯穿马克思的法哲学批判、意识形态批判与政治经济学批判始终的正是其从康德"哥白尼式革命"那里继承来并内蕴于整个德国观念论逻辑进程的颠倒性原则，正如马克思所言："我的辩证方法，从根本上来说，不仅和黑格尔的辩证方法不同，而且和它截然相反。在黑格尔看来，思维过程，即甚至被他在观念这一名称下转化为独立主体的思维过程，是现实事物的创造主，而现实事物只是思维过程的外部表现。我的看法则相反，观念的东西不外是移入人的头脑并在人的头脑中改造过的物质的东西而已。……在他那里，辩证法是倒立着的。必须把它倒过来，以便发现神秘外壳中的合理内核。"③ 可以说，要想真正理解马克思哲学革命的批判性实质，必须首先回到康德，没有康德"哥白尼式革命"所形塑的颠倒性原则，就没有马克思批判理论的出场。

第二节　思入现实的批判：黑格尔的社会病理学

剑桥大学政治哲学教授奥诺拉·奥尼尔（Onora Sylvia O'Neill）在回答康

---

① 《马克思恩格斯文集》第7卷，人民出版社2009年版，第441页。
② 《马克思恩格斯文集》第5卷，人民出版社2009年版，第360页。
③ 《马克思恩格斯文集》第5卷，人民出版社2009年版，第22页。

德为什么要借助政治性隐喻（如法庭、争论和共同体）来阐述理性的权威时写道:"原因当然就在于他把认识秩序问题和政治秩序问题看成是源于一个同样的背景之中的"，因此，"政治意象能够阐明认识的秩序及无序的本性，就像理性的词汇可以被用来刻画社会的和政治的秩序及无序。康德经常把怀疑论描绘为一种不成功的散漫的秩序，因而如同无政府状态；这就像他把独断论（唯理论）描绘成一种独裁形式，一种非正义的散漫秩序的胜利"①。这种表层叙事策略呈现出的深层理论蕴涵在于，对康德乃至整个德国观念论传统而言，认识论与政治哲学是相互贯通的，费希特如此，黑格尔亦然——"政治哲学与逻辑学和形而上学都是分不开的"②，这反映了近代德国古典哲学的整体性特质。

如果说康德哲学是一种"理性政治学"，那么，黑格尔哲学则可以称之为"观念论的法哲学"或"社会病理学"。由于"黑格尔把观念用作一种对真实事物的描述"③，因此，对黑格尔哲学的理解绝不能仅仅停留在观念论领域，而是要穿透现代世界的构成性经验基础，将观念论转变为政治哲学批判，"把矛头转向客观存在的真实状况"④。事实上，对黑格尔而言，内在批判的方法不仅仅贯穿于逻辑学、认识论和辩证法领域，是一种"概念的内在批判"，而且或隐或显地体现在他的政治哲学思考中，是一种"思入现实的批判"。其中，这后一方面也体现了马克思和黑格尔的深层思想关联，尽管受传统教科书僵化定论的影响以及政治经济学批判视角的缺乏，黑格尔往往被指责为抽象思辨的玄学家，但内在批判这一主题恰好为我们打开了重新思考上述问题的空间。

一、游走在观念的思辨与现实的批判之间

面对"黑格尔哲学过于注重抽象的概念体系，有脱离现实之弊"的批评，

---

① [英]奥诺拉·奥尼尔：《理性的建构：康德实践哲学研究》，林晖等译，复旦大学出版社2013年版，第20—21页。
② [美]乔治·麦卡锡：《马克思与古人——古典伦理学、社会正义和19世纪政治经济学》，王文扬译，华东师范大学出版社2011年版，第249页。
③ [德]迪特·亨里希：《在康德与黑格尔之间：德国观念论讲座》，乐小军译，商务印书馆2013年版，第492页。
④ [德]尤尔根·哈贝马斯：《理论与实践》，郭官义、李黎译，社会科学文献出版社2010年版，第124页。

北京大学张世英先生在其为《黑格尔著作集》（二十卷）中文版撰写的"总序"中强调，"对于这个问题，应作全面的、辩证的分析和思考"，"黑格尔哲学是一种既重视现实又超越现实的哲学"①。应该承认，这一评论是极为精准的。众所周知，黑格尔哲学特别强调概念的先在性、纯粹性、永恒性、普遍性。面对有时间性的历史和认识过程与无时间性的纯粹概念环节如何统一，以及现实的具体事物与抽象的逻辑概念之间的鸿沟如何弥合的问题，黑格尔最终选择用抽象永恒的普遍概念王国来统摄有时间性的人类历史现实世界，由此，黑格尔哲学在主张"拒斥形而上学"的现代西方哲学家看来便成了所谓概念哲学或传统形而上学的集大成者。然而，正是在这一古典哲学的巅峰，同时孕育了传统形而上学自身的倾覆，这就是黑格尔哲学所蕴含的重视现实性与具体性的方面。

黑格尔哲学的现实性特质不仅表现在他基于政治经济学研究对现代市民社会构成性特征——分裂性、对抗性、歧异性——的深刻洞察，而且集中表现为他对哲学之理解当下、改造现实、干预生活的本质性规定。正如卢卡奇所指出的，在德国思想界的众多翘楚中，黑格尔是唯一一个同时对"双子革命"——政治上是法国大革命，经济上是英国工业革命——予以敏锐洞察的哲学家，而且黑格尔的过人之处还在于他极富开创性地实现了政治经济学与哲学之间的跨学科内在融通②。关于黑格尔的政治经济学研究与内在批判的关系，笔者将另作讨论，这里只是处理黑格尔哲学的现实性问题，当然，只有通过政治经济学批判，才能真正做到对社会现实的透视，才能真正完成哲学的使命。

黑格尔重视现实，但并没有仅仅拘泥于对社会现实的认同和辩护，而是试图通过建构其科学的哲学体系来指导实践、改造和超越现实。黑格尔在给谢林的一封信中明确表示，为了超越人类的初级需求，必须诉诸反思以建构体系，而要真正着手这一工作，必须首先"回到对人类生活的干预"③。这就是说，不断改造现实，才是黑格尔"攀登科学高峰"、建构系统的哲学体系的

---

① 《黑格尔著作集第16卷：宗教哲学讲演录Ⅰ》，燕宏远、张国良译，人民出版社2015年版，"总序"第2页。
② ［匈］卢卡奇：《青年黑格尔》（选译），王玖兴译，商务印书馆1963年版，第23页。
③ 苗立田译编：《黑格尔通信百封》，中国人民大学出版社2015年版，第61页。

旨趣所在。

在黑格尔看来，单纯将哲学归结为无所不包的公式，"这样就导致了和国家的要求以及科学教育的要求严重矛盾"①，换言之，真正的哲学必须同时满足"科学的要求"和"国家的要求"。其一，哲学必须把握整体的真理，必须理解当下和现实，必须合乎时代的要求。出于对当时大学哲学（Universitätsphilosophie）现状——"一方面是没有趣味的科学性和科学，另一方面是没有科学性的趣味"——的不满，黑格尔写道："哲学之所以是科学，在我看来，就是由于它具有内在必然性，并且是由部分组成的。这是合乎时代要求的观点，它不容许自己再回到以前的那些科学，虽然这些科学所包含的大量概念和内容，也是不可忽略的。新的观念形式已经成熟了，要求自己的权利，旧的材料必须按照当下的哲学观点加以改造。"② 在这里，黑格尔是以他自己的思想来恢复大学哲学的传统，并将其召回现时代，但他也清楚，回到以前旧的哲学观点是"无能的避风港"，新的原则和更高的观点已经诞生，哲学的任务要从"为理性奠基"的传统过渡到"理解当下和现实"，唯其如此，才能满足现时代丰富材料的要求，才能在思想中把握其深切意义。正是在这一意义上，黑格尔才说："哲学的任务在于理解存在的东西。"③ 其二，如果说在古希腊哲学是一种私人的技艺，如今的哲学则成为一种公共性存在，即是说，它要满足国家的要求。对此，学界存在一种常见的政治性谴责，最典型的就是鲁道夫·海姆（Rudolf Haym）据此指责黑格尔哲学是为普鲁士官方反动政府进行正当性辩护。针对这一观点，德国哲学家约阿希姆·里特尔（Joachim Ritter）的如下解释颇具说服力④：其实这里黑格尔不过是在说，一般情况下，尤其是在新建立的柏林大学，哲学在学院生活当中担当了某种职务。该职务并不依赖当权者的政治指示，而是依赖政府对这群学者的信任，从而将哲学的发展和内容托付给他们。就此而言，当权者甚至不需要知道哲学归属于国立大学教育的原因和方式。政府的信任可能是出于对科学

---

① 苗立田译编：《黑格尔通信百封》，中国人民大学出版社2015年版，第220—221页。
② 苗立田译编：《黑格尔通信百封》，中国人民大学出版社2015年版，第221页。
③ ［德］黑格尔：《法哲学原理》，范扬、张企泰译，商务印书馆1961年版，第12页。
④ ［德］约阿希姆·里特尔：《人格者与财产——论黑格尔〈法哲学原理〉第34—81节》，载邓正来主编《中国社会科学辑刊》（2010年冬季卷），复旦大学出版社2011年版，第198—208页。

本身的漠不关心,哲学教席仅仅由于传统才得以保留。通过这样论述科学的职守及其对国家的服务,黑格尔明确将其思想界定为"大学哲学"。这种哲学以恢复如下传统为己任,该传统源于希腊哲学,并通过(有利于科学的)经院学问而在大学中传承保存下来。黑格尔哲学就是要挽救这一行将衰亡的传统,并把它重新召回现时代。唯其如此,哲学便能将传统与现实关联起来。

在黑格尔看来,如果政治哲学要关涉现代生活,那它就必须对经济学作出解释。在这方面,黑格尔的一大敏锐洞见在于,商业的发展有利于人类的文明化,由此我们将自己从自然赋予的需求和欲望中解放出来。政治经济学对于我们战胜自然的他律性并实现自主性而言是极为重要的,摆脱自然、实现自主是黑格尔市民社会论述的核心。黑格尔试图在政治经济结构中寻求市民社会的根源,马克思则试图在生产力的历史发展中剖析市民社会及其经济结构。可以说:"通过将正当的法律和制度建立在社会实践的基础之上(包括那些作为经济之一部分的实践),黑格尔比马克思所认为的更加接近于历史唯物主义,尽管不是一个历史唯物主义者。"① 正是在这一意义上,我们将黑格尔哲学辨识为"思入现实的批判",而非脱离现实的思辨,将黑格尔形而上学的表述方式与其表面的神秘主义挂钩,这肯定是一种误判,但同样肯定的是,黑格尔确实为这种误读留下了把柄。这就要求我们要能够将那种"逻辑的、泛神论的神秘主义形而上学"表层话语转译为基于政治经济学批判的政治哲学洞见,这才是把握黑格尔的正确打开方式。

二、超越保守主义与自由主义的二元对立

为了更好地理解黑格尔的批判理论,厘清其在政治谱系中的确切位置,讨论黑格尔与保守主义、浪漫主义以及自由主义的关系是极为必要的。长期以来,黑格尔政治哲学往往被贴上保守主义的标签,甚或被斥之为反动的普鲁士官方哲学家,接下来首先针对几个主要的论据依次予以反驳。

其一,黑格尔被指责为保守主义的根本原因在于他在《法哲学原理》"序

---

① Kenneth Westphal, "The basic context and structure of Hegel's Philosophy of Right", in Frederick C. Beiser ed., *The Cambridge Companion to Hegel*, Cambridge: Cambridge University Press, 1993, pp. 234–269.

言"中关于现实与理性关系的经典命题①。这一命题一直以来都被解读为是对于现状的完全屈从,但大家忽略了黑格尔文本的言说语境,即在原文段落的开头,黑格尔区分了两种不同的现象:体现理性结构的现象与不体现理性结构的现象。在黑格尔看来,国家存在的纯粹事实,并不意味着国家就是"理性的",或者说就是黑格尔意义上的"现实的"。黑格尔对存在(existence)与现实性(actuality)的界分与其形而上学紧密相关。根据黑格尔的形而上学,世界的理性结构逐渐地实现其自身。在政治哲学的语境中,这就是说,各种社会制度会不断趋向于达致一种基本的理性形式。由此可见,上述论断绝非什么对现存政治制度的鼓吹和辩护。这就告诉我们,在理解黑格尔政治哲学的时候,必须与其形而上学进行互文解读,这种总体性的视野是透视黑格尔哲学之本质性规定的方法论前提。

其二,黑格尔被视为保守主义者还与其关于个人与社会的有机体观念相关。一般而言,有机体理论的保守性表现在,个人对社会的依赖以及社会对个人的形塑,就是说,由于个人是通过他所身处其中的社会环境、文化传统与政治制度而被形塑成的,因此他们的社会必然适合于其个人本身,如若离开社会,个人则无法获得其自我认同。尽管黑格尔确实抱持一种有机体的观念,但他拒绝了所谓"个人独立于社会"或"社会优先于个人"的二分谬误,认为"社会/个人的本体优先性"是一个伪问题,因为在黑格尔看来,个人在根本意义上是社会的实践者,他所思、所言、所行之事都是在社会实践语境中形成的,人们所置身其中的社会从根本上规定了他们行为的具体对象、目的与手段。即便如此,黑格尔认为这一事实也不能使个人屈从于社会,因为,一方面,个人所做之事依赖于其对自己所置身其中的社会语境的认知;另一方面,没有社会实践,就没有个人,也就谈不上所谓的社会实践者,反之亦然。正是在这一意义上,美国著名黑格尔研究专家肯尼斯·威斯特法尔(Kenneth Westphal)才说:"黑格尔的有机体主义并非天生就是保守主义的,因为他强调一个社会的实践往往需要理性的批评和修正。这一点一直以来都为人们所忽视,因为他们一直认为理性的批判必须依赖于一些非社会的标准。黑格尔否认这一假设,并详细阐明了内在批判和自我批判,同时也阐明了评

---

① [德]黑格尔:《法哲学原理》,范扬、张企泰译,商务印书馆1961年版,第11页。

价活动（对于规范和制度的评价）的社会基础。"①

其三，黑格尔的保守主义直接使其背负了反动的普鲁士官方哲学家之骂名，而事实上，黑格尔对他那个时代的所有保守主义势力均持反对态度。首先，黑格尔严厉抨击了当时复辟学说的领袖人物哈勒（Karl Ludwig von Haller）的反理性主义和反法典化主张。哈勒将自然法等同于上帝之法，认为强者权力是其天赋统治权利的基础，而法典只是君主向法官传达其命令的一种途径。对此，黑格尔延续了对萨维尼（Friedrich Karl von Savigny）等历史法学派的批判，重申法律的历史根源并不能用来确定法律的合法性，而公开颁布的法典化的法律是达致理性自由的一个关键因素。其次，黑格尔区分了绝对的君主制形式与现代的宪政形式，认为后者是这个时代唯一值得赞同的理性制度形式，加之他对稳定的代议制议会的倡导，从而直接攻击了国王所支持的观点。再次，黑格尔主张将政府官僚制置于受过教育的中产阶级手中，同时将地主阶级置于代议制议会的上院，以便其在来自上面的国王和来自下面的商业阶级的压力之下履行其职能。黑格尔的这种制度设计很明显是为了反对容克贵族试图重建封建制多元国家的政治行动。总而言之，黑格尔的政治哲学不仅不是保守主义，反而是反对保守主义的。

尽管黑格尔与浪漫主义存在些许共同点，如对资本主义的怀疑和否定，但仔细考量之下，二者在本质性规定上则明显不同。浪漫主义为了逃避不令人满意的现实，而选择了遁入理想化的封建制时代，将国家的权威建立在宗教的基础之上，并且很多的浪漫主义者通过皈依天主教而反对理性主义。黑格尔一方面明显否认宗教权威是国家权威的基础，并严厉抨击了浪漫主义对天主教的依附，将其指认为一种"思想上的奴役"；另一方面，黑格尔明确反对简单地回到过去的时代或环境，他关于瓦特邦的政治考察揭示了浪漫主义者未曾意识到的一个真理：重建封建秩序并不能提供一种稳定的社会状态。应该承认，黑格尔对资本主义确实抱持一种怀疑和否定的态度，但他的政治哲学是建立在重新思考现代政治经济学的基础之上。

最后来看黑格尔对自由主义及其核心理论支撑——自然法、社会契约论

---

① Kenneth Westphal, "The basic context and structure of Hegel's Philosophy of Right", in Frederick C. Beiser ed., *The Cambridge Companion to Hegel*, Cambridge: Cambridge University Press, 1993, pp. 234–269.

与功利主义——的批判。第一，黑格尔批判了自然法的探讨方式。一般而言，自由主义据以证明规范性原则之正当性的策略主要有如下两种，在道德上，诉诸良心；在政治上，诉诸自然法或自然权利。总之，这两种策略都是诉诸一种自明的证据来证明其原则的正当性。而黑格尔的批判则对这种所谓的自明性提出了质疑，一方面，黑格尔认为，各种自明性理论要么混淆，要么无法恰当地区分如下两种情形：一是确信某种东西是正确的，并且因此相信它；二是某种东西是正确的，并且因此相信它。另一方面，黑格尔认为那些诉诸良心或自然法而被证明为正当的主张，其相互之间往往存在差异，并且甚至是不相容的。因为任何一种证成模式都必须满足这样一项基本要求，即必须区分被证成了的主张与无法证成的主张，以便帮助我们区分正确的主张与错误的主张。很明显，诉诸良心或自然法是无法满足这项基本要求的。第二，黑格尔批判了社会契约论传统，他认为社会契约论者通过使用各种抽象的东西来描述自然状态以及描述处于这一状态中的人，完全排除了我们作为一个政治组织社会的一员所拥有的诸多利益和负有的诸多义务。具体而言，在黑格尔看来，自然状态完全是理论家为达到自己所欲求的结果而故意设计出来的，其证成方式与自然法一样存在缺陷。更重要的是，社会契约论将个人视为相互独立的，从而歪曲了我们作为社会共同体成员的身份。第三，黑格尔批判功利主义没有充分阐明意志的理性特征，其个人观是原子主义的，国家观则是工具主义的，并且与法权的自由基础不相容。根据黑格尔的观点，自由是一种比功利更基本的价值，保障自由是政府建制所承担的基本责任。"事实上，黑格尔把幸福视为是超越于政治安排的能力范围之外。一个理性的国家及其政府有义务提供这样一些条件以利于个人的行动能够获得成功；但国家与政府并没有义务确保成功本身，因此并不确保由此成功所带来的幸福。这就是黑格尔反对功利主义的基本理由。"① 第四，在《法哲学原理》中，黑格尔批判了自然法理论和功利主义之后，将批判矛头对准了康德伦理学与良心伦理学。在康德看来，出于义务而行动的动机是唯一具有道德价值的动机。而黑格尔则认为康德的这种"根据义务而行动"的要求抽离掉了所有的人类

---

① Kenneth Westphal, "The basic context and structure of Hegel's Philosophy of Right", in Frederick C. Beiser ed. *The Cambridge Companion to Hegel*, Cambridge: Cambridge University Press, 1993, pp. 234–269.

目的,因此它无法拥有任何内容,因为行动都是根据目的而被设想、被意图和被实施的。黑格尔认为,绝对命令不可能是最基本的规范性原则,因为那种需要评价的东西是"欲求、目的、社会环境、实践与制度"的规范性地位,而它们都是先于绝对命令而存在的。黑格尔对于良心理论的核心批判在于,这一理论无法恰当地和可靠地区分"主观的确定性"(确信某种东西并且因此认为它是正确的)和"客观的确定性"(一项原则的正确性构成了人们得以确定他自身正确性的基础)。主观的确定性无法确保道德原则的正确性,但是根据正确的道德原则进行推理是本质性的。

三、政治经济学批判与市民社会的病理诊断

如前所述,黑格尔哲学之现实性的一大表现就是他基于政治经济学研究对现代市民社会构成性特征——分裂性、对抗性、歧异性——的深刻洞察,而要想在批判理论语境中全面把握马克思与黑格尔思想关联的具体内容,"关键是要阐明马克思和黑格尔在政治经济学作用和本质问题上的差异"①。

黑格尔曾对英国古典政治经济学进行过深入研究,这一描述性事实已是国外黑格尔研究学界的一项基本共识,如卢卡奇在《青年黑格尔》一书中指认黑格尔有效地实现了政治经济学与哲学之间的跨学科有效融通②。法国历史学家皮埃尔·罗桑瓦隆(Pierre Rosanvallon)在《乌托邦资本主义——市场观念史》一书中通过援引罗森克朗茨的考察——黑格尔于1799年2月曾为詹姆斯·斯图亚特的《政治经济学原理》一书撰写评论,并认真阅读了加尔夫主持翻译的亚当·斯密的《国民财富的性质和原因的研究》和亚当·弗格森的《市民社会史》——明确指认"黑格尔哲学也可理解为是一项对英国政治经济学的研究工作,他即使不是唯一的哲学家,至少也是了解其真正意义的少数几个哲学家之一"③。"黑格尔是懂得了作为市民社会科学的政治经济学重要

---

① [法]汤姆·洛克曼:《马克思主义之后的马克思——卡尔·马克思的哲学》,杨学功、徐素华译,东方出版社2008年版,第249页。
② [匈]卢卡奇:《青年黑格尔》(选译),王玖兴译,商务印书馆1963年版,第23页。
③ [法]皮埃尔·罗桑瓦隆:《乌托邦资本主义——市场观念史》,杨祖功、晓宾、杨齐译,社会科学文献出版社2004年版,第197页。

意义的首位哲学家,也是提出要对其进行有效批判的第一人。"① 哈贝马斯在《理论与实践》中指出:"早在法兰克福时期,黑格尔就对经济进行过研究,并且写了一篇没有被保存下来、由斯图亚特译为德文的国民经济学评论。正如1802年问世的伦理体系,特别是1803—1806年他所讲授的精神哲学表明的那样,黑格尔是在耶拿,在同当时的经济学进行辩论时,才第一次使用了'市民社会'这一恰当确切的概念。在这种'需求体系'的联系中,抽象法也获得一种新的意义。"② 汤姆·洛克莫尔也曾就"黑格尔和经济学"得出过如下结论,"尽管不是第一个研究经济学的哲学家,但在后康德哲学时代的观念论派别中,黑格尔是第一个这样做的人……黑格尔不仅对当时的事件非常了解,而且对当时经济学理论的现状也很有见地。……市民社会(die bürgerliche Gesellschaft)这一贯穿他的整个著述的主题实际上很早就出现了,比如自18世纪90年代初期即出现在关于民间宗教的一个片段中,此后在耶拿期间(1799—1807)他的政治经济学研究日益频繁出现。"③

那么,接下来,理解黑格尔政治经济学批判的历史与逻辑就成了问题的关键。根据美国著名学者乔治·麦卡锡(George E. McCarthy)的考察④,青年黑格尔对政治经济学最早的系统论述,见于耶拿时期的《伦理体系》一书,在这一伦理学与经济学理论的整合中,他提出了"需要的体系(The System of Needs)"概念⑤,来表征现代社会的完整本性,这就是说,市民社会乃建基于人的需要在市场中的相互依赖及其通过劳动而实现的满足,换言之,在经济活动领域中,个体通过劳动制造产品以满足自己的需要,并通过市场交换他们自己不能制造但却又必需的其他产品,由此人们进入一个相互依赖的伦理生活体系,个体只有通过参与生产、交换和消费的经济体系,才能实现他们

---

① [法]皮埃尔·罗桑瓦隆:《乌托邦资本主义——市场观念史》,杨祖功、晓宾、杨齐译,社会科学文献出版社2004年版,第203页。
② [德]尤尔根·哈贝马斯:《理论与实践》,郭官义、李黎译,社会科学文献出版社2010年版,第119—120页。
③ [法]汤姆·洛克曼:《马克思主义之后的马克思——卡尔·马克思的哲学》,杨学功、徐素华译,东方出版社2008年版,第49—50页。
④ [美]乔治·麦卡锡:《马克思与古人——古典伦理学、社会正义和19世纪政治经济学》,华东师范大学出版社2011年版,第195—206页。
⑤ Georg Friedrich Hegel, *System of Ethical Life and the First Philosophy of Spirit*, trans., H. S. Harris and T. M. Knox, Albanty: State University of New York Press, 1979, pp. 104–107.

具体的现实的自由。黑格尔不仅肯定了市场存在的价值与合理性——有助于主体自由的实现，而且实际上道出了市场的哲学意义——人与人之间的社会关系奠基于市场的相互作用，而市场是为了满足人们的需要，正是在市场的中介之下，异质性个体之间彼此配合，相互联系，从而使得社会的形塑与个体的自由成为可能，由此，个体被内在于其行动的逻辑——"理性的狡计"——所推动，既使得自己成为社会存在物，也使得在与他者的联合中得以构想自由的可能性。到了《耶拿实在哲学》中，黑格尔的政治经济学思想得到了进一步的发展，特别是对劳动的机械化、专门化、抽象化、碎片化及其导致的贫乏的精神状况、片面的人格结构、扩大的阶级分化，乃至整个资本主义制度展开了最尖锐的批判。行文至此，黑格尔对市场的内在批判已然成形，即在肯定市场合理性的同时，又对市场的非理性效应予以谴责。所有这些观念最后都汇聚成《法哲学原理》中黑格尔对市民社会的病理学诊断。

罗桑瓦隆指出，凭借着对政治经济学的兴趣，黑格尔对市场社会导致的双重影响，特别是其负面效应，相比其他思想家来说要更为自觉[①]。其一，黑格尔认为市民社会的首要弊端是现代化进程中伴随劳动分工而来的失业与贫困问题，就此而言，他与之前的苏格兰启蒙思想家（如弗格森）以及之后的马克思和恩格斯存在相同之处。在黑格尔看来，市场的竞争逻辑必然导致劳动分工，分工的专业化和生产的机械化必然导致失业和贫困。资本的逐利逻辑驱使不同企业家在竞争压力之下，通过生产的专门化和精致化来提高生产效率，由此导致了不断增加的劳动分工。日益细化的劳动分工不仅提高了劳动者的特殊技能，而且直接导致了劳动产品生产量的增加。在这一分工的积极影响之外，还存在另一消极面向：随着技能的日渐专门化，工人越来越局限于特定产品的生产，因而极易受到自由市场经济中需求波动的伤害。对新产品需求的增加必然导致旧产品需求的下降，这样一来，从事旧产品生产的工人就会失业，因而陷入贫困和艰难的生活处境之中。与此同时，劳动机械化的直接影响就是机器取代人的位置，使许多工人失去工作。此外，"无序竞争不可避免的趋势就是，有些生产者将会有能力垄断市场的一个特定部门，

---

① ［法］皮埃尔·罗桑瓦隆：《乌托邦资本主义——市场观念史》，杨祖功、晓宾、杨齐译，社会科学文献出版社2004年版，第197页。

把他们的竞争者排挤出去，这就提供了失业和贫困的另一个原因"①。

其二，黑格尔不仅指认贫困是现代经济生活的结构性现象，而且特别分析了伴随物质生活贫困而来的精神贫困——即贱民的产生。在黑格尔看来，市民社会不仅剥夺了广大群众自然的谋生手段，而且伴随着家庭-宗族纽带的断裂，原本就岌岌可危的教育机会、技能培训、司法保障、宗教慰藉等荡然无存。如果广大群众的物质生活水平长期处于贫困线之下，如果人之为人的情感需求得不到有效满足，那么，他们必然会沦为贱民，另一方面，作为其对立面的富人也得以同时生成，并将大多数的财产据为己有②。需要特别指出的是，贱民的本质规定性并不是贫穷，而是与之伴随的对对立阶级的仇恨。在黑格尔看来，贫困问题是位于市民社会核心的"癌症"，任何试图在自由市场框架之下纾解贫困问题的措施——要么直接提供产品，要么提供工作机会——都会违背市民社会的原则，侵犯个人的独立自尊感情，甚至加剧贫困问题和贱民心理。更重要的，贱民所构成的群体不断侵害和威胁着市民社会。

其三，在黑格尔看来，市场是创造需求的机器，容易导致需求失控。即是说，市场并不仅仅满足需求，同时也创造新的需求，这种需求让个人有可能通过消费表达个性和普遍性，但也让个人在无法克制欲望时面临危险③。个人若没有人生规划，包括恰当的消费标准，他就会不受自己控制，变成欲望的玩偶，被反复无常的所谓时尚潮流所牵引，被他者的异化消费需求所摆弄。最终他急于挖掘更多的新需求，却无法在各种成就中获得丝毫满足，也就是物质过剩下的精神痛苦。若选择消费品仅仅是基于不断被诱发的需求，而不是因为同理智的人生规划相契合，结局就会是黑格尔所说的"恶无限（bad infinity）"。

这就是黑格尔对市场缺陷的分析，及其对市民社会的病理学诊断与批判。应当指出，后来马克思的政治经济学批判不仅和黑格尔的历史观有关——以往政治经济学的主要失误在于其忽略了社会的内在历史性，而把经济范畴和

---

① ［英］斯蒂芬·霍尔盖特：《黑格尔导论：自由、真理与历史》，丁三东译，商务印书馆2013年版，第320页。
② ［德］黑格尔：《法哲学原理》，范扬、张企泰译，商务印书馆1961年版，第244页。
③ ［美］杰瑞·穆勒：《市场与大师：西方思想如何看待资本主义》，佘晓成、芦画泽译，社会科学文献出版社2016年版，第200页。

现象视作永恒的超历史的东西——而且在某种程度上也从黑格尔对现代市场与工业社会负面后果的诸多批判中汲取智识营养,马克思对政治经济学的批判在于它们无视现代工业社会的现实矛盾,这种现实矛盾不仅仅是我们观察事物的方法,而且是社会本身的一种内部存在。正是在这一意义上,洛克莫尔的如下评论是相当公允的:"马克思在系统阐述他自己的现代工业社会理论的过程中利用了黑格尔,特别是在政治经济学上,与他的黑格尔式的政治经济学批判是类似的。"① 这是政治经济学批判语境中马克思与黑格尔的深层思想关联所在。

第三节 现代性困境的突围:思辨的抑或实践的

如何看待马克思与康德、黑格尔等人在因应现代性困境上的异同,是洞悉马克思批判理论何以诞生于德国观念论传统,又在其内部实现突围的重要视角。对于马克思而言,真正的哲学课题并非一个完全崭新的问题的诞生,而是在不同的语境中摆出同一个老问题的崭新方式。这种比较性的考察不仅仅是联系现实而发生的,而且是从现实之中发生的。马克思并非第一个,亦非唯一一个关注现实的哲学家,黑格尔同样如此。正如海德格尔所言:"只有从现实出发,我们才能把握历史。只有如此,历史才会形诸言谈,而这考察也不再是任何比较,而是一种我们只需开动即可的对话(Zwiegespräch)。"②

一、社会现实与内在批判:黑格尔与马克思的对话

尽管黑格尔一直致力于构造一个全面的思辨哲学体系,但对社会现实与政治建制的关注也贯穿于其从早期的《耶拿手稿》到晚年的《法哲学原理》始终。正是黑格尔史无前例地把现实的当前的世界提升为哲学的内容,也是黑格尔为我们提供了一条透视社会现实的道路。

---

① [法]汤姆·洛克曼:《马克思主义之后的马克思——卡尔·马克思的哲学》,杨学功、徐素华译,东方出版社2008年版,第251页。
② [德]马丁·海德格尔:《德国观念论与当前哲学的困境》,庄振华、李华译,西北大学出版社2016年版,第9页。

复旦大学吴晓明教授指出，要想准确把捉黑格尔与马克思哲学之间的深层思想关联，最关键的就是要洞察他们对社会现实的理解，两位哲人的亲近或疏远都关涉对现实的理解①。这就明确规定了黑格尔与马克思的对话是围绕社会现实展开的。那么，何谓现实？在黑格尔看来，现实的东西即本质与实存或者说内在本质与外在感性实存的辩证统一。当然，这种统一还仅仅是一种哲学理念内部的等同，对马克思而言，理性的理念必须在实际上同实践和理论现实性的整体统一起来，并相应地为哲学实践的现实化或世俗化寻找根基。"作为对现存之现实性的'批判'，它借助本质衡量实存，而作为'共产主义'，它是对无本质的生存境况的积极扬弃，是'本质与生存'之实际冲突的'真正解决'。"② 因此，黑格尔关于现实作为本质与实存辩证统一的论点，在原则上也适合于马克思。马克思对资本主义社会所展开的激进批判正是以他和黑格尔对现实性——即本质与实存的统一——的哲学阐释为基础。如果说黑格尔的现实概念是以绝对精神为本质根据，因而难逃思辨理念的统摄，那么，马克思的现实概念则是以人们的实际生活过程为基础定向，社会现实归根到底是一定的生产方式的展开。

一切现实之物首先和最终都被关联到人之上。没有任何时代像今天这样如此之多，也如此繁复地了解人，没有任何时代像今天这样以如此急迫而又令人着迷的方式表达着关于人的知识。然而，又没有任何时代像今天这样，对于人是什么了解得如此之少。人在任何时代，都不像在我们的时代这样，变得如此成问题。海德格尔坦言："在人的此在的根源处如此这般发生着的事情，是无法通过任何一种文化批判被完成，也无法通过某种辩证的文化哲学（Kulturphilosophie）被说完和被清除的。这是一件很根本的事情。"③ 面对这件事情——资本逻辑的扩张趋势与其权力达成共谋，任何外在批判或超越批判都显得苍白无力，真正的批判不仅明确追问现实何以如此的根据，而且贯彻了向自我根据的回溯，回溯到使一切事物成为可能者，后者并不是一种空

---

① 吴晓明：《论马克思学说的黑格尔渊源》，《云南大学学报》（社会科学版）2015 年第 6 期。
② [德] 卡尔·洛维特：《海德格尔——贫困时代的思想家：哲学在 20 世纪的地位》，彭超译，西北大学出版社 2015 年版，第 5 页。
③ [德] 马丁·海德格尔：《德国观念论与当前哲学的困境》，庄振华、李华译，西北大学出版社 2016 年版，第 24 页。

洞的逻辑建构，而是构成了真正的现实性本身，这就是所谓的内在批判："批判主义是内在的，因为它在自我之中设置一切；教条主义是超越的，因为它还要超出自我之外。"①

黑格尔对社会现实的内在批判还表现在他对阶级对抗关系的透视，特别是对贫困问题的分析框架和解决路径上。"黑格尔有着更伟大的现实主义和历史感，它不仅谈到国王，一方面，他还谈到了贵族（地主和贵族），另一方面，他也谈到了'人民'（他们实际上就是'第三等级'）以及贵族和人民这两个阶级间的对抗。"② 这一对抗性矛盾关系显然不是逻辑上的，而是事实的和客观的，是资产阶级市民社会之分裂性本质的外在显现。黑格尔曾专门探讨了把英国的每一个小偷都吊死的严厉执法背后的阶级根源：非法打猎的农民被判处最严厉最不合理的惩罚，是因为制定法律的人和坐在法庭上的法官和陪审员就是贵族，正是贵族这一社会阶级垄断了打猎的权利。黑格尔认识到，在英国的话，真正享有各种政治权利并支配公共生活的人只能是贵族，而普通群众所谓的自由仅仅是表面上的、理论上的。关于贫困问题的分析和解决，与洛克将贫困归结为穷人的懒惰、个体缺乏主动性以及无法利用肥沃的自然不同，黑格尔认为贫困就其本质而言是一个社会和政治秩序问题，不能将其简单地化约为个体的责任或归咎为自然的灾难，"贫困是由一个阶级对另一个阶级犯下的直接不正义导致的"，要想解决贫困这一"现代社会之癌"，必须改变现存的社会关系。在这里，我们看到了黑格尔作为思辨哲学家之外的另一张面孔——一个社会现实对抗性本质的洞察者和现存社会政治秩序的批判者。也正是在这一维度上，我们才能澄清黑格尔与马克思的内在关联。

二、政治经济学批判：揭示市民社会的对抗性本质

早在耶拿时期的《伦理体系》和《实在哲学》等著作中，黑格尔就基于其政治经济学研究，对财产权、劳动、分工、市场、贫困等问题进行了批判性分析，从而揭示了市民社会的对抗性本质。

---

① ［德］马丁·海德格尔：《德国观念论与当前哲学的困境》，庄振华、李华译，西北大学出版社2016年版，第164页。
② ［意］洛苏尔多：《黑格尔与现代人的自由》，丁三东等译，吉林出版集团有限责任公司2008年版，第145页。

以劳动两重性的分析为例,一方面,黑格尔写道:"理性终究只能存在于其劳动中;它只有在它的产品中生成,直接把自己理解为他者和他自身。"①这是说,劳动是人的能力与潜能的外化和对象化,人类通过劳动占有自然,满足其自身的需要,实现人与人之间的交互承认。但另一方面,劳动也造成了阻碍自身融入其世界的后果,即是说,"对人类社会而言,异化是根本且内在的,异化的不断加剧,构成了现代社会的特征之一"②。由于马克思不知道当时尚未出版的《伦理体系》和《实在哲学》,也就没有认识到黑格尔确实已经洞察到了劳动的异化方面,因此他在《1844年经济学哲学手稿》中错误地指认黑格尔"只看到劳动的积极方面而忽视其消极方面"。劳动的辩证性还表现在,一方面,社会劳动使人成为普遍存在物,每个人都普遍依赖于所有人,"为所有人以及所有人的满足而劳动。每个人都为其他人服务并维持自己的生计"③;另一方面,"因为劳动只是为了作为抽象的自为存在的需要而进行的,因此劳动也只是抽象的……所以他表现为一个抽象的自我,或按照物的方式表现"④,这就意味着需要的相互满足导致具体个人与其特定需要相断裂,个人劳动与其需要的满足之间需要借助中介才行,于是,社会劳动发生异化:"他的劳动变成了形式的、普遍的、抽象的劳动,是一种个别性的劳动;他的劳动限于他的需要之一,并用它来换取其他需要的必需品"⑤,由此,劳动的抽象本性与劳动分工一起,造成人与世界的彻底疏离。

此外,黑格尔作为现代工业社会的最早批判者之一,还特别强调了劳动机械化与劳动异化之间的内在关联:"通过机器的劳动,(工人)变得越来越像机器,枯燥乏味、了无精神……他的无聊的劳动把他限制在某一个点上。劳动越完善,也就越片面……他对自然所行的每一次欺骗都会遭到报复……劳动越是机械化,它的价值就越低,个人的劳动也就越多。"⑥进一步,黑格尔还揭示了市场力量的双重后果——贫困与财富的相互依赖,市场的"力量

---

① G. F. W. Hegel, *Gesammelte Werke*, Band 6, Hamburg: Felix Meiner Verlag, 1975, S. 233.
② G. F. W. Hegel, *Gesammelte Werke*, Band 8, Hamburg: Felix Meiner Verlag, 1976, S. 218.
③ G. F. W. Hegel, *Gesammelte Werke*, Band 8, Hamburg: Felix Meiner Verlag, 1976, S. 213.
④ G. F. W. Hegel, *Gesammelte Werke*, Band 8, Hamburg: Felix Meiner Verlag, 1976, S. 214–215.
⑤ G. F. W. Hegel, *Gesammelte Werke*, Band 6, Hamburg: Felix Meiner Verlag, 1975, S. 237–238.
⑥ G. F. W. Hegel, *Gesammelte Werke*, Band 6, Hamburg: Felix Meiner Verlag, 1975, S. 232–237.

注定使一个群体在劳动与贫困中过着原始生活，使他们迟钝呆滞，只有这样，别人才能积累巨额财富"①，"整个群体陷入无力自拔的贫困之中。出现了巨富与赤贫——一种完全无能为力的贫困——之间的对立"②。不难看出，黑格尔凭借着政治经济学的研究，敏锐地洞见到了现代工业社会的运行机制并对其负面后果展开了激烈批判，这几乎与后来马克思的讨论如出一辙。

总而言之，黑格尔通过其政治经济学批判，在强调劳动的否定性、构成性与塑造性特质的同时，又对现代工业社会中呈现出的劳动的机械化、抽象化、普遍化与专门化趋势及其负面效应展开了尖锐批判。马克思在《1844年经济学哲学手稿》中关于异化劳动的论述，同样揭示了资本主义世界的必然的内在悖论，这种政治经济学批判一直贯彻到后来《资本论》中对劳动两重性的区分以及对资本主义社会阶级对抗结构的揭示。

黑格尔和马克思都将政治经济学分析的矛头对准了作为需求体系的市民社会，而且强调利己主义原则势必造成内在对抗性。他们的异质性体现在，黑格尔没有彻底消解利益特殊性与普遍性之间的差异，而是采取了扬弃的方式。马克思则力图将上述差异完全解构，由此建立一种基于共有财产的公共性共同体。因此，他主要批判黑格尔法哲学中的国家与社会的关系。黑格尔极富先见地洞察到了现实之人同时作为政治存在物与市民存在物的歧义性分裂，后来的马克思也明确指认了私人与公民这两种既相关又矛盾的人的存在方式。但是当黑格尔试图消解这一矛盾时，他只是掩盖了资产者私人利己主义的存在与公共的国家的存在之间的现存的对立。此外，由于黑格尔只是一般地谈论需要，而没有深入到一定的生产方式层面，因而未能真正解决异化问题，他所谓的异化及其扬弃从而实现复归的过程充其量只不过是抽象的绝对的思维的生产史，是一种纯粹的思想运动，外部对象性的现实世界则依然如故。正是在这种意义上，洛维特写道："黑格尔表面上的批判主义虽然在形式上否定现存政权，但在内容上却肯定它们，事实上是一种虚假的实证主义，是对现存经验的一种哲学上的瓦解和重建。"③

---

① G. F. W. Hegel, *Gesammelte Werke*, Band 8, Hamburg: Felix Meiner Verlag, 1976, S.238.
② G. F. W. Hegel, *Gesammelte Werke*, Band 8, Hamburg: Felix Meiner Verlag, 1976, S.232.
③ [德]洛维特：《从黑格尔到尼采》，李秋零译，生活·读书·新知三联书店2014年版，第377页。

三、政治哲学的规划：图绘个人自由的公共性建制

马克思与黑格尔批判理论的共同点，不仅体现在基于政治经济学批判对市民社会对抗性本质的敏锐洞察，还表现在二者的政治哲学规划上，都以个人自由的公共性建制为鹄的。这就是说，黑格尔在批判自由主义政治哲学之主观主义、原子主义、道德主义基础的同时，又基于社群主义原则与德国观念论的激进自由主张，图绘了另一套社会建制。需要指出，如果说前黑格尔的政治哲学全神贯注于合法性问题，黑格尔则试图将历史性的维度引入政治哲学，并将其对历史的理解作为据以审视政治哲学问题的制高点，正是这种"巨大的历史感"成为黑格尔与马克思政治哲学的共同核心。

黑格尔对自由主义政治哲学的批判绝不仅仅是在真空中的玄学思辨，而是始终面对着他那个时代的社会现实，他主要关注的不是其纯粹的思辨哲学体系，而是首先介入时代的现实争论和政治斗争。在当时的政治和意识形态斗争中，对自然法的援引成为一切反动观点的支柱，他们借助对"自然的特权"的歌颂来合法化、永恒化现存社会秩序，可以说，自然不仅成为自由主义传统的舒适的保障，而且沦为压迫的王国。面对封建和反动的意识形态以及资本主义的国家概念，黑格尔以其"巨大的历史感"剑指自由主义传统的软肋。黑格尔对自然法学说进行批判是因为，其一，自然状态是一个没有为权利留下任何空间的状态，充斥其间的只有暴力；其二，自然权利及其享有主体都是伴随历史的发展而产生的。黑格尔将契约论视为靶子，不但是因为其宣称的所谓原初契约的假设只是一个幻想，而且也因为他质疑私人权利制度不正当地扩展到了公共权利的领域。要完整准确地理解黑格尔的政治哲学，必须关注具体的社会政治和历史语境，否则势必陷入自由主义与保守主义的抽象二元对立。当诺贝托·博比奥（Norberto Bobbio）指认黑格尔因更加偏好国家、权威、服从（而非个体、自由、反抗）故而属于保守主义时，他忽略了黑格尔对反抗权的批判首先针对的是封建反动思想，这也是为什么黑格尔不仅没有将法国大革命谴责为犯罪行为，反而为之辩护和欢呼，甚至赞颂人类历史上标志着现代世界之诞生和发展的每一场革命。在黑格尔看来，对反抗权的拒斥并不意味着否定对现存法律秩序的超越，因为黑格尔在拒斥反抗权的同时，也毫不犹豫地主张，身处饿人困境之人有权侵犯他者的所有权。

在这里，黑格尔不仅表明了对法国革命传统的偏爱，而且在他看来，如果没有生存上的保证，任何所谓的财产自由和个人领域都是不完整的，他对生命权和不法的辩护是建立在他对新兴资本主义社会矛盾的分析的基础上，黑格尔这种对既存当权者和现有社会秩序的批判对马克思产生了重要影响。

在黑格尔看来，真正的现代自由是个体自由，这也是精神的最高现实形态，在关于普遍性、特殊性与个体性的逻辑概念序列中，黑格尔明确将个体性视作最高的概念。但必须加以辨识的是，黑格尔所谓的"个体"是每一个个体，也就是所有人。他认为，对个体来说最有价值的东西，最能完整地实现其自由的东西，是对普遍目的而非私人目的的追求。如果自由国家没有普遍性的集体性的公共性的目标，而单纯是为了成员的个别欲望而存在，那么，自由国家成员所享有的自由从根本上来说都是不自由。黑格尔曾反复强调，普遍的人的概念是现代性的伟大历史成就，甚至古代人的自由与现代人的自由的区别就可以用部分人的自由与所有人的自由来表示。黑格尔认为，所有权是自由最初的定在，是明确界定个体自由的基石，这就是说，当一个人拥有了作为外在物的财产时，才真正获得了人格的确定存在。但面对生命权这一人的根本权利，所有权的优先性就不复存在了。在前面提及的"饿人困境"中，赤贫者濒临死亡之际是可以冒犯他者所有权的，这是因为，对所有权的否定乃是对一个人的特定权利的有限否定，它并不意味着那个快要饿死的人就不把所有者当作人了，而对生命权的否定则是对一个人的所有权利的无限否定，在这个快要饿死的人面前坚持所有权的优先性，才真正不把这个快要饿死的人当作人。在黑格尔看来，现代国家的政治建制应该是所有阶层的意志得以公开表达的场所，是他们相互之间进行自由博弈的空间。对这样一种公共性国家的肯定，绝不是简单地用国家吞噬个体，这样的公共性政治建制也不是外在于个体的，因为个体自由的真正实现必须要在这个公共性政治建制之内才能达成。在马克思所追求的共产主义社会即自由人的联合体中，每个人的自由全面发展是一切人自由全面发展的条件，不难看出，这在某种程度上恰恰暗合了黑格尔政治哲学的结论。

关于黑格尔与马克思政治哲学的关系，洛维特写道："即便作为一位'唯物主义者'，马克思也仍然是一位黑格尔式的理想主义者，因为自由在其中得以实现的他的共产主义社会的理想，在原则上不是别的，就是黑格尔的本质与实存的统一性原则的'实现'。马克思所构想的共产主义社会，实现于理性与现实、一般本质与个体生存的统一。在一个完美的共产主义联合体中，每个个体都实现了作为共同生存的人类本质。"① 应该说，这一评论是中肯的。任何没有自由承诺的社会理论都不具备透视现代世界的能力，更无法洞见其未来；任何无法对自由承诺作出回应的社会，也是无法将根基深植于人民群众之中的。只要我们内心中还有一丝激进的希望，就可以说它是现实的。相反，那些自欺的乌托邦式梦想家却敌视这种希望，他们希望有朝一日在离开这个世界之后留下的是一个梦想破碎而不自知的世界。

四、思辨与实践：超越现代性困境的不同突围之路

不可否认，黑格尔哲学植根于当时德国的文化氛围——对古代的怀恋以及对现代发展的不安——之中，在黑格尔看来，重视古代固然重要，但那终究只是漫漫历史的一个环节，真正具有原则高度的东西还是"当前时代"②。这就意味着，就原则的深度和广度而言，现时代无疑处于更高的层面。然而，肯定现实的合理性并不等于是在既定事实面前弯腰，既定事实乃是"历史的权力"，现代性被合法化为一个过程，在某种程度上，这个过程依然是开放的，充满着朝向未来的风险。黑格尔对现代性及其合法性的肯定，既不是为了否定合理性的东西相对于现实的东西的优先性，也不是为了消除现代性的冲突和矛盾。事实上，黑格尔完全意识到了现代性的内在对抗性本质，反而是那些自由主义者视而不见，甚至将贫困问题当作自然的灾难，而丝毫不质疑特定的政治制度和社会关系。黑格尔关于合理性与现实性相统一的命题，绝不是在为复辟进行辩护，而是充当了"革命的代数学"——不仅强有力地激励了德国三月革命期间的反抗运动，为1848年革命的意识形态准备做出了贡献，甚至在革命失败之后，黑格尔的理论也没有被抛弃，而是激发了革命者们的积极的自我批评以及对取得胜利的反动主义的继续反抗。正是在这个意义上，我们说马克思反复地、有力地接受了黑格尔的教导。因此，洛苏尔

---

① ［德］卡尔·洛维特：《海德格尔——贫困时代的思想家：哲学在20世纪的地位》，彭超译，西北大学出版社2015年版，第162页。
② 转引自［意］洛苏尔多：《黑格尔与现代人的自由》，丁三东等译，吉林出版集团有限责任公司2008年版，第321页。

多得出如下结论:"当然,仅就对现代性的合法化与对它的批评性评价之间的艰难平衡——这一平衡是马克思的特征,他是继承自黑格尔——依然存在而言,黑格尔合理性的东西与现实的东西相统一的理论才属于马克思所开创的哲学传统。……这个平衡支撑着黑格尔的理论和马克思的计划。"①

当代德国古典哲学研究权威艾伦·伍德(Allen W. Wood)教授在其代表作《黑格尔的伦理思想》中写道:"从黑格尔思想中产生的活的传统——例如马克思的社会理论和存在论哲学——在其方向上明显是反形而上学的。那个仍然活着的、向我们发话的黑格尔,不是作为思辨逻辑学家和观念论形而上学家的黑格尔,而是作为哲学史家、政治与社会理论家的黑格尔,是关注我们时代伦理状况和文化认同危机的哲学家黑格尔。"② 这就意味着,在现时代的问题情境中,黑格尔哲学的真正价值不在其思辨逻辑中,而在于他对后启蒙时代社会与文化困境的反思。众所周知,黑格尔将哲学视为"在本质上致力于文化的自我理解和实践的自我关切",并力图通过对处在合理性中的现实的思辨认识,实现反思性个体与社会世界的和解,换言之,黑格尔形而上学的主要目标是解决生活在现代社会中的现代人所遭遇的困境。当卢卡奇说"黑格尔的全部哲学在本质上着眼于有关社会和历史的认识,因此,他的那些范畴就其独特本性而言适合于此一存在领域"③ 时,他也承认了上述观点。

但关键问题在于,黑格尔将形而上学视为解决现代困境的哲学基础,也就是说,他对现代性困境的回应是在形而上学或思辨逻辑层面上做出的。黑格尔对现代性之二律背反的回应,既不像康德那样诉诸道德,也不像马克思那样诉诸社会革命,而是想要通过理性地使我们与世界达成和解来克服异化,用洛维特的话说:"黑格尔以其辩证的中介哲学,进行了超越这种二元论的最后一次大规模尝试。但这种尝试也局限于观念论反思哲学的传统。"④ 这就是说,面对现代性的内在张力和困境,黑格尔和马克思选择了不同的突围之路:

---

① [意]洛苏尔多:《黑格尔与现代人的自由》,丁三东等译,吉林出版集团有限责任公司2008年版,第340页。
② Allen W. Wood, *Hegels Ethical Thought*, New York: Cambridge University Press, 1990, pp. 5-6.
③ Georg Lukacs, *The Ontology of Social Being*: Vol. 1. *Hegel*, trans., David Fernbach, London: Merlin Press, 1978, p. 47.
④ [德]卡尔·洛维特:《海德格尔——贫困时代的思想家:哲学在20世纪的地位》,彭超译,西北大学出版社2015年版,第41页。

思辨与实践。黑格尔将人类自我形塑的活动置于思辨的概念领域之中,然而,真正的改变只有诉诸现实的感性对象性劳动才能实现。

尽管黑格尔已经或隐或显地将其在知识论中发展起来的内在批判方法渗透于其政治哲学思考中,但是在归根到底的意义上,对黑格尔来说:"概念就是事情本身,而反过来说,任何一种存在者本身,在它的存在的本质中,都是'概念'。概念和现实不是并列的两个事物;它们的统一恰恰是绝对观念论的基本论题。"① 与之相反,在马克思看来,要想真正超越现代性的困境,仅仅诉诸迄今为止的那些解释世界的批判性话语是远远不够的,还必须付诸改变世界的实践行动,真正的内在批判必须实现存在与意识的双重变革,唯其如此,才能在对市民社会的对抗性本质进行政治经济学批判的基础上,形塑另一个可能的公共性社会建制。这是黑格尔与马克思批判理论的根本差异所在。

---

① [德] 马丁·海德格尔:《德国观念论与当前哲学的困境》,庄振华、李华译,西北大学出版社2016年版,第266—267页。

第二章 马克思批判理论的逻辑透视

在回顾了马克思批判理论的出场语境及其对德国观念论的突围之后,如何认识马克思本人批判理论的历史逻辑便成为摆在眼前的核心论题,这同样是理解马克思哲学革命的题中应有之义。在借鉴吸收康德的颠倒性原则、黑格尔的现实性视野基础上,马克思通过批判支点的移位、批判根基的重塑、批判范式的升级、批判目标的聚焦等从不同维度对批判哲学进行了重新定向,从根本上突破了思辨哲学的束缚,"并把批判和实际斗争看作同一件事情"①,由此形塑了自己独特的社会批判理论构架。这主要表现为人道主义的视界、总体性致思取向、内在批判的方法。这既是马克思批判理论的独特品格,由此与先前所谓的批判哲学家界划开来,又是马克思批判理论的现实性所在,并被其后的批判理论家视作值得深入挖掘的思想遗产不断加以重述。

第一节 批判的重新定向:从观念论走向批判理论

批判性作为马克思主义哲学的重要特征,不仅表现在马克思创立历史唯物主义过程中对人类思想史上包括德意志古典哲学、英国政治经济学与英法空想社会主义等在内的一切文明成果的批判性继承,而且表现在对当时语境中涌现出的诸种资产阶级错误反动思潮的批判性清理,更重要的是表现在他对资产阶级社会本身的毫不妥协的无情批判。熟悉马克思主义哲学发展史的人都知道,马克思的哲学思想发展经过了一个从唯心主义向唯物主义、从一般唯物主义向辩证的历史的实践的唯物主义的转变过程,表现在历史观层面

---

① 《马克思恩格斯全集》第47卷,人民出版社2004年版,第66页。

上就是从人道主义异化史观向唯物主义历史观的转变，而我们如果从社会批判理论的内在逻辑来看，这又是一个从外在的伦理价值批判向内在的政治经济学批判的转变过程。这也就意味着，对马克思而言，基本哲学立场、历史观框架与批判理论内在逻辑三者是内在联系、相互贯通的统一整体。马克思对资本主义社会的内在批判，既离不开其坚定的唯物主义哲学立场，也在很大程度上依赖于他对社会历史发展内在动力机制的深刻洞察，只有创立了历史唯物主义，揭示了社会现实的内在矛盾运动——生产力与生产关系、经济基础与上层建筑之间的相互作用，马克思的内在性社会批判理论才得以真正奠基。

一、批判支点的移位：从人道主义到社会现实

作为马克思的第一个伟大发现，唯物史观构成了他的社会批判理论的当然前提，因此，为了考察其批判理论内在逻辑的深层变迁，沿循马克思唯物史观的形成之路就成为此项研究的不二选择。从总体上来看，马克思社会批判理论的内在逻辑经过了一个从外在的抽象的超验的理论悬设向内在的具体的现实的实践构型的转变，而这一转变的实现从理论深层来看，是一个"在黑格尔内部突破黑格尔"的过程，也是一个内在批判的重新定向的过程。具体而言，马克思批判理论的发展过程大致可以分为如下几个关键节点：

第一，博士论文时期，以自我意识作为批判支点。马克思通过对比德谟克利特自然哲学与伊壁鸠鲁自然哲学的异质性，特别是对伊壁鸠鲁"原子偏斜说"的独辟蹊径的解读，强调了自我意识的自由精神对自然必然性的否定、突破和颠覆，由此成为时代精神的象征。在马克思看来，原子的直线运动表征着它的物质性、空间规定性和外在制约性，而伊壁鸠鲁提出的原子偏斜运动，则凸显了原子的观念性、独立自存性和内在个体性，这两种运动共同构成了原子的内在矛盾，正是这种内在矛盾打破了自然必然性的外在局限，使得原子的自由冲击具有了现实的可能性。不难看出，这里的直线运动、偏离运动与冲击运动，实际上对应的是黑格尔辩证法的三个环节：肯定、否定、否定之否定，换言之，此时的马克思仍然处在青年黑格尔派的理论辐射之下。但另一方面，马克思对自我意识的强调，并没有简单倒退回费希特式的主观唯心主义，而是指认自我意识乃是客观精神在主体意识中的体现，自我意识仅仅是形式，其内容是普遍理性的法则，历史进程由此表现为哲学与现实世界的相互作用，即世界的哲学化与哲学的世界化，这就要求哲学家在关注哲学本身的同时，还必须转向世界，转向对外部世界的反思和批判。马克思将这种自我意识的二重性区分为两个互相对立的哲学派别：自由派哲学和实证哲学，如果说前者致力于转向外部的批判，那么，后者则是面对自身的哲学思考①。由此不难看出，马克思试图在黑格尔哲学的基础上彰显自由意识的批判性，实现主体与客体的统一，从而为其政治批判奠定思想基础。

第二，《莱茵报》《德法年鉴》时期，理性国家观的动摇与现实批判视界的开启。《莱茵报》时期，随着普鲁士思想上的反动专制日益强化，马克思以报刊舆论为阵地、以理论批判为武器、以世界的理性化为目标，积极介入政治实践。马克思在《评普鲁士的书报检查令》一文中强调新出台的书报检查制度对出版自由的压制实际上违背了理性精神的自由本质，因为精神自由意味着人们对客观真理的自由探讨，故而，颁布这一法令的现实普鲁士政府也就不是理性的国家。于是，马克思最后得出结论，要想彻底治理书报检查制度并根绝一切后患，唯一的办法就是"废除书报检查制度"②。不难看出，在这里马克思是根据黑格尔的理性国家观来批判现存书报检查制度，就其深层的批判标准而言，乃是出于对人类理性的深信不疑。到了《关于林木盗窃法的辩论》中，马克思开始涉足经济领域中的直接物质利益问题，并公开为遭受压迫的农民群众辩护。在马克思看来，国家作为理性自由的存在方式，作为普遍理性的现实化，本来应该一视同仁地对待所有公民，然而，普鲁士当局及其颁布的法律事实上却早已经卑躬屈膝于林木所有者的利益，而置广大穷苦人民的利益于不顾③。于是，国家的理性概念与经验现实之间便呈现出不可弥合的矛盾，这也促使马克思开始意识到黑格尔理性国家哲学在残酷现实面前的无能为力。这一点在《摩泽尔记者的辩护》中表现得尤为明显，此时的马克思不再抱持之前那种仅仅谴责私人利益、崇尚理性国家的立场，开始正视"现实和管理原则之间的矛盾"，指认"摩泽尔河沿岸地区的贫困状况同

---

① 《马克思恩格斯全集》第1卷，人民出版社1995年版，第76—77页。
② 《马克思恩格斯全集》第1卷，人民出版社1995年版，第134页。
③ 《马克思恩格斯全集》第1卷，人民出版社1995年版，第267页。

时也就是管理工作的贫困状况"①。在费尔巴哈"主宾颠倒"原则的启发之下，马克思开始第一次尝试着批判黑格尔的理性国家观，这就是在《黑格尔法哲学批判》中提出的双重颠倒：其一，在国家与市民社会的关系上，马克思将"国家派生家庭和市民社会"颠倒为"家庭和市民社会都是国家的前提"②；其二，在国家内部关系上，马克思主张不是君王赋予人民主权，"君王倒是凭借人民主权产生的"③。刊发于《德法年鉴》上的《论犹太人问题》和《〈黑格尔法哲学批判〉导言》两篇文章在继续展开对黑格尔法哲学批判的同时，也打开了马克思现实批判的视野，这就意味着，马克思将批判的支点从自我意识、理性国家观念转移到市民社会诸现实领域，在对宗教异化、政治异化、财产异化的透视中逐层解剖了现代资本主义国家的对抗、分裂和歧异本质。在马克思看来，政治国家与市民社会的分离构成了宗教异化的根源，政治异化的世俗基础是市民社会中利己主义个人的工商业活动，因此，批判出现了反转，对尘世、法和政治的批判分别取代了对天国、宗教和神学的批判④。应该指出，尽管此时的马克思已然将其批判的目标锚定于现实世界，但由于其哲学立场还没有从一般唯物主义进到历史唯物主义的层面，因而对感性现实只能从直观的或客体的形式去理解，而没有当作实践或从主体方面去理解。正是由于科学的实践观尚未确立，因此，马克思无法真正透视现实社会的内在运行机制，充其量只能以一种政治浪漫主义的方式解决政治问题本身，这是政治批判的逻辑限度。

第三，《1844年经济学哲学手稿》时期，人道主义与社会现实的复调批判叙事。1844年对马克思的思想转变而言是极为重要的一年，除却已经开始的对市民社会的政治经济学解剖，费尔巴哈的人本学唯物主义为马克思的社会批判理论提供了关键的理论支援。马克思坦承，正是费尔巴哈的发现为他的政治经济学批判和整个实证的批判奠定了真正的理论基础，正是在这样一种基础之上，马克思指出，人的类本质是"自由自觉的劳动"，然而在资本主义社会里，由于私有财产的存在，原本作为劳动结晶的产品却反过来成为一

---

① 《马克思恩格斯全集》第1卷，人民出版社1995年版，第376页。
② 《马克思恩格斯全集》第3卷，人民出版社2002年版，第10页。
③ 《马克思恩格斯全集》第3卷，人民出版社2002年版，第37页。
④ 《马克思恩格斯选集》第1卷，人民出版社2012年版，第2页。

种不依赖于生产者的异己存在物而与劳动相对立，这就是所谓的劳动异化，具体来说，体现在劳动者同劳动产品相异化、劳动者同劳动活动相异化、人的类本质同人相异化、人同人相异化四个方面。在私有财产与异化劳动的相互作用下，人的类本质丧失了，于是，只有扬弃私有财产，扬弃自我异化，才能完全复归人性，真正占有人的本质，这就是共产主义的实现。① 不难看出，马克思从人的类本质即自由自觉的劳动这一理论前提出发，引出劳动和人的类本质的异化，以此来说明劳动和资本的对立，进而以扬弃异化实现人性复归为资本主义灭亡和共产主义胜利的历史必然性做论证，这实际上是以抽象人性为理论预设，通过人性异化与复归来展开历史的演进过程，这是一种人本主义异化史观；这也是以自由自觉的劳动作为价值悬设（应然）来批判资本主义社会现实的非人本质（实然），这是一种外在的伦理价值批判。需要特别强调的是，就在马克思关于人的类本质的异化与复归这一显性话语背后，我们还发现了另外一条从客观现实出发的隐性逻辑。这就是，马克思基于这一阶段对市民社会的政治经济学批判，不仅尝试从劳动、实践的角度去思考人的社会本质，明确指出人就是社会中的人，是国家中的人，是世界中的人，而且试图从私有财产的内在矛盾运动——劳动与资本的对立统一——去阐释社会历史的运动机制，从而为共产主义的历史必然性提供论证，而这些在某种意义上又构成对费尔巴哈人本学的反动。这就是 1844 年青年马克思批判理论中的双重逻辑。

第四，《关于费尔巴哈的提纲》《德意志意识形态》时期，以社会现实的内在矛盾分析为批判进路。1845 年是马克思哲学革命的发生之年，随着科学实践观的创立，马克思不仅系统论述了历史唯物主义这一关于"现实的人及其历史发展的科学"，更重要的是，不再从社会现实之外寻找批判理论的支点，而是将批判的前提奠基于现实的人及其物质生产实践活动之上。马克思不仅确立了"现实的人"作为历史的物质前提，而且还提出了一套不同于人本主义异化史观——人的类本质、异化、扬弃、复归——的阐释历史内在动力机制的全新范畴：生产力、分工、交往形式、市民社会，至此唯物主义历史观已然形成。正是从这种生产力与交往关系、经济基础与上层建筑的内在

---

① 《马克思恩格斯文集》第 1 卷，人民出版社 2009 年版，第 185 页。

矛盾运动出发，马克思揭示了"历史不外是各个世代的依次交替"①，每一个历史阶段都是依赖占有前一阶段生产力水平的基础才得以前进，随着分工的细化、交往的扩大，原有的交往形式成了它们发展的桎梏，于是不免要爆发革命，因此，"一切历史冲突都根源于生产力和交往形式之间的矛盾"②。基于这种对历史动力的理解，马克思依次论述了人类五大社会形态的自然历史过程。马克思还明确概括了唯物主义历史观与人道主义历史观的区别所在，即始终立基于现实社会历史，从物质实践出发来解释范畴、观念与意识形态，而非反过来从某种观念、范畴与意识形态出发来解释社会物质实践。正是以这种科学的唯物主义历史观作为理论前提，马克思的社会批判理论才实现了从外在的伦理价值批判向内在的政治经济批判的范式转换，自此之后，马克思基于对市民社会对抗性本质的洞察，不断深化开展对资本主义现代性的批判。

二、批判根基的重塑：内在于实践的社会批判

实践的观点是马克思主义哲学的首要的基本的观点，马克思哲学革命的实现离不开科学的实践观的确立，唯物史观是以现实的人及其物质生产实践活动作为理论前提的，马克思社会批判理论内在逻辑的范式转换同样在很大程度上依赖于实践。如果说黑格尔在《精神现象学》中所确立的是一种"概念的内在批判"，那么，马克思主张的则可以称之为是一种"内在于实践的社会批判"。这种从概念向实践的转变，不仅是内在批判本体论根基的重塑，也是马克思与黑格尔的根本区别所在。如何理解马克思的批判理论是一种内在于实践的社会批判？或者说，实践对马克思的社会批判而言意味着什么？

其一，实践是社会批判的基础。社会批判的前提是对社会生活本质的认识，而构成社会生活本质的只能是实践，除此别无其他。而且，一切试图扭曲特定事实、神化既存教条的行为，在面对实践这一试金石的时候终将原形毕露。这就是说，只有从实践出发，才能揭开遮蔽社会生活本质的诸种意识形态伪饰，才能透视社会现实的内在对抗性本质。进一步说，只有真正理解

---

① 《马克思恩格斯选集》第 1 卷，人民出版社 2012 年版，第 168 页。
② 《马克思恩格斯选集》第 1 卷，人民出版社 2012 年版，第 196 页。

了这种内在于社会实践的矛盾本性，才能把握现代社会的生成性规律、结构化原则以及运动发展的方向和趋势。马克思正是基于唯物主义历史观对社会发展内在动力机制的洞察，展开了对资本主义社会基本矛盾的分析，并由此根据人类社会演进的自然历史过程规律得出资本主义必然灭亡、社会主义必然胜利的结论。由此可见，实践是认识社会结构化本质与历史性趋势的前提，而这种认识论前提恰恰构成了内在性社会批判得以展开的基础。

其二，实践是社会批判的动力。社会批判得以可能，除了需要洞穿社会的内在矛盾本质这一认识论前提之外，还离不开批判者的主体性实践。社会批判作为社会实践的一种方式，就其本质而言，也是主体能动地改造客体的活动，这也就意味着，要想推动社会批判的不断展开，主体必须从理论与实践双重层面上着手，在从理论上把握社会现实的内在对抗性本质的同时，还要对世俗社会的基础进行实践性改造。不难看出，正是理论和实践的双重推动，才使得社会批判没有停留于对既定现实的确证和认同，而是在不断的质疑和否定中实现对现存社会的超越。

其三，实践是社会批判的目的。批判的目的绝不单单在于批判本身，而在于通过批判达到改造现实世界的目的。哲学家的真正任务在于改变而非仅仅是解释我们生活于其中的日常世界。不论对社会现实的理论性诊断，还是对社会病态的实践性治疗，社会批判的最终目的必然是回归实践——在批判旧世界中发现新世界。实践唯物主义不同于以往一切旧唯物主义的最大区别就在于它不再只是直观地理解感性现实，而是将其视为对象性的感性活动，不再只是从客体的形式去理解社会，而是从主体的能动的方面去理解。这就决定了以实践唯物主义作为理论基石的马克思社会批判理论必然具有其鲜明的实践指向性，将通过实践改造旧世界建构新世界作为最终目的。

哈贝马斯在《理论与实践》一书中论及马克思内在于实践的社会批判理论特质及其与黑格尔的关系时，强调理论批判终究只能解决观念的东西，要想治理病态的现实，唯有诉诸实践方能成行。换言之，面对社会现实中的诸种病理性缺陷，只有马克思的内在于实践的批判——而非纯粹的理论批判——才是真正"彻底的批判"，才能摆脱这个现实的束缚。哈贝马斯写道，真正的批判只能是反思性的内在批判，"如果哲学本身还带有它所批判的东西，那么，它就要把世界的缺陷作为它自身的缺陷来反思，并且必须从中来获取批判的自我意识：只有随着它把它所进行的活动作为'批判的实践活动'同实践融合在一起时，它所进行的活动才能取得成功"①。在这里，哈贝马斯不仅鲜明地标示出马克思社会批判理论的实践性根基与内在性本质，而且隐性地暗示出马克思与黑格尔的根本差异所在，这就是马克思对内在批判所进行的重新定向。

三、批判与建构：在批判旧世界中发现新世界

马克思的批判理论是一种内在于实践的社会批判，这样一种"内在批判的实质就是以内含于现代性的解放潜能来批判现代性的异化形式，以内生于现代性的进步趋势来批判现代性的倒退趋势，以内在于现代性的合理要素批判现代性的不合理要素"②。这也就意味着在马克思的社会理论中始终存在着相反相成、对立统一的双重面向：批判与建构，一方面是对资本主义社会现实种种弊端和异化现象的批判，另一方面是对未来共产主义社会即自由人联合体的建构。这样一种有着明确建构性指向的社会批判理论，使得马克思既不同于黑格尔内在批判致力于的"理性与现实的和解"，也不同于阿多诺、马尔库塞等早期批判理论家主张的"崩溃的逻辑"和"大拒绝"，更不同于诸种后现代主义和历史虚无主义的全盘否定和彻底拒斥。

英国著名马克思主义文学评论家特里·伊格尔顿（Terry Eagleton）在谈到马克思主义与现代激进思潮对待现代性态度的区别时明确指认马克思是现代性的"内在批判者"。在他看来，由于马克思主义从根本上抓住了资本主义的内在矛盾——一方面生产财富，另一方面又导致了赤贫——这使得它同时超越了反资本主义的浪漫主义和未来主义这两种现代激进思潮的变种，因此，马克思主义"既是启蒙主义的后裔又是它的内在批判者"③。由此可见，内在批判不仅成为马克思社会批判理论的鲜明特征，而且还使得马克思超越于其

---

① ［德］尤尔根·哈贝马斯：《理论与实践》，郭官义、李黎译，社会科学文献出版社 2010 年版，第 309 页。
② 郗戈：《超越资本主义现代性——马克思现代性思想与当代社会发展》，中国人民大学出版社 2014 年版，第 68 页。
③ ［英］特里·伊格尔顿：《历史中的政治、哲学、爱欲》，马海良译，中国社会科学出版社 1999 年版，第 108 页。

他或进步或倒退的现代激进思潮之上。

如果说黑格尔的内在批判观念致力于实现"理性与现实的和解",霍克海默、阿多诺的"批判在自我兜圈子过程中迷失了方向"[①],那么,马克思的内在社会批判理论则旨在"通过批判旧世界发现新世界"[②]。

事实上,批判与建构的双重性贯穿于马克思哲学的发展过程始终,既体现在马克思在对各种错误思潮的批判中建构自己的理论学说,也体现在马克思的政治实践斗争策略中。马克思在1843年的一封给卢格的信中,对纯粹道德说教的立场进行了尖锐的批判,在此时的马克思看来,我们必须将政治批判的出发点锚定在实际的斗争上,也就是说,将实际斗争等同于批判本身,只有这样,才能不至于面对新原理的教条而俯首称臣,相反,"我们是从世界的原理中为世界阐发新原理"[③]。在这里,马克思明确反对跪倒在新原理的教条面前的愚蠢之举,而主张从现存世界的原理中阐发新原理,这既是对自己内在批判方法的鲜明昭示,也是对自己究竟为什么而斗争的理论自觉。需要特别指出的是,马克思据以批判资本主义社会现实的标准和根据,也是他建构未来理想社会的目标和方向,即建立一个致力于所有人自由全面发展的真正的自由人联合体,这是由马克思社会理论的内在批判本性决定的。

四、批判与矛盾:在黑格尔内部突破黑格尔

矛盾观念是内在批判的核心,内在批判得以可能正是源于社会现实的矛盾本性,或者说,现实事物的矛盾本性是内在批判得以可能的根据。就这一点而言,马克思和黑格尔是一致的。马克思的社会批判进路就是通过对市民社会特别是经济基础之内在矛盾的政治经济学解剖,揭示日常生活世界本身的歧异、分裂和对抗性本质。只有牢牢把握这种对抗性本质,才能实现对社会现实内在矛盾的深层解码,才能理解资本主义社会的结构化特征和动力性规律。在马克思看来,与以往那种陷入教条主义的庸俗化批判相反,真正的批判绝不仅仅拘泥于表层现象,而是力图揭示其背后的深层本质和历史发生,

---

① [德]哈贝马斯:《现代性的哲学话语》,曹卫东译,译林出版社2004年版,第147页。
② 《马克思恩格斯全集》第47卷,人民出版社2004年版,第64页。
③ 《马克思恩格斯全集》第47卷,人民出版社2004年版,第66页。

因此，要想站在哲学的高度上批判现代国家制度，必须在揭示其内在矛盾的同时，解释上述矛盾的历史生成、发展趋势以及如何予以扬弃。这就是说，马克思的批判理论不仅仅要揭示社会现实语境中存在着的对抗性矛盾，而且要解释这些矛盾的形成过程和历史必然性，以及如何克服和超越这些矛盾，这才是马克思所谓"从这些矛盾的本来意义上来把握矛盾"的内在批判方法的精髓。

对马克思而言，批判理论要想在自身对社会的批判立场与个人作为社会构成物的预设之间保持融贯，它就不能从一种外在于自身的社会世界中寻求理论支点，而必须将其自身视为内在于特定社会语境中的，这样一种批判理论才是内在批判。批判理论不能采取一种外在于其考察对象的规范性立场，这样一种去语境化的阿基米德点是站不住脚的。内在批判理论所诉诸的概念必然与其自身的语境相关联，当这一语境本身成为考察对象时，这些概念的性质就与其对象的性质建立了某种内在关联。这就意味着，一种内在批判绝不从一种外在于其对象的概念性立场（应然）来批判性地评价现实所是（实然）；相反，它必须将这种应然定位为其自身语境的一个维度，将其视为内在于现存社会的一种可能性。这样一种批判之所以是内在批判，乃是因为它必须能够自反性地理解自身，并且将自身存在的可能性奠基于其所在社会语境的本性之中。这就是说，如果批判理论是内在融贯的，它就必须将自身立场植根于那些据以理解考察对象的诸社会范畴中，而不是简单地从外面设定上述立场。换句话说，现存的事物必须按照自身的原则被批判性地理解，这样一种理解已经包含着自我批判的可能性。内在批判必须表明其对象并非一个统一的整体，而是充满着对抗性的矛盾。而且，这样一种内在批判要想奠基于现实社会历史的发展，而非诉诸一种超历史的进化论预设，它就必须揭示根本性的社会关系结构及其发展的内在动力机制。

现代社会结构特别是基本社会关系的矛盾性为这样一种内在批判提供了理论基础。这就要求内在批判必须阐明特定社会形态本身所固有的历史动力，以及超越其自身从而指向更高社会形态的辩证动力，而这种内在于"是"的"应该"恰好构成了批判的出发点。由此看来，矛盾不仅构成了社会发展的内在历史动力与前提，而且也是社会批判本身得以可能的逻辑基础。这样一来，社会矛盾观念的重要意义就凸显出来，并且超越了以往那种单纯作为资本主义经济危机根源的狭隘经济学阐释。矛盾绝不能仅仅理解为工人阶级与资本家阶级之间的社会对抗，毋宁说，矛盾直接表征着一个社会的基本结构，以及内在于社会基本结构的一种自我生成的非同一性，正是这种非同一性决定了想要构成一种超稳定的同质性整体不过是意识形态的幻象。

马克思的社会批判理论就是以这样一种内在社会矛盾观念为基础的，他不仅揭示了资本主义社会的内在对抗性矛盾及其动力机制、发展趋势，而且将其分析奠基于资本主义社会中劳动的历史具体性特征上。借助这样一种分析，马克思不仅将其批判理论建立在一种自反性的、认识论上融贯的基础之上，而且与那些所谓的普遍人类历史发展逻辑彻底决裂。马克思对资本主义的内在批判不在于简单地以理想悬设反对社会现实，这种内在批判的实质性目标在于揭露自由、平等、民主等资产阶级意识形态及其所掩饰的剥削、压迫、奴役等残酷事实。马克思基于对资本主义社会中劳动的历史具体性分析，并没有仅仅停留于对资产阶级社会表层现象的批判、质疑和否定，他在《资本论》中所展开的内在批判则深入分析了表层社会现象背后的潜在社会总体本身。马克思努力同时把握表层现象与潜在现实，并指向一种可能的历史超越，就是说，马克思试图在对资本主义社会现实与理想的解释中，指明二者的历史规定性特征。于是，理论对象的历史具体性以这样一种方式说明了理论自身的历史具体性。

在马克思那里，内在批判的充分性依赖于批判范畴的历史具体性，就是说，要能够充分反映资本主义社会的现实，而且作为一种历史批判的范畴，还必须揭示社会发展的内在动力，以及一种历史性否定的可能，即指向一种内在于"是"的"应该"。我们说社会现实是充满矛盾的，反映这种基本社会结构的范畴也必须揭示这种矛盾，只有范畴本身表现出这种矛盾并试图超越这一现存的总体性，内在批判才能避免陷入实证科学的窠臼，这种内在于现存社会的超越性潜能构成了内在批判的可能基础。具有解放性指向的内在批判范畴必须充分地把握资本主义社会中诸种不自由的规定性基础，以便扬弃它们，使自由社会的可能性得以现实化。

这就是说，对马克思的批判理论而言，内在批判有其实践指向，即促进社会政治转型的实现。内在批判不仅反对那种单方面确证现存秩序的辩护性立场，而且也反对那种对现存秩序的乌托邦式批判，因为这两种主张的立足点都外在于其对象本身,而非基于其内在潜能。只有诉诸马克思式的内在批判揭示出其内在的可能性与现实的潜能,才能在行动上推动社会转型的实现。

第二节　人道主义的视界:在历史观与价值观之间

著名学者乔治·麦卡锡(George E. McCarthy)在分析马克思社会批判理论的规范基础时指出,马克思"在前期运用费尔巴哈的方法所进行的内在批判或后期基于需求理论和社会民主的批判的形式中,作为资本主义规范性批判之基础的伦理学变得极为重要,批判科学确实基于一个伦理的基础"①,这就是马克思批判理论的人道主义视界。

马克思主义与人道主义的关系是马克思主义哲学史研究中的一个重要问题,它不仅在国外马克思主义研究学界——随着马克思的《1844年经济学哲学手稿》在1932年的出版——曾引发过"人道主义的马克思主义"与"科学主义的马克思主义"之间的激烈交锋,而且在20世纪70年代末80年代初我国理论界关于人道主义与异化问题的大讨论中亦成为最具争议性的焦点问题,对这一重大理论关系问题的理解程度和认识水平直接影响着我们如何认识和对待马克思主义,也直接关系着我们能否树立一种科学的马克思主义观。回顾总结马克思批判理论的人道主义视界,厘清相关争论与异议分歧,对于我们正确理解马克思主义与人道主义的关系以及深化马克思批判理论研究具有重要意义。

在以往的解读中,存在两种代表性的观点,其一认为,马克思主义是人道主义,或者确切地说,马克思主义是"现实的人道主义""真正的人道主义""实践的人道主义",应该承认,这些表述确实言之有据,尤其是在马克思的早期文本中;其二认为,马克思主义是"理论上的反人道主义","援引马克思的话来复辟人本学或人道主义的理论,任何这种企图在理论上始终是徒劳。而在实践中,它只能建立起马克思以前的意识形态大厦,阻碍真实

---

① [美]乔治·麦卡锡:《马克思与古人——古典伦理学、社会正义和19世纪政治经济学》,王文扬译,华东师范大学出版社2011年版,第266页。

历史的发展，并可能把历史引向绝路"①。如果说前一种观点是借助马克思的早期著作试图将马克思主义人道主义化，后一种观点则走向了另一个极端，将马克思主义与人道主义截然对立起来。我们认为，这两种观点都不符合马克思批判理论的历史与逻辑，为了全面阐明马克思与人道主义的真实关系，破除片面的教条的理解甚至歪曲经典作家著作的做法，正确的态度应该是将马克思关于人道主义观点的考察置于其批判理论演进的真实历史过程之中，同时对人道主义予以历史观和价值观的划界。

一、方法论的自觉：划界、历史与总体

方法决定视域，高度的方法论自觉是我们完整准确地理解马克思主义经典作家及其著作的关键。在具体展开马克思批判理论与人道主义关系的基本观点之前，交代一下正确理解这一问题的三个方法论原则——划界的方法、历史的方法、总体的方法——是极为必要的，这不仅符合经典作家本人的立场、观点和方法，更重要的，这也有助于我们规避以往学界在这一问题上的诸多认识论误区和陷阱。

其一，划界的方法。众所周知，人道主义（humanism）本身是一个历史范畴，它作为一种社会思潮不仅经历了14至16世纪欧洲文艺复兴时期自然主义的人道主义、17至18世纪启蒙运动时期理性主义的人道主义、19世纪英法空想社会主义的人道主义以及德国的人道主义等历史阶段，而且存在着资产阶级人道主义、社会主义人道主义、宗教人道主义等具体形态。这就要求我们在理解马克思主义与人道主义的关系时必须树立划界意识，厘清后者的双重性具体内涵，明确区分作为世界观和历史观的人道主义与作为伦理原则和道德规范的人道主义，明确区分人道主义历史观与处理社会生活和人际关系的人道主义原则，明确区分作为资产阶级意识形态的抽象的人道主义与包含在马克思主义体系内部的马克思主义的人道主义（以及社会主义的人道主义、革命的人道主义）。混淆这两种类型、性质、层次的人道主义是以往在讨论马克思主义与人道主义关系时之所以众说纷纭的重要原因。

其二，历史的方法。熟悉马克思主义哲学史的人知道，马克思的思想发

---

① ［法］阿尔都塞：《保卫马克思》，顾良译，商务印书馆2010年版，第226页。

展经过了从黑格尔唯心主义到费尔巴哈人本学唯物主义再到辩证唯物主义和历史唯物主义、从革命民主主义到一般共产主义再到科学共产主义的双重转变。这就意味着马克思的思想进展绝非一个同质性连续性渐进性的过程，而是存在着认识上的断裂、转折和质变。即便只就作为历史观的人道主义（如费尔巴哈的人本学）——从抽象的人性论出发，将历史视为是一个人性不断异化继而扬弃异化实现人性复归的过程——而言，马克思也经历了一个从接受到批判的转变过程。这就是我们为什么不能笼而统之地将马克思主义归结为（或对立于）人道主义，而应该历史性地审视经典作家们在不同历史时期对待人道主义的差异性态度。由此可见，历史的方法是我们破解马克思主义与人道主义关系难题、走出"归结论"与"对立论"误区的一把必备的锁钥。

其三，总体的方法，即辩证的方法。正如卢卡奇所言，"辩证法不顾所有这些孤立的和导致孤立的事实以及局部的体系，坚持整体的具体统一性"①，这种辩证的总体的方法实际上"是能够在思维中再现和把握现实的唯一方法"②。以往在马克思主义与人道主义的关系问题上之所以出现"人道主义的马克思主义"与"科学主义的马克思主义"的对诘、"归结论"与"对立论"的抵牾，从方法论上看都是割裂了个别与一般、个性与共性、局部与整体的辩证关系所致，因此，要么只看到《1844年经济学哲学手稿》中人的类本质的异化与复归之显性话语，就说马克思是人道主义的，从而忽视了其中蕴含的另一条从客观现实出发的隐性逻辑，甚至忽视了马克思创立唯物史观后对费尔巴哈人本学"哲学信仰的清算"；要么只看到马克思对资产阶级人道主义价值观之虚伪性的批判，就说马克思是反人道主义的，从而忽视了他对其历史进步作用的肯定，对其合理因素和优秀遗产的批判继承，甚至忽视了马克思主义中所始终包含的肯定人的价值、维护人的尊严、捍卫人的权利、尊重人的利益的人道精神，正义、自由、平等、仁爱的人道原则，以及实现个人自由全面发展与人类解放的人道理想。这就要求我们从总体上把握马克思主义与人道主义的关系，既要看到马克思等经典作家对人道主义历史观的否定，

---

① ［匈］卢卡奇：《历史与阶级意识》，杜章智等译，商务印书馆1999年版，第55页。
② ［匈］卢卡奇：《历史与阶级意识》，杜章智等译，商务印书馆1999年版，第59页。

也要看到他们对人道主义价值观的扬弃；既要看到《1844 年经济学哲学手稿》中对费尔巴哈人本学的认同，也要看到《德意志意识形态》中唯物史观对人道主义历史观的超越；既要看到马克思的唯物史观为人道主义提供了科学理论基础，也要看到人道主义使唯物史观具有了内在价值取向，二者相辅相成、辩证统一，共同体现了马克思主义人道主义的整体性。这是理解马克思批判理论之人道主义视界的方法论自觉。

二、人道主义历史观的原初认同

众所周知，马克思历史观的演变经历了一个从人道主义历史观向唯物主义历史观的转变过程。这一转变的实现得益于马克思在"对市民社会的政治经济学解剖"基础上对费尔巴哈人本学理论框架的超越，大体上以《关于费尔巴哈的提纲》和《德意志意识形态》为界。

所谓人道主义历史观，是指从抽象的人性论预设出发，即认为存在一种普遍的永恒的人性，人类历史就是一个人性不断异化继而扬弃异化实现人性复归的过程，就其实质而言，这是一种唯心主义历史观。正是在这一意义上，尽管从《博士论文》到《莱茵报》时期的马克思还处于青年黑格尔派特别是黑格尔自我意识哲学的统摄之下，但在历史观上实际是人道主义的，因为在后者看来，人类历史就是"绝对精神"不断外化从而实现自身的过程。马克思写道，"一个本身自由的理论精神变成实践的力量，并且作为一种意志走出阿门塞斯的阴影王国，转而面向那存在于理论精神之外的世俗的现实"[①]，自由是"全部精神存在的类本质"，"因为对人说来，只有是自由的实现的东西，才是好的"[②]。在这里，马克思把自由理解为人作为精神存在物的类本质，人类历史就是自我意识向现实的转化。

从《德法年鉴》到《1844 年经济学哲学手稿》时期，费尔巴哈的人本学唯物主义对马克思解决"现实物质利益的难题"进而批判黑格尔唯心主义产生了深远影响。马克思坦承："对国民经济学的批判，以及整个实证的批判，全靠费尔巴哈的发现给它打下真正的基础。从费尔巴哈起才开始了实证的人

---

① 《马克思恩格斯全集》第 40 卷，人民出版社 1982 年版，第 258 页。
② 《马克思恩格斯全集》第 1 卷，人民出版社 1995 年版，第 171 页。

道主义的和自然主义的批判。费尔巴哈的著作越是得不到宣扬,这些著作的影响就越是扎实、深刻、广泛和持久;费尔巴哈著作是继黑格尔的《现象学》和《逻辑学》之后包含着真正理论革命的唯一著作。"① 在此时的马克思看来,"费尔巴哈是唯一对黑格尔辩证法采取严肃的、批判的态度的人",其伟大功绩在于"证明了哲学不过是变成思想的并且通过思维加以阐明的宗教,不过是人的本质的异化的另一种形式和存在方式"②。正是在费尔巴哈人本学的影响之下,马克思不但开始了他对黑格尔的批判,而且展开了他的人道主义言说。

其一,马克思不仅在文本表述上直接将自己的共产主义称作"完成了的人道主义""实践的人道主义""积极的人道主义""以扬弃私有财产作为自己的中介的人道主义",而且在共产主义必然性的论证思路上也采用了人的类本质的异化与复归这一经典人道主义历史观框架。

在马克思看来,共产主义就是人道主义的实现。他明确写道:"正像无神论作为神的扬弃就是理论的人道主义的生成,而共产主义作为私有财产的扬弃就是要求归还真正人的生命即人的财产,就是实践的人道主义的生成一样;或者说,无神论是以扬弃宗教作为自己的中介的人道主义,共产主义则是以扬弃私有财产作为自己的中介的人道主义。只有通过对这种中介的扬弃——但这种中介是一个必要的前提——积极地从自身开始的即积极的人道主义才能产生。"③ 与此同时,马克思还指认这种共产主义"作为完成了的自然主义,等于人道主义,而作为完成了的人道主义,等于自然主义"④。

那具体的论证思路如何呢?马克思指出,人的类本质是"自由自觉的劳动",然而在资本主义社会里,由于私有财产的存在,"劳动所生产的对象,即劳动的产品,作为一种异己的存在物,作为不依赖于生产者的力量,同劳动相对立"⑤,这就是所谓的劳动异化,具体来说,体现在劳动者同劳动产品相异化、劳动者同劳动活动相异化、人的类本质同人相异化、人同人相异化

---

① 《马克思恩格斯文集》第1卷,人民出版社2009年版,第112页。
② 《马克思恩格斯文集》第1卷,人民出版社2009年版,第199—200页。
③ 《马克思恩格斯文集》第1卷,人民出版社2009年版,第216页。
④ 《马克思恩格斯文集》第1卷,人民出版社2009年版,第185页。
⑤ 《马克思恩格斯文集》第1卷,人民出版社2009年版,第156页。

四个方面。在这里,"尽管私有财产表现为外化劳动的根据和原因,但确切地说,它是外化劳动的后果……后来,这种关系就变成相互作用的关系"①。在这种私有财产与异化劳动的相互作用下,人的类本质丧失了,于是,"共产主义是对私有财产即人的自我异化的积极的扬弃,因而是通过人并且为了人而对人的本质的真正占有;因此,它是人向自身、也就是向社会的即合乎人性的人的复归,这种复归是完全的复归,是自觉实现并在以往发展的全部财富的范围内实现的复归"②。不难看出,这种论证方法实际上仍未摆脱人性的异化与复归这一人道主义历史观的经典公式。

其二,在对历史的出发点——人的理解上,马克思主张人是类存在物,人的类本质是自由自觉的劳动,这是人之为人的生存论根据,也是人与动物的异质性所在。

费尔巴哈认为:"理性、爱、意志力,这就是完善性,这就是最高的力,这就是作为人的人底绝对本质,就是人生存的目的。"③ 马克思则进一步提出,自由的有意识的活动才是人的类本质,动物和自己的生命活动是直接同一的,而人则使自己的生命活动本身变成自己意识的对象,换句话说,人是一种对象性的存在物。应该说这一点是深刻的,确实超出了费尔巴哈。不过作为人的类本质、类特性、类生活的"自由自觉的活动"终究只是一种理论预设,无论对于原始社会等前资本主义社会,还是资本主义社会,乃至未来的共产主义社会,这都是不切实际的幻想,因为人类历史上根本不可能存在这样一种纯粹逻辑的"人本身",这仍旧是一种"抽象人"的假设。由此可见,尽管在对类本质的具体界定上存在些许差异,但这时的马克思还是在重复着费尔巴哈人本学的典型表述——"人是人的最高本质""人的根本就是人本身",马克思甚至得出结论:"德国唯一实际可能的解放是以宣布人是人的最高本质这个理论为立足点的解放。"④

其三,马克思在对历史的生成机制的理解上,认为整个所谓世界历史不外是人通过人的劳动而诞生的过程,是自然界对人来说的生成过程。历史的

---

① 《马克思恩格斯文集》第 1 卷,人民出版社 2009 年版,第 166 页。
② 《马克思恩格斯文集》第 1 卷,人民出版社 2009 年版,第 185 页。
③ 《费尔巴哈哲学著作选集》下卷,荣震华等译,商务印书馆 1984 年版,第 28 页。
④ 《马克思恩格斯选集》第 1 卷,人民出版社 2012 年版,第 16 页。

全部运动作为共产主义的现实的生成活动，以私有财产的经济运动即劳动与资本的对立统一作为其经验基础。

作为费尔巴哈人本学之核心的异化思路——宗教不过是人的本质的异化——对马克思的影响不仅体现在后者对共产主义必然性的论证与人的类本质的规定上，而且还直接形塑了他对历史运动机制的理解。在马克思看来，"历史之谜的解答"取决于共产主义的实现，因为"它是人和自然界之间、人和人之间的矛盾的真正解决，是存在和本质、对象化和自我确证、自由和必然、个体和类之间的斗争的真正解决"①。这样一来，历史的生成机制在经验论层面就表现为这种共产主义的现实的产生活动，而尚未完成的共产主义则从个别的与私有财产相对立的历史形态中为自己寻找历史的证明，在现存的事物中寻找证明。于是，私有财产所必然经历的运动，即劳动、资本以及二者的对立统一关系，就构成了整个革命运动的经济原动力。正是在这一意义上，马克思才说："我们把私有财产的起源问题变为外化劳动对人类发展进程的关系问题，就已经为解决这一任务得到了许多东西。"② 尽管如此，但马克思从人的类本质即自由自觉的劳动这一理论前提出发，引出劳动和人的类本质的异化，以此来说明劳动和资本的对立，进而以扬弃异化实现人性复归为资本主义灭亡和共产主义胜利的历史必然性做论证，实际上依然是以抽象的人的本质作为衡量历史的尺度与历史变迁的动力，依然是一种思辨的人道主义历史观。

需要特别强调的是，就在马克思关于人的类本质的异化与复归这一显性话语背后，我们还发现了另外一条从客观现实出发的隐性逻辑。这就是，马克思基于这一阶段对市民社会的政治经济学批判，不仅尝试从劳动、实践的角度去思考人的社会本质，指认"人不是抽象的蛰居于世界之外的存在物。人就是人的世界，就是国家，社会"③，而且试图从私有财产的内在矛盾运动——劳动与资本的对立统一——去阐释社会历史的运动机制，从而为共产主义的历史必然性提供论证，而这些在某种意义上又构成对费尔巴哈人本学

---

① 《马克思恩格斯文集》第1卷，人民出版社2009年版，第185页。
② 《马克思恩格斯文集》第1卷，人民出版社2009年版，第168页。
③ 《马克思恩格斯选集》第1卷，人民出版社2012年版，第1页。

的反动。这就是 1844 年青年马克思思想中的双重逻辑。总的来说,此时的马克思正处于破旧立新的思想转折时期,虽然在历史的出发点、动力机制与发展趋势等方面还处于人道主义历史观的总体统摄之下,但已然孕育了某些历史唯物主义的思想萌芽,这两方面是同时存在的,后者的破土而出之际正是马克思的唯物史观诞生之时。

三、人道主义历史观的彻底清算

尽管在《神圣家族》中,马克思(与恩格斯一道)尚未彻底摆脱费尔巴哈的人道主义历史观,甚至还继续使用"现实人道主义"[①](旧版译作"真正的人道主义")的概念,但毕竟在接近历史唯物主义的道路上前进了一步,他提出:"现实的、活生生的人在创造这一切,拥有这一切并且进行战斗。并不是'历史'把人当做手段来达到自己——仿佛历史是一个独具魅力的人——的目的。历史不过是追求着自己目的的人的活动而已。"[②] 马克思真正关键的哲学革命发生在 1845 年《关于费尔巴哈的提纲》以及随后的《德意志意识形态》中,此后的马克思不仅没有再把自己的思想指认为"人道主义",而且更重要的是以在科学实践观基础上刚创立的唯物主义历史观这一"关于现实的人及其历史发展的科学"取代了费尔巴哈的抽象人本学,从而实现了对人道主义历史观的"彻底清算"与批判超越。

其一,关于人的本质,马克思明确批判了费尔巴哈的"抽象的人",系统阐述"现实的人",主张人的本质"在其现实性上,是一切社会关系的总和",是实践的历史的社会存在,从而将历史的前提奠基于现实的人及其物质生产实践活动之上。

在"包含着新世界观的天才萌芽的第一个文件"中,马克思首先将矛头对准了费尔巴哈的人本学,批判他将人理解为一种抽象的孤立的生物性个体,"理解为一种内在的、无声的、把许多个人自然地联系起来的普遍性"[③],与之相反,他将人置于现实的社会关系中,主张"新唯物主义的立脚点是人类

---

① 《马克思恩格斯文集》第 1 卷,人民出版社 2009 年版,第 253 页。
② 《马克思恩格斯文集》第 1 卷,人民出版社 2009 年版,第 295 页。
③ 《马克思恩格斯选集》第 1 卷,人民出版社 2012 年版,第 135 页。

社会或社会的人类",而且"全部社会生活在本质上是实践的"①,由此就揭示了现实的人的两个根本特征——社会性与实践性。到了《德意志意识形态》,马克思则明确提出"全部人类历史的第一个前提无疑是有生命的个人的存在","这是一些现实的个人,是他们的活动和他们的物质生活条件,包括他们已有的和由他们自己的活动创造出来的物质生活条件"②,他反复强调,这里所说的个人并非想象中的而是现实中的个人,这些个人是从事活动的,进行物质生产的,因而是在一定的物质的、不受他们任意支配的界限、前提和条件下活动着的。不难看出,马克思特别强调物质生活条件与物质生产实践活动对人的生存论意义,因为"人们为了能够'创造历史',必须能够生活。但是为了生活,首先就需要吃喝住穿以及其他一些东西。因此第一个历史活动就是生产满足这些需要的资料,即生产物质生活本身,而且,这是人们从几千年前直到今天单是为了维持生活就必须每日每时从事的历史活动,是一切历史的基本条件"③。在这里,马克思之所以特别突出物质生产对现实的人的构成性作用,一方面是为了继续批判费尔巴哈只把人理解为"感性直观""感性的对象"而非"感性的活动",从而彻底解构人道主义历史观的假想前提;另一方面也是为了从结构和历史两个维度深化自己人的学说:现实的人是总体性的社会存在,而非碎片化的虚幻想象;现实的人是生成性的实践存在,而非现成性的物化实体。

其二,在对社会结构与历史动力的理解上,马克思彻底抛弃了费尔巴哈关于类本质、异化等人道主义历史叙事话语,主张"市民社会是全部历史的真正发源地和舞台",着重从生产力与交往形式(之后用"生产关系")、经济基础与上层建筑的内在矛盾运动来揭示人类社会历史的演进是一个自然历史的过程。

马克思不仅确立了"现实的人"作为历史的物质前提,而且还提出了一套不同于人道主义历史叙事话语——人的类本质、异化、扬弃、复归——的阐释历史动力机制的全新范畴:生产力、分工、交往形式、市民社会,至此

---

① 《马克思恩格斯选集》第1卷,人民出版社2012年版,第135—136页。
② 《马克思恩格斯选集》第1卷,人民出版社2012年版,第146页。
③ 《马克思恩格斯选集》第1卷,人民出版社2012年版,第158页。

唯物主义历史观已然形成，"这种历史观就在于：从直接生活的物质生产出发阐述现实的生产过程，把同这种生产方式相联系的、它所产生的交往形式即各个不同阶段上的市民社会理解为整个历史的基础，从市民社会作为国家的活动描述市民社会，同时从市民社会出发阐明意识的所有各种不同的理论产物和形式，如宗教、哲学、道德等等，而且追溯它们产生的过程"[1]。正是从这种生产力与交往形式、经济基础与上层建筑的内在矛盾运动出发，马克思揭示了"历史不外是各个世代的依次交替"，历史的每一阶段都利用以前各代遗留下来的生产力，随着分工的细化、交往的扩大，原有的交往形式成了它们发展的桎梏，于是不免要爆发革命，因此，"一切历史冲突都根源于生产力和交往形式之间的矛盾"[2]。基于这种对历史动力的理解，马克思依次论述了人类社会形态的自然史过程：部落所有制、古典古代的公社所有制和国家所有制、封建的或等级的所有制、资本主义所有制以及未来的共产主义所有制。马克思还明确概括了唯物主义历史观与人道主义历史观的区别所在："它不是在每个时代中寻找某种范畴，而是始终站在现实历史的基础上，不是从观念出发解释实践，而是从物质实践出发来解释各种观念形态。"[3] 换言之，此时的马克思不仅告别了人道主义的观念前提，而且在历史阐释的规范基础上实现了从异化向实践的科学转换。

其三，关于世界历史发展趋势与共产主义的必然性，马克思不再遵循人性的异化与复归模式，而是从"生产力与交往形式之间的矛盾"出发对历史向世界历史的转变以及共产主义的生成进行论证，指出："共产主义对我们来说不是应当确立的状况，不是现实应当与之相适应的理想。我们所称为共产主义的是那种消灭现存状况的现实的运动。"[4]

在对以往人类社会形态的演进做出了历史唯物主义的深刻阐释之后，为了从总体上驳倒人道主义历史观，马克思还需要对共产主义进行科学论证。但此时的马克思已经不再像1844年那样将共产主义视为"异化的积极扬弃""人性的复归"，而是基于物质生产方式的内在矛盾对其必然性做出了新的说

---

[1] 《马克思恩格斯选集》第1卷，人民出版社2012年版，第171页。
[2] 《马克思恩格斯选集》第1卷，人民出版社2012年版，第196页。
[3] 《马克思恩格斯选集》第1卷，人民出版社2012年版，第172页。
[4] 《马克思恩格斯选集》第1卷，人民出版社2012年版，第166页。

明:"共产主义和所有过去的运动不同的地方在于:它推翻一切旧的生产关系和交往关系的基础,并且第一次自觉地把一切自发形成的前提看做是前人的创造,消除这些前提的自发性,使这些前提受联合起来的个人的支配。因此,建立共产主义实质上具有经济的性质,这就是为这种联合创造各种物质条件,把现存的条件变成联合的条件。"① 在这里,马克思特别强调"联合"之于实现共产主义的重要性,而联合的实现是以私有制和分工的消灭、现代生产力的发展、普遍交往的扩大和世界市场的存在为前提的。因此,无产阶级只有在世界历史意义上才能存在,共产主义只有在世界历史的条件下才有可能实现。正是在这一意义上,马克思喊出了那句著名的口号:"实际上,而且对实践的唯物主义者即共产主义者来说,全部问题都在于使现存世界革命化,实际地反对并改变现存的事物。"② 不难看出,这样一种作为"现实的运动"的共产主义已经离费尔巴哈那种人道主义式"理想的应当"相去甚远。此外,马克思还据此尖锐批判了当时仍旧以人的"内在本性"为理论基石的所谓"真正的社会主义者"。

在新世界观形成之后,随着政治经济学批判的日益深入,马克思继续在其后续著作中深化了对"现实的人"的理解,强化了对"抽象人性论"这一人道主义历史观基础的批判,细化了对共产主义的科学论证。首先,明确提出"生产关系"概念,并指认其对社会关系的构成性和优先性(如黑人与纺纱机的经典段落),在《资本论》中对作为雇佣劳动与资本之人格化的工人和资本家进行了深层分析;其次,强调人性的历史性,反对人性的抽象化,主张"整个历史也无非是人类本性的不断改变而已"③,在《1857—1858年经济学手稿》中,结合三大社会形态的变迁论证人性发展的历史性;再次,从不同角度细化对共产主义的论证,在《哥达纲领批判》中具体分析"两个阶段"以及必然王国向自由王国的飞跃,在《资本论》及其手稿中对自由时间和发展空间的论述,以及晚年人类学与历史学笔记的再探索。总之,与马克思批判理论的不断发展相伴随的,是唯物主义历史观的日益完善,也是他对

---

① 《马克思恩格斯选集》第1卷,人民出版社2012年版,第202页。
② 《马克思恩格斯选集》第1卷,人民出版社2012年版,第155页。
③ 《马克思恩格斯选集》第1卷,人民出版社2012年版,第252页。

人道主义历史观的不断批判，而这一过程又依赖于政治经济学研究的深入开展。

四、人道主义价值观的在场

尽管马克思在对历史的前提、动力和趋势的理解上与人道主义历史观彻底划清了界限，但这并不意味着马克思同时放弃了维护人的尊严、肯定人的价值、捍卫人的权利、尊重人的利益的人道精神，正义、自由、平等、仁爱的人道原则，以及实现个人自由全面发展与人类解放的人道理想，换言之，马克思并没有完全否定人道主义价值观的合理性，否定马克思主义人道主义的可能性。相反，这是马克思批判理论的重要底色。

第一，马克思明确指认价值观是一个历史和阶级的范畴，在承认人道主义价值观在资本主义上升时期，尤其是在反对宗教神学、反对封建制度、确立并巩固资产阶级统治方面发挥过积极进步作用的同时，他还着力分析了资产阶级人道主义价值观的狭隘性、虚伪性与有害性。

在马克思看来，价值观作为一种意识形态，并非人们生来就有的，而是历史的产物，并且随着社会历史的条件的改变而不断变化发展，这是社会存在决定社会意识的基本原理。马克思一方面肯定人道主义价值观"在历史上曾经起过非常革命的作用"[①]，另一方面也看到自由、平等、民主等所谓的人权"无非是市民社会的成员的权利"[②]，就是说，仅仅是资产阶级成员的权利。正是在这种深刻洞见的基础上，马克思对于那些鼓吹自由、平等、博爱的形形色色的机会主义思潮进行了尖锐的讽刺和批判，他在致左尔格的信中曾说，"这些人想使社会主义有一个'更高的、理想的'转变，就是说，想用关于正义、自由、平等和博爱的女神的现代神话来代替它的唯物主义的基础"[③]，而这对于当时的工人阶级和社会主义运动而言无疑是极为有害的。此外，马克思还鲜明地批判了所谓的"人道学派""博爱学派"，他在《哲学的贫困》中写道，"其次是人道学派，这个学派对现时生产关系的坏的方面倒是

---

① 《马克思恩格斯选集》第1卷，人民出版社2012年版，第402页。
② 《马克思恩格斯文集》第1卷，人民出版社2009年版，第40页。
③ 《马克思恩格斯选集》第4卷，人民出版社2012年版，第522页。

放在心上的。为了不受良心的责备,这个学派想尽量缓和现有的对比;他们对无产者的苦难以及资产者之间的剧烈竞争表示真诚的痛心;他们劝工人安分守己,好好工作,少生孩子","博爱学派是完善的人道学派。他们否认对抗的必然性;他们愿意把一切人都变成资产者;他们愿意实现理论,只要这种理论与实践不同而且本身不包含对抗"①。在这里,马克思不仅指出了这些人道主义鼓吹者的"资产者"之阶级性质,而且揭示了他们试图"否认对抗"、缓解矛盾、维护现存秩序的改良主义实质。

第二,在批判资产阶级人道主义价值观的同时,马克思继承了历史上人道主义价值观中的合理成分和优秀精髓,特别是吸收了其中蕴含的人道精神、人道原则,提出了人类解放的人道理想,从而为作为价值观形态的马克思主义人道主义的存在从文本表述和理论逻辑上做出了科学的说明,同时扩展了马克思批判理论的人道主义视界。

从文本表述上考察,尽管创立唯物史观之后的马克思不再用"人道主义"的字眼来概括自己的思想,但他并没有放弃使用"人道"一词,需要加以辨识的是,马克思此时的人道言说仅仅是在价值观层面而非历史观层面。换句话说,对于成熟的马克思而言,他已经实现了对历史上诸种人道主义的一种批判性转化,对其中包含的价值观精髓进行了继承性创新,主要表现为对人的尊严和价值的尊重。在总结巴黎公社历史经验时,马克思写道:"公社提供合理的环境,使阶级斗争能够以最合理、最人道的方式经历它的几个不同阶段"②,很明显,这里的"人道"是在价值观意义上使用的,指的是在阶级斗争中要将对方当成人。从理论逻辑上透视,人道主义价值观构成了马克思批判理论特别是其唯物史观的价值指向与精神动力。这主要表现为马克思对共产主义社会——个人自由全面发展与人类解放——这一人道理想的构想和追求。马克思的两段经典表述如下,在《共产党宣言》中,"代替那存在着阶级和阶级对立的资产阶级旧社会的,将是这样一个联合体,在那里,每个人的自由发展是一切人的自由发展的条件"③。在《资本论》中,他将共产主义社

---

① 《马克思恩格斯选集》第1卷,人民出版社2012年版,第235页。
② 《马克思恩格斯选集》第3卷,人民出版社2012年版,第143页。
③ 《马克思恩格斯选集》第1卷,人民出版社2012年版,第422页。

会称为"一个更高级的、以每一个个人的全面而自由的发展为基本原则的社会形式"①。不难看出，共产主义作为人道主义的最高理想推动着广大无产阶级不断推翻现存制度对人的奴役、压迫，彻底消除剥削、异化等非人道现象，在每个个人自由而全面发展的基础上最终实现全人类的解放。

第三，尽管青年马克思在受费尔巴哈人本学影响时期曾经基于人道主义价值观对资产阶级社会进行过外在的伦理批判，但随着政治经济学研究的深入，马克思将其社会批判理论的规范基础置于科学的唯物史观特别是生产方式的矛盾运动之上，从而实现了马克思主义与人道主义价值观的内在统一。

由于1844年的马克思尚处于人道主义唯心史观的统摄之下，他据以分析批判资本主义社会的理论武器还是费尔巴哈式人性的异化与复归范式，这就决定了此时马克思的批判理论充其量是一种外在的伦理价值批判，当然我们不能否认这种批判中蕴含了强烈的人道主义价值情怀。他在《〈黑格尔法哲学批判〉导言》中写道："德国理论的彻底性的明证，亦即它的实践能力的明证，就在于德国理论是从坚决积极废除宗教出发的。对宗教的批判最后归结为人是人的最高本质这样一个学说，从而也归结为这样的绝对命令：必须推翻使人成为被侮辱、被奴役、被遗弃和被蔑视的东西的一切关系。"② 马克思的深刻之处在于，他并没有停留于对诸种侮辱人、奴役人、遗弃人、蔑视人的非人现象进行道德评判，而是进一步揭示出上述现象得以产生的深层社会历史根源。随着唯物史观的发现，马克思将对社会现实的诊断和批判建立在对于生产力与生产关系、经济基础与上层建筑之间的矛盾运动基础之上，从而实现了从外在的人道主义批判向内在的政治经济学批判的转换，这种转换的完成并不意味着前者的消解，而是说二者实现了在更高层面上的共存和统一，人道主义价值观为唯物主义历史观提供内在的价值指向，唯物主义历史观为人道主义价值观奠定科学的理论基础，由此，马克思主义的人道主义得以证成，马克思批判理论的人道主义视界得以敞开。

综上所述，尽管青年马克思曾经认同人道主义并且确实以之指称自己的理论创构，但随着对市民社会的政治经济学解剖日益深入，马克思在历史的

---

① 《马克思恩格斯文集》第2卷，人民出版社2012年版，第267页。
② 《马克思恩格斯选集》第1卷，人民出版社2012年版，第10页。

出发点、动力机制与发展趋势等方面逐渐摆脱了人道主义历史观的总体统摄，告别了类本质、异化与复归等叙事话语，从而实现了社会批判理论从外在的伦理价值批判向基于生产方式内在矛盾的政治经济学批判的转换，以科学的唯物史观批判超越了抽象的人道史观。但是这种对人道主义历史观的"彻底清算"并不意味着马克思完全否定了人道主义价值观的合理性，在批判继承人道主义优秀遗产——人道精神、人道原则与人道理想——的基础上，马克思为作为价值观形态的马克思主义人道主义之存在从文本表述和理论逻辑上做出了科学的说明和论证，至此，实现了唯物主义历史观与人道主义价值观的内在统一。

不可否认，马克思早期的社会批判理论确实基于人道主义的伦理基础，但如果缺少政治经济学批判对资本主义社会的结构性分析和历史性批判，真正的伦理批判也是不可能的。"纯粹的伦理理论不可能深入到社会表象背后的真实原因和潜能当中：它既不能从历史上说明社会压迫的原因并考察持续不断的剥削和异化的制度结构，也不能为社会变革提供现实的可能性。缺少了政治经济学，伦理学将变成另一种形式的神秘意识和抽象的普遍性。"[①] 麦卡锡的这一论断准确地指出了马克思社会批判理论中蕴含的两条此消彼长，但不可缺一的双重逻辑。

第三节 总体性研究取径：哲学与社会科学的联盟

对于马克思而言，资本主义社会是一种总体性的存在，资本主义生产方式是一种"难以察觉的实体"，这就决定了要想科学地把握资本主义社会现实并对其展开彻底的批判，纯粹依靠经验直观的实证主义不仅在理论上是不可能的，而且在实践上极易坠入资产阶级的隐蔽陷阱。正确的道路是马克思当年通过哲学与社会科学的联盟所开辟的总体性批判策略，表现在马克思的文本中就是跨学科的研究取径。当然，这种总体性最初是黑格尔为克服康德二

---

① [美] 乔治·麦卡锡：《马克思与古人——古典伦理学、社会正义和19世纪政治经济学》，王文扬译，华东师范大学出版社2011年版，第266页。

律背反而提出的,在马克思这里,则集中体现为对资本主义之社会结构和历史过程的整体把握。这种总体性的视野是马克思批判理论最重要的特征之一,也是扭转当前学界某些错误解读的"理论武器"。

一、单向度的马克思与整体性的呼唤

现代学术分工的日益专业化和碎片化使得马克思主义研究中出现了哲学、政治经济学与科学社会主义三分天下的畸形景观,"为数众多的专业学者们各自游走在本专业狭窄的线性边界之内,在哲学、经济学和科学社会主义等壁垒分明、互不关联的研究平台上,以某种十分局限的专业眼光来孤立地面对作为'哲学家的马克思'、'经济学家的马克思'和'革命家的马克思',在闹闹嚷嚷之中,众人都自以为把捉到了马克思,然而却没有一个人真实和有机地把握了一个完整的马克思"[①]。之所以出现马克思被肢解的理论现象,还存在更深层的认识论原因,那就是他们不理解马克思哲学革命的真正意义,不知道马克思的历史唯物主义已经彻底颠覆并终结了以往全部形而上学,从而赋予哲学以新的使命和存在方式。

面对诸种单向度的马克思,两位西方马克思主义哲学家为我们提供了一种缝合性启示,因为对本真马克思的追求恰恰是西方马克思主义哲学的两大理论中轴之一(另一理论中轴是对资本主义社会的批判)。第一位是早期西方马克思主义的奠基人卢卡奇,他认为马克思辩证法的核心是总体性,正是凭借着总体性的方法,马克思穿破了物化意识的迷雾,洞见了资本主义社会的整个现实,马克思主义哲学的实质就在于其科学的革命的总体性方法。第二位是法兰克福学派曾经的掌门人霍克海默,他提出了"哲学和社会科学联盟"的口号与跨学科的研究策略,并将哲学与经济学、政治学、社会学、心理学、文学等的结合视为批判理论的主要任务。可以说,一部法兰克福学派史就是一部哲学与社会科学的结合史。

不可否认,在一定意义上,西方马克思主义由于远离现实、远离群众而成为一种学院派哲学并最终沦为一种乌托邦式的激进话语,但卢卡奇与霍克海默却留给我们一条理解马克思批判理论的可资借鉴的致思理路,即哲学与

---

① 张一兵:《马克思哲学的历史原像》,人民出版社2009年版,第2页。

社会科学相结合的逻辑。正如詹姆逊所言："马克思主义业已充分渗透到各个学科的内部，在各个领域存在着、活动着，早已不是一种专门化的知识或思想分工了。"① 因此，重申总体性研究取径，走哲学与社会科学结合之路，也成为马克思批判理论走向当代的必然选择。

哲学与社会科学结合之所以会成为马克思批判理论走向当代之途，从根本上说，乃是因为这恰恰是马克思批判理论的出场路径。换句话说，以结合逻辑来缝合被肢解的马克思，是符合马克思哲学发展的历史逻辑的。从马克思思想发展的过程来看，哲学、政治经济学与科学社会主义三者是融为一体的，它们之间处于一种相互影响、相互制约、相互渗透、相互补充的关系之中。其中，哲学是科学的世界观和方法论指导原则，政治经济学是通往现实生活的中介，科学社会主义则是运用哲学分析经济学事实引出的结论和二者的理论旨归，三者构成了统一的马克思主义理论体系。把马克思主义的任何一个组成部分同它的整体分裂开来都会丧失自己原有的性质，会导致对整个马克思主义理论体系的曲解。因为结合逻辑向来是马克思的致思理路中极为重要的一环，对此马塞罗·默斯托曾经做过精彩的分析，"没有一部（马克思的）文本是纯粹哲学的、经济学的或政治学的。1844年的马克思有能力将巴黎无产阶级经验与法国革命研究相结合，将对亚当·斯密的阅读与蒲鲁东的见解相结合，将西里西亚纺织工人起义与对黑格尔国家概念的批判相结合，将比雷特对贫穷的分析与共产主义相结合。他是这样一个马克思：知道如何收集这些不同领域的知识与经验，通过将它们编织在一起，孕育出一个革命的理论"②。马克思通过这种哲学与社会科学的结合逻辑发现了资本主义剥削的秘密，揭示了社会发展的规律，走向了历史的深处；我们也只有通过这种结合逻辑才能真正读懂马克思的著作，真正回到马克思，真实再现马克思主义哲学的发展史。可以说，总体性的结合逻辑正是使马克思批判理论的历史原像得以显现的棱镜。

---

① [美]詹姆逊：《晚期资本主义的文化逻辑》，张旭东译，生活·读书·新知三联书店1997年版，第20页。
② [意]马塞罗·默斯托：《〈大纲〉在世界上的传播和接受》，李楠译，《马克思主义与现实》2011第1期。

二、哲学与社会科学的总体逻辑布展

在马克思那里，这种哲学与社会科学的总体逻辑布展体现在其诸多文本中，这里以《1857—1858年经济学手稿》（通称《大纲》）为例做一管中窥豹的尝试。这部被视为《资本论》最初稿的手稿是马克思"一生黄金时代的研究成果"，这是一部经济学手稿，但它不是一部脱离其他社会领域抽象研究经济现象的纯粹经济学手稿，倘若我们仅仅拿着经济学的显微镜来解剖这部被麦克莱伦称作是"包含了马克思最完整思想的核心之作"，那么必然会与本真的马克思擦肩而过。正如资本不仅仅是物、货币、生产工具，而是一种特定历史条件下的社会关系，而且只能是生产关系，即资本主义生产方式。这也给我们提供了分析和批判经济学范畴的科学方法，即经济范畴的本质是社会关系，只有从社会关系出发才能正确解剖经济学范畴，当面对价值、货币、资本、生产力、生产关系这一类范畴时，仅仅站在经济学的视角是难以透视马克思所赋予它们的深厚的哲学内涵的。我们只有超越对经济事实的经验主义理解，从一定的具体的历史的现实的社会关系出发，将上述范畴置放进历史性的发展过程中，才能真正遭遇马克思。因为马克思说过，"如果事物的表现形式和事物的本质会直接合而为一，一切科学就都成为多余的了"①。马克思没那么肤浅！因此我们必须超越单纯经济学的狭隘视野，从哲学与社会科学相结合的视角来审视《大纲》这一理论宝库。接下来，本文将分别从经济学、政治学、哲学、科学社会主义、历史学和社会学等不同学科间相结合的视角来对《大纲》进行一次"不情愿"的梳理，以再现马克思批判理论的结合逻辑是如何真实布展开来的。尽管笔者认为在马克思那本来浑然天成的文本上生硬地筑起学科间的栅栏这一做法本身就是一种"非法的僭越"，但为了更清晰地展现马克思批判理论之哲学与社会科学相结合的总体逻辑，也只好斗胆为之。

第一，经济学和政治学的结合。现代西方经济学崇尚数学模型的技术方法，将经济学研究抽象化、数理化，并明确表示其研究对象是资源配置问题，以彰显其纯粹经济学的地位，而把人与人之间的关系，特别是阶级与阶级之

---

① 《马克思恩格斯文集》第7卷，人民出版社2009年版，第925页。

间的关系划分给政治学去研究,实际上人为地割断了经济与政治的关系,而这恰恰是马克思在《大纲》中曾严厉批判的庸俗经济学的伎俩。对此恩格斯曾明确指出:"经济学研究的不是物,而是人和人之间的关系,归根到底是阶级和阶级之间的关系;可是这些关系总是同物结合着,并且作为物出现。诚然,这个或那个经济学家在个别场合也曾觉察到这种联系,而马克思第一次揭示出这种联系对于整个经济学的意义,从而使最难的问题变得如此简单明了,甚至资产阶级经济学家现在也能理解了。"① 显然,马克思主义政治经济学恰恰是凸显政治关系的经济学,更进一步说,则是关注社会关系、生产关系的经济学。而所谓的纯粹经济学只不过是刻意遮蔽政治问题的资产阶级意识形态伪饰罢了。

《大纲》是从"货币章"开篇的,这不仅是因为货币是资本主义社会历史过程中最重要的物化现象,而且还与马克思当时所亟待解决的问题即批判普鲁东主义者达里蒙的"劳动货币论"有关。尽管后来马克思认识到体现资产阶级社会财富的第一范畴是商品而不是价值或交换价值,但不论是商品、货币还是价值,在其背后都是深层次的人与人之间的阶级关系,在上述经济学范畴的背后隐藏着作为本质的政治关系。马克思说,"货币主义的一切错觉的根源,就在于看不出货币代表着一种社会生产关系,却又采取了具有一定属性的自然物的形式"②。进入"资本章",马克思又说:"劳动的客观条件对活劳动具有越来越巨大的独立性(这种独立性就通过这些客观条件的规模而表现出来),而社会财富的越来越巨大的部分作为异己的和统治的权力同劳动相对立。关键不在于对象化,而在于异化,外化,外在化,在于不归工人所有,而归人格化的生产条件即资本所有,归巨大的对象〔化〕的权力所有,这种对象〔化〕的权力把社会劳动本身当作自身的一个要素而置于同自己相对立的地位。"③ 可见,在资本主义制度下,剩余价值的本质就是资本家对雇佣工人的支配关系,就是物对人的支配关系,死劳动对活劳动的支配权关系。如果我们不去追问货币、资本等经济现象背后政治哲学本质即其代表的具体

---

① 《马克思恩格斯选集》第 2 卷,人民出版社 2012 年版,第 14—15 页。
② 《马克思恩格斯全集》第 31 卷,人民出版社 1998 年版,第 427 页。
③ 《马克思恩格斯全集》第 31 卷,人民出版社 1998 年版,第 243—244 页。

的历史的现实的社会生产关系，而只是关注现实生活的经济表象，那无疑只会认同资本主义私有制之自然永恒性的虚假预设，而忽略了它实际上是一种历史的形成的社会关系，这正是马克思在《大纲》中竭力批判的资产阶级政治经济学的荒谬之处，这正是马克思所要透视的资产阶级意识形态之迷障。反观当前国际货币市场的剧烈动荡，实际上是国与国之间政治关系和政治力量的博弈。

第二，政治经济学与哲学的结合。马克思主义哲学的现实性和实践品格决定了它必然要与同现实生活关系密切的政治经济学发生关联。正如张一兵教授所指出的，"不理解马克思的政治经济学，就不可能真正理解马克思主义的哲学。马克思在面对社会历史的经济发展过程时，将哲学的批判理性与现实的经济学实证研究有机结合起来"①。在《大纲》中，历史唯物主义的原则与方法成为马克思经济学革命话语的中轴，而经济学研究的具体深入，又使历史唯物主义发生了巨大的飞跃。综观马克思一生思想发展的历程，哲学与政治经济学始终是结合在一起的。具体说来，马克思的第一次转变即从唯心主义转向一般唯物主义、从革命民主主义转向社会主义，是他在历史研究和与社会主义工人运动的实践接触的现实基础上进行经济学研究即《巴黎笔记》和《1844年经济学哲学手稿》的结果；马克思思想的第二次转变也就是他的第一个伟大发现即唯物史观的创立，发生在第二次经济学研究即《布鲁塞尔笔记》和《曼彻斯特笔记》的进程中；马克思哲学思想的第三次转变仍然基于他的第三次经济学研究即《伦敦笔记》和《1857—1858年经济学手稿》，其直接基础就是剩余价值理论的形成。②众所周知，马克思对资本主义社会的批判经过了一个从伦理价值批判到政治经济学批判的转变，而《大纲》正是马克思资本主义科学批判构架历史生成的重要界碑。可以说，政治经济学批判是马克思哲学的出场路径，而之后的马克思主义哲学的发展同样没有离开政治经济学。列宁的帝国主义理论是对垄断资本主义的政治经济学批判，毛泽东也是在对中国半殖民地半封建社会的政治经济学分析基础上找到了农村

---

① 张一兵：《回到马克思——经济学语境中的哲学话语》，江苏人民出版社1999年版，第543页。

② 张一兵：《"回到马克思"的原初理论语境》，《中国社会科学》2001年第3期。

包围城市、武装夺取政权这一具有中国特色的革命之路。

《大纲》中,马克思从货币这个经济现象入手,通过揭示劳动两重性的内在矛盾,引发出使用价值与价值的对立,价值形态从一般等价物到货币,再到市场竞争导致的价格转化,最终揭露了资本剥削剩余价值的秘密与资本主义社会三大拜物教的实质。与资产阶级政治经济学家将劳动、价值、生产等经济学范畴自然化、永恒化,视之为适用于任何社会形态的普适性规律不同,马克思的政治经济学批判是要通过揭示这些经济范畴的暂时性、历史性来展现社会现实,即任何社会存在都是历史的、暂时的,都有其产生、发展和灭亡的过程。由此可见,马克思的政治经济学批判是通往历史唯物主义的必由之路。我们可以说,马克思政治经济学的科学化之时,也是他哲学思想的成熟之日。需要特别指出的是,马克思的政治经济学批判始终遵循一种科学的现实逻辑,这是他与鲍德里亚(Jean Baudrillard)符号政治经济学的异质性所在。马克思从现实的经济事实出发来揭示隐藏在经济关系背后的人的现实生存状态,而鲍德里亚"更倾向于对符号的符码所编织的观念体系进行批判,这就使其丧失了经济学的内涵,而转变为一种新型的政治话语,一种观念的批判,从而失去了现实性维度"①。

第三,哲学、政治经济学与科学社会主义的结合。对于马克思来说,政治经济学与哲学研究都服务于一个目的,即人类的解放和人的自由全面发展,在直接的意义上就是无产阶级的解放和社会主义的建立。只有将社会主义建立在政治经济学的基础上,才能使之找到现实的可能,也只有将社会主义建立在对古典政治经济学与哲学的批判的基础上,才能使社会主义真正由空想走向科学。马克思在《大纲》中始终关注人类主体的生存与发展状况,他深知历史唯物主义研究生产力与生产关系、政治经济学研究经济关系本身并不是目的,其最终的理论旨归是揭示人类社会历史发展的规律。资本主义生产方式由于"形成普遍的社会物质变换、全面的关系、多方面的需要以及全面的能力的体系"而比前资本主义社会的所有生产方式都要进步,而"建立在个人全面发展和他们共同的、社会的生产能力成为从属于他们的社会财富这

---

① 夏莹、崔唯航:《政治经济学批判与社会现实》,《哲学研究》2009年第7期。

一基础上的自由个性"① 成为马克思在对资本主义现实进行批判后的一种超越性目标指向。资本主义生产方式固有的内在矛盾导致无产阶级革命的客观必然性,资本主义社会必然被未来的共产主义所代替,这是马克思哲学与政治经济学批判的根本结论。

《大纲》中哲学、政治经济学与科学社会主义的结合集中体现在马克思对共产主义社会的预测和人的自由全面发展的表述上。在"资本章"第三篇"资本是结果实的东西"中,马克思从资本的有机构成的提高导致一般利润率下降的角度来论述资本主义生产关系的内在矛盾及资本主义制度的必然灭亡。马克思分析道,随着资本主义社会生产力与生产关系日益增长的不适应性,必然导致尖锐的社会矛盾和经济危机,"这些定期发生的灾难会导致灾难在更高的程度上重复发生,而最终导致用暴力推翻资本"②。由此可见,马克思政治经济学批判的最终目的是论证资本主义生产过程的必然终结。作为《大纲》的核心概念,物质生产并不仅仅是经济学意义上生产者借助一定的劳动生产工具生产出一定的物质财富的过程,马克思把物质生产与人类的生存发展状况联系起来,清晰呈现了人类从以物质生产为核心的必然王国迈向以自由个性为核心的自由王国的道路。在未来的共产主义社会,"劳动时间就不再是,而且必然不再是财富的尺度,因而交换价值也不再是使用价值的尺度。群众的剩余劳动不再是一般财富发展的条件,同样,少数人的非劳动不再是人类头脑的一般能力发展的条件。于是,以交换价值为基础的生产便会崩溃,直接的物质生产过程本身也就摆脱了贫困和对立的形式。个性得到自由发展,因此,并不是为了获得剩余劳动而缩减必要劳动时间,而是直接把社会必要劳动缩减到最低限度,那时,与此相适应,由于给所有的人腾出了时间和创造了手段,个人会在艺术、科学等等方面得到发展"③。一个以人的全面发展为特征的社会是会到来的,但它必须以生产力的充分发展为基本前提,这就是马克思的结论。

除此之外,马克思哲学的结合逻辑还体现在经济学和社会学结合,如马

---

① 《马克思恩格斯全集》第30卷,人民出版社1995年版,第107—108页。
② 《马克思恩格斯全集》第31卷,人民出版社1998年版,第150页。
③ 《马克思恩格斯全集》第31卷,人民出版社1998年版,第101页。

克思曾经明确指出"像经济学这样一门科学的发展，是同社会的现实运动联系在一起的"①，"对这个社会的各个不同发展阶段可以在经济学中准确地加以探讨"②；还体现在经济学与历史学的结合，如马克思曾明确指认"我们仅仅知道一门唯一的科学，即历史科学"③，"政治经济学本质上是一门历史的科学"④。同时在《大纲》中，马克思的结合逻辑不仅体现在哲学与社会科学的有机结合上，更通过抽象与具体的结合、历史与逻辑的结合、辩证法与历史主义的结合、总体性与具体性的结合实现了方法论中结合逻辑的完美绽出，但鉴于本书的主题，对此不再赘述。

最后，需要特别强调的是，一方面，现代学术分工的日益细化使得我们难以成为像亚里士多德、黑格尔那样百科全书式的思想家，但这不应成为我们将马克思碎片化、单向度化的借口。作为结合逻辑的方法论依据，总体性应该是具体的总体性，也就是说，总体性的方法必须与具体的研究对象结合起来。另一方面，所谓跨学科的结合，是一种有机的结合，而非生拉硬套，也就是说，各学科要认清自己的界限和范围。关于这一点，康德在《纯粹理性批判》第二版序言中批评近代逻辑学的混乱状况时曾指出："如果有些人想要扩展这门科学，于是有的塞进来一章心理学，讨论各种认识能力，有的塞进来一章形而上学，讨论知识的起源或根据对象的不同而来的各种确定性的起源，有的塞进来一章人类学，讨论偏见：那么这就是起因于他们对这门科学的固有本性的无知。当人们让各门科学互相跨越其界限时，这些科学并没有获得增进，而是变得面目全非了。"⑤康德在此处关注的不仅是逻辑学应严守自己的界限和使命，不能混淆形式逻辑和先验逻辑，把形式逻辑的作用扩展到对认识对象的把握方面，在更广泛的意义上，康德在这里所关注的恰恰是各门学科必须认清自己的界限，各归其位，这是由其各自的本性决定的。其实有关学科整合的争论早已存在，有的学者明确表示反对类似"经济学帝国主义"那种以经济学视野来解释全部社会生活或者为社会科学提供统一基

---

① 《马克思恩格斯全集》第 42 卷，人民出版社 1979 年版，第 242 页。
② 《马克思恩格斯全集》第 42 卷，人民出版社 1979 年版，第 249 页。
③ 《马克思恩格斯选集》第 1 卷，人民出版社 2012 年版，第 146 页。
④ 《马克思恩格斯选集》第 3 卷，人民出版社 2012 年版，第 525 页。
⑤ [德] 康德：《纯粹理性批判》，邓晓芒译，人民出版社 2004 年版，第 11 页。

础的野心,有的学者则提出要"回归古典时代",不要有现成的学科概念,笔者认为问题的关键在于在二者之间保持一种逻辑张力。

三、社会现实的透视与思维范式的选择

社会现实的整体性本质决定了人们认识社会的方法论选择,马克思批判理论的总体性致思取径为我们透视今日之"复杂现代性"奠定了思维范式的基础。在经济全球化、政治多极化、文化多元化和科技创新日新月异的今天,坚持总体性的致思取径,对于我们全面把握马克思的批判理论并予以当代更新,对于应对诸种危机和风险挑战具有极为重要的理论和现实意义。

第一,坚持总体性致思取径,是全面理解《大纲》乃至整个马克思批判理论体系的钥匙。《大纲》不仅仅是一部纯粹的经济学手稿,其中同样蕴含了丰富的哲学、政治学、历史学、社会学与科学社会主义等深层理论洞见,堪称马克思最为丰富的思想宝库。由于现代学术分工的日益细化和既有认识论思维范式的影响,人们在单一的学科棱镜中看到的只能是单向度化的马克思,正是在这个意义上,我们说马克思被碎片化、被肢解了。为了再现马克思哲学的历史原像,我们必须借鉴卢卡奇的总体性方法和霍克海默的跨学科结盟的策略,站在结合逻辑的立场上重新审视马克思《大纲》的本来面目。众所周知,马克思主义是在哲学与社会科学的结合中产生的,同样也是在结合中不断完善和发展的,在结合中坚持和发展马克思主义哲学是由马克思主义哲学的发展史所证明的一个规律。哲学、政治经济学与科学社会主义三者相互影响、相互制约、相互渗透、相互补充,构成了统一的马克思主义理论体系。只有拥有这种总体性的结合视野,我们才能真正再现马克思主义哲学的出场路径,才能真正推进马克思主义走向当代。

第二,坚持总体性致思取径,是创新马克思主义理论与当代社会科学,建构具有中国特色、中国作风、中国气派的马克思主义哲学新形态的必由之路。《大纲》中马克思详细论述了政治经济学的研究对象、研究方法和理论结构,这为我们在新时代创新和发展马克思主义经济学提供了重要的理论基础和方法论依托。我们知道《资本论》只是马克思"六册计划"中第一分册"资本一般"的第一部分,其他部分则应当结合当代世界经济发展的现实不断加以完善和发展,也算实现马克思的未竟之志。实践永无止境,创新永无止

境，马克思主义基本原理与中国具体实际相结合也是一个永无止境的发展过程。进入21世纪，要建构具有中国特色、中国作风、中国气派的马克思主义哲学新形态，必须在结合上下功夫，我们要结合新情况、新问题，在中国现实与世界趋势的良性互动中实现新发展、新创造。这也是实现马克思主义中国化、时代化、大众化的正确途径。

第三，坚持总体性致思取径，是应对全球金融危机、指导我国社会主义市场经济良性运行的思维范式层面的战略选择，对于推进新时代中国特色社会主义建设具有重要的实践价值。《大纲》中丰富的政治经济学思想为我国社会主义市场经济体制改革提供了强大的理论武器。其中社会再生产四环节关系理论对于综合分析当前我国社会主义市场经济运行和发展有着重要价值，尤其是生产与消费的理论对于扩大居民消费需求、拉动内需、充分发挥消费对经济增长的拉动作用，扭转由于金融危机造成的经济增速下滑趋势具有重要的理论指导意义，同时马克思关于生产与分配关系的精辟表述对于研究我国分配问题、正确处理公平与效率的关系、改革收入分配制度、扭转收入差距扩大趋势、维护社会稳定具有不可忽视的指导价值。当前，我国不断发展和完善社会主义市场经济运行体制，确保国民经济持续稳定健康快速发展，要充分发挥货币政策的宏观调控职能。《大纲》中"货币章"的相关论述启示我们，只有遵循货币运行规律，才能保证经济领域良性运转；"资本章"的相关内容更是警示我们，在激发资本活力、大力发展生产的同时，必须限制资本的霸权，通过国家的调节来缓解资本与社会的对抗，以保证国家的稳定和经济的发展。

最后，总体性致思取径不仅是马克思揭开资产阶级意识形态的重重迷雾、透视颠倒的物化经济现实、揭露资本主义经济剥削秘密的"批判的武器"，而且是我们解蔽资本主义社会的种种新变化、缝合被肢解的碎片化的马克思、综合地从总体性视角再现马克思批判理论之历史原像的科学构架，更是在马克思主义与当代社会科学的双向互动中将二者推向当代与实现理论创新的必然选择。

第四节　内在批判的方法：资本逻辑的悖论与超越

在对马克思批判理论的人道主义视界和跨学科研究取径进行了分析之后，接下来我们将目光聚焦马克思批判理论的方法论根基。如果说批判理论是马克思哲学思想的核心，那么，构成马克思批判理论之本质性规定的则是内在批判的方法。正是内在批判的方法不仅使马克思与其他同样对资本主义持批判态度的人们在原则上区分开来，而且使得对资本逻辑之悖论的揭示和超越真正具有现实的可能性。

一、超越功能批判与规范批判

自从资本主义诞生之日起，对其批判便如影随形。在马克思以前，对资本主义社会的反思和批判就已经在不同维度分别展开，但由于无法深入洞察资本主义社会的病症所在并准确开出切实的疗愈之方，结果诸种以批判为名的哲学无法抓住事物的根本，既没能掌握群众，更没有变成物质的力量。比如，黑格尔虽然意识到了劳动分工的种种负面效应，但他对市民社会的批判终究败给了绝对精神的自我实现而深陷观念论这一思辨哲学的泥潭。费尔巴哈以其对基督教本质的批判"直截了当地使唯物主义重新登上王座"[①]，但他对人类之爱的过度崇拜以及对人类本质的抽象理解不仅消解了他哲学中的最后一点革命性，而且使得他提出的作为矫正方案的道德原则沦为了康德式的软弱无力的绝对命令，因而他也无法找到现实资本主义世界的突围之路。赫斯对货币本质及其异化根源的透视揭开了蒙在人类社会现代生产方式上的阴影，但由于他没有把货币与劳动价值论联系起来，即没有把货币看成是商品价值在市场交换中必然出现的物化形式和手段，致使其批判仅仅停留在外在的伦理价值批判层面之上。普鲁东对资本主义社会的批判聚焦于商品交换和分配领域，认为只要取消货币并进行重新分配，就能解决社会不公，这种基于抽象法权基础的批判策略由于未能触及资本主义生产领域，因而充其量只

[①] 《马克思恩格斯全集》第 28 卷，人民出版社 2018 年版，第 329 页。

能改善工人生活，无法从根本上解决问题。因此，这些思辨批判、道德批判、价值批判、法权批判等都没有从根本上切中资本主义社会的现实。

随着政治经济学研究的展开，马克思对资本主义社会的批判也经过了一个逐渐深化的过程，这表现为，在马克思的批判理论中存在着多重"复调式"的批判话语。对此，德国新一代批判理论家哈特穆特·罗萨（Hartmut Rosa）在谈到批判理论较早版本的传统时明确指认道："由马克思所提出的对资本主义社会固有、无法克服的（经典）悖论的功能批判，以及对于根本的分配不公正的道德批判，和对异化生活与虚假意识的伦理批判，三者结合在一起；这种结合最初在马克思的工作当中就已经可以看得到。"① 这就是说，马克思的社会批判包含功能批判、道德批判、伦理批判三种基本形式，其中后两者又统称"规范批判"。

具体而言，其一，所谓功能批判，就是说，资本主义社会具有不可调和的内在矛盾，必然会造成无法克服的经济危机，致使社会再生产无法正常运转，社会系统诸功能无法持续发挥，直至最终瘫痪、崩溃、瓦解。马克思关于一般利润率趋于下降导致经济危机的理论是功能批判的典范。根据马克思的分析，随着生产力的不断发展，可变资本同不变资本相比，从而同被推动的总资本相比，会相对减少。"由此产生的直接结果是：在劳动剥削程度不变甚至提高的情况下，剩余价值率会表现为一个不断下降的一般利润率"②。这是资本主义生产方式的必然规律，利润率下降的规律表明了资本主义生产方式的局限性以及发生矛盾冲突的不可避免性。"通过尖锐的矛盾、危机、痉挛，表现出社会的生产发展同它的现存的生产关系之间日益增长的不相适应。用暴力消灭资本——不是通过资本的外部关系，而是被当作资本自我保存的条件——这是忠告资本退位并让位于更高级的社会生产状态的最令人信服的形式。"③ 由此可见，一般利润率下降必然引发经济危机，最终导致用暴力推翻资本，实现向更高社会形态的过渡。

其二，所谓规范批判，就是说，资本主义社会现实与某种预先设定的理

---

① ［德］哈特穆特·罗萨：《新异化的诞生：社会加速批判理论大纲》，郑作彧译，上海人民出版社2018年版，第90页。
② 《马克思恩格斯选集》第2卷，人民出版社2012年版，第497页。
③ 《马克思恩格斯全集》第31卷，人民出版社1998年版，第149页。

想的价值、原则和规范相悖,由此揭示出这种社会制度的弊端、缺陷和灾难性后果。依据规范的导向不同,规范批判又分为两种版本,一种是道德批判,一种是伦理批判。道德批判是正义导向的批判,它建立在公平正义的基础之上,认为资本主义社会依赖于资本对雇佣劳动的剥削,依赖于资本家对雇佣工人创造的剩余价值的无偿占有,他们以一种不公平不公正的方式占有了工人阶级的劳动成果,骗取了他们的应得之物,因此是不道德的。马克思的剩余价值理论曝光了剥削和资本增殖的秘密所在,批判了资本主义社会制度的不公正的分配关系。马克思指出:"剩余价值……无非是对象化了的活劳动的一定数额——剩余劳动的数额。这个新价值,即作为独立的、与活劳动相交换的价值,作为资本而同活劳动相对立的价值,是劳动的产品。它本身无非是一般劳动超过必要劳动的余额——处于客体形式上的,因而表现为价值的那个余额。"① 资本家对雇佣工人创造的剩余价值的无偿占有之所以说是不公正的,乃是因为资本家"从一开始就不是由他从自己的基金中投入流通的价值,而是他人的对象化劳动,他没有支付任何等价物就占有了这种对象化劳动,并且现在又用它来同他人的活劳动相交换;同样,这种新的劳动借以实现自己并创造剩余价值的材料等等,不经过交换,通过单纯的占有便落入资本家的手中"②。

其三,与道德批判聚焦于不公正的分配关系不同,伦理批判的关注点在于美好生活,是美好生活导向的批判,或者反过来说,伦理批判致力于分析资本主义社会如何阻碍了人们美好生活的实现,如何塑造了人们的非理性的病态的异化的生活形式,如何导致了工人的生活贫困、身体疲劳和精神空虚。马克思关于异化劳动的四重规定揭示了资本主义社会关系中人的全面异化,这个"着了魔的、颠倒的、倒立着的世界"阻碍了人的自由自觉的活动这一"类本质"的实现,工人处于一种物化的、非人化的奴役之中。在马克思看来,"正因为人是类存在物,他才是有意识的存在物,就是说,他自己的生活对他来说是对象。仅仅由于这一点,他的活动才是自由的活动。异化劳动把

---

① 《马克思恩格斯全集》第 30 卷,人民出版社 1995 年版,第 442 页。
② 《马克思恩格斯全集》第 30 卷,人民出版社 1995 年版,第 449 页。

这种关系颠倒过来"①,"物的世界的增值同人的世界的贬值成正比"②。人本来是物的创造者,现在却被物的权力所支配,这就是资本主义时代的物化生存状态:人的客体化和物的主体化。

应该承认,上述三种批判话语的同存共置并非马克思批判理论的独创之处,这一点在罗萨、拉埃尔·耶吉等法兰克福学派第四代新秀们的批判理论规划中同样可以看到。问题的关键在于,考虑到不同的批判进路各有其优劣短长,如何予以整合和超越,成为马克思对批判理论的最大贡献。不可否认,功能批判揭示了资本主义社会的系统性危机和独异性病症,但并没有对其隐性蕴含的规范标准予以明示,道德批判和伦理批判倒是明确设定了自己的规范标准——不论是公平正义还是美好生活,但如果只是从这种伦理道德的价值悬设出发,充其量只能提出资本主义框架下的局部改良,推翻现存秩序的结构性转型则无从谈起。那么,马克思是如何超越功能批判和规范批判的呢?或者更确切地说,马克思是通过什么方法整合上述批判进路的呢?答案就是内在批判。所谓内在批判,就是通过透视生活世界的对抗、分裂与歧异现象,揭示社会现实本身的内在矛盾本质及其历史生成、总体结构和演化趋势。内在批判绝不是站在批判对象的外部去苛求一种超越性的应然,相反,它必须能够将这种应然反思性地置于自身的语境之内,作为现存社会的内在可能性;内在批判亦不是对现存秩序的实然无批判地全盘接受,相反,它必须能在这种实然之中揭示出深层的对抗性矛盾和异质性潜能,将自身理解为社会与政治转型的促动者,从而为社会历史的发展提供一种方向性动力和解放性旨趣。对此,英国著名哲学家肖恩·赛耶斯(Sean Sayers)的评论是恰当的,他写道,马克思批判理论的方法"是内在的、历史的,其理论前提是要在现存的社会条件本身中为其批判的观点寻找根据。因为实际的社会都并非和谐的统一体,它们自身中包含着矛盾的方面和各种矛盾力量。它们有的支持已建立起来的秩序,而有的则与其对抗。社会现实是矛盾的统一体。否定的批判的力量就内在于其中,它们无须在超越价值的形式中从外部引进"③。可以说,

---

① 《马克思恩格斯全集》第3卷,人民出版社2002年版,第273页。
② 《马克思恩格斯全集》第3卷,人民出版社2002年版,第267页。
③ [英]肖恩·塞耶斯:《马克思主义与人性》,冯颜利译,东方出版社2008年版,第168页。

正是通过内在批判的方法，马克思才成功地将对危机的功能批判、对剥削的道德批判、对异化的伦理批判整合到一种总体的资本主义批判理论之中，由此不仅揭示了资本逻辑的总体性布展过程，而且指明了资本主义社会的内在矛盾及其超越之路。

二、资本逻辑的内在批判

在对马克思批判理论的复调式批判话语及其内在批判方法进行了概要分析之后，我们将目光聚焦于马克思社会批判规划的核心——资本逻辑的内在批判，这也是马克思现代性批判的精髓所在。因为在马克思看来，现代性导致的二律背反，从根本上说，恰恰是源于资本逻辑的二重性，现代社会的对抗、分裂与歧异在归根到底的意义上都是资本逻辑的产物。

首先，马克思强调了资本在现代社会生成和发展中的构成性作用，从而规定了内在批判的矛头指向——资本逻辑。马克思明确指认"资本是资产阶级社会的支配一切的经济权力"[①]，这就意味着，在现代社会即资产阶级社会的生成过程中，资本扮演着"特殊的以太"和"普照的光"的角色，资本在生产和再生产的一系列环节中通过塑造不同部门之间的分工关系、劳动与资本的对抗关系以及市场上的交换关系等形构了纷繁复杂的现代社会关系结构，就是说，资本的总体化形塑了现代社会的政治、经济和文化结构。由此可见，资本成了现代社会生活背后的真正主宰，资本逻辑的展开就是现代社会的形成过程，不论是经济运行、政治建制抑或文化观念无不在根基上打上了资本的烙印。在资本逻辑的裹挟之下，原本丰富多彩的生活形式被抽去多样性的质性规定，一切都变得形式化、数量化、同一化。面对资本逻辑对现代社会生活之政治、经济与文化等诸领域的总体化殖民，马克思从透视资本逻辑的二重性本质开始展开了他对资本主义社会的内在批判。如前所述，马克思内在批判的核心就是揭示社会现实的内在矛盾，既然现代社会的一系列对抗、冲突、病理与裂变的罪魁祸首乃是资本逻辑，那么，对资本逻辑的内在批判就成为马克思社会批判理论的题中应有之义。

其次，马克思指认了资本逻辑的二重性本质，由此揭示了现代社会有机

[①] 《马克思恩格斯选集》第 2 卷，人民出版社 2012 年版，第 707 页。

体的运行机理及其内在冲突对抗性的生成缘起。马克思写道:"资本不是物,而是一定的、社会的、属于一定历史社会形态的生产关系,后者体现在一个物上,并赋予这个物以独特的社会性质。"① 在这里,马克思实际上指认了资本逻辑的二重性,即物的层面和社会关系的层面的辩证统一。具体而言,一方面,资本必须要体现在物上,这是劳动生产的过程,也就是工人们通过改造人与自然关系的具体劳动来创造商品的使用价值的过程,这是资本逻辑的"文明面",由此不仅促进了社会生产力的发展,加速了社会物质财富的积累,而且使得不同地区间的联系日益紧密,推动了世界历史的形成,更重要的,资本逻辑的这一建构性面向已经开始孕育新的更高级社会形态的酵素。另一方面,资本又不仅仅是物,还体现了特定的社会关系,这是价值增殖的过程,也就是在人与人的社会交往活动中抽象劳动创造商品的价值,并诉诸社会必要劳动时间的中介在市场上进行交换从而最大限度地追逐剩余价值的过程,这是资本逻辑的消极面向,由此不仅破坏了传统的人伦关系,原本的崇高价值追求被赤裸裸的金钱利益所取代,而且为了追逐更大数量的剩余价值,不惜污染环境、浪费资源、引发全球性生态危机的加剧,更重要的,资本逻辑的这一解构性的面向在导致劳资对抗的同时,还造成了城市与乡村贫富差距的扩大,甚至是世界范围内不同国家之间的冲突和战争。这就是资本逻辑的二重性。正是基于对上述二重性本质的敏锐洞察,马克思写道:"资本是一个活生生的矛盾"②,它不仅决定了以资本为基础的生产方式"已经包含着现代的一切冲突的萌芽"③,而且这种内在矛盾的展开会直接导致经济危机的周期性发生,从而"把资本推向解体"④。

再次,在透视资本逻辑二重性的基础上,马克思详尽考察了资本主义社会生产和再生产的限制和边界,从而根据上述内在矛盾得出了经济危机的不可避免性以及由此所必然导致的资本主义的灭亡趋势。

马克思对资本主义社会的批判,到了《资本论》及其手稿中,就集中表现为对资本逻辑的内在批判,而对资本逻辑的内在批判最重要的就是揭示出

---

① 《马克思恩格斯选集》第2卷,人民出版社2012年版,第644页。
② 《马克思恩格斯全集》第30卷,人民出版社1995年版,第405页。
③ 《马克思恩格斯选集》第3卷,人民出版社2012年版,第658页。
④ 《马克思恩格斯全集》第30卷,人民出版社1995年版,第539页。

资本主义社会生产和再生产的内在限制，这是对《德意志意识形态》中已经确立起的从生产力与生产关系的内在矛盾视角来布展资本主义内在批判进路的继续和深化。资本逻辑的二重性意味着资本本身就是一个矛盾，这就决定了在以资本为基础的生产方式内部包含着自身的界限。马克思曾明确概括了工人工资的界限、剩余价值的界限乃至生产发展的界限，等等①。正是这些界限的存在，不仅限制了生产力的发展，而且限制了剩余价值的实现，因而成为资本主义经济危机的决定性因素。

在马克思看来，资本的本性就是最大限度地追逐剩余价值，为了实现这一根本目的，资本家阶级必然会采取包括革新生产技术等在内的一切手段来不断地发展和提高社会生产力，生产力的提高表现在资本的有机构成上就是不变资本同可变资本从而同总资本的比例相对提高，资本有机构成提高的必然结果是一般利润率的下降②。而一般利润率的下降不仅会延缓新的独立资本的形成，从而威胁生产过程的发展，而且会同时导致人口过剩、生产过剩和资本过剩，因而必然会导致资本主义再生产的危机。由此可见，社会生产力的无限发展趋势与资本增殖的有限目的之间的矛盾，构成了资本主义生产方式所无法克服的内在矛盾。用马克思的话说，"资本主义生产的真正限制是资本自身"③。正是这一资本的内在矛盾决定了资本主义制度的必然灭亡。

根据马克思在《资本论》中的分析，事实上，在生产之外，资本主义社会的发展同样面临着其他的限制和矛盾：其一，消费量的限制，即生产力与消费力之间的矛盾。在资本主义社会中，劳资对抗的生产关系决定了处于被剥削位置的工人阶级远远不具备足够的消费能力和购买力，其所购买的商品种类及其用于消费的工资收入都被严格限制在最低限度之内，而消费不足势必导致供过于求、生产过剩，进而促发资本主义社会的周期性经济危机。其二，货币量的限制，即剩余价值的生产与其实现之间的矛盾。剩余价值要想转化为资本必须首先转化为货币，也就是说，要想使资本主义再生产不断地得以延续，用于积累的剩余价值必须在流通中找到相应的货币等价物。如前

---

① 《马克思恩格斯全集》第30卷，人民出版社1995年版，第396页。
② 《马克思恩格斯选集》第2卷，人民出版社2012年版，第497页。
③ 《马克思恩格斯选集》第2卷，人民出版社2012年版，第508页。

所述，由于资本主义社会产品的数量远超过工人的消费力，"对于那些超过一定需要限度的使用价值，显然已经不再是需求对象了，那么，它们的价值自然也无法在现实中找到相应的等价物，而其中所包含的剩余价值自然无法转化为货币"①，因此势必导致剩余价值的实现和再生产的危机。其三，不同生产部门比例失调的限制，即生产社会化与无政府状态之间的矛盾。逐利是资本的本性，竞争是这一本性的外在表现，自由竞争的发展导致了相互对立的两种倾向，一方面是个别资本家通过革新技术来使自己企业内部的生产日益组织化社会化，另一方面则是整个社会生产的混乱性和无政府状态。在资本逻辑的统摄下，唯利是图的资本家必然会表现出一种对利润的盲目服从，由此势必出现有的部门资本过剩，而有的则匮乏不足，这种不同生产部门之间的比例失调势必引发资本主义社会的普遍的周期性经济危机。

  总而言之，正是源于资本逻辑二重性的上述诸种限制和矛盾——社会生产力无限发展的手段与资本增殖的有限目的之间的矛盾、生产力与消费力之间的矛盾、剩余价值的生产与实现之间的矛盾、生产社会化与无政府状态之间的矛盾——导致了资本主义社会周期性经济危机的发生，并最终促使人们"利用资本本身来消灭资本"②，这种资本的自我扬弃就是资本主义的必然灭亡，就是社会主义和共产主义的必然胜利。行文至此，不难看出，马克思正是凭借着内在批判的理论进路，才得以抽丝剥茧般地揭示了资本逻辑的内在界限及其发展趋势，才得以通过对资本主义社会生产力与生产关系之内在矛盾的敏锐洞察，论证了未来自由人联合体这一新社会形态得以生成的可能性。

三、内在批判的唯物史观意蕴

  如何定位马克思内在批判方法的历史地位呢？对于马克思而言，内在批判的方法不仅为他超越功能批判、道德批判和伦理批判诸进路提供了整合媒介，而且为他揭示资本逻辑二重性及其边界限制奠定了分析基础，更重要的，内在批判与马克思的唯物史观也是相互依存、同频共振的。甚至可以说，只有从内在批判的视角，才能完整准确地理解马克思唯物史观的历史生成、理

---

① 孙乐强：《马克思再生产理论及其哲学效应研究》，江苏人民出版社2016年版，第325页。
② 《马克思恩格斯选集》第2卷，人民出版社2012年版，第716页。

论实质和现实潜能。

第一，从历史生成来看，马克思的内在批判与其唯物史观的创立和深化过程是密不可分的。马克思的一生以批判资本主义为志业，但由于哲学和政治经济学水平的限制，在《1844年经济学哲学手稿》及以前，马克思尚无法触及资本主义社会的内在症结，只能依托费尔巴哈的人本主义方法，借助应然与实然之间的逻辑张力，对资本主义进行外在批判。就是说，首先预设一种理想的类本质即自由自觉的劳动，然后指出现实社会由于异化劳动的普遍存在而沦为非人的异化的社会，因此资本主义社会是不道德的。显然，这是一种人本主义的异化史观，由此出发更是无法对共产主义提供科学的论证。直到在《德意志意识形态》中，马克思实现了历史观的重大变革，超越了思辨的异化史观，创立了科学的唯物史观。在马克思看来："一切历史冲突都根源于生产力和交往形式之间的矛盾"①，"各种交往形式的联系就在于：已成为桎梏的旧交往形式被适应于比较发达的生产力，因而也适应于进步的个人自主活动方式的新交往形式所代替；新的交往形式又会成为桎梏，然后又为另一种交往形式所代替。由于这些条件在历史发展的每一阶段都是与同一时期的生产力的发展相适应的，所以它们的历史同时也是发展着的、由每一个新的一代承受下来的生产力的历史，从而也是个人本身力量发展的历史"②。在这里，马克思从生产力与交往形式（生产关系）的内在矛盾的视角，阐释了历史冲突的根源和历史过程的本质，揭示了人类社会的发展规律，由此将无产阶级革命和共产主义必然性的论证建立在历史唯物主义的基础之上。应该看到，马克思此时是基于对物质生产的客观历史事实的分析来揭示资本主义社会的内在矛盾的，这是一种站在历史观高度，对人类历史发展本质规律的一般性说明。

但是，马克思的唯物史观不仅仅是对现实的人及其历史发展的一般性规律的科学说明，而且还是对具体的历史的现实的社会关系即资本主义生产方式之特殊性规律的具体分析。随着政治经济学批判研究的深入，马克思意识到，仅仅停留在一般历史过程的层面充其量只能描述历史运动的事实，揭示

---

① 《马克思恩格斯选集》第1卷，人民出版社2012年版，第196页。
② 《马克思恩格斯选集》第1卷，人民出版社2012年版，第204页。

资本主义的历史本质，这还远远不够。要想真正实现对资本主义社会的彻底批判，还必须从抽象上升到具体，从理论一般回到生活现实，详细说明资本主义生产方式的运行机制和资本剥削的内在秘密，全面展示资本关系的发展过程——即资本主义本身是如何不断生产和再生产出来的，这便是马克思在《资本论》及其手稿中对资本逻辑的内在批判。正是通过这种内在批判，马克思实现了唯物史观的深化和具体化，从而进一步说明了资本主义生产方式的历史性及其危机的必然性。"我们不仅看到了资本是怎样进行生产的，而且看到了资本本身是怎样被生产出来的，资本作为一种发生了本质变化的关系，是怎样从生产过程中产生并在生产过程中发展起来的。"① "所以，生产过程不仅是资本的再生产过程，而且是作为资本的资本的生产过程。"② 可以看出，《德意志意识形态》中那种历史观层面的生产力与生产关系的矛盾运动，在《资本论》及其手稿中已经进一步具体化为资本逻辑层面的资本本身的矛盾运动。由此可见，不论是唯物史观的原初创立，还是后来的理论深化，无不体现出马克思对内在批判的方法一以贯之。

第二，从理论实质来看，内在批判构成了唯物史观透视社会现实的方法内核。作为马克思的第一个"伟大发现"，马克思唯物史观的精神实质，不是某种普遍永恒的超验言说，也不是几条基本原理所构成的封闭知识体系，而是一种透视社会现实的科学方法论，一种具体的历史的矛盾分析方法。根据恩格斯在《路德维希·费尔巴哈和德国古典哲学的终结》中的论述，马克思正是通过研究思想动机背后的物质动因即"探究那些隐藏在历史人物的动机背后并且构成历史的真正的最后动力的动力"③，通过研究人民群众的历史活动，即那些使广大群众、整个民族和阶级行动起来的动机以及"持久的、引起重大历史变迁的行动"④，并进一步通过对思想动机与物质动因、英雄人物与人民群众、历史瞬间与历史过程等三对矛盾关系的辩证分析，最终揭示了支配历史进程的内在的一般规律，即生产力与生产关系、经济基础与上层建筑之间的内在矛盾运动是社会发展的根本动力。马克思正是以这样一种内在

---

① 《马克思恩格斯文集》第 8 卷，人民出版社 2009 年版，第 392 页。
② 《马克思恩格斯文集》第 8 卷，人民出版社 2009 年版，第 543 页。
③ 《马克思恩格斯全集》第 28 卷，人民出版社 2018 年版，第 358 页。
④ 《马克思恩格斯全集》第 28 卷，人民出版社 2018 年版，第 358 页。

批判的方法建构起了他对资本主义社会的批判性叙述,不是外在地、超历史地或先验地设定批判的出发点,而是按照社会的本来面貌展开分析,通过透视现实生活世界的对抗、分裂与歧异现象,揭示社会现实本身的内在矛盾本质及其历史生成、总体结构和演化趋势。

概括地说,内在批判就是要发现矛盾、解释矛盾、超越矛盾,这种矛盾的自我扬弃过程同时也就是批判理论之诊断社会病理、透视运行机制、塑造公共秩序的过程。这样一种内在批判的立足点内在于社会对象本身,植根于资本主义社会的矛盾性特征,并且指向一种历史的否定的可能性。马克思正是凭借这样一种内在批判的方法才得以成功切入社会现实的内在本质规定,以历史的发生学和具体的分析法破解了诸种将历史现象自然化、将社会现实观念化、将特殊利益普遍化的虚假幻象。这是马克思唯物史观的方法论实质。马克思通过对古典政治经济学的内在批判,揭示了资本主义私有财产权的历史形成过程,指出资本主义并非永恒的自然的社会存在,而是有其产生、发展和灭亡的过程。马克思通过对唯心主义观念论哲学的内在批判,揭示了唯心史观的颠倒实质,指明了观念论的现实历史基础,强调"从物质实践出发来解释各种观念形态"[①],"意识在任何时候都只能是被意识到了的存在,而人们的存在就是他们的现实生活过程。……不是意识决定生活,而是生活决定意识"[②]。马克思通过对德意志意识形态的内在批判,揭示了普遍性话语背后的特殊性利益,指出:"每一个企图取代旧统治阶级的新阶级,为了达到自己的目的不得不把自己的利益说成是社会全体成员的共同利益,就是说,这在观念上的表达就是:赋予自己的思想以普遍性的形式,把它们描绘成唯一合乎理性的、有普遍意义的思想。"[③] 马克思通过对资本逻辑的内在批判,揭示了资本主义社会中人与人的关系何以表现为物与物的关系、雇佣工人的劳动过程何以表现为资本的价值增殖过程,指出了商品的使用价值与交换价值、劳动的质与量之间的颠倒本质。由此可见,内在批判的方法不仅促成了唯物史观的发现,而且为人们进一步运用唯物史观的方法洞悉社会结构和历史过

---

① 《马克思恩格斯选集》第1卷,人民出版社2012年版,第172页。
② 《马克思恩格斯选集》第1卷,人民出版社2012年版,第152页。
③ 《马克思恩格斯选集》第1卷,人民出版社2012年版,第180页。

程提供了理论武器。

第三，从现实潜能来看，内在批判的方法是推动社会转型和人类解放得以实现的关键。马克思以"批判"指称自己的哲学，这是继承自德国观念论尤其是黑格尔的辩证法传统，"辩证法在对现存事物的肯定的理解中同时包含对现存事物的否定的理解，即对现存事物的必然灭亡的理解；辩证法对每一种既成的形式都是从不断的运动中，因而也是从它的暂时性方面去理解；辩证法不崇拜任何东西，按其本质来说，它是批判的和革命的"[①]。但马克思不是为了批判而批判，也不是一味沉浸于否定、崩溃和瓦解的逻辑之中不能自拔，甚至走向历史虚无主义。相反，马克思批判理论的辩证法基础决定了他不仅要彻底揭露和批判旧世界，同时致力于积极筹划和建立新世界，而且更重要的是，"新思潮的优点又恰恰在于我们不想教条地预期未来，而只是想通过批判旧世界发现新世界"[②]。因此，马克思不仅揭示了资本主义社会的形成过程和运行机制及其内在冲突和对抗，而且指出了这种资本关系是怎样失去其存在的历史根据并最终走向解体的，即资本主义生产方式的未来走向："从资本主义生产方式产生的资本主义占有方式，从而资本主义的私有制，是对个人的、以自己劳动为基础的私有制的第一个否定。但资本主义生产由于自然过程的必然性，造成了对自身的否定。这是否定的否定。"[③] 这里的"否定的否定"就是作为资本主义生产方式之扬弃和超越的共产主义，就是建立在个人全面发展和共同的社会生产能力基础之上的自由人联合体，就是人类的解放。这一扬弃和超越的实现，不是依赖于一种抽象的外在的否定，而是源自于社会发展之内在矛盾运动本身的解放潜能，这种解放潜能孕育着新世界的萌芽和社会转型的方向。"由此就会出现完全的经济革命，这种革命一方面为资本对劳动的统治创造并完成其现实条件，为之提供相应的形式，另一方面，在这个由革命发展起来的与工人相对立的劳动生产力、生产条件与交往关系中，这个革命又为一个新生产方式，即扬弃资本主义生产方式这个对立形式的新生产方式创造出现实条件，这样，就为一种新形成的社会生活过程，

[①] 《马克思恩格斯选集》第2卷，人民出版社2012年版，第94页。
[②] 《马克思恩格斯全集》第47卷，人民出版社2004年版，第64页。
[③] 《马克思恩格斯选集》第2卷，人民出版社2012年版，第299—300页。

从而为新的社会形态创造出物质基础。"① 这就是马克思内在批判的唯物史观意蕴。

由此可见，内在批判的方法为马克思打开了一种洞穿资本主义生产方式之历史、现实和未来的总体性历史性视野，在这样一种总体性历史性的视野中，"我们不仅看到了资本是怎样进行生产的，而且看到了资本本身是怎样被生产出来的，以及跟资本进入生产过程时相比资本又是怎样作为根本改变了的东西走出生产过程的"②。这是对唯物史观的具体化和现实化，马克思对资本主义社会的内在批判正是在这个意义上展开的，这种批判"是一种源自于内在矛盾运动的历史过程本身的自我扬弃，而不是一种外在的、抽象的否定。对马克思来说，这是一种重要的方法论创新"③，这也使得马克思不仅超越了那些简单认同现存秩序的资产阶级古典经济学家，而且超越了那种单纯从外部设定某种乌托邦式理想未来的空想社会主义者，前者沉湎于物化现实的总体恰然自得，后者无法找到从必然王国走向自由王国的转型道路。这种双重超越既是唯物史观的伟大之处，也是马克思批判理论的现实性所在。

---

① 《马克思恩格斯文集》第 8 卷，人民出版社 2009 年版，第 547 页。
② 《马克思恩格斯文集》第 8 卷，人民出版社 2009 年版，第 547 页。
③ 唐正东：《政治经济学批判的唯物史观基础》，《哲学研究》2019 年第 7 期。

第三章　马克思批判理论的哲学效应

在马克思的批判理论中存在着意识形态批判、形而上学批判和政治经济学批判的三重变奏，这三大主题的内在互动不仅搭建起了马克思批判理论的整体构架，而且形塑了马克思之后的批判理论的发展格局。如果以一种更为宽广的理论视野来看，马克思的批判理论影响了整个现代哲学的进展，这也是为什么我们说马克思是一位现代哲学家，马克思是我们的同时代人。这里从如下三条线索宏观勾勒马克思批判理论对当代哲学的影响，一是列宁在对错误思潮的意识形态批判中捍卫马克思，这是对经典马克思主义哲学史的延续；二是从叔本华到阿多诺、海德格尔在对形而上学的批判中继承马克思，这是在现代西方哲学中引起的回响；三是生态学马克思主义在对生态危机的政治经济学批判中发展马克思，这是当代国外马克思主义哲学的新进展。这种梳理固然是粗线条的，也是个人化的，但同时包含了特定的问题意识。

第一节　在错误思潮批判中捍卫马克思：青年列宁的批判哲学锋芒

马克思批判理论的哲学效应首先表现为列宁对诸种错误思潮的意识形态批判，这是作为批判理论家的列宁对马克思的坚定捍卫。正如尼尔·哈丁所言，"列宁主义是一种具有战斗精神的分离主义的思想体系"，"列宁主义从它诞生的那一刻起，就必须通过哲学的、社会学的、经济的和历史的分析，揭示所有竞争性的意识形态的错误"①。列宁的这种战斗性集中表现为他对形形

---

① ［英］尼尔·哈丁：《列宁主义》，张传平译，南京大学出版社2014年版，第2—3页。

色色的诸种竞争性错误思潮的批判,正是在对俄国民粹主义、"合法马克思主义"和经济派等资产阶级和小资产阶级错误思潮的尖锐批判中,列宁不仅彻底粉碎了伯恩施坦主义的理论基础及其在俄国的影响,而且以俄国的革命斗争经验进一步丰富和发展了马克思主义,并把它推进到一个崭新的发展阶段。

一、摧毁主观社会学之基

列宁对民粹主义的批判主要是摧毁其主观社会学的基础。辩证唯物主义和历史唯物主义是马克思主义整个大厦的理论基础。马克思主义的敌人攻击和反对马克思主义,总是首先从试图摧毁它的这一理论基础开始的。俄国自由主义民粹派也不例外,他们在攻击马克思主义时完全继承了伯恩施坦主义者的理论,污蔑马克思的唯物史观是历史宿命论,否认社会发展具有自身的客观规律性,主张具有批判头脑的杰出人物可以不受任何客观规律和条件的约束而随心所欲地创造历史和改变历史发展的方向。

自由主义民粹派的这套理论集中体现在《俄国财富》杂志的头目米海洛夫斯基的文章中。1894年,《俄国财富》第1期和第2期发表了米海洛夫斯基的《文学与生活》一文,在这篇文章中,米海洛夫斯基从批判《资本论》入手,向马克思主义哲学特别是它的唯物主义历史观发动了全面的攻击。米海洛夫斯基认为,马克思的社会学(即历史唯物主义)把社会发展规律当作自己的研究对象和任务是完全错误的,事实上,"社会学的根本任务是阐明那些使人的本性的这种或那种需要得到满足的社会条件"[①]。因为历史是一大堆纯粹偶然事件的堆积,在这一大堆偶然事件中,必然有一些是"合乎心愿的",而另一些是"不合乎心愿的",社会学家的责任,就是在这些事物中"找到实现合乎心愿的事物,消除不合乎心愿的事物的条件"[②]。一个社会的好与不好,关键的标准就是看它是否能够满足人的本性,是否符合公平正义的原则。一句话,"人的本性""理想"是社会学研究的出发点,是人类社会存在和发展的基础,是比经济因素更加根本的决定力量。列宁在《什么是"人民之友"以及他们如何攻击社会民主党人》一书的第一编中,集中批判了自由主义民

[①] 《列宁选集》第1卷,人民出版社2012年版,第5页。
[②] 《列宁选集》第1卷,人民出版社2012年版,第6页。

粹派的思想领袖米海洛夫斯基的主观社会学，后来在《民粹主义的经济内容及其在司徒卢威先生的书中受到的批评》《我们拒绝什么遗产?》等著作中同样驳斥了民粹派的歪曲和攻击，阐明了历史唯物主义的一系列基本原理。

第一，列宁明确指认了米海洛夫斯基宣扬的主观社会学之历史唯心主义实质，科学论证了马克思的"社会形态发展的自然历史过程理论"的哲学意义，坚决捍卫了马克思主义的哲学基础。

众所周知，第二国际机会主义者在修正马克思主义时的一贯伎俩就是宣称马克思主义仅仅是一种社会历史理论，没有自己的哲学基础，伯恩施坦甚至公然声称："给社会主义提供纯粹唯物主义论证，既是不可能的，也是不必要的。"① 米海洛夫斯基不仅故伎重演，复制了伯恩施坦对马克思主义的歪曲，认为马克思没有自己的哲学，而且扬言历史必然性思想是早已探明的真理，并非马克思发现的新东西。他问道："马克思在哪一部著作中叙述了自己的唯物主义历史观呢?……这样的著作是没有的。不仅马克思没有这样的著作，而且在全部马克思主义文献中也没有这样的著作，虽然这种文献数量很大，传播很广。"② 对此，列宁回应道："凡熟悉马克思的人，都会反问他：马克思在哪一部著作中没有叙述过自己的唯物主义历史观呢?"③ 列宁首先援引马克思的原话"我的观点是把经济的社会形态的发展理解为一种自然历史过程"来概括《资本论》乃至整个历史唯物主义的基本思想，并进一步反讽说，这位主观主义者读了《共产党宣言》，竟看不出那里对现代法律制度、家庭制度、宗教制度和哲学体系的解释是唯物主义的，看不出那里甚至对种种社会主义和共产主义理论的批判也是在某种生产关系中寻找并找到这些理论的根源的；他读了《哲学的贫困》，竟看不出那里对普鲁东社会学的剖析和对普鲁东所提出的解决各种历史问题的办法的批判，是从唯物主义的观点和原则出发的，看不出作者本人在谈到应该在那里寻找材料来解决这些问题时，总是举出生产关系；他读了《资本论》，竟看不出这是运用唯物主义方法科学地分析一个最复杂的社会形态的范例，是大家公认的无与伦比的范例。米海洛夫

---

① ［德］伯恩施坦：《社会主义的前提和社会民主党的任务》，生活·读书·新知三联书店1965年版，第255页。
② 《列宁选集》第1卷，人民出版社2012年版，第2页。
③ 《列宁选集》第1卷，人民出版社2012年版，第11页。

斯基完全忽视了马克思学说的基本内容，其狭隘和无知可见一斑。

针对米海洛夫斯基否认历史唯物主义是马克思的新发现，列宁坚决地反驳道：凡是稍微知道马克思的人，都能马上看出这种手法的全部虚伪和浮夸，尽可不同意马克思的理论，但是决不能否认，"是马克思万分明确地表述了自己的观点，这些观点对从前的社会主义者来说完全是新东西。新就新在从前的社会主义者为了论证自己的观点，认为只要指明群众在现代制度下受压迫的事实，只要指明使每个人都可获得自己生产成果的那种制度的优越性，只要指明这个理想制度适合'人的本性'、适合理性道德生活概念等等就足够了。马克思认为不能以这种社会主义为满足。他并不限于评论现代制度，评价和斥责这个制度，他还对这个制度作了科学的解释，把这个在欧洲和非欧洲各个国家表现得不同的现代制度归结为一个共同基础，即资本主义社会形态，并对这个社会形态的活动规律和发展规律作了客观分析（他指明这个制度下的剥削的必然性）"①。同样，他认为不能满足于伟大的空想社会主义者及其渺小的模仿者主观社会学家所说的只有社会主义制度才适合人的本性的断语。他以对资本主义制度的这种客观分析，证明了资本主义制度变为社会主义制度的必然性。这就是马克思主义者经常援引必然性的由来。可见，米海洛夫斯基对问题的曲解是极为明显的。

面对自由主义民粹派的主观社会学，列宁进一步指出，米海洛夫斯基的这种观点是唯心主义哲学家早已说烂了的陈腐垃圾，"马克思关于社会经济形态发展的自然历史过程这一基本思想，从根本上摧毁了这种以社会学自命的幼稚说教。马克思究竟是怎样得出这个基本思想的呢？他做到这一点所用的方法，就是从社会生活的各种领域中划分出经济领域，从一切社会关系中划分出生产关系，即决定其余一切关系的基本的原始的关系"②。这就是马克思在社会历史领域中发现的唯物主义的基本观点。正是由于这一发现，马克思摒弃了以往所有关于人类天性、理想社会的抽象唯心的理论，揭示了人类社会发展的一般规律，从而结束了唯心主义在社会学研究中的统治地位，实现了社会学研究的革命性变革。

---

① 《列宁选集》第1卷，人民出版社2012年版，第24—25页。
② 《列宁选集》第1卷，人民出版社2012年版，第6页。

列宁特别重视马克思这一发现的哲学意义，并用它来具体地批驳米海洛夫斯基等自由主义民粹派的奇谈怪论。列宁指出："社会学中这种唯物主义思想本身已经是天才的思想。"① 这一思想的天才之处，更确切地说，马克思社会形态理论的深刻哲学意义体现在如下三点：其一，它"第一次使人们有可能以严格的科学态度对待历史问题和社会问题"②。因为在马克思以前，社会学家不善于探究像生产关系这样简单和这样原始的关系，而直接着手探讨和研究政治法律形式，一碰到这些形式是由当时人类某种思想产生的事实，就停了下来，这样一来，似乎社会关系是由人们自觉建立起来的。马克思的唯物史观没有满足于这些形式是由思想产生的事实，而是继续深入分析，发现了人的这些社会思想本身的起源，从而消除了以往社会学家那里存在的矛盾。因此，唯物主义历史观关于思想进程取决于事物进程的结论，是唯一可与科学的心理相容的。

其二，它"第一次把社会学提高到科学的水平"③。因为在马克思以前，社会学家面对错综复杂的社会关系和社会现象，总是不知道从何下手，分不清哪些是本质的必然的联系，哪些是非本质的偶然的联系，哪些是重要现象，哪些是不重要现象，也找不到划分这些不同联系和不同现象的客观标准，总是喜欢用主观的东西来代替现实，把社会历史看成是一堆杂乱无章的事件的堆积，没有任何规律性可循。比如新康德主义者文德尔班等就把历史看作是一次性、不可重复的东西。自由主义民粹派否认历史发展的规律性、重复性，其思想就是从新康德主义那里抄来的。然而，唯物史观的创立就为社会学的研究提供了一个完全客观的标准，因为它把生产关系划为社会结构，并使人有可能把主观主义者认为不可能应用到社会学上来的重复性这个一般科学标准，应用到这些关系上来。当人们还局限于思想的社会关系时，人们不可能发现错综复杂的社会现象的重复性和规律性，人们这时的研究至多不过是记载这些现象、收集素材而已，可是，一旦人们从思想的社会关系进入并抓住物质的社会关系时，立刻就有可能看出重复性和规律性，并把不同的国家制

---

① 《列宁选集》第1卷，人民出版社2012年版，第7页。
② 《列宁选集》第1卷，人民出版社2012年版，第7页。
③ 《列宁选集》第1卷，人民出版社2012年版，第8页。

度概括为社会形态这个基本概念,然后再依据这种概括从记载社会现象进入到以严格的科学态度去分析社会现象。

其三,它"之所以第一次使科学的社会学的出现成为可能,还由于只有把社会关系归结于生产关系,把生产关系归结于生产力的水平,才能有可靠的根据把社会形态的发展看做自然历史过程"①。在马克思以前,虽然有一些主观主义者也承认历史现象的规律性,但由于他们只限于指出人的社会思想动机和目的,不善于发现这些思想动机和目的背后的物质的社会关系的原因,因而不能把历史现象的演进看作是一个自然历史过程。唯物史观的创立从根本上克服了主观主义的这种缺陷,它首先把社会关系归结于生产关系,然后又把生产关系归结于生产力水平,从而以可靠的根据把社会形态的发展看作是自然历史过程。列宁甚至把唯物史观同自然科学相提并论,指出:"达尔文推翻了那种把动植物物种看做彼此毫无联系的、偶然的、'神造的'、不变的东西的观点,探明了物种的变异性和承续性,第一次把生物学放在完全科学的基础之上。同样,马克思也推翻了那种把社会看做可按长官意志(或者说按社会意志和政府意志,反正都一样)随便改变的、偶然产生和变化的、机械的个人结合体的观点,探明了作为一定生产关系总和的社会经济形态这个概念,探明了这种形态的发展是自然历史过程,从而第一次把社会学放在科学的基础之上。"② 不言而喻,没有这种观点,也就不会有社会科学。

第二,面对自由主义民粹派对历史唯物主义的诸多蓄意歪曲和攻击,列宁以马克思主义的立场、观点和方法给予了有力的反驳和回击,从而进一步阐明了历史唯物主义的一系列基本原理。

其一,米海洛夫斯基紧步第二国际修正主义者之后尘,将马克思主义哲学歪曲为"经济唯物主义",说这个理论过分突出了社会生活的经济方面,而忽视了社会生活的其他方面,似乎它是一种将经济因素视为人类社会历史发展进程中唯一起作用之因素的机械的庸俗的经济决定论。对此,列宁反驳道,马克思和恩格斯"在说明自己的世界观时,只是把它叫做唯物主义而已。他们的基本思想是把社会关系分成物质的社会关系和思想的社会关系。思想的

---

① 《列宁选集》第1卷,人民出版社2012年版,第8—9页。
② 《列宁选集》第1卷,人民出版社2012年版,第10页。

社会关系不过是物质的社会关系的上层建筑,而物质的社会关系是不以人的意志和意识为转移而形成的,是人维持生存的活动的(结果)形式"①。显然,从马克思和恩格斯的文本表述中根本看不出他们片面强调经济因素而忽略其他方面,"其实完全相反,唯物主义者——马克思主义者——是最先提出不仅必须分析社会生活的经济方面而且必须分析社会生活的各个方面这一问题的社会主义者"②。

列宁还以《资本论》为例,指出经济关系是它的骨骼,"可是全部问题在于马克思并不以这个骨骼为满足,并不仅以通常意义的'经济理论'为限;虽然他完全用生产关系来说明该社会形态的构成和发展,但又随时随地探究与这种生产关系相适应的上层建筑,使骨骼有血有肉"③。在列宁看来,《资本论》的成就之所以如此之大,恰恰在于马克思这位"德国经济学家"的这部书使读者看到整个资本主义社会形态是个活生生的形态:有它的日常生活的各个方面,有它的生产关系所固有的阶级对抗的实际社会表现,有维护资本家阶级统治的资产阶级上层建筑,有资产阶级的自由平等之类的思想,有资产阶级的家庭关系等等。事实上,不论是恩格斯晚年关于历史唯物主义的书信,还是普列汉诺夫的《论一元论历史观之发展》,都曾对这种庸俗的机械的经济唯物主义进行过批判。而列宁在后来的《怎么办》一书中还详细地论述了政治斗争、革命理论、政党组织等上层建筑的能动的反作用。

其二,米海洛夫斯基歪曲唯物主义历史观是宿命论,说它将历史的必然性与个人自由截然对立,完全否认个人在历史上的作用,他还以讥讽的口吻说,社会活动家如果以活动家自居,那就大错特错了,其实他们是被动者,是"被历史必然性的内在规律从神秘的暗窖里牵出来的傀儡"。对此,列宁首先指出上述歪曲的实质,所谓决定论和道德观念之间的冲突、历史必然性和个人作用之间的冲突的思想是主观哲学家的惯用伎俩,他们无非是"想把这个冲突解决得使道德观念和个人作用占上风"④。然而事实上,这里并没有什么冲突,所谓的冲突完全是米海洛夫斯基因担心决定论会推翻他所如此酷爱

---

① 《列宁选集》第1卷,人民出版社2012年版,第18—19页。
② 《列宁选集》第1卷,人民出版社2012年版,第29页。
③ 《列宁选集》第1卷,人民出版社2012年版,第9页。
④ 《列宁选集》第1卷,人民出版社2012年版,第26页。

的小市民道德而捏造出来的。在马克思看来,"决定论思想确认人的行为的必然性,摒弃所谓意志自由的荒唐的神话,但丝毫不消灭人的理性、人的良心以及对人的行动的评价。恰巧相反,只有根据决定论的观点,才能作出严格正确的评价,而不致把什么都推到自由意志上去。同样,历史必然性的思想也丝毫不损害个人在历史上的作用:全部历史正是由那些无疑是活动家的个人的行动构成的"①。

列宁还进一步论述了个人与社会、个人活动与人民群众在历史上的作用之间的辩证关系。主观社会学家总是强调历史是由"进行斗争的单独的个人"创造的,米海洛夫斯基更是声称"具有自己的一切思想和感情的活的个人,冒着风险成为历史活动家"。对此,列宁指出,"历史是由个人创造的这一原理在理论上毫无意义。全部历史本来由个人活动构成,而社会科学的任务在于解释这些活动"②,换言之,这种创造活动是在什么条件下进行的,有什么保证才能使这种活动不致成为孤立的行动而沉没在相反行动的汪洋大海里?米海洛夫斯基等不打算回答这个问题,甚至不敢明确地提出这个问题,他们只会做这种无聊的不断重复的议论:活的个人突破另一些活的个人所造成的重重障碍而推动历史前进。列宁一针见血地指出了这种思想的主观主义色彩。唯物主义的社会学者虽然也承认历史是由真实的个人构成的,但并不把真实的个人同他们所处的社会环境、历史条件割裂开来进行孤立的研究,而是把他放到一定的社会关系中,依据特定的历史条件和社会环境来进行科学的考察。因此,在论及个人的活动问题时,唯物主义的社会学者从不孤立地讲个人的历史作用,从不把"活的个人"同具体社会环境隔离开来,而是去分析这些个人的活动是由什么社会环境决定的,是怎样决定的,以及这些现实的个人怎样创造了和继续创造着自己的历史,用列宁的话说,这种"把个人因素归结为社会根源的方法"就是将个人的活动"归结为各个在生产关系体系中所起的作用上、在生产条件上、因而在生活环境的条件上以及在这种环境所决定的利益上彼此不同的个人集团的活动,一句话,归结为各个阶级的活

---

① 《列宁选集》第1卷,人民出版社2012年版,第26—27页。
② 《列宁全集》第1卷,人民出版社2013年版,第359—360页。

动,而这些阶级的斗争决定着社会的发展"①。列宁特别强调人民群众的阶级斗争对于推动历史发展的伟大作用。任何离开了无产阶级阶级斗争和人民群众创造历史活动的孤立的个人活动,即使是十分英勇的个人活动,都不可能取得好的结果。由此可见,历史唯物主义在承认个人创造活动的同时,又强调这一创造活动是受历史必然性制约的,或者说是在承认历史必然性的基础上承认个人在历史上的作用。

其三,米海洛夫斯基还攻击马克思主义者"信仰并信奉抽象历史公式的不可变异性",对此,列宁驳斥到,这完全是撒谎和捏造,这是对马克思主义者的最陈腐最庸俗的责难,这种责难是所有那些丝毫不能从实质上反驳马克思主义者观点的人早已用过了的。在列宁看来,理论符合现实是马克思的历史唯物主义理论的唯一标准,从现实的社会经济关系出发研究社会历史是其根本的出发点。"从来没有一个马克思主义者认为马克思的理论是一种必须普遍遵守的历史哲学公式,是一种超出了对某种社会经济形态的说明的东西。……从来没有一个马克思主义者不是根据理论符合一定的即俄国的社会经济关系的现实和历史这一点,而是根据别的什么来论证自己的社会民主主义观点的,因为'马克思主义'的创始人马克思自己就十分明确地说过对理论的这种要求,并且以此作为全部学说的基础。"②

列宁以普列汉诺夫对俄国资本主义发展的论证为例指出,他不是靠马克思的任何威望,也不是靠什么抽象的公式,而是始终以现实的社会经济关系,以这些复杂社会关系的现实演进为考量依据。列宁明确写道:"马克思主义者从马克思的理论中,无疑地只是借用了宝贵的方法,没有这种方法,就不能阐明社会关系,所以他们在评判自己对社会关系的估计时,完全不是以抽象公式之类的胡说为标准,而是以这种估计是否正确和是否同现实相符合为标准的。"③ 需要特别指出的是,列宁自登上革命历史舞台开始,便尤为强调马克思主义理论与俄国具体实际相结合,坚决反对教条主义和本本主义,他在《我们的纲领》一文中曾写下如下名言:"我们决不把马克思的理论看做某种

---

① 《列宁全集》第1卷,人民出版社2013年版,第373页。
② 《列宁选集》第1卷,人民出版社2012年版,第58页。
③ 《列宁选集》第1卷,人民出版社2012年版,第60页。

一成不变的和神圣不可侵犯的东西；恰恰相反，我们深信：它只是给一种科学奠定了基础，社会党人如果不愿落后于实际生活，就应当在各方面把这门科学推向前进。我们认为，对于俄国社会党人来说，尤其需要独立地探讨马克思的理论，因为它所提供的只是总的指导原理，而这些原理的应用具体地说，在英国不同于法国，在法国不同于德国，在德国又不同于俄国。"①

其四，自由主义民粹派还污蔑俄国马克思主义"根本不愿意与过去有任何继承性的联系，并且坚决拒绝遗产"②，说什么他们同俄国社会中先进部分的优秀传统脱离了关系，说什么他们割断了民主主义的线索等。为此，列宁在《我们拒绝什么遗产？》一文中予以回击，分析对比了"启蒙者"、民粹派分子和"学生们（这是19世纪90年代俄国马克思主义者的代称）"三者之间的相互关系，说明了马克思主义对待优秀文化遗产的态度，阐明了历史唯物主义关于社会意识的历史继承性的原理。

根据列宁的分析，"启蒙者"相信当前的社会发展，竭力支持、加速和促进循着这条道路往前发展，扫除一切妨碍和阻止这个发展的障碍。但是他们看不见社会发展所固有的矛盾，"根本没有提出改革后发展的性质问题，仅仅限于向改革前制度的残余作斗争，仅仅限于给俄国的西欧式发展扫清道路这一消极任务"③。与之相反，"民粹派分子"提出了俄国资本主义发展的矛盾问题，但他们害怕当前的社会发展，竭力遏止和阻止这个发展，尽管民粹派分子希望代表劳动者的利益，"事实上他们总是站在小生产者的观点上"④，代表小资产阶级的利益，因此，他们对待遗产必然持矛盾的态度。与二者不同，俄国的马克思主义者即"学生们"则是从资本主义具有进步性的观点出发来解决俄国资本主义问题的，因此他们不仅能够而且应当全部接受启蒙者的遗产，并且从无家产的生产者的观点出发分析了资本主义的矛盾，从而对这个遗产作了补充。于是，列宁得出结论：马克思主义者"是比民粹派分子彻底得多、忠实得多的遗产保存者。他们不仅不拒绝遗产，相反，他们认为自己最主要的任务之一是驳斥那些浪漫主义的和小资产阶级的顾虑，这些顾

---

① 《列宁选集》第1卷，人民出版社2012年版，第274—275页。
② 《列宁选集》第1卷，人民出版社2012年版，第130页。
③ 《列宁选集》第1卷，人民出版社2012年版，第129页。
④ 《列宁选集》第1卷，人民出版社2012年版，第129页。

虑使民粹派分子在很多十分重要的问题上拒绝接受启蒙者的欧洲理想"①。当然，马克思主义者保存遗产，既不同于档案保管员保存旧的文件，也不等于局限于遗产，而是要在新的历史条件下对其进行扬弃。马克思主义绝不是在世界文明大道之外产生的，而是人类各种先进思想发展的继续，是历史上一切优秀文化成果之集大成。

列宁的论述表明，社会意识具有历史继承性，而且社会意识遗产的继承归根到底是受社会存在及其发展所制约的。任何社会思想意识对文化遗产的继承都不会无条件地像档案保管员保存旧文件那样，原封不动地保存下来，而是必须经过加工改造予以批判性吸收。至于如何加工改造，吸收哪些抛弃哪些，这在根本上也是为现实的社会存在状况特别是思想家们的阶级地位和利益所决定的。

第三，列宁在驳斥米海洛夫斯基对马克思理论的歪曲和攻击时，还特别批判了主观社会学的形而上学方法，并对马克思的唯物辩证法作了初步的阐述："马克思和恩格斯称之为辩证方法（它与形而上学方法相反）的，不是别的，正是社会学中的科学方法，这个方法把社会看做处在不断发展中的活的机体（而不是机械地结合起来因而可以把各种社会要素随便配搭起来的一种什么东西），要研究这个机体，就必须客观地分析组成该社会形态的生产关系，研究该社会形态的活动规律和发展规律。"②

米海洛夫斯基曲解马克思主义的一种老套的办法就是把马克思的哲学和黑格尔的哲学混淆起来，借马克思辩证法与黑格尔辩证法的联系来否定马克思主义哲学。米海洛夫斯基污蔑唯物主义者所依靠的是辩证过程的"无可争辩性"；认为马克思的关于未来社会的内在规律的学说纯粹是"被辩证地提出来的"；马克思关于资本主义的发展规律必然使剥夺者被剥夺的论断，带有"纯粹辩证的性质"；马克思关于土地和资本公有的理想，"就其必然和毫无疑义来说，纯粹是维系在黑格尔三项式链条的最末一环上的"。总之，米海洛夫斯基把马克思在社会学中的辩证方法看成按黑格尔三段式的规律来解决一切社会学问题。对于这种"老一套的责难"，列宁说道："这种责难看来已被批

---

① 《列宁选集》第1卷，人民出版社2012年版，第130页。
② 《列宁选集》第1卷，人民出版社2012年版，第32页。

评马克思的资产阶级批评家用得够滥的了。这帮先生不能从实质上对这个学说提出任何反驳，就拼命抓住马克思的表达方式，攻击这个理论的起源，想以此动摇这个理论的根基。"① 列宁从如下几个方面进行了驳斥，着重阐明了马克思主义辩证法的唯物主义性质。

列宁首先援引马克思在《资本论》第二版"跋"中的经典表述，直截了当地指出了他的方法和黑格尔的方法"截然相反"。"在黑格尔看来，观念的发展，按照三段式的辩证规律，决定现实的发展。当然，只有在这种场合，才说得上三段式的作用，才说得上辩证过程的无可争辩性"②；与之相反，在马克思那里，观念的东西不过是物质的东西的反映。很显然，列宁在这里特别突出的是马克思主义哲学的唯物主义性质，以此区别于黑格尔的唯心主义哲学。在另外一处文本中他更为明确地写道："黑格尔的哲学谈论精神和观念的发展，它是唯心主义的哲学。它从精神的发展中推演出自然界、人以及人与人的关系即社会关系的发展。马克思和恩格斯保留了黑格尔关于永恒的发展过程的思想，而抛弃了那种偏执的唯心主义观点；他们面向实际生活之后看到，不能用精神的发展来解释自然界的发展，恰恰相反，要从自然界，从物质中找到对精神的解释……与黑格尔和其他黑格尔主义者相反，马克思和恩格斯是唯物主义者。"③

列宁强调，说马克思借黑格尔三段式来进行论证，是米海洛夫斯基硬加到马克思头上的，事实上，"马克思一开始从事写作活动和革命活动，就十分明确地表示过他对社会学理论的要求：社会学理论应当确切地描写现实过程"④。马克思在《资本论》中便严格遵守了上述要求，他给自己提出的任务是科学地分析资本主义社会形态，而当他证明了这个组织在我们眼前的实际发展具有什么样的趋势，这个组织必然会灭亡而转变为另一更高的组织时，他就结束了自己的分析。由此可见，米海洛夫斯基上述"批判"手法靠的完全是颠倒黑白、歪曲捏造。而且列宁还明确指出，米海洛夫斯基的诸种"论据完全是从杜林那里拿来的，是杜林在他的《国民经济学和社会主义批判史》

---

① 《列宁选集》第1卷，人民出版社2012年版，第30页。
② 《列宁选集》第1卷，人民出版社2012年版，第34页。
③ 《列宁选集》第1卷，人民出版社2012年版，第90—91页。
④ 《列宁选集》第1卷，人民出版社2012年版，第44页。

一书里运用过的"①。因此,恩格斯对杜林的反驳,完全适用于米海洛夫斯基。于是,列宁便引用了恩格斯在《反杜林论》中的相关论述予以反驳,他写道:"恩格斯在反驳攻击马克思辩证法的杜林时说:马克思从未打算用黑格尔的三段式来'证明'任何事物,马克思只是研究和探讨现实过程,马克思认为理论符合现实是理论的唯一标准。……恩格斯立论的重心在于:唯物主义者的任务是正确地和准确地描绘现实的历史过程;而坚持辩证法,选择例子证明三段式的正确,不过是科学社会主义由以长成的那个黑格尔主义的遗迹,是黑格尔主义表达方式的遗迹罢了。"②

此外,列宁在批判民粹派的主观社会学之形而上学方法的同时,还科学地说明了对立面的同一和斗争是事物发展的源泉的思想。自由主义民粹派认为,事物变化和发展的根源不在事物的内部,而在人的意识中,特别是在那些"具有批判头脑的"人的意识中。列宁驳斥说,这是典型的主观主义分析问题的方法,它对事物和发展完全是从抽象的道德观念和个人信条上去评价,其标准没有丝毫的客观性、稳固性。事实上,俄国资本主义的出现和发展根本不是"人为的"或政府"执行错误政策"的结果,而是俄国社会经济发展的必然现象,其根源就在于社会内部各个方面的既同一又斗争,在于事物内部的矛盾性。

自由主义民粹派一听到矛盾就感到害怕,认为包含着矛盾的事物是不可能存在和发展的。因此,在他们的理论活动和实际活动中,他们总是极力掩饰矛盾,调和矛盾。比如,自由主义民粹派多多少少地意识到,劳动群众、农民的分化、贫困化和大量过剩人口的存在,既是资本主义发展的必然结果,同时又是资本主义存在和发展的必要条件。可他们却由此得出结论说,这种矛盾的存在说明,资本主义在俄国是不能存在和发展的。

自由主义民粹派害怕矛盾,不敢承认矛盾,因此在对待事物的变化和发展问题上,必然陷入形而上学的泥坑。比如,许多自由主义民粹派作家虽然也承认发展,但由于他们竭力掩饰矛盾,认为矛盾就是不可能,因而他们所理解的发展并不是马克思主义者所说的发展,而是庸俗进化论者所说的发展,

---

① 《列宁选集》第1卷,人民出版社2012年版,第35页。
② 《列宁选集》第1卷,人民出版社2012年版,第30—31页。

即只有量变而没有质变的运动。这些人固守着这样一个信条：发展就是均衡的、按比例进行的运动，非比例、非均衡和飞跃式的发展都不是发展。列宁批判地指出，发展的实质就是飞跃，资本主义社会只有通过飞跃才能发展起来，而飞跃则是对立的经济力量和社会力量斗争的结果。自由主义民粹派坚持认为"不合比例的、跳跃式的、寒热病似的发展不是发展"①，这表明他们是庸俗进化论的信奉者，是主张社会革命的进步阶级的对立面。

应该指出的是，此时的列宁对自由主义民粹派之主观社会学的批判是有力的，对马克思主义辩证法之唯物主义性质的强调也是正确的，但这时的列宁由于还没有深入系统地研究哲学史特别是黑格尔的哲学，因此，在列宁眼里，"三段式只能起着使庸人们发生兴趣的盖子和外壳的作用"②，这也就意味着他还没有将否定之否定的辩证规律看成是马克思辩证法内容的有机组成部分。这一点到后来的《哲学笔记》中则发生了明显的改观。

二、揭开客观主义的伪饰

在批判自由主义民粹派，从而论证俄国资本主义发展的同时，列宁还对当时俄国的"合法马克思主义者"和经济派展开了尖锐批判，并进一步阐述了俄国革命的策略路线。在政治立场上，如果说俄国民粹派是小生产方式、小资产阶级的代表，他们从小生产者的主观愿望出发，提出了避免俄国资本主义发展的空想社会主义道路，否定俄国无产阶级革命的道路；那么，"合法马克思主义者"就是俄国自由资产阶级的代表，他们美化俄国资本主义，维护资产阶级制度，反对无产阶级革命；而经济派则是"合法马克思主义"的继续，是资产阶级影响在俄国社会民主党内的反映，用列宁的话说，"'合法马克思主义'、'经济主义'和'孟什维主义'是同一个历史趋势的不同的表现形式。司徒卢威先生之流的'合法马克思主义'（1894年）是马克思主义在资产阶级著作中的反映。'经济主义'作为1897年和随后几年的社会民主主义运动中的一个特殊派别，实际上实现了资产阶级自由派的'信条'：工人

---

① 《列宁选集》第1卷，人民出版社2012年版，第235页。
② 《列宁选集》第1卷，人民出版社2012年版，第34页。

进行经济斗争，自由派进行政治斗争"①。在哲学理论上，民粹派鼓吹主观社会学，因此，列宁对民粹派的批判强调经济关系、物质关系在社会关系中的决定作用，强调理论要符合现实，也就是强调马克思主义哲学的唯物主义方面；而"合法马克思主义者"和经济派则鼓吹客观主义，把马克思主义的历史唯物主义歪曲为庸俗的经济决定论，因此，列宁对他们的批判强调了马克思主义的革命性，强调阐明了政治上层建筑、革命理论、政党组织在社会发展中的重大作用，也就是强调了马克思主义哲学的辩证方面。先看列宁在对"合法马克思主义"的批判中如何揭开其客观主义的伪饰。

19世纪90年代，俄国工人运动蓬勃发展，马克思主义得到了广泛传播，某些资产阶级思想家利用马克思主义为自己反对封建专制的斗争服务，为资产阶级的阶级利益服务，他们最满意的是对资本主义比封建主义更为进步的有理有据的论证。于是他们采用马克思主义的某些词句，在当时合法的即经过沙皇政府批准的报刊上发表有利于资产阶级的文章，因此被称为"合法马克思主义者"。列宁写道："经他们叙述的马克思主义大概就成了这样一种学说，它说明在资本主义制度下，以私有者的劳动为基础的个人所有制，怎样经历着辩证的发展，怎样变为自己的否定，然后又怎样社会化。他们郑重其事地把马克思主义的全部内容纳入这一'公式'，不谈它的社会学方法的一切特点，不谈阶级斗争学说，不谈研究的直接目的——揭露一切对抗和剥削形式，以帮助无产阶级来推翻这些形式。"② 这是一种披着马克思主义外衣的资产阶级思潮，是国际修正主义思潮在俄国的萌芽。合法马克思主义者从马克思主义中采纳了某些能为资产阶级接受的论点，打着客观主义的旗号，极力颂扬资本主义，充当了资本主义的辩护士。

"合法马克思主义"的主要代表人物有司徒卢威、布尔加柯夫、杜冈-巴拉诺夫斯基、别尔嘉耶夫等。在哲学上，他们抛弃了辩证唯物主义和历史唯物主义的革命内容，企图把马克思主义与康德的唯心主义结合起来。在政治上，由于他们毕竟进行过反对民粹主义和专制制度的斗争，因此列宁曾同他们结成短暂的联盟，这一政治联盟对于迅速地战胜民粹主义并且使马克思主

---

① 《列宁选集》第1卷，人民出版社2012年版，第777页。
② 《列宁选集》第1卷，人民出版社2012年版，第81—82页。

义思想得以广泛传播发挥了积极的作用。但是他们批判民粹派，承认俄国资本主义的发展，不是为了批判资本主义制度，从中得出革命的结论，而是为了绝对肯定资本主义制度，用列宁的话说，"这些人都是资产阶级民主主义者，他们同民粹派决裂，就是从小市民社会主义（或者说农民社会主义）转到资产阶级自由主义，而不是像我们那样转到无产阶级社会主义"①，因此，列宁在同他们结成联盟反对民粹派时，时刻也没有忘记批判他们的资产阶级自由主义观点。早在1894年秋，列宁就在彼得堡马克思主义小组中同合法马克思主义者展开了争论，谴责司徒卢威言辞中的"虚伪的腔调"，后来又在《市场理论问题述评》《再论实现论问题》《农业中的资本主义》《答普·涅日丹诺夫先生》《非批判的批判》等一系列著作中对"合法马克思主义"进行了全面的批判。

第一，列宁批判了合法马克思主义者对马克思实现论的诸种歪曲，科学阐明了社会资本的再生产过程理论，捍卫了马克思政治经济学的基本原理。

合法马克思主义者在反对民粹派关于市场问题的错误观点时，对马克思的社会资本再生产理论进行了蓄意的歪曲。司徒卢威把马克思的实现论同资产阶级经济学家的市场理论混为一谈，把抽象的实现论同资本主义产品实现的具体历史条件混为一谈，毫无根据地把马克思的实现论说成产品按比例分配的理论，怀疑它的现实意义。杜冈-巴拉诺夫斯基则批评马克思的实现论与马克思的基本经济学说相矛盾，"所以无怪乎马克思学派竟然无力继承他们老师的事业，于是市场问题始终没有得到解决"②，在他看来，唯一的结论只能是，资本主义的发展是协调的按比例的，"总而言之，只要社会生产比例适当，无论消费需求怎样减少，也不会使市场上产品供给总量超过需求"③。

针对上述诸种对马克思的歪曲，列宁先是澄清了对马克思实现论的两个必要前提的误解。他写道："司徒卢威毫无根据地把实现论叫做按比例分配的理论。这是不确切的，而且必然会引起误解。实现论是说明社会总资本的再

---

① 《列宁选集》第1卷，人民出版社2012年版，第762页。
② ［俄］杜冈-巴拉诺夫斯基：《周期性工业危机》，张凡译，商务印书馆1982年版，第218页。
③ ［俄］杜冈-巴拉诺夫斯基：《周期性工业危机》，张凡译，商务印书馆1982年版，第226页。

生产和流通如何进行的抽象理论。"① 在列宁看来，马克思是为了使这种说明更加简单明确才将对外贸易即国外市场问题抽象去了，但是，"实现论把对外贸易抽象出去，决不是说没有对外贸易的资本主义社会曾经存在过或者能够存在"②；同时也是为了以抽象的形式说明社会总资本的实现过程而假设劳动在资本主义生产的不同部门之间是按比例分配的，但是，"实现论这样假设决不是断言在资本主义社会中产品总是按比例分配或者能够按比例分配"③。这跟对价值理论的阐述一样，在价值论中，在阐述价值决定的规律时，总是假设而且应当假设供求是平衡的，但是这并不意味着在资本主义社会中总会出现或者能够出现这种平衡。

随后，列宁敏锐地揭示出，司徒卢威和杜冈－巴拉诺夫斯基将社会资本再生产理论叫作按比例分配理论实际上抹杀了资本主义再生产内部的固有矛盾。杜冈－巴拉诺夫斯基攻击马克思在《资本论》第3卷中所阐述的资本主义有限消费同生产无限扩大的矛盾与第2卷中对社会总资本再生产的分析是矛盾的。列宁指出，这种说法是错误的，因为马克思在第3卷中明确提出，进行直接剥削的条件和实现这种剥削的条件不是一回事，二者不仅在时间和地点上是分开的，而且在概念上也是分开的，前者只受社会生产力的限制，后者受不同生产部门的比例关系和社会消费力的限制。在列宁看来："马克思在这里只是证实他在《资本论》其他几处也曾经指出过的资本主义的矛盾，即无限扩大生产的意图和必然的有限消费（由于人民群众的无产阶级状况）之间的矛盾。"④ 资本主义生产就是在这种矛盾运动中实现的。对商品实现过程的分析表明，资本主义国内市场的形成与其说是靠消费品，不如说是靠生产资料。因此，社会产品的第Ⅰ部类（生产资料的生产）能够而且应当比第Ⅱ部类（消费品的生产）发展得快。但是决不能由此得出结论说，生产资料的生产完全不依靠消费品的生产而发展，也不能说二者毫无关系。根据马克思的分析，不变资本与不变资本之间会发生不断的流通，这种流通就它从来不会加入个人的消费来说，首先不以个人消费为转移，但是它最终要受个人

---

① 《列宁全集》第4卷，人民出版社2013年版，第62页。
② 《列宁全集》第4卷，人民出版社2013年版，第63页。
③ 《列宁全集》第4卷，人民出版社2013年版，第63页。
④ 《列宁全集》第4卷，人民出版社2013年版，第43—44页。

消费的限制，因为不变资本的生产，从来不是为了不变资本本身进行的，而只是因为那些生产个人消费品的生产部门需要更多的不变资本。于是，列宁得出结论："由此可见，生产消费（生产资料的消费）归根到底总是同个人消费联系着，总是以个人消费为转移的。但是，资本主义的本性一方面要求无限地扩大生产消费，无限地扩大积累和生产，而另一方面则使人民群众无产阶级化，把个人消费的扩大限制在极其狭窄的范围内。很明显，我们在这里看到的是资本主义生产中的矛盾。"① 在列宁看来，消费不是资本主义生产的目的，这是事实。这个事实同资本主义社会的生产归根到底也是与消费相联系并且以消费为转移这个事实之间的矛盾，并不是学说上的矛盾，而是现实生活中的矛盾。这就意味着，"资本主义的发展不可能不在一系列的矛盾中进行，而指出这些矛盾，就使我们清楚地看到资本主义的历史短暂性，看到它要求过渡到更高级形式的条件和原因"②。

在批判合法马克思主义对马克思实现论之蓄意歪曲，从而阐明社会总资本的再生产和流通过程的同时，列宁还总结了马克思理论的科学价值。正如列宁已经指出的，马克思的理论指明了资本主义所固有的矛盾，即人民的消费没有随着生产的巨大增长而相应地增长这一矛盾是怎样发生的。因此，"马克思的理论不仅没有复活为资产阶级辩护的理论（像司徒卢威幻想的那样），相反，它却提供了最有力的武器去反对这种辩护论"③，这是其一；其二，"马克思的实现论所提供的最有力的武器，不仅反对辩护论，而且也反对对资本主义进行庸俗的反动批评"④。这就意味着，如果我们像马克思那样去理解实现论，就不仅能彻底批判自由主义民粹派，也能有力批判合法马克思主义，就不仅承认了资本主义的历史进步性，也阐明了资本主义的历史短暂性。

第二，列宁批判了合法马克思主义者在土地问题上的修正主义，驳斥了所谓的小农经济稳固论，论证了资本主义大农业代替小农业是历史发展的必然趋势。

合法马克思主义者布尔加柯夫借批评考茨基《土地问题》一书来修正马

---

① 《列宁全集》第4卷，人民出版社2013年版，第44页。
② 《列宁全集》第4卷，人民出版社2013年版，第45页。
③ 《列宁全集》第4卷，人民出版社2013年版，第73页。
④ 《列宁全集》第4卷，人民出版社2013年版，第73页。

克思主义关于土地问题的基本原理，他否认农业大生产对小生产的优越性，企图证明马克思主义经济理论不适用于农业。他们为了把资本主义经济说成是协调的无矛盾无冲突的经济，不惜一味地粉饰小生产，否认其分化，宣传其稳固。针对上述观点，列宁在《农业中的资本主义》等文章中维护了马克思关于资本主义在农业中的历史进步作用的思想，驳斥了布尔加柯夫关于小农经济富有生命力的错误观点，指出资本主义制度下农业小生产日益破产，群众贫困化和农业危机不可避免。

针对所谓的小农经济稳固论，列宁先是指出了布尔加柯夫对考茨基所作的"否定的批评"之错误所在，他写道："就现代各个资本主义国家的情况来看，总的来说历史证明了马克思的规律是适用于农业的，并没有被推翻。布尔加柯夫先生的错误在于没有深入研究农业中个别事实的意义，就急于把这些事实归结为总的经济规律。"① 随后，在分析资本主义大生产与小生产的相互关系时，列宁指出，大生产在技术上和经营管理上都比小生产更具优越性，不论工业还是农业都是如此。但是必须注意这种情况在实践中是以多种形式表现出来的，不仅在工业中不像人们所想象的那样绝对、那样简单，"在关系更为复杂和多样的农业中，要使大生产具有优越性的规律完全适用，就要受到更加严格的条件的限制"②。根据列宁的分析，在经济上，农业中大生产相比小生产而言的优越性表现在：其一，大农业可以雇用薪金更高的受过科学教育的管理人员，而小地主本人的管理则是"容克式的"，不科学的；其二，农业大生产只能在一定限度内具有优越性，如在蔬菜业、葡萄种植业、商业性作物种植业等中，小生产更具有竞争力，而在谷物生产和畜牧业等主要农业部门中则是大生产具有绝对的优越性；其三，小生产抗衡农业大生产之优越性的唯一手段是更加辛勤的操劳和极低的消费水平；其四，农户组织协作社的愿望也反映了大生产的优越性，因为协作社的生产是大生产，用列宁的话说，"小农协作社是经济进步的一个环节，但它是向资本主义前进，而决不是像人们经常想象和断言的那样是向集体主义前进。协作社不是削弱而是加

---

① 《列宁全集》第4卷，人民出版社2013年版，第89页。
② 《列宁全集》第4卷，人民出版社2013年版，第97页。

强了农业中大生产对小生产的优越性"①。从技术方面看,资本主义大农业优越于小农业就更为明显。在列宁看来,大农业的优越性不仅在于耕地的浪费比较少,节省耕畜和农具,农具的利用比较充分,机器的利用比较广泛,贷款比较容易,而且还在于大农场具有商业上的优越性,能够雇用受过教育的管理人员。大农业可以在比较大的范围内利用工人的合作与分工。

值得注意的是,列宁还特别赞成考茨基的如下意见,认为农业中大生产代替小生产的过程有自己的特殊性。其一,农场主有时为了提高自己经营的集约化程度,往往把比较远或由于其他条件不利于提高集约化经营的那部分土地出卖或出租给农民,这时土地面积及农场人口虽然会减少,看起来似乎是生产规模缩小了,但是在单位面积上投入的劳动量却增加了,因而生产规模实际上是扩大了。其二,农场面积的扩大,会受到土地私有权的限制。其三,农村居民离开农村迁徙到城市会造成农村劳动力的不足,因而迫使大农户竭力把土地分租给工人,人为地制造小农,以便为地主提供充分的劳动力。由于以上种种原因,农业中大生产排挤小生产不能不表现出与工业中的资本集中有很大的不同。但是,如果借口这些特殊性而否认马克思关于资本集中的理论,否认马克思对资本主义发展的历史趋势的分析,则是完全错误的。

第三,列宁批判了合法马克思主义者以新康德主义代替马克思主义的企图,揭示了其"客观主义"背后维护资产阶级利益的实质,论证了马克思主义哲学是阶级性、革命性与科学性的统一。

在哲学上,司徒卢威、布尔加柯夫等"合法马克思主义者"是带有庸俗经济唯物主义历史观的新康德主义的辩护者,他们同伯恩施坦等人一样,否认马克思主义包含"有根据的哲学",力图证明康德的"批判的唯心主义"同唯物史观不是矛盾的,而是相互补充的。因此,他们提出要把马克思主义的社会经济理论同新康德主义结合起来。对此,列宁指出,这是新康德主义者蓄意对马克思的理论进行批评的先期成果,"马克思的那些号召'回到康德那里去'的学生,至今没有提供任何东西来证明这种转变的必要性,也没有提供任何东西来清楚地表明:用新康德主义丰富马克思主义理论,可以使马克思的理论得到好处。他们甚至没有完成首先落在他们肩上的任务,即详细

---

① 《列宁全集》第4卷,人民出版社2013年版,第98页。

地分析和驳斥恩格斯给予新康德主义的否定评价。相反，那些不是回到康德那里去，而是回到了马克思以前的哲学唯物主义和辩证唯心主义那里去的学生，却对辩证唯物主义作了极其完美的有价值的阐述，指出了辩证唯物主义是哲学和社会科学的整个最新发展的合理的必然的产物"①。

针对司徒卢威等人这种不对历史过程的必然性作具体的阶级分析、片面理解社会发展的客观规律性的观点，列宁从哲学上将其概括为客观主义或狭隘客观主义，他写道："作者的论断的基本特点是他的狭隘客观主义：只证明过程的不可避免性和必然性，而不尽力揭示这一过程在每个具体阶段上所具有的阶级对抗形式；只是说明一般过程，而不去说明各个对抗阶级，虽然过程就是由这些对抗阶级的斗争形成的。"② 接下来，列宁详细对比了客观主义者和马克思主义者（唯物主义者）的不同观点："客观主义者谈论现有历史过程的必然性；唯物主义者则是确切地肯定现有社会经济形态和它所产生的对抗关系。客观主义者证明现有一系列事实的必然性时，总是有站到为这些事实辩护的立场上去的危险；唯物主义者则是揭露阶级矛盾，从而确定自己的立场。客观主义者谈论'不可克服的历史趋势'，唯物主义者则是谈论那个'支配'当前经济制度、促使其他阶级进行种种反抗的阶级。可见一方面，唯物主义者贯彻自己的客观主义，比客观主义者更彻底、更深刻、更全面。他不仅指出过程的必然性，并且阐明究竟是什么样的社会经济形态提供这一过程的内容，究竟是什么样的阶级决定这种必然性。例如，在目前这种场合，唯物主义者不会满足于肯定'不可克服的历史趋势'，而会指出存在着一定的阶级。这些阶级决定着当前制度的内容，而且使生产者除了自己起来斗争就不可能有别的出路。另一方面，唯物主义本身包含有所谓党性，要求在对事变作任何评价时都必须直率而公开地站到一定社会集团的立场上。"③

列宁这段话在揭示客观主义者之辩护论立场的同时，着重从如下几个方面阐明了马克思主义哲学的鲜明特征：其一，马克思主义哲学具有鲜明的阶级性。与司徒卢威只是抽象地谈论历史过程的必然性，泛泛地讨论一般"进

---

① 《列宁全集》第4卷，人民出版社2013年版，第67页。
② 《列宁全集》第1卷，人民出版社2013年版，第458页。
③ 《列宁全集》第1卷，人民出版社2013年版，第362—363页。

步"而不去研究某一特定社会形态的具体进步不同,列宁将阶级斗争的理论贯彻到底,总是具体地分析一定社会形态中的阶级对抗关系,揭露现实存在的阶级矛盾,指明了无产阶级的历史使命,强调无产阶级只有自己起来斗争才有出路。其二,马克思主义哲学具有彻底的革命性。与司徒卢威打着"客观主义"的旗号来维护资本主义制度,反对无产阶级革命不同,列宁明确指出革命性"完全地和无条件地是马克思主义所固有的,因为这个理论公开认为自己的任务就是揭露现代社会的一切对抗和剥削形式,考察它们的演变,证明它们的暂时性和转变为另一种形式的必然性,因而也就帮助无产阶级尽可能迅速地、尽可能容易地消灭任何剥削"①。其三,马克思主义哲学具有高度的科学性,"这一理论对世界各国社会主义者所具有的不可遏止的吸引力就在于它把严格的和高度的科学性(它是社会科学的最新成就)同革命性结合起来,并且不仅仅是因为学说的创始人兼有学者和革命家的品质而偶然地结合起来,而是把二者内在地和不可分割地结合在这个理论本身中。实际上,这里直接地提出理论的任务、科学的目的就是帮助被压迫阶级去进行他们已在实际进行的经济斗争"②。其四,列宁还首次明确提出了马克思主义哲学的唯物主义党性原则。与"合法马克思主义者"摆出一副似乎不偏不倚没有任何政治倾向的超然态度不同,列宁明确强调"唯物主义本身包含有所谓党性",而所谓的无党性思想则是资产阶级卫道士的必然特征,他在另一处写道:"非党性是资产阶级思想。党性是社会主义思想。这个原理总的来说适用于整个资产阶级社会。当然,必须善于把这个普遍真理运用于个别的具体问题和具体场合"③,忘记马克思主义的党性原则,就等于实际上根本拒绝对资产阶级社会进行社会主义的批判。

此外,由于司徒卢威的客观主义还表现在他用宿命论的观点来解释决定论,抽象地机械地理解历史过程的决定性、必然性、规律性等问题,因而就忽略了事物之间的辩证联系和发展,也忽视了个人、阶级和政党的活动对历史发展的影响,甚至干脆断言唯物主义认为个人是无足轻重的,这样就把人

---

① 《列宁选集》第1卷,人民出版社2012年版,第82—83页。
② 《列宁选集》第1卷,人民出版社2012年版,第83页。
③ 《列宁选集》第1卷,人民出版社2012年版,第676页。

的主观因素在历史发展过程中的作用完全排挤掉了。应该看到，强调资本主义发展的必然性和进步性，却无视现代社会最革命的阶级，即无产阶级及其政党的革命活动对历史发展的影响，无视无产阶级的历史使命，所有这一切都是合法马克思主义宣扬客观主义的基本用意。对此，列宁批判司徒卢威抽象地谈论资本主义的进步性时强调，必须对问题进行具体的历史的分析，抽象的谈论往往会导致有利于资产阶级的结论。

总之，"合法马克思主义"是一种资产阶级的思想体系，他们在"客观主义"的掩饰之下，抽象地谈论资本主义的进步性和历史必然性，抹杀资本主义制度的内在矛盾，将资本主义说成是一种自然的永恒的制度，否认其历史暂时性。列宁在反对合法马克思主义的斗争中，结合俄国的具体情况，深刻揭示了资本主义制度的内在矛盾，捍卫和发展了马克思主义理论的党性原则。

三、驳斥经济主义的谬论

再来看列宁对经济派谬论的批判。19 世纪末，俄国工人运动继续蓬勃发展，但普遍存在着分散性和自发性倾向。1898 年春，彼得堡、莫斯科、基辅和叶卡捷琳诺斯拉夫等地的社会民主主义组织举行第一次代表大会，宣告俄国社会民主工党的成立。这次大会选举了中央委员会，批准了《工人报》为党的正式机关报，发表了《俄国社会民主工党宣言》，但是，没有制定出党纲和党章。这时，列宁和其他许多马克思主义革命家正遭流放，党缺乏一个坚强有力的领导核心。沙皇政府的镇压使党的组织受到很大打击，党的中央委员会建立不久就被破坏，各地的社会民主党人大批被捕。地方党组织中小组习气浓厚，严重涣散。俄国集中统一的无产阶级政党实际上并没有建立起来。

正是在这种历史条件下，90 年代中期出现的俄国经济派在党内一时占了优势。经济派推崇西欧的伯恩施坦主义，迷恋工人运动的自发性，满足于分散状态，醉心于经济斗争，忽视无产阶级运动的政治任务，否认党的领导作用。工人运动中的自发倾向助长了经济主义，经济主义思潮的发展又加剧了社会民主党人的思想混乱和组织涣散，使党进入一个混乱、瓦解、动摇的危机时期。经济派已经成为提高无产阶级的阶级觉悟、建立新型的马克思主义政党的严重障碍。列宁在流放地十分关注俄国革命运动的发展和俄国社会民主工党的命运。他继续同民粹主义者和合法马克思主义者进行论战，清除他们的影响，与此同时，特别着重揭露和批判党内的经济主义倾向。

自经济派出现之日起，列宁就同他们进行了坚决的斗争。1899年秋，列宁在流放地先后收到了系统而明确地阐述经济派新观点的《信条》、伯恩施坦的《社会主义的前提和社会民主党的任务》和露骨宣扬经济主义的俄国社会民主工党基辅委员会《宣言书》，这些修正主义文献激起了列宁的极大愤慨，他旗帜鲜明地同经济主义这一伯恩施坦修正主义的变种展开了无情的斗争。《俄国社会民主党人抗议书》是列宁撰写的以流放地17名马克思主义者的名义声讨经济主义的檄文，文章批驳了经济派的《信条》对西欧和俄国工人运动的错误分析以及由此提出的经济主义纲领，号召俄国社会民主党人同《信条》所表述的经济主义思想体系作坚决的斗争，阐述了马克思主义关于统一的阶级斗争必须把政治斗争和经济斗争结合起来的原理。《俄国社会民主党人抗议书》在俄国国内和国外的社会民主党人中广为流传，得到各地真正革命者的热烈拥护与支持，不仅打击了俄国的经济派，也打击了西欧的伯恩施坦主义，为争取俄国社会民主党人在马克思主义原则下团结起来同经济主义进行有组织的斗争奠定了基础。《俄国社会民主党中的倒退倾向》是列宁另一篇批判经济派错误观点的重要文献，在揭露经济派把社会主义的概念庸俗化的同时，列宁指出，经济派排除了革命的方法只是把用和平的方法能够得到的算作工人社会主义，这是背弃社会民主党人的正确观点而倒退了一大步。《论〈宣言书〉》一文剖析了基辅经济派的机会主义倾向，驳斥了他们所谓大多数俄国工人还没有成熟到能够进行政治斗争的错误论断。到了《怎么办？（我们运动中的迫切问题）》一书，列宁则全面论证了建立新型工人阶级政党的思想，从思想上彻底粉碎了经济主义，教育和培养了坚强的马克思主义革命家。

第一，列宁揭露了俄国经济派是伯恩施坦修正主义的变种，批判了经济派推崇工人运动的自发性而醉心于经济斗争的庸俗经济决定论的错误倾向，阐明了无产阶级斗争中的经济斗争形式与政治斗争形式之间的辩证统一关系。

由于经济派崇尚工人运动的自发性，搞不清自发因素与自觉因素的相互关系，他们试图只用改善工人福利待遇的局部的经济罢工和经济斗争争取政治自由和社会主义的斗争，反对建立集中统一的无产阶级政党，打着"批评自由"的幌子，攻击马克思主义，将马克思主义歪曲为庸俗的经济决定论，极力贬低政治上层建筑、政党、革命理论等因素的能动作用。经济派的代表人物克里切夫斯基在《俄国运动中的经济斗争和政治斗争》一文中声称："根据马克思和恩格斯的学说，各个阶级的经济利益在历史上起决定作用，所以，无产阶级为自己的经济利益而进行的斗争对它的阶级发展和解放斗争也应当有着首要的意义"①，甚至鼓吹政治斗争的"策略－计划是同马克思主义的基本精神相矛盾的"②。

面对俄国经济派对马克思主义哲学的歪曲，列宁首先明确指认他们不过是重复了德国社会民主党中的伯恩施坦派的议论，所谓的"'批评自由'就是机会主义派在社会民主党内的自由，就是把社会民主党变为主张改良的民主政党的自由，就是把资产阶级思想和资产阶级因素灌输到社会主义运动中来的自由"③，这"无非是机会主义的一个新的变种"④，"这正是消极地迁就自发性的极端机会主义派别"⑤，经济派不仅在理论上把马克思主义庸俗化，而且在实践上把党拉向后退。列宁还写道："总之，我们确信，俄国社会民主党内的'新派别'的基本错误就在于崇拜自发性，就在于不了解群众的自发性要求我们社会民主党人表现巨大的自觉性。群众的自发高潮愈增长，运动愈扩大，对于社会民主党在理论工作、政治工作和组织工作方面表现巨大的自觉性的要求也就愈无比迅速地增长起来。"⑥

在揭露俄国经济派之理论实质和基本错误的同时，列宁还驳斥了克里切夫斯基的歪曲手法，他指出，从"各个阶级的经济利益在历史上起决定作用"的理论前提，不能推论出无产阶级的经济斗争"有着首要的意义"的必然结论。前者是整个社会关系中何者起决定作用的问题，后者是无产阶级的阶级斗争形式中经济斗争形式和政治斗争形式等相互之间的关系问题。因此，列宁认为，克里切夫斯基在这里从前者推论出后者的"'所以'二字是用得完全不恰当的。根据经济利益起决定作用这一点，决不应当作出经济斗争（等于工会斗争）具有首要意义的结论，因为总的说来，各阶级最重大的、'决定性

---

① 《列宁选集》第1卷，人民出版社2012年版，第333页。
② 《列宁选集》第1卷，人民出版社2012年版，第334页。
③ 《列宁选集》第1卷，人民出版社2012年版，第297页。
④ 《列宁选集》第1卷，人民出版社2012年版，第296页。
⑤ 《列宁选集》第1卷，人民出版社2012年版，第334页。
⑥ 《列宁选集》第1卷，人民出版社2012年版，第338—339页。

的'利益只有通过根本的政治改造来满足。具体说来,无产阶级的基本经济利益只能通过无产阶级专政代替资产阶级专政的政治革命来满足"①。

随后,列宁阐述了马克思主义关于统一的阶级斗争必须把政治斗争和经济斗争结合起来的基本原理,强调"当无产阶级没有政治自由或者政治权利受到限制的时候,始终必须把政治斗争提到首位"②。在列宁看来,当工人没有自由,没有一定的政治权利时,任何经济斗争都不可能使他们在经济上得到稳固可靠的改善,甚至不可能大规模地进行任何经济斗争。事实上,俄国工人每次为争取经济利益而举行的反对资本家的罢工都会引起军警对工人的袭击。这也就意味着,"一切经济斗争都必然要变成政治斗争,所以社会民主党应该把这两种斗争紧紧地结合成无产阶级统一的阶级斗争。这种斗争的首要目的应该是争取政治权利,争取政治自由"③。换言之,无产阶级的根本经济利益,只有通过无产阶级的政治革命和建立无产阶级专政才有可能达到,这就是政治斗争之于无产阶级解放的首要性所在。

接下来,列宁指出,经济派的歪曲行径不仅在理论上把马克思主义庸俗化,而且在实践上把党拉向后退。经济派把工人阶级的经济斗争同政治斗争割裂开来,企图使俄国工人阶级局限于经济斗争,而让自由主义反对派去进行政治斗争,这是一种最拙劣最可悲地背弃马克思主义的行为,俄国社会民主党实行这样的纲领就等于政治上的自杀。"因为经济斗争而忘掉政治斗争,那就是背弃了全世界社会民主党的基本原则,那就是忘掉了全部工人运动史所教导我们的一切。"④ 资产阶级的忠实拥护者和为资产阶级服务的政府的忠实拥护者经常试图组织纯经济性的工会来诱使工人离开"政治",离开社会主义。统治阶级总是极力设法假仁假义地施舍人民小恩小惠,目的就是使人们不去考虑自己毫无权利和受压迫的状况。经济派以经济斗争取代政治斗争的机会主义路线,恰恰迎合了资产阶级的需要。

需要指出的是,列宁强调政治斗争的首要性并不意味着就全然否定经济斗争的积极作用。列宁指出,马克思主义一开始就承认无产阶级经济斗争的

---

① 《列宁选集》第 1 卷,人民出版社 2012 年版,第 333 页。
② 《列宁选集》第 1 卷,人民出版社 2012 年版,第 267 页。
③ 《列宁选集》第 1 卷,人民出版社 2012 年版,第 276 页。
④ 《列宁选集》第 1 卷,人民出版社 2012 年版,第 275 页。

重大意义和必要性。不仅马克思和恩格斯曾经批判过轻视甚至否认经济斗争之意义的德法社会主义者，特别是拉萨尔派，而且列宁本人也充分肯定了俄国工人阶级进行经济斗争的意义："经济方面的（工厂方面的）揭露，过去和现在都是经济斗争的重要杠杆。只要还存在着必然会使工人起来自卫的资本主义，这方面的揭露将始终保持这种意义。即使在最先进的欧洲各国，现在也还可以看到，揭露某个落后的'行业'或某个被人遗忘的家庭手工业部门的种种丑恶现象，可以成为唤起阶级意识、开展工会斗争和传播社会主义的起点。"① 列宁在肯定经济斗争之意义的同时，也指出了经济斗争的局限性。在他看来，由于经济斗争仅仅是工人为争得出卖劳动力的有利条件，为改善工人劳动条件和生活条件而向厂主进行的集体斗争，因此，这种经济斗争"本身实质上还不是社会民主主义的活动，而只是工联主义的活动"②。这样一来，如果仅仅从事经济斗争，将政治斗争留给资产阶级自由派，那么，工人阶级就会失去自己的政治独立性，甚至沦为自由派的尾巴，工人们就无法获得彻底的解放，从而也就背叛了工人阶级的根本利益。于是，列宁得出结论："社会民主党的座右铭，应当是不仅要帮助工人进行经济斗争，而且要帮助工人进行政治斗争；不仅要针对当前的经济要求进行鼓动，而且要针对一切政治压迫进行鼓动；不仅要宣传科学社会主义思想，而且要宣传民主主义思想。"③

此外，列宁还揭露了经济派所谓"政治鼓动应当服从于经济鼓动""赋予经济斗争本身以政治性质"等言论的实质是把社会民主主义政治降低为工联主义政治，局限于争取经济改良。列宁指出："社会民主党领导工人阶级进行斗争不仅是要争取出卖劳动力的有利条件，而且是要消灭那种迫使穷人卖身给富人的社会制度。社会民主党代表工人阶级，不是就工人阶级同仅仅某一部分企业主的关系而言，而是就工人阶级同现代社会的各个阶级，同国家这个有组织的政治力量的关系而言。由此可见，社会民主党人不但不能局限于经济斗争，而且不能容许把组织经济方面的揭露当做他们的主要活动。"④ 在

---

① 《列宁选集》第1卷，人民出版社2012年版，第341页。
② 《列宁选集》第1卷，人民出版社2012年版，第342页。
③ 《列宁选集》第1卷，人民出版社2012年版，第270—271页。
④ 《列宁选集》第1卷，人民出版社2012年版，第342页。

列宁看来，无产阶级的基本经济利益只能通过用无产阶级专政代替资产阶级专政的政治革命来满足，所以社会民主党应当积极地对工人阶级进行政治教育，发展工人阶级的政治意识，通过对专制制度全面的政治揭露来提高群众的政治觉悟和革命的积极性，使争取改良的局部斗争服从于争取自由和争取社会主义的整个革命斗争。

第二，列宁批判了经济派迷恋组织工作中的手工业方式、反对建立革命家组织的机会主义观点，阐明了建立一个统一集中的马克思主义政党的必要性，明确指出"给我们一个革命家组织，我们就能把俄国翻转过来"[1]，从而深化了马克思主义哲学关于社会上层建筑反作用的基本原理。

经济派的庸俗决定论的另一表现，就是反对建立独立的工人革命政党，满足于当时党内存在的小组习气和手工业方式，甚至试图将组织工作的狭隘性理解神圣化、合法化。他们明确主张，为了同厂主和政府作经济斗争，"完全不需要有（因而在这种斗争的基础上也不可能产生）一个全俄的集中的组织，即一个能把政治上的反政府态度、抗议和义愤的各种各样的表现都汇合成一个总攻击的组织，一个由职业革命家组成而由全体人民的真正的政治领袖们领导的组织"[2]。他们甚至声称，要在俄国成立独立的工人政党的言论，是人云亦云，是把他人的任务搬到俄国来。

针对经济派对组织工作的狭隘理解，列宁首先拿1894—1901年间社会民主党人小组的活动片段来作例子，指出俄国社会民主党活动中普遍存在的"手工业方式是一种病症"，这种手工业方式不仅败坏了俄国革命家的威信，而且致使他们无法胜任其政治任务，经济派"屈服于盛行的手工业方式，不相信有摆脱它的可能，不了解我们首要的最迫切的实际任务是要建立一个能使政治斗争具有力量、具有稳定性和继承性的革命家组织"[3]。在列宁看来，无产阶级的自发斗争如果没有坚强的革命家组织领导，就不能成为无产阶级的真正的阶级斗争。俄国的当务之急，是建立一个全俄的集中的组织，一个由职业革命家组成而由全体人民的真正政治领袖领导的组织。根据俄国的历

---

[1]《列宁选集》第1卷，人民出版社2012年版，第406页。
[2]《列宁选集》第1卷，人民出版社2012年版，第381—382页。
[3]《列宁选集》第1卷，人民出版社2012年版，第386页。

史条件和现实情况，除了利用全俄报纸以外，再没有别的方法可以培植起强有力的政治组织。按照列宁的计划，党应当是由少数领导人（主要是职业革命家）和广泛的地方组织网两部分组成的。一方面，战斗的革命政党需要有坚强的、有威信的领导，如果没有一个富有天才、经过考验、受过专门训练和长期教育并且彼此配合得很好的领袖的集体，在现代社会中就无法进行坚持不懈的斗争；另一方面，任何一个真正强有力的政党必须具有广泛的群众基础，脱离了人民群众的政治组织和政治行动都不可能实现其预期的目的。

　　随后，针对经济派轻视革命政党和革命家组织的错误倾向，列宁系统阐述了作为上层建筑重要因素的政党和革命家组织的极端重要性。其一，列宁在《俄国社会民主党人抗议书》中指出："只有独立的工人政党才能成为反对专制制度斗争的坚固堡垒，其余一切争取政治自由的战士只有同这样一个政党结成同盟并且给它援助才能发挥积极作用。"① 这就是说，只有有了坚强的有组织的政党，才能使无产阶级的阶级斗争持久巩固；只有有了坚强的革命政党，才能率领无产阶级和革命群众去同阶级敌人作勇敢顽强的斗争；只有有了坚强的组织严密的党，个别地区的起义才能发展成胜利的革命。其二，列宁在总结俄国社会民主运动的历史教训之后，写道："由此自然产生出俄国社会民主党所应该实现的任务：把社会主义思想和政治自觉性灌输到无产阶级群众中去，组织一个和自发工人运动有紧密联系的革命政党。"② 这就意味着，只有在无产阶级先进政党的领导下，广大劳动群众的解放斗争才能从自发走向自觉，才能推翻一切不合理的剥削制度，实现自己解放自己的目的。如果工人运动脱离无产阶级政党的领导，只去从事烦琐的经济斗争，工人阶级就会失去自己的政治独立性，沦为资产阶级和小资产阶级党派的尾巴，无产阶级就无法实现自己的解放。其三，列宁在批判经济派的手工业方式时明确喊出了一句关于革命组织之重要性的经典名言："给我们一个革命家组织，我们就能把俄国翻转过来。"③ 在对比了革命家组织与工人组织的不同后，列宁认为，只有把少数革命家组织成无产阶级政党的核心，党才能成为无产阶

---

① 《列宁选集》第1卷，人民出版社2012年版，第271页。
② 《列宁选集》第1卷，人民出版社2012年版，第285页。
③ 《列宁选集》第1卷，人民出版社2012年版，第406页。

级的先锋队，才能同穷凶极恶的敌人展开不懈的斗争。如果没有一种稳定的和能够保持继承性的领导者组织，任何革命运动都不能持久。而且，自发地卷入斗争、构成运动基础和参加到运动中来的群众愈广泛，这种革命家组织也就愈迫切需要，也就应当愈巩固，同时，工人阶级和其他社会阶级中能够参加这个运动并且在运动中积极工作的人数也就会愈多。"只有到那个时候，才能实现俄国工人革命家彼得·阿列克谢耶夫的伟大预言：'等到千百万工人群众举起筋肉条条的拳头，士兵刺刀保卫着的专制枷锁就会被粉碎！'"①

此外，针对经济派将社会民主党人建立革命家组织的观点指责为"民意主义"，列宁从两个方面予以驳斥：其一，由于他们不熟悉革命运动史，把凡是主张建立一种向沙皇制度坚决宣战的集中的战斗组织的思想都称之为"民意主义"，把战斗的革命组织视为民意党人特有的东西，列宁指出："这在历史上和逻辑上都是荒谬的，因为任何革命派别，如果真想作严肃的斗争，就非有这样的组织不行。"②民意党人的错误并不在于他们极力想把一切心怀不满的人吸收到自己的组织中来，引导这个组织去同专制制度做坚决的斗争，他们的错误在于他们依靠的理论，实质上并不是革命的理论，又不善于或者不能够把自己的运动同发展着的资本主义社会内部的阶级斗争密切联系起来。至于当前俄国自发工人运动的高涨，不是解除而是加强了革命家组织的责任。其二，他们用"密谋主义"的观点来对待政治斗争，甚至把革命家组织的秘密性与"密谋主义"相等同，列宁强调，我们一向反对并且始终都要反对把政治斗争缩小为密谋，但是，这绝不是否认建立坚强的革命组织的必要性。在专制制度的国家里，秘密性对革命组织而言是绝对必需的，但这与密谋组织截然不同，若是据此加以谴责，那就未免太幼稚了。再者，有人可能会反驳说这种组织观点有违民主原则，列宁认为，在当前俄国条件下，实行完全公开选举的民主原则是行不通的空话，这只能给警察提供破坏革命组织的机会，因此，"我们运动中的活动家所应当遵守的唯一严肃的组织原则是：严守秘密，极严格地选择成员，培养职业革命家"③。

---

① 《列宁选集》第1卷，人民出版社2012年版，第287页。
② 《列宁选集》第1卷，人民出版社2012年版，第414页。
③ 《列宁选集》第1卷，人民出版社2012年版，第419页。

需要特别指出的是，经济派虽然有时也呼吁"组织起来"，但是他们所说的仅仅是建立互助会、罢工储金会和工人小组等一般工人群众组织，如此一来就必然从社会主义滑向工联主义。对此，列宁指出："我们当然完全同意这个呼吁，但是一定要补充一句：不但要组织互助会、罢工储金会和工人小组，而且要组织政党，组织起来同专制政府和整个资本主义社会进行坚决的斗争。不这样组织起来，工人运动就会软弱无力，只靠一些储金会、工人小组和互助会，工人阶级永远不能完成自己所肩负的伟大历史任务：使自己和全体俄国人民摆脱政治上和经济上的奴隶地位。"① 列宁关于建立无产阶级政党和革命家组织的重要性的论述不仅大大提高了俄国无产阶级建立集中统一的坚强革命政党的自觉性，而且阐明了革命政党的重大历史作用，深化了马克思主义哲学关于社会上层建筑能动性的基本原理。

第三，列宁批判了经济派轻视革命理论、贬低社会主义意识的作用的错误论调，分析了自发性与自觉性的相互关系，提出了"没有革命的理论，就不会有革命的运动"，论证并强调了马克思主义革命理论的重要意义。

经济派的机会主义思想的一大突出表现就是扬言马克思主义理论"不完备和过时了"，从而否定马克思主义理论对工人运动的指导作用。对此，列宁一方面重申了马克思主义理论的科学性："我们完全以马克思的理论为依据，因为它第一次把社会主义从空想变成科学，给这个科学奠定了巩固的基础，指出了继续发展和详细研究这个科学所应遵循的道路。"② 在列宁看来，马克思主义理论不仅揭示了现代资本主义经济的实质，说明了资本对雇佣劳动的剥削、压迫和奴役，而且表明了现代资本主义发展的整个过程怎样使小生产逐渐受到大生产的排挤，怎样创造条件，使社会主义社会制度成为可能和必然，不仅教导我们透过日常生活的表象看出资产阶级与无产阶级之间的阶级斗争，而且还说明了革命的社会党的真正任务：由无产阶级夺取政权并组织社会主义社会。另一方面，列宁还驳斥了伯恩施坦主义的拥护者把坚持马克思主义说成是教条的无理攻击，强调必须创造性地对待马克思主义。在列宁看来，马克思的理论所提供的只是一般的指导原理，而这些原理在各个国家

---

① 《列宁选集》第1卷，人民出版社2012年版，第286页。
② 《列宁选集》第1卷，人民出版社2012年版，第273页。

的具体应用是各不相同的，他写道："我们决不把马克思的理论看做某种一成不变的和神圣不可侵犯的东西；恰恰相反，我们深信：它只是给一种科学奠定了基础，社会党人如果不愿落后于实际生活，就应当在各方面把这门科学推向前进。"① 经济派还假借马克思的名言——"一步实际运动比一打纲领更重要"来竭力贬低理论的意义，对此，列宁不仅指出他们在理论混乱的时代来重复这句话是多么不合时宜，而且还追溯了上述名言的原初语境：这"是从他评论哥达纲领的信里摘引来的，马克思在信里严厉地斥责了人们在说明原则时的折中主义态度"②，而且马克思在同一封信中也强调决不能拿原则来做交易，决不要作理论上的"让步"。

经济派的另一核心主张在于崇拜自发性，认为社会主义意识可以自发地从工人运动本身产生并自发地在工人阶级中传播，反对给工人阶级灌输社会主义意识。列宁彻底批判了经济派的这种机会主义观点，对自发性与自觉性的关系问题详细地加以讨论。列宁指出，工人本来也不可能有社会民主主义的意识，这种意识只能从外面灌输进去，各国的历史已然证明：工人阶级单靠自己本身的力量，只能形成工联主义的意识，即确信必须结成工会，必须同厂主斗争，必须向政府争取颁布对工人是必要的某些法律等。"社会主义学说则是从有产阶级的有教养的人即知识分子创造的哲学理论、历史理论和经济理论中发展起来的。"③ 而要把社会主义意识灌输到工人运动中去，就必须同资产阶级意识形态进行不可调和的斗争，因为工人运动没有同社会主义意识结合之前，它无力抵抗资产阶级思想的进攻。资产阶级作为统治阶级通过学校、教会、报纸、文学艺术以及其他思想影响的渠道来压抑工人的意识，力图从精神上奴役工人。列宁写道："问题只能是这样：或者是资产阶级的意识形态，或者是社会主义的意识形态。这里中间的东西是没有的（因为人类没有创造过任何'第三种'意识形态，而且在为阶级矛盾所分裂的社会中，任何时候也不可能有非阶级的或超阶级的意识形态）。因此，对社会主义意识形态的任何轻视和任何脱离，都意味着资产阶级意识形态的加强。"④ 因此，

---

① 《列宁选集》第1卷，人民出版社2012年版，第274页。
② 《列宁选集》第1卷，人民出版社2012年版，第311页。
③ 《列宁选集》第1卷，人民出版社2012年版，第317—318页。
④ 《列宁选集》第1卷，人民出版社2012年版，第326—327页。

俄国马克思主义政党在20世纪初期的迫切任务就在于，引导工人运动走上反对沙皇制度和资本主义的政治斗争的道路，以科学社会主义思想武装工人运动。

接下来，列宁通过阐发恩格斯关于社会民主运动的三种斗争——政治斗争、经济斗争和理论斗争——密不可分的思想，特别强调了理论工作的重大意义。列宁特别指出，对于俄国社会民主党来说，理论的意义显得更为重要。这是因为，其一，俄国社会民主党还刚刚在形成，刚刚在确定自己的面貌，同革命思想中有使运动离开正确道路危险的其他派别进行的清算还远没有结束，这就意味着党在思想上还不成熟不统一，存在着各种不正确的思想派别。其二，社会民主主义运动就其本质来说是国际性的运动，这就意味着在俄国这种年轻的国家里搞运动，只有以批判性的态度来看待并运用别国的经验才能顺利发展，为了完成这个任务，就需要有雄厚的理论力量和丰富的政治经验以及革命经验。其三，俄国社会民主党担负的民族任务是世界上任何一个社会党都不曾有过的，这一任务的艰巨性就决定了只有以先进理论为指南的党，才能实现先进战士的作用。列宁随后引证了恩格斯1874年谈到理论在社会民主主义运动中的意义问题时发表的意见："恩格斯认为，社会民主党的伟大斗争并不是有两种形式（政治的和经济的），像在我国通常认为的那样，而是有三种形式，同这两种斗争并列的还有理论的斗争。"[①] 只有实现理论斗争、政治斗争和经济斗争三方面的相互配合、相互联系，才能有计划地推进工人运动向前发展，给予资本家以集中的攻击。在强调理论斗争之于工人运动的重要性时，列宁进一步阐明了社会主义理论与工人运动相结合的问题，他强调必须用革命理论来武装工人运动，"从而使已经开始在俄国土壤上生根的马克思主义的社会主义和俄国的工人运动结合成为一个不可分割的整体，使俄国的革命运动同人民群众的自发行动结合起来。只有实现了这样的结合，才能在俄国建立起社会民主工党，因为社会民主党不只是为自发的工人运动服务（我们的一些现代'实际主义者'有时是这样想的），社会民主工党是社会主义同工人运动的结合。只有这样结合才能使俄国无产阶级完成它的第一

---

① 《列宁选集》第1卷，人民出版社2012年版，第312—313页。

个政治任务:把俄国从专制制度的压迫下解放出来"①。

最后,为了彻底批判经济派轻视革命理论的作用,列宁还系统论述了马克思主义革命理论的能动的反作用。其一,"没有革命的理论,就不会有革命的运动"②。列宁在总结以往工人运动经验教训的基础上提出,革命运动的成功与否与其指导理论息息相关,任何一个力图解放自己的阶级,任何一个力求达到统治的政党,只有在它代表最进步的社会思潮,因而是自己时代的最先进思想的担当者的时候才是革命的。只有以革命的理论为指导,才能确定正确的活动方式和灵活的斗争策略,才能维护党的团结统一,才能指引工人运动不断走向胜利。"只有革命马克思主义的理论,才能成为工人阶级运动的旗帜"③,所以俄国社会民主党就应该设法继续发展并且实现这个理论,同时要捍卫其理论实质,防止被蓄意地歪曲和庸俗化。其二,"没有革命理论,就不会有坚强的社会党"④。党的使命是走在自发的工人运动前面,给它指明道路,回答无产阶级碰到的一切理论上、政治上和组织上的问题。党的力量就在于它具有理论武装。列宁希望工人运动的领袖们特别要不断地增进他们对于各种理论问题的知识,时刻记住恩格斯的教导:"社会主义自从成为科学以来,就要求人们把它当做科学来对待,就是说,要求人们去研究它。必须以高度的热情把由此获得的日益明确的意识传播到工人群众中去,必须不断增强党组织和工会组织的团结。"⑤ 其三,"只有以先进理论为指南的党,才能实现先进战士的作用"⑥,才能使工人运动从自发性走向自觉性。在列宁看来,工人群众在同厂主的经济斗争的范围内,是不能形成真正的阶级意识的,这种经济斗争也不是真正无产阶级的阶级斗争。社会民主党的任务就是要反对自发性,就是要使工人运动脱离这种投到资产阶级羽翼下去的工联主义的自发趋势,而把它吸引到革命的社会民主党的羽翼下来。因此,为了从外面向工人灌输无产阶级政治意识,社会民主党人应该自觉以科学的马克思主义理

---

① 《列宁全集》第 4 卷,人民出版社 2013 年版,第 287 页。
② 《列宁选集》第 1 卷,人民出版社 2012 年版,第 311 页。
③ 《列宁选集》第 1 卷,人民出版社 2012 年版,第 271 页。
④ 《列宁选集》第 1 卷,人民出版社 2012 年版,第 274 页。
⑤ 《列宁选集》第 1 卷,人民出版社 2012 年版,第 314 页。
⑥ 《列宁选集》第 1 卷,人民出版社 2012 年版,第 312 页。

论武装自己，"既以理论家的身份，又以宣传员的身份，既以鼓动员的身份，又以组织者的身份'到居民的一切阶级中去'"①，从而充分发挥其先进战士的作用，通过对专制制度的全面揭露来提高群众的政治觉悟和革命积极性，才能将无产阶级的自发斗争转变为真正的阶级斗争，将争取改良的局部斗争转变为争取自由和争取社会主义的整个革命斗争。

综上所述，经济派鼓吹自发论和经济决定论，夸大了经济因素的决定作用的同时，又忽视了政治斗争、政党组织和革命理论等上层建筑的能动的反作用，这种形而上学地割裂主客观因素的辩证关系的做法，是对马克思主义唯物史观的庸俗化。列宁结合俄国革命实际，彻底驳斥了经济主义的荒谬论调，全面阐释了经济基础与上层建筑的辩证关系，系统论述了上层建筑诸因素在社会历史发展过程中的能动作用，进一步丰富和发展了辩证唯物主义和历史唯物主义的基本原理。

在与各种错误思潮的不断斗争中为自身开辟前进的道路，是马克思主义发展史的一条基本规律。马克思主义在本质上是批判的、革命的，马克思主义理论的产生和发展，离不开对错误思潮的批判；马克思主义实践的展开和前进，离不开跟错误思潮的斗争；真正的马克思主义者的成熟和壮大，离不开向错误思潮的亮剑。时代是思想之母，实践是理论之源，批判是创新之路。列宁主义的形成和发展，既离不开对帝国主义时代特征的敏锐洞察，也离不开对俄国革命实践的深刻总结，更离不开对各种错误思潮的尖锐批判。列宁对俄国自由主义民粹派、"合法马克思主义"和经济派等错误思潮的意识形态批判，不仅坚决捍卫和科学阐释了马克思主义的哲学、政治经济学、科学社会主义的基本理论，而且进一步推动了马克思主义普遍原理与俄国革命具体实际的创造性结合，为俄国社会民主党乃至世界社会主义工人运动澄清了思想困惑、提供了理论指导、勾画了奋斗目标、指明了革命策略，更重要的，还标志着马克思主义的发展已经进入到一个崭新的阶段——列宁主义。批判错误思潮是检验马克思主义立场、观点和方法的试金石，不批判错误思潮，不揭露错误思潮的产生背景、理论实质和实践危害，就可能扰乱思想、误导舆论、动摇信仰、阻碍进步乃至犯颠覆性错误。因此，作为马克思主义政党

---

① 《列宁选集》第1卷，人民出版社2012年版，第366页。

的共产党人历来重视党的思想建设,把坚定马克思主义理想信念、自觉抵制错误思潮的侵蚀,作为党的思想建设的首要任务。列宁对自由主义民粹派、"合法马克思主义"和经济派等错误思潮的批判,在意识形态领域斗争日益复杂、社会思潮纷纭动荡的今天,仍然具有十分重要的理论意义和现实价值,不仅有助于我们从哲学、政治经济学、科学社会主义的有机结合中完整准确地理解马克思主义的整体性,进一步深化马克思批判理论发展史的总体性研究,而且有助于我们巩固马克思主义在意识形态领域的指导地位,自觉运用马克思主义的立场、观点和方法,旗帜鲜明地批判历史虚无主义、新自由主义等错误思潮,从而使我们在澄清歪曲、回应质疑、应对挑战的过程中掌握国际话语权,引领21世纪世界马克思主义研究。

第二节 在形而上学批判中继承马克思: 从叔本华到法兰克福学派

形而上学批判不仅是马克思批判理论的核心主题之一,而且在现代西方哲学的海平面上激起了重重波澜。在这其中,有三个人物或流派可谓挺立潮头,一是叔本华的非理性主义哲学,二是霍克海默和阿多诺的法兰克福学派社会批判理论,三是海德格尔的存在主义哲学,他们纷纷沿着马克思对传统形而上学的颠覆之路,以其各自的哲学创构,从理性、启蒙与技术等不同层面对形而上学发起了新一轮的冲锋。

一、理性形而上学的突围

先看叔本华对理性形而上学的批判。众所周知,叔本华不仅是颠覆德国古典哲学的思想旗手,更以其对理性主义的批判开启了现代西方人本主义哲学的新篇章。面对今日全球化时代的诸多悖反性效应,回到叔本华的哲学遗产中去寻找解决当代思想文化危机的钥匙,已成为反思启蒙与现代性批判的关键智识取径。国际叔本华研究学会会长马蒂亚斯·科斯勒(Matthias Koßler)直言,叔本华哲学的当代性即在于他对启蒙的深刻批判,他以活生生的现实生活的荒谬性、虚幻性、混沌性和不稳定性颠覆了启蒙的基本理性原则。凭借对现实生活的批判性透视，叔本华甚至被视为生命哲学的先驱，给予狄尔泰、尼采和柏格森等人以思想启迪①。因此，这里首先以发生学的视角再现了叔本华哲学出场的思想史语境，即康德自在之物的困境与黑格尔绝对精神的替代方案，在此基础上分别从认识论、伦理学与本体论等方面具体布展了作为批判理论家的叔本华之理性形而上学批判逻辑，最后概括指认了叔本华对由霍克海默奠基的法兰克福学派社会批判理论所产生的影响。

（一）"自在之物"的消解：绝对精神抑或悟性直观

以赛亚·伯林在《启蒙的三个批评者》一书中指认启蒙运动"最有力的支柱是对理性的信仰……理性宗教、理性形而上学、理性政治、理性法律，这些信条都被解放的人类理性那不可抵制的力量推动着前进"②。面对理性这种"不可抵制"的扩张，康德主张重新对理性进行自我认识，用他的话说，就是要组建一个理性法庭，既受理理性的合法性保障的权利，又驳回一切无根据的非分的僭妄要求，这个法庭就是所谓的纯粹理性批判，即对一般理性能力的批判，"是对一般形而上学的可能性或不可能性进行裁决，对它的根源、范围和界限加以规定"③。于是康德通过颠倒知识和对象关系的"哥白尼式革命"，凭借对先天综合判断如何可能的回答，论证了科学知识的普遍必然性，以高扬人之主体性的方式解决了经验论和唯理论的百年分歧，但与此同时，也为我们留下了一个千古难题：自在之物。面对这个实在却不可知、不能被认识却能被思维的自在之物，费希特、谢林、黑格尔等人相继提出了自己的解决方案与哲学创构，叔本华作为康德哲学的继承者与批判者，也正是从自在之物开始其哲学逻辑之建构的。叔本华认为，不仅自古希腊以降的西方哲学是以理性为基石的，而且理性同样构成了启蒙运动之强大支柱，但自在之物的困境暴露了传统理性形而上学的悖谬与局限，而康德对理性的批判和限制本身在某种意义上恰恰为非理性打开了出路，于是叔本华由此展开了他的启蒙理性批判，换句话说，他对启蒙的批评即是对理性的批判，二者一

---

① Matthias Koßler, "DasLeben ist nur ein Spiegel—Schopenhauers kritischer Lebensbegriff", *Ethic@ an International Journal for Moral Philosophy*, Vol. 11, No. 2, 2012, S. 1–15.
② ［英］以赛亚·伯林：《启蒙的三个批评者》，马寅卯、郑想译，译林出版社2014年版，第301页。
③ ［德］康德：《纯粹理性批判》，邓晓芒译，人民出版社2004年版，第3页。

体两面，互为表里。

　　总体而言，叔本华的启蒙理性批判分为两个层面，一是对黑格尔理性主义方案的批判，其实质是，为了走出自在之物的困局，黑格尔的绝对精神与叔本华的意志二者之间的博弈；二是对其非理性主义哲学的建构，当然这种建构也是以批判的方式进行的。首先我们来关注黑格尔与叔本华为消解自在之物而各自提出的方案，更确切地说，是理性主义与非理性主义的博弈。黑格尔明确指出，康德哲学的主要贡献在于对理性的意识与思想的绝对内在性之唤醒，自其之后，"理性独立的原则，理性的绝对自主性，便成为哲学上的普遍原则，也成为当时共信的见解"①。这也就意味着，黑格尔通过继承康德的理性主义进路，高扬了理性的自主性原则，以理性的自我同一性消解了康德关于现象与自在之物的划分。所谓理性的自我同一性，是指"自我是一个原始的同一，自己与自己为一，自己在自己之内。当我说'我'时，我便与我自己发生抽象的联系。凡是与自我的统一性发生关系的事物，都必受自我的感化，或转化成自我之一体"②。黑格尔认为，这种使感觉的杂多性得到绝对统一的力量，并不是自我意识的主观活动，而就是真理本身。正是在这一意义上，黑格尔解构了康德之不可知的自在之物："物自体，（这里所谓'物'也包含精神和上帝在内）表示一种抽象的对象——从一个对象抽出它对意识的一切联系、一切感觉印象以及一切特定的思想，就得到物自体的概念。很容易看出，这里所剩的只是一个极端的抽象，完全空虚的东西，这个空虚自我把它自己本身的空虚的同一性当作对象，因而形成物自体的观念。这种抽象的同一性作为对象所具有的否定规定性，正如那空虚的同一性，都是大家所熟知的。当我们常常不断地听说物自体不可知时，我们不禁感到惊讶。其实再也没有比物自体更容易知道的东西。"③ 这就是黑格尔的替代方案，即将自在之物归结为主体。事实上，黑格尔的这一方案从理论逻辑的深层来看仍然是源自康德，只不过将其推至极端而已。康德曾指出："在一切物体上，真正的主体，即当一切偶性（作为属性）都被抽掉以后所剩下来的东西，也

---

① ［德］黑格尔：《小逻辑》，贺麟译，商务印书馆1980年版，第150页。
② ［德］黑格尔：《小逻辑》，贺麟译，商务印书馆1980年版，第122页。
③ ［德］黑格尔：《小逻辑》，贺麟译，商务印书馆1980年版，第125页。

就是实体性的东西本身,对我们来说是不知道的。"① 黑格尔则由此得出结论,康德所说的不可知的实体性东西本身就是真正的主体,"一切问题的关键在于:不仅把真实的东西或真理理解和表述为实体,而且同样理解和表述为主体"②,这就是黑格尔的"实体即主体"。

于是,康德与黑格尔的内在逻辑就呈现出来:康德从高扬人的主体性出发,认为主体只能认识现象,不能认识自在之物,而黑格尔则通过将实体归结为主体从而取消了自在之物;康德认为认识对象是由主体建构出来的,这是其"哥白尼式革命"的实质,而黑格尔则认为对象(实体)即主体自身,换句话说,我们关于某物的概念与某物是一回事。这样一来,康德的主体与对象之间的关系就变成了黑格尔的纯粹概念之间的关系,康德的主体建构对象的活动就变成了黑格尔的绝对精神不断外化从而实现自身的活动。由此所导致的必然逻辑后果是,康德哲学中现象与自在之物之间的尖锐对立被黑格尔绝对观念的同一性所消解,从而实现了思维与存在的绝对同一性。很明显,在黑格尔这里,理性成了世界生成的根源与原因,他把理性主义这条逻辑推到了顶峰。

与黑格尔相反,叔本华则认为"康德的最大功绩是划清现象和自在之物两者之间的区别"③,正是以康德的这一区分为逻辑前提,叔本华提出了自己的哲学创构:"唯有运用反省思维才使我们不致再停留于现象,才使我们越过现象直达自在之物。现象就叫作表象,再不是别的什么,一切表象,不管是哪一类,一切客体,都是现象。唯有意志是自在之物,作为意志,它就绝不是表象,而是在种类上不同于表象的。它是一切表象,一切客体和现象,可见性,客体性之所以出。它是个别〔事物〕的,同样也是整体〔大全〕的最内在的东西,内核。"④ 在这里,叔本华通过直观将自在之物直接视为意志,从而开辟了一条与黑格尔截然不同的解决路径。因为在叔本华看来,按照康德的逻辑,现象和自在之物是两种异质性的存在,理性只能认识现象而不能达及自在之物,因此,黑格尔的"实体即主体"——把现象与自在之物同质

---

① 〔德〕康德:《未来形而上学导论》,庞景仁译,商务印书馆1978年版,第112页。
② 〔德〕黑格尔:《精神现象学》(上卷),贺麟、王玖兴译,商务印书馆1962年版,第12页。
③ 〔德〕叔本华:《作为意志和表象的世界》,石冲白译,商务印书馆1982年版,第569页。
④ 〔德〕叔本华:《作为意志和表象的世界》,石冲白译,商务印书馆1982年版,第164页。

化为理性的认识对象——实际上是自相矛盾的。叔本华认为,问题的关键在于,康德和黑格尔由于都没有跳出理性主义的认识框架,因而才得出了不可知的自在之物或自以为可知的绝对观念的谬论,"主体自身成为客体是所能想到的最显著的矛盾:因为主体与客体只能被思想为一个与另一个相关。这一关系是它们的标志,当拿走主体概念时,客体就是空的;如果主体变成了一个客体,它就作为客体预定了另一个主体——这是从哪里来的呢?"① 正是在这一意义上,叔本华指出了费希特、谢林、黑格尔等人的僭越之处:"他们希望表现为知道他们不知道的,思想他们不能思想的和说出他们不能说出的。"② 叔本华在考察了以往哲学家所走过的路之后发现,从外面寻找事物的本质至多只能得到些"空洞的名称"。既然无法从外部把握自在之物,于是叔本华就将原来的思路颠倒过来,"如果说物体世界除了只是我们的表象以外还应是什么,那么,我们就必须说,它除了是表象而外,也就是在它自在的本身,在它最内在的本质上,又是我们在自己身上直接发现为意志的东西"③。这就是叔本华的替代方案,即通过非理性的直观,直接将自在之物视为意志。事实上,叔本华的这一方案同样能在康德那里找到思想渊源。康德曾说过:"假如对象不提供给我,我的表象同对象之间的关系就没有任何根源,除非把它归之于灵感。"④ 叔本华正是沿着康德启示的这条通过灵感来认识对象自身的道路,跳出了传统理性主义认识框架而诉诸非理性的直观。这也是为什么汤姆·洛克莫尔反复强调康德构成了整个后康德时代的哲学背景。

至此,不难看出,就对自在之物的消解而言,黑格尔与叔本华的异质性所在:其一,黑格尔是通过理性的自我同一性来达到对自在之物的认识的,而叔本华则通过非理性的直观直接将自在之物视为意志;其二,黑格尔通过理性的矛盾运动从现象推至自在之物,叔本华则首先通过直观把握作为世界本质的意志,然后达及意志的客体化的不同级别,即理念和表象;其三,黑格尔将认识对象完全归结为主体自身,叔本华则明确指认主客分立只具有认

---

① [德]叔本华:《作为意志和表象的世界》,石冲白译,商务印书馆1982年版,第120页。
② Frederick Charles Copleston, *Arthur Schopenhauer: Philosopher of Pessimism*, London: Barnes & Noble Books, 1975, p.42.
③ [德]叔本华:《作为意志和表象的世界》,石冲白译,商务印书馆1982年版,第158页。
④ [德]康德:《未来形而上学导论》,庞景仁译,商务印书馆1978年版,第41页。

识论意义，而不应当把认识论的范畴本体论化。这样一来，黑格尔的主体与客体、思维与存在之间的辩证统一就变成了叔本华主体与客体之间的直观的本源性统一。也就是说，叔本华以表象和意志取代了康德的现象和自在之物的划分，并进而诉诸一种超越主客二分的非理性的直观来达及作为世界本质的意志，由此在批判黑格尔传统理性主义逻辑的同时，开创了非理性主义的先河。

（二）从启蒙理性的批判到非理性主义的建构

在明确了叔本华哲学出场的思想史语境，特别是透视了黑格尔与叔本华为消解自在之物而提出的不同方案之内在逻辑后，接下来，我们将具体分析叔本华在认识论、伦理学与本体论等方面展开的启蒙理性批判与非理性主义哲学建构。

首先，叔本华批判了理性的抽象化，建构了直观主义的认识论。叔本华明确指认"康德的大错"就在于"没有适当地分清直观的和抽象的认识，由此便产生了不可挽救的混乱"[①]。具体来说，"单就直观本身看，他（康德）以为直观是没有悟性的，完全感性的，所以完全是被动的；而只有由于思维（悟性的范畴）才得把握一个对象。这样他就把思维带进了直观。然后，他却又说思维的对象是一个个别的，实在的客体，由此思维又损失了它那种普遍性和抽象性的基本特征，所获得的已不是一般概念而是以个别事物为客体。由此他又把直观带入了思维"[②]。在这里，叔本华认为由于康德混淆了直观和思维，这里的思维即理性抽象化的集中表现，因而康德主张的感性直观与知性范畴共同建构认识对象的理论就必然导致自相矛盾的逻辑结论：世界既是直观又是思维。为了解决这一矛盾，叔本华对康德学说进行了批判性改造，他认为仅靠空间和时间的感性纯形式不足以形成直观，"没有悟性就决到不了直观"[③]，"因为悟性将空间和时间统一于物质这个表象中，而这就是因果性的作用。这作为表象的世界，正如它只是由于悟性而存在一样，它也只对悟性而存在"[④]。于是叔本华通过保留因果关系、取消悟性的抽象思维功能，将

---

① ［德］叔本华：《作为意志和表象的世界》，石冲白译，商务印书馆1982年版，第595页。
② ［德］叔本华：《作为意志和表象的世界》，石冲白译，商务印书馆1982年版，第598页。
③ ［德］叔本华：《作为意志和表象的世界》，石冲白译，商务印书馆1982年版，第37页。
④ ［德］叔本华：《作为意志和表象的世界》，石冲白译，商务印书馆1982年版，第38页。

消极被动的感性直观改造成为积极能动的悟性直观,从而严格区分了被康德混淆的直观和思维,由此直观获得了本原性的地位,理性只是通过抽象概念对直观的模仿,这样,叔本华就通过批判理性的抽象化、抬高悟性直观从而建构起了直观主义的认识论。

叔本华还进一步阐述了悟性直观的三个特征及其相较理性抽象而言的优越性所在,特别是直观在伦理实践中所发挥的作用。他写道:"所有那些重大发现,正和直观一样,和悟性每一次的表现一样,都是直接了知,并且作为直接了知也就是一刹那间的工作,是一个 appercu(相当于德语 Einfall),是突然的领悟,而不是抽象中漫长的推论锁链的产物。与此相反,推论锁链的功用则在于使直接的、悟性的认识由于沉淀于抽象概念中而给理性固定下来,即是说使悟性的认识获得概念上的明晰,也即是说使自己能够对别人指出并说明这一认识的意义。"[1] 在这里叔本华实际上概括了悟性直观的几个特征,其一,悟性直观具有直接性,它不需要概念、判断、推理等逻辑形式,而是"直接的了知";其二,悟性直观具有突然性,它不需要漫长的推论,而是"突然的领悟";其三,悟性直观具有总体性,它不需要由部分到整体的升华,而能"一刹那间"把握整个对象。正是在此基础上,叔本华进一步指认了悟性直观对理性抽象的优越性,其一,"只要我们一直是纯直观地行事,那么一切都是清晰的、固定的和明确的,这时既无问题,也无怀疑,也无谬误"[2],但伴随理性而来的,不仅是理论上的怀疑和谬误,而且还有实践上的顾虑和懊悔。其二,"在直观表象中,假相可以在当下的瞬间歪曲事实,而在抽象的表象中,谬误可以支配几十个世纪"[3]。其三,直观是自身具足的,而理性唯有借助语言才能完成那些最重要的任务。其四,悟性诉诸直观能直接而完全地认识外界事物,而抽象的理性并非真正扩展我们的认识,只是赋予其一种不同形式而已。除此之外,叔本华还概括了直观对科学、艺术、道德等的重大作用,就科学而言,"直观是一切真理的源泉,是一切科学的基础,它那纯粹的先验的部分是数学的基础,它那后验的部分是一切其它科学的基础"[4]。

---

[1] [德]叔本华:《作为意志和表象的世界》,石冲白译,商务印书馆1982年版,第50页。
[2] [德]叔本华:《作为意志和表象的世界》,石冲白译,商务印书馆1982年版,第68页。
[3] [德]叔本华:《作为意志和表象的世界》,石冲白译,商务印书馆1982年版,第69页。
[4] [德]叔本华:《作为意志和表象的世界》,石冲白译,商务印书馆1982年版,第107页。

就艺术而言，只有完全沉浸于对象、自失于客体的纯粹艺术观审才能掌握理念，从而甩掉为意志服务的枷锁，不再集中于欲求的动机，"那么，在欲求的第一条道路上永远寻求却永远不可得的安宁就会转眼之间自动光临，而我们也就得到十足的怡悦了。这就是没有痛苦的心境"①，也就是说，纯粹的艺术直观能使人暂时地摆脱痛苦。就道德而言，道德训条和任何抽象的认识根本不能导致什么美德，"美德必须是从直观认识中产生的，直观认识才在别人和自己的个体之中看到了同一的本质"②。也就是说，对意志的直观能促使道德观念的确立。

其次，叔本华批判了理性的工具化，以同情伦理学取代了康德的义务论伦理学。叔本华认为，"德性和天才一样，都不是可以教得会的。概念对于德性是不发生的，只能作工具用"③，这里的"概念"即理性抽象化的逻辑形式，于是叔本华在这里实际上提出了理性工具化的批判主题。具体来说，一方面，叔本华批判康德把理性作为论证道德的工具。叔本华指出，在康德那里，"理性是作为人类行为不可否认的伦理意义的源泉，作为一切美德，一切高尚胸怀的源泉，也是作为可以达到的任何一程度上的神圣性的源泉和来历而出现的。准此则所有这些美德和神圣性都是从理性来的，除理性外再不需要什么了"④。这就是说，康德道德学说的基础仅仅是一种无关经验事物的纯粹先天概念与绝对命令，换言之，理性成了康德道德学说的来源与工具。然而事实上，理性不可能也不应该成为道德法则的依据，因为理性本身是可善可恶的，它既可以是善行的手段，也可以是恶行的工具，所以理性本身与道德之间没有必然联系，有理性的未必是有道德的。"和恶毒很可以好好地同理性站在一起一样，并且也是在这一结合中恶毒才真是可怕，反过来，高贵的情操有时也和非理性结合在一起。"⑤ 这样一来，康德道德学说的基础就成了一个没有内核的纯粹空壳，而且叔本华还指出，按照康德的逻辑必然推出如下结论，即道德高尚的行为与合理的行为等同，罪恶的行为与不合理的行为

---

① ［德］叔本华：《作为意志和表象的世界》，石冲白译，商务印书馆1982年版，第274页。
② ［德］叔本华：《作为意志和表象的世界》，石冲白译，商务印书馆1982年版，第504页。
③ ［德］叔本华：《作为意志和表象的世界》，石冲白译，商务印书馆1982年版，第372页。
④ ［德］叔本华：《作为意志和表象的世界》，石冲白译，商务印书馆1982年版，第699页。
⑤ ［德］叔本华：《作为意志和表象的世界》，石冲白译，商务印书馆1982年版，第701页。

等同。然而任何时代、任何民族、任何国家都认为这两者之间是有区别的，完全是两种东西。在此基础上，叔本华指认康德道德哲学本质上是"伪装的神学的道德"①，他在推倒理性神学的殿堂之地基上又重建了道德神学的庙宇！另一方面，叔本华批判幸福论把理性作为利己主义的工具。在叔本华看来，真正的德性与幸福之间没有必然联系，因为任何所谓的幸福论都是直接或间接的利己主义，其最终目标指向是个人利益，而利己主义恰恰是以理性为指导的，也就是说，幸福论以理性为工具来达到其自利的目的。由此，叔本华认为真正的道德行为是与利益无涉、与理性无关的，"一切仁爱（博爱、仁慈）都是同情。这种爱如果到了完善的程度，就把别人的个体和别人的命运与自己的完全等同起来"②，这就是叔本华的同情伦理学。他认为美德是从直观而非理性中产生的，只有通过直观才能超越个体化原理而认识到自我与他人的同一性本质，才能产生同情。只有同情而非理性才是一切仁爱的基础，只有源自同情的行为才具有真正的道德价值。

再次，叔本华批判了理性的绝对化，以其意志本体论颠覆了传统的理性主义形而上学。自康德奠基的德国古典哲学是以对理性的弘扬为根本特征的，康德不仅在认识论上通过对象符合知识的"哥白尼式革命"以对主体性的高扬论证了科学知识的普遍必然性，而且在伦理学上还把理性视为一切道德的源泉，也就是说，在康德这里已经蕴含了理性绝对化的萌芽。而到了黑格尔那里，理性则成为绝对的力量，除了理性之外更没有什么现实的东西，用他的话说，"理性是世界的灵魂，理性居住在世界中，理性构成世界的内在的、固有的、深邃的本性，或者说，理性是世界的共性。可以较确切的用古代哲学家所谓'Nous（理性）统治这世界'一语表示"③。这就是说，在黑格尔看来，世界不过是理性的外化，是理性的自我展开、自我实现、自我认识、最后又复归自身的绝对精神演化史。针对黑格尔的理性绝对化，叔本华分三个层次予以批判。其一，叔本华指出黑格尔之所以将理性视为世界万物的根源是因为他不知道"与客体同时，主体已立即同在，相反亦然；所以既不能在

---

① [德]叔本华：《伦理学的两个基本问题》，任立、孟庆时译，商务印书馆1996年版，第184页。
② [德]叔本华：《作为意志和表象的世界》，石冲白译，商务印书馆1982年版，第514页。
③ [德]黑格尔：《小逻辑》，贺麟译，商务印书馆1980年版，第80页。

客体对主体、也不能在主体对客体的关系上安置从后果到原因这一关系"①。其二，叔本华认为黑格尔哲学"不但不将概念认作从事物抽象来的思想，反而使概念成为原始的东西而在事物中则只看到具体的概念"②，这种从绝对精神外化和推演而来的宇宙实质上是一种颠倒的世界。其三，叔本华指认了黑格尔哲学的宗教神学实质，在黑格尔那里，"存在着一个上帝、造物主和宇宙的统治者，一个被赋予知性和意志的人格的，因而也就是单个人的存在，她从虚无中创造出了世界，并且用她那崇高的智慧力量和仁慈统治这个世界"③。

叔本华在《充足理由律的四重根》中总结道："近五十年来，德国的伪哲学正是在这种纯粹幻想的产物上，这样一种完全虚构的理性基础上建立起来的，首先，是作为绝对的'自我'任意的构造和设计，以及从这个'自我'中生出来的东西'非我'；其次，是对于绝对同一性或莫不相干性的理智直观，及其向自然的展开；再次，从最深远的根据或无根据，从黑暗深渊或雅可布·波墨式的无底深渊中产生的上帝；最后是纯粹的自我意识、绝对理念、概念自我运动的芭蕾舞场面——然而同时，它也总是作为神、超感觉的东西、神性、真实性、完美性，以及种种其他可以想到的'性'的直接把握，或者甚至作为对所有这些奇迹的一种朦胧的预感。"④ 不难看出，叔本华在这里依次批判了自康德以降的整个德国理性主义哲学，即费希特的自我哲学、谢林的同一哲学以及黑格尔的绝对理念，正是在批判理性主义的基础上，叔本华提出了自己非理性主义的意志本体论，他认为意志是世界的本质，表象和理念只是意志客体化的不同级别，唯有意志才是个别事物的，同时也是整体大全的内核，他还揭示了意志作为自在之物的特征，即不具现象形式、不服从根据律、单一性、不可分性、无目的性等。总之，在叔本华这里，意志取代了理性之第一性的本原地位，从而颠覆了整个理性主义形而上学传统。

（三）思想史定位与反启蒙效应

不可否认，叔本华对启蒙理性的批判是深刻的，对非理性主义的建构是独特的，同时我们应该看到叔本华哲学逻辑的形成不是偶然的而有其必然性，

---

① ［德］叔本华：《作为意志和表象的世界》，石冲白译，商务印书馆1982年版，第65页。
② ［德］叔本华：《作为意志和表象的世界》，石冲白译，商务印书馆1982年版，第691页。
③ ［德］叔本华：《充足理由律的四重根》，陈晓希译，商务印书馆1996年版，第127页。
④ ［德］叔本华：《充足理由律的四重根》，陈晓希译，商务印书馆1996年版，第126页。

其一，从当时形而上学的困境来看，起初对理性的倡导已经日益被极端化为一种理性的迷信，甚至取代上帝而高呼理性万能，在这种理性独断论之下所建构起的哲学体系也难免沦为脱离现实生活的思辨形而上学，所有这些都促使叔本华重新反思理性，并在批判理性的过程中走出了一条非理性之路。其二，从社会历史环境来看，19世纪中期欧洲各国发生了巨大的社会历史变迁，经济危机出现、社会阶级关系重组、思想文化堕落，这些极大地动摇了人们对理性主义的信念，打破了对理性万能的幻想，故而盼望着新的哲学范式的出现。其三，从叔本华本人的哲学特质来看，叔本华认为以往的理性主义哲学探求作为世界本原的不变实体与科学知识的逻辑确证性，由于跟现实生活毫无内在联系可言，就其实质乃是一种纯粹的玄学思辨，这是枯燥且毫无意义的，于是他提出，只有返回现实生活本身，这才是真理所在！"许多被视为现代生活之核心关切的典型论题都是由叔本华首次提出的，有时甚至极为生动"[1]，正是这种对现实生活世界的关注和反思，才使得叔本华对启蒙理性做出如此深刻的批判，可以说，叔本华对康德和黑格尔哲学的批判是站在启蒙顶峰对待当时哲学争论的典型体现。透视叔本华哲学，我们能发现整个德国古典哲学的奥秘所在，既有从康德到黑格尔思考过的论题的再现，也有与其同时代哲学家思路的缩影，正是在重思以往及其同时代哲学问题的基础上，叔本华哲学才得以出场。

叔本华对理性形而上学的批判不仅与马克思的批判理论交相呼应，而且这一批判在以霍克海默和阿多诺为理论先驱的法兰克福学派那里产生了剧烈的理论效应。熟悉霍克海默哲学的人都知道，他的社会批判理论曾深受叔本华哲学的影响，正如他自己所言，"我第一次认识哲学要归功于叔本华的著作，我和黑格尔及马克思学说的关系，我要理解和改变社会现状的意愿，都没有抹去我对叔本华哲学的体验，虽然我与他在政治上是对立的"[2]。霍克海默曾明确指认，叔本华对启蒙的批判"揭示了事情的全部真相"，"在他（叔本华）看来，启蒙运动的可疑，甚至自相矛盾之处在于，今天或未来在其一

---

[1] Bryan Magee, *The Philosophy of Schopenhauer*, Oxford: Clarendon Press, 1997, p.286.
[2] ［德］R. 贡尼、［德］H. 林古特：《霍克海默传》，任立译，商务印书馆1992年版，第137页。

切力量中存在的事物——更不用说血淋淋的历史——与事物的应该状态之间的同一"①。正是受叔本华对作为启蒙核心的理性批判的影响,霍克海默在与阿多诺合著的《启蒙辩证法》一书中揭示了以理性与自由为核心的启蒙精神由于其自身的内在逻辑走向了启蒙理性的自我摧毁与工具理性对人的奴役这一具有悲剧辩证法色彩的自反逻辑历程,因其对启蒙与现代性的深刻批判,不仅由此建构起了"社会批判理论"的范式,奠定了现代性批判的逻辑构架,而且该书更是成为西方马克思主义哲学乃至整个现代西方思想的经典之作。所以,霍克海默说:"今天,世界所最需要的是叔本华的观念——因为他的观念正视绝望,所以面对绝望时反而更知道希望!"②

二、启蒙逻辑的历史嬗变

接下来我们看一下霍克海默和阿多诺是如何在对启蒙逻辑之历史嬗变的揭示中,批判性透视理性形而上学与社会权力支配之间的同构共生关系的,这是对马克思形而上学批判的当代发挥。与以往的学术研究中人们往往或者将弗兰西斯·培根视作近代英国经验论之父而去挖掘其经验主义认识论思想,或者将其视作近代科学归纳法的创始人而去关注其逻辑学说与方法论自觉不同,法兰克福学派的霍克海默与阿多诺则聚焦于"知识就是力量"这一经典命题,认为这一命题蕴含了培根哲学的秘密,归纳了启蒙的主旨,他们通过对已经蜕变为神话的启蒙之总体性批判,揭示了以理性与自由为核心的启蒙精神由于其自身的内在逻辑走向了启蒙理性的自我摧毁与工具理性对人的奴役这一具有悲剧辩证法色彩的自反逻辑历程。从培根到霍克海默、阿多诺,从显性逻辑上看,是对"知识就是力量"的诠释及其引发的批判效应,然而透视其隐性逻辑我们就会发现,这实际上是启蒙逻辑的历史嬗变过程,即理性倒退为神话,自由颠倒为奴役,原本的解放话语沦为资本主义的意识形态神话!

---

① 曹卫东编:《霍克海默集——文明批判》,渠敬东、付德根译,上海远东出版社2004年版,第284页。

② 曹卫东编:《霍克海默集——文明批判》,渠敬东、付德根译,上海远东出版社2004年版,第290页。

第三章　马克思批判理论的哲学效应

（一）培根对启蒙之本真逻辑的揭示

对知识问题的探讨自古希腊时期即已开始，苏格拉底明确提出"美德就是知识"，他认为，人只有在知识中才能塑造美好的德性，才能获得幸福的生活，由此可见，知识自始至终就是作为对真善美不懈追寻的哲学思之所向。尽管在黑暗的中世纪哲学沦为神学的婢女，但无论是唯名论与唯实论的争论，还是对上帝存在的诸路证明，就其实质来说，都是在宗教神学外衣下对知识问题的探讨。随后的文艺复兴在某种意义上其实是知识的复兴，科学知识从宗教神学的束缚下获得解放，理性取代上帝成为人们新的信仰与追求，正是在这一时代背景之下，近代哲学出现了所谓的认识论转向，而为这一转向奠基的正是培根的经典命题"知识就是力量"。

接下来，我们将通过对培根哲学文本的深入解读，来揭示"知识就是力量"这一命题背后所蕴含的启蒙之本真逻辑。何谓启蒙？康德指出："启蒙就是人类脱离自己加之于自己的不成熟状态。不成熟状态就是不经别人的引导，就对运用自己的理智无能为力。当其原因不在于缺乏理智，而在于不经别人的引导就缺乏勇气与决心去加以运用时，那么这种不成熟状态就是自己加之于自己的了。Sapere aude！（要敢于认识！——语出罗马诗人贺拉斯）要有勇气运用你自己的理智！这就是启蒙运动的口号。"[①] 由此可见，自由运用自己的理性，摧毁宗教神学的外在权威，自觉祛魅上帝之城的阴霾，回归现实生活世界，构成了启蒙的真实内涵，而这也恰恰是"知识就是力量"乃至整个培根哲学的内在逻辑。总体说来，培根一方面肯定了理性和知识的价值与功能，建构了系统的知识观，另一方面批判了当时阻碍科学知识发展的新柏拉图主义怀疑论、"知识即罪恶论"以及阻碍人们获得真理性认识的诸种假相等，贯穿这一建构与批判始终的则是对启蒙以及作为其哲学基础的主体性的弘扬。

首先，培根站在启蒙的立场上，高举理性主义旗帜，反对中世纪的信仰主义，提出"知识就是力量"，充分肯定了知识的价值与功能，同时反映了新兴资产阶级运用知识的力量与理性的权威来对抗宗教神学、发展资本主义生产的企图。培根强调"知识就是力量"并非就知识论知识，在他那里，知识

[①] ［德］康德：《历史理性批判文集》，何兆武译，商务印书馆1991年版，第22页。

不是纯粹的思辨，而是一种现实的力量，换言之，如果知识产生不了力量，知识本身也就没有了价值。具体说来，培根认为知识的价值与功能，或者说，"知识就是力量"的启蒙内涵有如下三点。其一，知识是认识与驾驭自然的力量。我们知道启蒙精神的目标之一就是确立人对自然界的统治权，而培根认为人类统治自然界的权利就蕴含在知识之中，真正的知识是根据原因得到的知识，是由对事物及其发展规律的研究、发现和解释构成的，而非那些思辨的幻想与僵化的教条。"因为凡不知原因时即不能产生后果，要支配自然就必须服从自然，而凡在思辨中为原因者在动作中则为法则。"① 因此，获得了知识就意味着人们知道了事物的原因，掌握了自然的规律，洞悉了自然的奥秘，这样就能在极不相同的实体中抓住自然的统一性，也就能发现从来没有发现过的东西，也就能控制和驾驭自然，行使对自然的统治权，而且人类支配自然的范围和程度还受到所掌握知识的范围和程度的制约。所以，在培根看来，知识绝不仅仅是一门学问，更重要的是一种改造自然的力量，知识本身不是目的，只是人类认识与驾驭自然的工具。其二，知识是社会发展与进步的力量。启蒙精神的核心原则之一就是理性至上，用知识取代神话，把人类从迷信中解放出来，从而推动社会的理性化进程。培根认为知识导致的发明创造与技术革新是社会发展与进步的标志，知识和技术使人类摆脱了茹毛饮血的野蛮原始的生活方式，推动着人类向文明社会不断前进。在谈及印刷术、火药、指南针三大发明的效果时，他指出："这三种发明已经在世界范围内把事物的全部面貌和情况都改变了：第一种是在学术方面，第二种是在战事方面，第三种是在航行方面，并由此又引起难以数计的变化来，竟至任何帝国、任何教派、任何星辰对人类事务的力量和影响都仿佛无过于这些机械性的发现了。"② 培根还特别将发明家与功在国家的人们进行了比较，"发明之利可被及整个人类，而民事之功则仅及于个别地方；后者持续不过几代，而前者则永垂千秋；此外，国政方面的改革罕能不经暴力与混乱而告实现，而发现则本身带有福祉，其嘉惠人类也不会对任何人引起伤害与痛苦"③。除此之外，

---

① ［英］培根：《新工具》，许宝骙译，商务印书馆1984年版，第8页。
② ［英］培根：《新工具》，许宝骙译，商务印书馆1984年版，第112页。
③ ［英］培根：《新工具》，许宝骙译，商务印书馆1984年版，第111页。

培根还举了古罗马皇帝马可·奥勒留与当时伊丽莎白女王的例子，认为只有知识渊博的君王才能促进社会进步与国家繁荣，他还举了亚历山大与恺撒的例子来证明知识对于武功与军事也有促进作用。其三，知识是完善人性的力量。启蒙精神认为，人类征服自然、推动社会理性化的最终目的是为了确证人的本质力量，实现人的自由全面发展，这是启蒙精神的又一核心原则，即人本主义。培根认为，知识在人性中具有无上的权威，除了知识同学问而外，尘世上再没有别的权力可以在人的心灵同灵魂内、在他们的认识内、想象内、信仰内建立起王位来。在培根看来，"研究真理（就是向它求爱求婚），认识真理（就是与之同处），和相信真理（就是享受它）乃是人性中最高的美德"①。因为知识能使人增强自我意识、开阔眼界、坚定信念，从而祛除内心对死亡的畏惧与肤浅幼稚的偏见。他说："读史使人明智，读诗使人聪慧，演算使人精密，哲理使人深刻，伦理学使人有修养，逻辑修辞使人善辩。精神上的缺陷没有一种是不能由相当的学问来补救的，就如同肉体上的各种疾患都有适当的运动来治疗似的。"② 由此可见，知识不仅能塑造人的性格，还能培养高尚的品德，医治心灵的疾病，从而达到促进人性完善的目的。

其次，为了论证"知识就是力量"，培根在正面建构其知识观的同时，还批判了那些阻碍科学知识进步的诸种观点和论调，而通过批判来消除一切未经反省的偏见与僭妄，引导人们摆脱非理性的黑暗世界而进入自由光明的澄明之境恰恰是启蒙逻辑最本真、最集中的体现。具体说来，其一，针对新柏拉图主义的怀疑论否认认识事物可能性的悲观论调，培根认为这种做法"完全导向对人类权力的无理限制，导向一种经过考虑的和出于人为的绝望，这不仅搅害了希望的预测，并且还切断了努力的动脉和鞭策，把经验本身的许多机会都抛掷掉"③。与此相反，培根坚信科学认识的可能性，他认为事物的规律虽然微妙难测，但只要人们投身实验，积极探索，世界上没有任何东西是不可认识的，"在自然的胎宫中还贮有许多极其有用的秘密东西，与现在已知的任何东西都不一样，然而，在此后若干年月的行进和运转当中，这些秘

---

① ［英］培根：《培根论说文集》，水天同译，商务印书馆1986年版，第5页。
② ［英］培根：《培根论说文集》，水天同译，商务印书馆1986年版，第180页。
③ ［英］培根：《新工具》，许宝骙译，商务印书馆1984年版，第73页。

密迟早要和其它已经现出的东西一样自行显露出来"①。其二，针对经院哲学所宣扬的"知识即罪恶论"，培根指出"就现在的情况而论，由于有了经院学者们的总结和体系，就使得关于自然的谈论更为困难和更多冒险，因为那些经院学者们已经尽其所能把神学归成极有规则的一套，已经把神学规划成一种方术，结局并还把亚里士多德的好争而多刺的哲学很不相称地和宗教的体系糅合在一起了"②。这样，培根一方面揭露了经院哲学脱离自然、脱离生活的抽象思辨性质，批判经院哲学只是玩弄概念的文字游戏而无任何实际效用，另一方面揭露了宗教神学的神秘主义、形式主义与权威主义，斥责宗教神学只是囿于《圣经》的禁区，崇拜虚假的神灵，不仅无益于科学的复兴，反而成为科学发展的最大障碍。其三，针对盘踞在人们心中的各种假相和错误观念，培根提出了其著名的"四假相说"，其中，种族假相是指人们在认识过程中往往把人类自身的本性混杂到事物的本性之中，因而歪曲了事物的真相；洞穴假相是指个人从自己的性格、爱好、所受的教育、所处的环境出发观察事物因而歪曲了事物的真相；市场假相指的是人们在来往交际中由于语言概念的不确定、不严格而产生的思维混乱；剧场假相是指不加批判而盲目顺从传统的或当时流行的各种科学和哲学原理、体系及权威而形成的错误，至此，他就揭示了人们犯错误的各种各样的认识论根源。在培根看来，这些假相"不仅围困着人们的心灵以致真理不得其门而入，而且即使在得到门径以后，它们也还要在科学刚刚更新之际聚拢一起来搅乱我们，除非人们预先得到危险警告而尽力增强自己以防御它们的猛攻"③。为了使我们的理解力得到彻底的解放和洗涤，培根主张我们应当"以真正的归纳法来形成概念和原理，这无疑乃是排除和肃清假相的对症良药"④。

再次，从培根理论逻辑的深层来看，贯穿上述建构与批判过程的乃是对启蒙以及作为其哲学基础的主体性的弘扬，因为启蒙精神在以知识的力量取代神话信仰时，必然会在前所未有的程度上确证人的本质力量，使人作为一个独立自决的主体而自由地活动，不再臣服于神性或依赖自然而消极被动地

---

① ［英］培根：《新工具》，许宝骙译，商务印书馆1984年版，第92页。
② ［英］培根：《新工具》，许宝骙译，商务印书馆1984年版，第75页。
③ ［英］培根：《新工具》，许宝骙译，商务印书馆1984年版，第19页。
④ ［英］培根：《新工具》，许宝骙译，商务印书馆1984年版，第20页。

生存。一方面,"知识就是力量"的经典命题本身就是对主体性的最好诠释,因为不仅知识和力量的主体是人,更为重要的是,知识本身并不能直接转化为认识自然、改造社会、完善人性的力量,只有被人们掌握并诉诸实践才能产生力量。从某种意义上说,知识能否转化为力量的关键就在于人,在于人的主体性的发挥。当然人要把知识转化为现实的力量,除了要夯实知识基础、掌握科学方法以外,还要尊重客观规律,从而在实践的基础上实现历史辩证法之主体向度与客体向度的统一与平衡。另一方面,培根的"四假相说"中也包含了丰富的主体性思想,"假相说不仅以其特有的方式肯定主体性是人类认识的永恒属性,而且较系统深刻地揭示了主体因素的消极功能,从而为认识能动性找到了主观根源"①。就类主体而言,人们认识事物总是从主体已有的"先见"出发,"人类理解力一经采取了一种意见之后,便会牵引一切其它事物来支持、来强合于那个意见。纵然在另一面可以找到更多的和更重要的事例,它也不是把它们忽略了,蔑视了,就是借一点什么区分把它们撇开和排掉,竟将先入的判断持守到很大而有害的程度,为的是使原有结论的权威得以保持不受触犯"②。就个体主体而言,个人由于性格、爱好、所受教育、所处环境不同,建构起了其独特的主体认识结构,由此出发认识事物时"则会在服从自己原有幻想之下,把这些东西加以歪曲和渲染。在亚里士多德那里,就特别可以看到这种情况,他把他的自然哲学做成只是他的逻辑的奴隶,从而把它弄成富于争辩而近于无用"③。此外,语言文字与流行的哲学体系也对主体的认识有消极影响。尽管培根的"四假相说"仅仅注意到主体性因素的消极功能而忽视了其积极功能,但仍不失为西方哲学史上对主体认识结构的第一次有益的"否定性"探讨④。

(二) 霍克海默与阿多诺对启蒙之自反效应的批判

"知识就是力量"这一包含启蒙精神的口号一经提出便在哲学史上引发了剧烈效应,在后培根时代,最早对其进行批判反思的是法兰克福学派的理论先驱霍克海默与阿多诺,他们在其合著的《启蒙辩证法》一书中指认培根的

---

① 崔永杰:《培根假相说中的主体性思想》,《山东师范大学学报》(社会科学版) 1993 年第 3 期。
② [英] 培根:《新工具》,许宝骙译,商务印书馆 1984 年版,第 23 页。
③ [英] 培根:《新工具》,许宝骙译,商务印书馆 1984 年版,第 29 页。
④ 崔永杰:《论培根对主体认识结构的探讨》,《文史哲》1991 年第 1 期。

"知识就是力量"为启蒙精神的集中体现,并对其负面效应展开了分析批判,从而揭示了以理性与自由为核心的启蒙精神由于其自身的内在逻辑走向了启蒙理性的自我摧毁与工具理性对人的奴役这一具有悲剧辩证法色彩的启蒙逻辑的历史嬗变过程。

何谓启蒙的辩证法?在霍克海默和阿多诺那里,启蒙并非特指18世纪的欧洲,尤其是法国新兴资产阶级思想家反对宗教神学与封建专制统治的那场启蒙运动,而是泛指整个人类社会在理性化进程中所发生的以理性主义与人本主义为核心原则的思想解放历程;辩证法也并非指事物矛盾双方的对立统一,而是特指黑格尔意义上事物本身由于包含着自我否定因素而走向毁灭的自反逻辑。启蒙的纲领是要唤醒世界、祛除神话,并用知识代替幻想,启蒙的目标是要祛除自然之魅从而确认人类对自然界的主体地位,也就是说,启蒙是人凭借理性获得知识从而成为现实世界主人的过程。然而"随着资产阶级商品经济的发展,神话昏暗的地平线被计算理性的阳光照亮了,而在这阴冷的光线背后,新的野蛮种子正在生根结果。在强制统治下,人类劳动已经摆脱了神话;然而,也正是在这种强制统治下,人类劳动却又总是不断落入神话的魅力之中"①。启蒙在从神话中解放出来的同时又制造了新的神话,原本为了打倒神话的启蒙理性,现在却变成了人类主体奴役自然与自我奴役的工具;原本作为启蒙精神核心原则的理性主义与人本主义,现在却嬗变为资本主义的意识形态神话;原本代表自由和解放的启蒙,现在却沦为了奴役人与自然的神话,这就是启蒙的辩证法。按霍克海默和阿多诺的说法,"就进步思想的最一般意义而言,启蒙的根本目标就是要使人们摆脱恐惧,树立自主。但是,被彻底启蒙的世界却笼罩在一片因胜利而招致的灾难之中。被启蒙摧毁的神话,却是启蒙自身的产物"②。

启蒙逻辑的历史嬗变何以发生?启蒙何以倒退为神话?霍克海默与阿多诺认为这是由知识的实证主义化和理性的工具主义化所决定的,他们认为"经验哲学之父"培根是启蒙运动的先锋,"知识就是力量"则归纳了启蒙的

---

① [德]霍克海默、[德]阿道尔诺:《启蒙辩证法》,渠敬东、曹卫东译,上海人民出版社2006年版,第25页。
② [德]霍克海默、[德]阿道尔诺:《启蒙辩证法》,渠敬东、曹卫东译,上海人民出版社2006年版,第1页。

主旨,即确证人在自然界的主体性地位。作为启蒙逻辑最本真、最集中的体现,培根的这一经典命题无论对摆脱经院哲学的束缚、树立理性信仰、复兴科学事业,还是对于认识自然、改造社会、完善人性都产生了巨大的作用,霍克海默与阿多诺写道:"培根认为,人类心灵与事物本性的和谐一致是可敬的:人类的理智战胜迷信,去支配已经失去魔力的自然。知识就是力量,它在认识的道路上畅通无阻:既不听从造物主的奴役,也不对世界统治者逆来顺受。"① 然而在工具理性主义占据主导地位的今天,这一命题的负面效应日益凸显,"技术成了知识的本质,权力与知识是同义词。知识并不满足于向人们展示真理,只有操作,去行之有效的解决问题,才是它的真正目标"②。这样一来,培根的"知识就是力量"就变成了"知识就是权力",更确切地说应该是"技术就是权力"!在知识技术化的过程中,人们实现了对自然的祛魅,但是"随着支配自然的力量一步步地增长,制度支配人的权力也在同步增长"③。这就是说,启蒙从对自然的统治同时衍生出了对人的统治,因为对自然的统治与对人的统治是联系在一起的,征服自然总是在一定的社会关系背景之中展开,于是,启蒙思想家所憧憬的自由、平等、博爱的理性王国在现实面前又一次被无情地击碎。通过启蒙,人的灵魂摆脱了蒙昧,然而却又可悲地置于工具理性的控制之下,为了物欲的满足不惜放弃价值理性的追求而甘愿沉沦于世,对自由的渴望与对民主的向往变成了对权威的服从与对暴政的忍受。随着理性成为用来制造一切其他工具的一般工具,启蒙彻底放逐了解放的可能性,这种唯一能够打破神话的思想最后把自己也给摧毁了。

与培根"知识就是力量"所揭示的启蒙之本真逻辑相对应,霍克海默与阿多诺在《启蒙辩证法》中指认了启蒙倒退为神话、解放颠倒为奴役,即启蒙逻辑的历史嬗变所造成的自反效应的具体表现。其一,启蒙的目标是祛除自然之魅从而确立人类对自然的主体地位,然而,人对自然的征服与统治不

---

① [德]霍克海默、[德]阿道尔诺:《启蒙辩证法》,渠敬东、曹卫东译,上海人民出版社 2006 年版,第 2 页。
② [德]霍克海默、[德]阿道尔诺:《启蒙辩证法》,渠敬东、曹卫东译,上海人民出版社 2006 年版,第 2 页。
③ [德]霍克海默、[德]阿道尔诺:《启蒙辩证法》,渠敬东、曹卫东译,上海人民出版社 2006 年版,第 31 页。

但没有使其成为自然的主人,却导致了人与自然关系的异化,造成了大自然对人类的惩罚与报复。"知识就是力量"这一口号曾经唤起了人们对自然无所不能的美好遐想,人们从自然中想学到的就是如何利用自然,以便全面地统治自然。正如霍克海默与阿多诺所言:"神话变成了启蒙,自然则变成了纯粹的客观性。人类为其权力的膨胀付出了他们在行使权力过程中不断异化的代价。启蒙对待万物,就像独裁者对待人。独裁者了解这些人,因此,他才能操纵他们;而科学家熟悉万物,因此他才能制造万物,于是万物便顺从科学家的意志。"① 然而,人类奴役自然万物的结果却是"每一种彻底粉碎自然、奴役自然的尝试都只会在打破自然的过程中,更深地陷入到自然的束缚之中"②。其二,启蒙理性的自我摧毁不仅造成了人与自然关系的异化,而且导致了人与人相异化,不但没有带来社会的发展与进步,反而由于工具理性对他者的奴役酿成了"他人就是地狱"式的社会冲突。霍克海默与阿多诺认为,工具理性主义的同一性强制致使人类主体之批判性、超越性、反思性与否定性维度的缺失,成了马尔库塞所说的"单向度的人",更严重的后果是,不同于泛灵论使对象精神化,工业化却使人的灵魂物化了,人与人的关系异化为物与物的关系,拜物教将其影响扩展到社会生活的各个方面。"在这个顽固僵硬的世界里,一切艺术、思想和否定性因素都已经销声匿迹,任何矛盾也都已荡然无存。人们相互之间以及人们与自然界之间在彻底地异化,因此,他们所有人都只知道他们自己的要求和伤害。每个人都已经变成了一个要素,可能是某种实践的主体或客体,也可能是不值得一提的东西。"③ 由此导致的必然后果是一部分人对另一部分人的统治和压迫,社会冲突自然在所难免。其三,在工具理性统治的世界中,理性和知识非但没有像启蒙所允诺的那样增强人的本质力量、实现人的自由全面发展,反而成为取消人的个性、扼杀人之自由的异化力量,非但没有完善人性,反而导致思维的程式化,使人变

---

① [德]霍克海默、[德]阿道尔诺:《启蒙辩证法》,渠敬东、曹卫东译,上海人民出版社2006年版,第6页。
② [德]霍克海默、[德]阿道尔诺:《启蒙辩证法》,渠敬东、曹卫东译,上海人民出版社2006年版,第9页。
③ [德]霍克海默、[德]阿道尔诺:《启蒙辩证法》,渠敬东、曹卫东译,上海人民出版社2006年版,第236页。

得软弱无能。在霍克海默与阿多诺看来，启蒙把思想和数学混作一团，并且通过这种方法把数学变成为一种绝对例证，也就是说，数学成了启蒙的规则，数学步骤变成了人们思维的程式，它把思想变成了物，变成了工具。而工具的客观化又使统治的可能性普遍化，这意味着原本作为对统治进行批判的思维失去了自我反思的因素从而沦落为维护现存统治的工具。机器在供养人的同时，使人变得软弱无能。抽象的同一性支配使得每一种自然事物变成可以再现的，并把这一切都用到工业的支配过程中，在这两种支配下，正是获得自由的人最终变成了奴隶。在资本主义商品经济之市场逻辑的支配下，世界上一切充满个性和特点的人与物最终都会被消解为无特性、无色彩、无人格的东西，在工具理性面前，世界迟早会被抽象化为数学逻辑公式，人也迟早会被物化为标准化的生产机器！此外，霍克海默与阿多诺还对作为知识之集中表现形式的大众文化进行了深入批判，他们认为，在机械复制时代，大众文化的商品化与标准化特征消解了作为文化本真内涵的个性与创造性，而大众文化所承诺的娱乐消费又消解了人们对现实的不满和内在超越与反抗维度，从而抑制了人们的革命热情并使之沉溺于无思想的娱乐，"其实，娱乐也是一种逃避，但并非如人们认为的那样，是对残酷现实的逃避，而是要逃避最后一丝反抗观念。娱乐所承诺的自由，不过是摆脱了思想和否定作用的自由"①。这就是说，本来以自由和超越性为内核的文化艺术现在沦为操控与欺骗大众的意识形态，其直接后果就是使人们面对一个不合理但却无力反抗的社会，这就是工业化大众文化的实质，表面上是大众在塑造大众文化，而实际上是大众被大众文化所塑造，这就是启蒙之解放与奴役的辩证法！

虽然霍克海默和阿多诺对资本主义的批判在某种程度上存在着敌视人类文化、反对理性主义的嫌疑，但他们确实抓住了启蒙与现代性的症结之所在。从显性逻辑上看，以"知识就是力量"为口号、以理性主义与人本主义为原则的启蒙是主张高扬主体性的，这是实现人类解放的必然之途，但在对启蒙的批判性反思下，霍克海默与阿多诺指认，作为启蒙之本真逻辑的解放话语已经嬗变为资本主义的意识形态神话，启蒙的隐性本质还是奴役，一方面，

---

① ［德］霍克海默、［德］阿道尔诺:《启蒙辩证法》，渠敬东、曹卫东译，上海人民出版社2006年版，第130页。

启蒙否定了中世纪那种神对人的外部强制，可是却建构起人对自然的暴力强制，另一方面，启蒙消除了封建专制中人对人直接统治与奴役的合法性，但是在社会生活中却不得不让位给资本的市场运转与工具理性的强制奴役①。他们多次重申《启蒙辩证法》的主题：被启蒙摧毁的神话，正是启蒙自身的产物，因为"启蒙总是把神人同形论当作神话的基础，即用主体来折射自然界。由此看来，超自然物，比如精神和神灵都是人们自身畏惧自然现象的镜像。因而，许多神话人物都具有一种共同特征，即被还原为人类主体。俄狄浦斯对斯芬克斯之谜的解答：'这就是人'，便是启蒙精神的不变原型"②。这恰恰体现了主体性的觉醒。然而，启蒙理性的自我摧毁与工具理性的奴役不仅剥夺了人们的价值理性、弱化了人们的反抗意识，更为严重的是，它消解了人们的主体性意识，使之成为一个与主体本质相背离的物化存在！由此可见，作为马克思批判理论的继承者，霍克海默与阿多诺通过对培根"知识就是力量"的批判性诠释，揭示了启蒙逻辑的历史嬗变，实现了对启蒙与主体性的深刻而又富于时代特色的反思，并由此建构起了其"社会批判理论"的范式，奠定了现代性批判的逻辑构架之基石！

（三）简短的反思

通过对"知识就是力量"的考察，我们能清晰地看出启蒙逻辑的历史嬗变。在培根那里，这一命题旨在揭示以理性与自由为核心的启蒙之本真逻辑，他对知识的肯定以及对主体性的弘扬使人得以从宗教神话与封建专制的束缚中解放出来，并推动了人们认识自然、改造社会、完善人性的进程；然而，知识的实证主义化与理性的工具主义化导致了启蒙的自反与主体的暴政，其必然后果是，理性倒退为神话，自由颠倒为奴役，启蒙的本真逻辑嬗变为资本主义的意识形态神话，不仅人与自然之间的和谐关系被破坏，甚至从对自然的征服演化为对人的奴役，这正是霍克海默与阿多诺在《启蒙辩证法》中所深刻反思的，他们通过对现代性的诊断开出了修补理性的药方，试图通过缝合价值理性与工具理性来重释主体性。与之相反，到了福柯，他不再坚持

---

① 张一兵、胡大平：《西方马克思主义哲学的历史逻辑》，南京大学出版社2003年版，第359页。

② ［德］霍克海默、［德］阿道尔诺：《启蒙辩证法》，渠敬东、曹卫东译，上海人民出版社2006年版，第4页。

法兰克福学派的总体化社会批判逻辑，而是通过对知识考古学与权力谱系学的极富后现代张力的微观分析，指认启蒙所宣扬的解放与进步观念其实只是塑造和规训人的权力机制，主体是知识与权力共同建构的产物，知识与权力按照同一性的主体标准对现代人进行塑造，而这种塑造与规训实质上是对现代人的奴役，知识和权力的奴役使现代人远离了本真的存在，丧失了自主性、创造性与超越性，麻木了人的反抗意识与革命斗志，沦为齐一化、标准化、单向度的不自觉的奴隶。总之，在同一性强制之下，现代人被规训为千人一面的机器，正是在这一意义上，福柯高呼"人死了"！于是，福柯得出结论：现代文明的病根恰恰在于主体性，不祛除同一性主体之魅，灾难还会重演，由此出发，他主张完全解构主体性，并从启蒙中彻底脱身出来，唯其如此才能摆脱现代性的二律背反之困境，人类才有可能走向自由。有意思的是，与福柯同为法兰西思想大师的萨特则认为人的自由先于人的本质，并使其本质成为可能，人的存在本质悬置于自由之中，因此人的存在就是自由，成为主体就意味着选择自由，从而把人的主体性拔高到了另一个极端。

　　哲学作为面向现实生活的批判性之思，"二战"以后便自觉地把启蒙与现代性问题纳入自己的视野。然而，主体性真的走向了黄昏吗？解构主体性真的是人类走向自由之路吗？答案是否定的，因为真正的主体性绝非只是形而上学思维的一种虚构，而是"人的本性及其实现的理想状态，人们对主体性的关注也就是对于人类本身的关注，是对人的存在及其意义的关注"①，这种深切的自我关注是不可能轻易被消解掉的，而且正如黑格尔所言，只有"在主体中，自由才能得到实现，因为主体是自由实现的真实材料"②。我们承认，反思主体性是关系到整个人类文明走向的重大课题，但我们既不应当全盘否定主体，也不应当过度拔高主体，从而走向"人死了"或"主体的暴政"两个极端，而应该辩证地看待主体，特别地，对于正处于现代化建设进程中的中国人来说，更应该在借鉴西方近现代哲学对启蒙与主体性的反思与批判之基础上重构人的主体性，使人找到自己的位置。

---

① 郭湛：《主体性哲学——人的存在及其意义》，中国人民大学出版社2011年版，第6页。
② ［德］黑格尔：《法哲学原理》，范扬、张启泰译，商务印书馆1961年版，第111页。

三、物化生存的技术追问

在形而上学批判史上，海德格尔无疑是一位绕不过去的人物，一方面，他充分肯定了马克思形而上学批判的重要意义，在他看来，"马克思在体会到异化的时候深入到历史的本质性的一度中去了，所以马克思主义关于历史的观点比其余的历史学优越。但因为胡塞尔没有，据我看来萨特也没有在存在中认识到历史事物的本质性，所以现象学没有、存在主义也没有达到这样的一度中，在此一度中才有可能有资格和马克思主义交谈"①。但另一方面，海德格尔又认为马克思对形而上学的颠覆依然拘泥于形而上学的理论构架之中，于是，他通过对物化生存的技术追问，对柏拉图以降的形而上学传统展开了更进一步的现象学的考量和生存论的追问。

（一）现代性的定向：物的谱系与技术成为自足的绝对物

"物"是一个重要的哲学概念，对"物"的不同理解，绝不仅仅是表面上某种纯粹概念的阐释之嬗变与更新，而毋宁说是源自人与现实的历史性遭遇。随着时代的变迁，由于人的自我理解、遭遇的方式以及由物所形构的现实不断地发生着改变，因此，对物的追问——"物"何以为"物"？"物"之物性为何？——也呈现出殊异的理论图景。如果说古希腊时期的"物"是一种自为的存在，是从自身中绽出的东西，那么，自笛卡尔肇始的近代哲学以降，特别是随着以主客二分思维方式为典范特征的主体性形而上学占据主导地位，"物"则变成了附庸于主体的客体，物自身只有通过主体的理性化中介才能得以呈现，这就意味着，物的现实性在于它能以客观的方式被前置于主体面前，它将自身置于一个可以将一套客观事实支撑起来的实体领域之中。用海德格尔的话说，物之本质"就成了处于与'主客'关系之中的另一个东西，作为 obiectum（抛到对面的东西）而与主体相对立，物自身变成了'客体'"②，物之物

---

① [德]海德格尔：《海德格尔选集》（上卷），孙周兴选编，上海三联书店1996年版，第383页。

② [德]海德格尔：《物的追问：康德关于先验原理的学说》，赵卫国译，上海译文出版社2010年版，第96页。

性"意味着：作为某个存在者的物之存在"①。在"物"的理解史上，真正实现颠覆性转折的是马克思，他通过对支配人们现实生活的"物"——商品、货币、资本——的拜物教批判，不仅在对"物"的形态之把捉上实现了从"自然物"到"社会物"的迈进，而且在对"物"的透视视角上实现了从"实体物"到"关系物"的跃升，更重要的是，马克思不仅对显性的"物"本身进行了深入的历史性分析，而且将批判的矛头直指"物"背后所隐含的社会关系结构。正如刘森林教授所指认的，"'物'的关注视角通过马克思发生了一个重要的转变：也就是从康德、费希特以来一直重视的主体性转向社会性。……甚至应该说，马克思'物'论的贡献恰恰就是在前人的基础上着重思考了'物'的社会性奥秘，从社会性（而不仅仅是主体性）的角度注释了'物'"②。

这种"物"的谱系学发展到海德格尔那里则开显出了另一个不同以往的生存论的视界。一方面，海德格尔承认马克思的物论"深入到历史的本质性的一度中去了"③，另一方面，他又通过对传统形而上学的反思和批判，声称"唯物主义的本质隐藏在技术的本质中；关于技术，固然已写出很多东西，但却被思得很少"④，由此他另辟蹊径，以对技术的追问为路径依赖，以对现代性和形而上学的批判为问题意识，展开了对"物"的生存论沉思。可以说，海德格尔的形而上学批判集中表现在他的技术思考中，"技术这个术语包含了对人和物的存在的一种特定理解、某些特定种类的活动在世界中的开放可能性"⑤。对此，美国学者大卫·库尔珀曾准确地指出："在海德格尔这里，对现实性的现代说明，比如中性的事实性存在，并不能解释它自己的条件，也不能解释其他理解的发生。世界是如何揭示出来的，并不是根据站在中性客

---

① [德] 海德格尔：《物的追问：康德关于先验原理的学说》，赵卫国译，上海译文出版社 2010 年版，第 57 页。
② 刘森林：《物与无：物化逻辑与虚无主义》，江苏人民出版社 2013 年版，第 237 页。
③ [德] 海德格尔：《海德格尔选集》（上卷），孙周兴选编，上海三联书店 1996 年版，第 83 页。
④ [德] 海德格尔：《海德格尔选集》（上卷），孙周兴选编，上海三联书店 1996 年版，第 384 页。
⑤ [美] 大卫·库尔珀：《纯粹现代性批判——黑格尔、海德格尔及其以后》，臧佩洪译，商务印书馆 2004 年版，第 224 页。

体面前的主体来解释的。对物的现代理解也并非它表面看来的那样——是被剥光了的、纯粹的。它有它自己的内容，我们最终会发现它是对时间、主观性、意愿、有序化、权力等等的一种特定解释，即是对海德格尔罗列在'技术'这个名称下所有东西的特定解释。"① 因此，正如要理解马克思的哲学必须深度耕犁其经济学著作一样，要真正把握海德格尔的形而上学批判之精髓也必须回到其对技术的深刻沉思中去。

海德格尔首先指认，"人对于世界整体的原则上是技术的关系……隐藏在现代技术中的力量决定了人与存在者的关系"②，这也就意味着现代世界是一个技术世界，我们无可挽回并且无从选择地栖居在这个由技术所形塑的物世界之中，由此不难看出海德格尔的现代性定向——技术成为了自足的绝对物。物的绝对性意味着它摆脱了一切的束缚和制约而达致某种自我指涉的水平，"技术成为自足的绝对物"主要表现在如下两个层面：其一，技术不仅形塑了我们生活世界的外在环境，而且直接构成了人之为人的内在本质。技术不再是可供我们选择的某种东西，而就是我们的生存环境，在这一环境中，目的与手段，目标与过程，行动与激情，甚至梦想与欲望，所有这些都通过技术被联结起来，而且需要通过技术才能得到表现。正是在这个意义上，技术建构了人的本质，"这不仅是因为人由于他欠缺性的本能天赋之故若无技术将不能求生，而且是因为，他对源自自身本能的暧昧性和非刚性所造成的适应可塑性加以利用，进而能够借助选择与稳定化的技术程序而'在文化上'获得动物'在自然上'享有的那种选择性和稳定性"③。其二，技术实现了从量变到质变的颠倒，从手段到目的的转变。如果说在培根时代，人们尚且能够凭借其主体性实现对技术的工具化支配，那么时至今日，特别是伴随着自然科学的突飞猛进，技术的权力和扩张性实现了大规模的跃迁，其影响范围日渐拓展至世界的几乎每个角落，由此实现了从量变到质变的颠倒。而之所以说技术从手段转变为目的，不是因为技术为自己提出某种目标，而是因为人为

---

① ［美］大卫·库尔珀：《纯粹现代性批判——黑格尔、海德格尔及其以后》，臧佩洪译，商务印书馆2004年版，第203页。
② ［德］海德格尔：《海德格尔选集》（下卷），孙周兴选编，上海三联书店1996年版，第1236页。
③ 汪民安：《生产》（第9辑），江苏人民出版社2014年版，第118页。

自己提出的所有目标和目的只有通过技术之中介才能达致。如果说技术手段是实现所有目的的必要条件的话，手段的获得则将成为真正的目的，使一切其他事物都附属于它之下，这一点就如马克思对货币的讨论一样。

海德格尔随后道出了技术成为自足的绝对物所带来的后果："当今人的根基持存性受到了致命的威胁"，"一切都掉入人的规划和计算，组织和自动化企业的强制之中"①。在海德格尔看来，人是思想的，亦即沉思的生命，然而随着现代性的来临，技术的发展越来越快且势不可挡，此在的一切领域都为技术设备和自动装置所迫，物的领地不断扩张，而人的位置越来越窄，人的生命本质日益受到技术手段的侵袭，我们竟如此牢固地嵌入了技术对象，以至于我们为技术对象所奴役，人因此而被置入了另一种现实之中，一种只剩下计算性思维而总体的无思状态之中，一个物世界之中。海德格尔接着说："这里，真正莫测高深的不是世界变成彻头彻尾的技术世界，更为可怕的是人对这场世界变化毫无准备，我们还没有能力沉思，去实事求是地辨析在这个时代中真正到来的是什么。"② 由此，海德格尔走上了一条思入现实的物化批判之路，一条技术的追问与物的沉思之路。

可能会有人感到惊奇："这位唯一把'崇高的'存在问题选为自己沉思主题的哲学家，居然会探讨如此'实在地'对我们有影响有紧迫感的新时代的'具体的'技术"，对此德国学者冈特·绍伊博尔德解释道，这里存在着双重的误解，"一方面，存在问题并非在出世脱俗和彼岸的意义上的'崇高的'问题；另一方面——而这一认识与前一认识有直接的联系——现代技术并非单纯经验的和无精神的'实践'。"③ 这就是说，在海德格尔那里，存在问题与技术问题是紧密连在一起的，因此，对海德格尔物论与技术观的探讨，就不应像以往学术界的通常做法那样仅仅将目光盯在其后期思想特别是《技术的追问》等少数几个文本上，而应立足海德格尔哲学之思的整体，可以这么说，

---

① [德] 海德格尔：《海德格尔选集》（下卷），孙周兴选编，上海三联书店1996年版，第1235页。
② [德] 海德格尔：《海德格尔选集》（下卷），孙周兴选编，上海三联书店1996年版，第1238页。
③ [德] 冈特·绍伊博尔德：《海德格尔分析新时代的技术》，宋祖良译，中国社会科学出版社1993年版，第1页。

从前期的《存在与时间》到后期的《技术的追问》，海德格尔虽然是从不同的角度来看待技术的，但技术一直是他关注的一个问题，并与其真理观、语言观等思想内在融通。因此，接下来，我们将分别从前期与后期来再现海德格尔的物与技术之思。

（二）现象学的考量：物的遮蔽与技术作为揭示

众所周知，海德格尔前期主要是通过对此在的存在论分析来追问存在的意义，同时应当指出的是，正是在这一生存论分析工作的布展中已经隐蔽地包含着海德格尔对技术问题的探讨，这主要表现为对上手用具及因缘整体性的现象学分析。

海德格尔认为，此在的本质在于它的去存在，即生存。也就是说，此在的基本特征在于其生成性而非现成性，此在存在的基本结构为"在世界中存在"，他把日常在世的存在称之为在世界中与世内的存在者打交道，这种打交道已经分散在形形色色的诸操劳方式之中。而我们与世界"最切近的交往方式并非一味地进行觉知的认识，而是操劳着的、使用着的操劳"①。这就是说，此在存在于世界中的首要方式并不是认识事物，而是使用工具，同时在使用工具的过程中揭示世界和自身。"用具"是海德格尔前期提出的反思技术的关键范畴，指的是"在操劳活动中照面的存在者"，对用具的分析是海德格尔反思技术的切入点。"严格地说，从没有一件用具这样的东西'存在'。属于用具的存在的一向总是一个用具整体。只有在这个用具整体中那件用具才能够是它所是的东西。用具本质上是一种'为了作……的东西'。有用、有益、合用、方便等等都是'为了作……之用'的方式。这各种各样的方式就组成了用具的整体性。在这种'为了作'的结构中有着从某种东西指向某种东西的指引。"② 也就是说，用具就其作为用具的本性而言出自对其他用具的依附关系，用具的整体性一向先于个别用具而被揭示。"打交道一向是顺适于用具

---

① ［德］海德格尔：《存在与时间》，陈嘉映、王庆节译，生活·读书·新知三联书店2006年版，第79页。

② ［德］海德格尔：《存在与时间》，陈嘉映、王庆节译，生活·读书·新知三联书店2006年版，第80页。

的，而唯有在打交道之际用具才能依其天然所是显现出来。"① 在操劳打交道之际首先照面的是工件，工件承担着指引整体性，用具是在这个指引整体性中来照面的。在被使用的用具中，周围世界的自然通过使用被共同揭示出来，成为所有人都可以通达的。海德格尔以"用锤子锤"为例，指出"锤本身揭示了锤子特有的'称手'，我们称用具的这种存在方式为上手状态"。"切近上手事物的特性就在于：它在其上手状态中就仿佛抽身而去，为的恰恰是能本真地上手。"② 与这种上手状态相对的是"在手状态"，指的是在用具损坏或不合用时的短缺状态。上手状态相对于在手状态具有原1始性。如前所述，上手的东西的用具状态是指引，存在者作为它所是的存在者，被指引向某种东西，而存在者正是在这个方向上得以揭示的。"上手的东西的存在性质就是因缘"，因缘是世内存在者的存在，是这种存在者的存在之存在论规定。"因缘的何所缘，就是效用与合用的何所用。随着效用的何所用，复又能有因缘。"③ 但因缘整体性归根到底要回溯到一个首要的"何所用"即"为何之故"之上，而"这种'为何之故'总同此在的存在相关，这个此在本质上就是为存在本身而存在"。于是，海德格尔从因缘结构导向了此在的存在本身，导向了这样一种本真的"为何之故"。"'为何之故'赋予某种'为了作'以含义，'为了作'赋予某种'所用'以含义；'所用'赋予了却因缘的'何所缘'以含义；而'何所缘'则赋予因缘的'何所因'以含义。"④ 此在就在这种赋予含义中使自己先行对自己的在世有所领会，海德格尔称这种含义的关联整体为"意蕴"，"它就是构成了世界的结构的东西，是构成了此在之为此在向来已在其中的所在的结构的东西"⑤也就是构成了世界之为世界的东西。"作为此在的和此在在世的生存论建构，展开了的意蕴乃是因缘整体性之所以

---

① ［德］海德格尔：《存在与时间》，陈嘉映、王庆节译，生活·读书·新知三联书店2006年版，第81页。
② ［德］海德格尔：《存在与时间》，陈嘉映、王庆节译，生活·读书·新知三联书店2006年版，第82页。
③ ［德］海德格尔：《存在与时间》，陈嘉映、王庆节译，生活·读书·新知三联书店2006年版，第98页。
④ ［德］海德格尔：《存在与时间》，陈嘉映、王庆节译，生活·读书·新知三联书店2006年版，第102页。
⑤ ［德］海德格尔：《存在与时间》，陈嘉映、王庆节译，生活·读书·新知三联书店2006年版，第102页。

能得到揭示的存在者层次上的条件。"① 在这里,技术不仅与用具等世内存在者相关联,而且与此在的存在相关联,甚至在某种意义上可以说,技术构成了"在世界之中存在"这一此在的生存论结构的一个环节,因为技术作为使日常照面的存在者上手的条件,对日常在世起着组建作用,只有技术先行揭示和展示了用具的上手状态及因缘整体性,意蕴才能构成世界的结构。

可以看出,在前期海德格尔那里,技术的本质实际上是一种揭示(Entdecken),既是对用具上手性的揭示,也是对因缘整体性的揭示。此外,生存论视域下技术的本质规定,即技术作为揭示,除了表现在对用具上手性的揭示而外,还表现在"对缘于上手性的有待制作的独立外观形式的揭示,对自然材料的现成性和适合性的揭示,对制作方式和制作步骤的揭示"②。

需要指出的是,其一,从海德格尔对上手用具的分析中,我们可以看出他后期对技术看法的痕迹,因为既然用具只有在成为上手状态时才能成为可通达的,那么"在被使用的用具中,'自然'通过使用被共同揭示,这是处在自然产品光照中的'自然'"③,这就必然导致最终将自然视为"持存物"。其二,海德格尔对因缘整体性的分析,使我们清楚地看到了人与技术的存在论关系,从而使我们能够从生存论的视角来探讨技术的本质。其三,从海德格尔前期的技术思想中,我们已经看出了其技术观与真理观的某种内在融通,即海德格尔思想的整体性,如前所述,生存论视域下的技术乃是一种揭示,揭示即"去其遮蔽而展示出来",而前期海德格尔认为真理即是去蔽,"'真在'(真理)必须被理解为揭示着的存在"④,所以,技术作为揭示乃是真理的一种形式。

(三) 生存论的批判:技术的追问与物的沉思

如果说在《存在与时间》中海德格尔对技术问题的探讨还只是隐性地包含在其对此在的生存论分析中,那么在后期海德格尔的《技术的追问》等文

---

① [德]海德格尔:《存在与时间》,陈嘉映、王庆节译,生活·读书·新知三联书店2006年版,第103页。
② 包国光:《海德格尔前期的技术与真理思想》,《世界哲学》2011年第6期。
③ [德]海德格尔:《存在与时间》,陈嘉映、王庆节译,生活·读书·新知三联书店2006年版,第83页。
④ [德]海德格尔:《存在与时间》,陈嘉映、王庆节译,生活·读书·新知三联书店2006年版,第251页。

本中，技术问题则成了海德格尔所明确关注的主题。接下来，将通过对其后期著作的文本学解读，来再现海德格尔技术观的全貌及其技术追问之道路。

1. 技术之所是

在开始其技术的追问之前，海德格尔首先指出，"技术不同于技术之本质"，"技术之本质也不完全是什么技术因素"①，因为我们不可能在一棵平常随处可见的树中找到那个贯穿并且支配着每一棵树之为树的东西。由此，海德格尔批判了那种仅仅去表象和追逐技术因素并将技术视为某种中性物的观点。

按照以往的观点，关于"技术是什么"这个问题有两种回答：其一，技术是合目的的手段；其二，技术是人的行为。实际上，这两个关于技术的规定原是一体的，因为设定目的、创造和利用合目的的手段，就是人的行为。海德格尔称这种流俗的技术观为"工具的和人类学的技术规定"，这种对技术的工具性规定是正确的，以至于对现代技术也是适切的，因为即使是带有涡轮机和发电机的发电厂，也还是合目的的手段。但"单纯正确的东西还不是真实的东西，唯有真实的东西才能把我们带入一种自由的关系中"②，这就意味着上述观点并没有向我们显明技术之本质，而为了获得技术之本质，我们必须通过正确的东西来寻找真实的东西，我们必须追问：工具性的东西本身是什么？诸如手段和目的之类的东西又何所属？

在海德格尔看来，工具、手段和目的都归属因果性。关于因果性，长期以来占主导地位的是亚里士多德的"四因说"，并把原因看作是起作用的东西，然而，我们所谓的"原因"在希腊人那里"与作用和起作用是毫无干系的"，它只是"招致另一个东西的那个东西。四原因乃是相互紧密联系在一起的招致方式"③。接着，海德格尔以银盘为例予以说明，正是银的质料、盘的形式、祭祀的目的与银匠的动力这四种相互不同又共属一体的招致方式共同

---

① [德] 海德格尔：《演讲与论文集》，孙周兴译，生活·读书·新知三联书店 2005 年版，第 3 页。
② [德] 海德格尔：《演讲与论文集》，孙周兴译，生活·读书·新知三联书店 2005 年版，第 5 页。
③ [德] 海德格尔：《演讲与论文集》，孙周兴译，生活·读书·新知三联书店 2005 年版，第 7 页。

招致了作为祭器的银盘的现有备用。四种招致方式把某物带入显现之中，它们使某物进入在场而出现，"并因而使之起动，也就是使之进入其完成了的到达之中。招致具有这种进入到达的起动的特征。在这种起动的意义上，招致就是引发"①。于是，四种引发方式使尚未在场的东西进入在场之中而到达。随后，他援引了柏拉图《会饮篇》中的一句话："对总是从不在场者向在场过渡和发生的东西来说，每一种引发都是产出。"② 海德格尔指出，在希腊人那里，产出不仅指手工制作或艺术创作的使……显露和使……进入图像，而且指从自身中涌现出来。那么产出是如何发生的呢？"产出从遮蔽状态而来进入无蔽状态中而带出。惟因为遮蔽者入于无蔽领域而到来，产出才发生。这种到来基于并且回荡于我们所谓的解蔽中。"③ 正是在这一意义上，海德格尔写道："技术不仅是一种手段了，技术乃是一种解蔽方式。如果我们注意到这一点，那就会有一个完全不同的适合于技术之本质的领域向我们开启出来。那就是解蔽的领域，亦即真–理之领域。"④

为了进一步揭示技术与解蔽和真理的关系，海德格尔考察了希腊文 τέχνη 的内涵，其一，表示手工行为和技能；其二，表示精湛技艺和各种美的技术，即某种创作；其三，表示最广义的认识，即对某物的精通和理解。"认识给出启发，具有启发作用的认识乃是一种解蔽"⑤，接着，海德格尔援引亚里士多德的研究指出，"τέχνη 之决定性的东西绝不在于制作和操作，绝不在于工具的使用，而在于上面所述的解蔽。作为这种解蔽，而非作为制作，τέχνη 才是一种产出"⑥。于是海德格尔得出结论："技术是一种解蔽方式。技术乃是在

---

① ［德］海德格尔：《演讲与论文集》，孙周兴译，生活·读书·新知三联书店2005年版，第8页。
② ［德］海德格尔：《演讲与论文集》，孙周兴译，生活·读书·新知三联书店2005年版，第9页。
③ ［德］海德格尔：《演讲与论文集》，孙周兴译，生活·读书·新知三联书店2005年版，第10页。
④ ［德］海德格尔：《演讲与论文集》，孙周兴译，生活·读书·新知三联书店2005年版，第11页。
⑤ ［德］海德格尔：《演讲与论文集》，孙周兴译，生活·读书·新知三联书店2005年版，第11页。
⑥ ［德］海德格尔：《演讲与论文集》，孙周兴译，生活·读书·新知三联书店2005年版，第11页。

解蔽和无蔽状态的发生领域中，在无蔽即真理的发生领域中成其本质的。"①

2. 现代技术之本质

在批判了流俗的技术观之后，海德格尔以其独特的致思理路得出技术是一种解蔽方式的结论。那么，这一结论是否适合现代技术？海德格尔明确指出，现代技术"也是一种解蔽"，"解蔽贯通并且统治着现代技术。但在这里，这种解蔽并不把自身展开于 ποίησις 意义上的产出。在现代技术中起支配作用的解蔽乃是一种促逼"②。也就是说，海德格尔区分了两种意义上的解蔽，一种是与古代技术相对应的产出意义上的解蔽，一种是与现代技术相对应的促逼意义上的解蔽。

接下来，海德格尔着重对现代技术的本质进行了分析，他认为，现代技术的解蔽具有促逼意义上的摆置之特征。"促逼"（Herausfordern）即向自然提出蛮横要求，要求自然提供本身能够被开采和贮藏的能量，这是一种强求；"摆置"（Stellen）即对具有丰富的存在内容的事物，只从一个方向上去看待它，只从某一技术需要去对待它，这是一种限定。例如，与农民从前在关心和照料意义上耕作土地不同，现在土地耕作也沦于一种摆置着自然的订造的旋涡之中，它在促逼意义上摆置着自然，耕作农业成了机械化的食物工业从而摆置着耕地。通过促逼着的摆置而完成的东西"处处被订造而立即到场，而且是为了本身能为一种进一步的订造所订造而到场的。如此这般被订造的东西具有其特有的站立。这种站立，我们称之为持存"③。"持存"（Bestand）为促逼着的解蔽所涉及的一切东西的在场方式，其所标识的就是事物在现代技术世界的存在方式，在持存意义上立身的东西，不再作为对象而与我们相对立。也就是说，在现代技术的支配下，一切事物都被纳入某个环环相扣的系统过程之中，一事物的存在是为了将另一事物纳入其中，这样的事物只能从其相互关系中获取意义规定，而不是像我们通常那样将其视为独立存在的

---

① ［德］海德格尔：《演讲与论文集》，孙周兴译，生活·读书·新知三联书店2005年版，第12页。
② ［德］海德格尔：《演讲与论文集》，孙周兴译，生活·读书·新知三联书店2005年版，第12页。
③ ［德］海德格尔：《演讲与论文集》，孙周兴译，生活·读书·新知三联书店2005年版，第15页。

对象。这表明现代技术使一切自然界中的事物（也包括人）失去了独立性和对象性。通过促逼着的摆置，人们所谓的现实被解蔽为持存。然而，谁来实行这种摆置和解蔽呢？貌似是人，但"现实向来于其中显示出来或隐匿起来的那种无蔽状态，却是人所不能支配的"①。因此，人比自然更原始地归属于持存。"如果说人以自己的方式在无蔽状态范围内解蔽着在场者，那么他只不过是应合于无蔽状态之呼声而已。"② 因此，人总是被摆置、被促逼、被迫把现实当作持存物来订造，而这种对人的促逼着的要求，就是海德格尔称之为现代技术之本质的"座架"（Ge-stell）。（尽管孙周兴教授在2005年版的《演讲与论文集》中将其改译为"集置"，但考虑到学界通常用法，现仍采用"座架"的译法。）

　　海德格尔写道："现在，我们以'座架'一词来命名那种促逼着的要求，那种把人聚集起来，使之去订造作为持存物的自行解蔽者的要求。""座架意味着那种摆置的聚集者，这种摆置摆置着人，也即促逼着人，使人以订造的方式把现实当作持存物来解蔽。"③ 需要指出的是，在"座架"（Ge-stell）这个名称中的"摆置"（Stellen）来自产出意义上的"置造和呈现"，二者在本质上接近，即均为解蔽方式，但又有不同，即前者指的是使在场者进入无蔽状态而出现，后者指的则是促逼着的订造。座架作为现代技术之本质是遮蔽与解蔽的统一，座架在赋予人一种技术的解蔽方式的同时，又遮蔽着它自己以及其他的解蔽方式。因此之故，"现代技术既不仅仅是一种人类行为，根本上也不只是这种人类行为范围内的一个单纯的手段"④。行文至此，海德格尔就把关于技术的单纯工具性的、单纯人类学的规定彻底解构了。在后来，海德格尔接受《明镜》记者访谈时，总结道："我认为技术的本质就在于我称之为'座架'的这个东西中，这是一个常常被嘲笑而且或许也不确切的字眼。

---

　　① ［德］海德格尔：《演讲与论文集》，孙周兴译，生活·读书·新知三联书店2005年版，第16页。
　　② ［德］海德格尔：《演讲与论文集》，孙周兴译，生活·读书·新知三联书店2005年版，第17页。
　　③ ［德］海德格尔：《演讲与论文集》，孙周兴译，生活·读书·新知三联书店2005年版，第18—19页。
　　④ ［德］海德格尔：《演讲与论文集》，孙周兴译，生活·读书·新知三联书店2005年版，第20页。

座架的作用就在于：人被坐落在此，被一股力量安排着、要求着，这股力量是在技术的本质中显示出来的而又是人自己所不能控制的力量。"①

3. 技术之根源

在揭示了现代技术的本质是座架之后，海德格尔进一步追问座架背后的东西是什么，即技术之座架本质的根源何在。海德格尔指出："座架绝不是人类狡计的产物；相反，它是形而上学历史的最后形态，这是说存在之天命的最后形态。"② 由此，海德格尔从两个方面进行了思考。

一方面，海德格尔认为，技术是"完成了的形而上学"，"机械技术始终是现代技术之本质的迄今为止最为显眼的后代余孽，而现代技术之本质是与现代形而上学之本质相同一的"③。也就是说，在海德格尔看来，现代技术之本质奠基于现代形而上学。现代形而上学是指从笛卡尔发端至尼采结束的主体性形而上学，由于海德格尔曾反复强调现代形而上学与柏拉图的一脉相承，甚至提出"'形而上学'始终是表示柏拉图主义的名称"④，因此，现代技术的产生与发展是与形而上学的思维方式分不开的。柏拉图的理念论是形而上学的开端，他认为，理念是事物存在和发展的根据和原因，世界万物的存在乃是由于分有或摹仿了理念，"人因此被赋予了用理念来识见事物、进行思考的能力，有了把他的知识当作控制和设计他所面对的世界的工具的可能。从古希腊哲学尤其是柏拉图哲学中所迸发出的控制趋向，必然要使技术的原初形式滥觞成一种控制事物、迫使事物进入非自然状态的呈现的技术形式——现代技术"⑤。因此，在海德格尔看来，技术不仅仅从名字上说可以回溯到古希腊，而且从本质的历史意义上来说也源出于古希腊。自从柏拉图之后，形而上学便踏上了遗忘存在而追逐存在者的迷途。现代主体性形而上学由笛卡

---

① ［德］海德格尔：《海德格尔选集》（下卷），孙周兴选编，上海三联书店1996年版，第1307页。
② ［德］海德格尔：《晚期海德格尔的三天讨论班纪要》，丁耘摘译，《哲学译丛》2001年第3期。
③ ［德］海德格尔：《海德格尔选集》（下卷），孙周兴选编，上海三联书店1996年版，第885页。
④ ［德］海德格尔：《演讲与论文集》，孙周兴译，生活·读书·新知三联书店2005年版，第79页。
⑤ 高亮华：《人文主义视野中的技术》，中国社会科学出版社1996年版，第63页。

尔发端，其本质在于探求绝对不可怀疑的东西。在笛卡尔那里，"'我'成了一般主体，也就是说，主体成了自我意识，主体的主体性取决于这种意识的确定性"①。随着人的主体地位的确立，世界被把握为图像，人与世界成为一种表象与被表象的关系，即人是表象者，是主体；而世界对象则是被表象者，是客体。正是这种主客二分的思维模式奠定了人们利用技术来改造自然、征服自然的理论基础。现代主体性形而上学在尼采那里达到了完成，"照尼采的看法，作为现代形而上学的原则，确定性惟在强力意志中才真正找到了根据"②。随着尼采的权力意志取代笛卡尔的自我意识，"求意志的意志迫使自己作为其显现的基本形式去计算和设置一切，而这只是为了达到对它自身的保障，一种可以无条件地继续的保障"③，人也就被权力意志所支配着去从事技术实践，不断加强对外界事物的统治与征服，权力意志"已经把不可能之物当作一个目标强加给可能之物。那这种强制设置起来，并且使之保持在统治地位中的谋制源出于技术之本质；在这里，'技术'一词被等同于正在自行完成的形而上学概念"④。

另一方面，海德格尔认为"现代技术之本质居于座架之中。座架归属于解蔽之命运"⑤。"技术在本质中乃是沦于被遗忘状态的存在之真理的一种存在历史性的天命。"⑥ 在这里，海德格尔把我们带向了一个颇为神秘的领域，在这个领域中，存在的天命起着主宰作用。何为天命或命运？海德格尔认为，现代技术之本质给人指点那种解蔽的道路，而"所谓'给……指点道路'——这在德语中叫作遣送。我们以'命运'一词来命名那种聚集着的遣

---

① [德] 海德格尔：《海德格尔选集》（下卷），孙周兴选编，上海三联书店1996年版，第791页。
② [德] 海德格尔：《海德格尔选集》（下卷），孙周兴选编，上海三联书店1996年版，第792页。
③ [德] 海德格尔：《演讲与论文集》，孙周兴译，生活·读书·新知三联书店2005年版，第80页。
④ [德] 海德格尔：《演讲与论文集》，孙周兴译，生活·读书·新知三联书店2005年版，第102页。
⑤ [德] 海德格尔：《演讲与论文集》，孙周兴译，生活·读书·新知三联书店2005年版，第25页。
⑥ [德] 海德格尔：《路标》，孙周兴译，商务印书馆2004年版，第401页。

送，后者才给人指点一条解蔽的道路。一切历史的本质都由此而得到规定"①。在这里，命运并非某个无可更改的事件的不可回避性，也绝不是一种强制的厄运，用海德格尔的话说，我们"逗留于命运之开放领域中，此命运绝没有把我们囚禁于一种昏沉的强制性中，逼使我们盲目地推动技术或无助地反抗技术，把技术当作恶魔来加以诅咒"②。解蔽之命运总是贯通并且支配着人类，"因为，人恰恰是就他归属于命运领域，从而成为一个倾听者而又不是一个奴隶而言，才成为自由的"③。海德格尔的自由不能归结于意志或人类意愿的因果性，而是那种一向给一种解蔽指点其道路的命运之领域。在海德格尔看来，"一切解蔽都归于一种庇护和遮蔽。而被遮蔽起来并且始终自行遮蔽着的，乃是开放者，即神秘"④。这里作为开放者的神秘，在解蔽的同时又自行遮蔽，从而"掌管着被澄明者亦即被解蔽者意义上的开放领域"⑤，这就是 Ereignis，即解蔽的居有事件或真理之本有，Ereignis 是海德格尔包括技术观在内的整个后期思想的关键词。由此可见，在海德格尔看来，作为现代技术之本质的座架乃根源于存在之天命，现代技术不过是天命的展现，但这种天命并非宿命论意义上的强制，相反，正是天命赋予人以自由，自由地倾听存在历史性的命运。

4. 现代技术之危险

承前所述，海德格尔认为，现代技术之本质居于座架之中，座架的支配作用又归于命运，然而，"作为这样一种命运，解蔽之命运在其所有方式中都是危险，因此必然就是危险"。具体来说，技术之危险表现在如下方面：

首先，"无论解蔽之命运以何种方式起支配作用，一切存在者一向于其中显示自身的那种无蔽状态都蕴含着危险，即：人在无蔽领域那里会看错了，

---

① ［德］海德格尔：《演讲与论文集》，孙周兴译，生活·读书·新知三联书店2005年版，第24页。
② ［德］海德格尔：《演讲与论文集》，孙周兴译，生活·读书·新知三联书店2005年版，第25页。
③ ［德］海德格尔：《演讲与论文集》，孙周兴译，生活·读书·新知三联书店2005年版，第24页。
④ ［德］海德格尔：《演讲与论文集》，孙周兴译，生活·读书·新知三联书店2005年版，第25页。
⑤ ［德］海德格尔：《演讲与论文集》，孙周兴译，生活·读书·新知三联书店2005年版，第24页。

会误解了无蔽领域"①。这样一来，人们就会习惯性地运用因果关系来解释一切，甚至连上帝也失去了其神圣性、崇高性与神秘性，而仅仅被贬低为一个原因。难怪海德格尔在描述世界图像时代的特征时，将"弃神"称为现代的第五个现象。事实上，在技术的座架本质支配下，"在预先计算中，自然受到了摆置；在历史学的事后计算中，历史受到了摆置"②，危险还不只这些，被对象化的自然、被从事的文化、被制造的政治、被工具化的语言等无一不是如此，现代技术把一切东西都变成了可供塑造与加工的物质，降格为单纯的材料，把一切都齐一化与功能化，并加速着主客体的两极分立，可以说，所有的一切都被座架打上了烙印。

其次，"如果命运以座架方式起支配作用，那么命运就是最高的危险"，"一旦无蔽领域甚至不再作为对象，而是唯一地作为持存物与人相关涉，那么人就走到了悬崖的边缘"③，这样一来，人就沦为一个持存物而存在，但人自身却浑然不觉，仍自以为是整个世界的主人，甚至给人一种假象，仿佛世间一切都不过是人的作品，仿佛人所到之处，所照面的只还是自身而已。"但实际上，今天人类恰恰无论在哪里都不再碰得到自身，亦即他的本质。"④ 这就是说，当人依靠技术的力量去主宰自然，把技术规程造成的系统当作自己存在的根据和基础，把一切展现物均看作是出于人的建树，并且在其中自以为到处都碰到的是人自己的时候，恰恰失落了人的本质，也就不可能和自己照面，从而变得无家可归。用海德格尔的话说，"当人把世界作为对象，用技术加以建设之际，人就把自己通向敞开者的本来已经封闭的道路，蓄意地而且完完全全地堵塞了"⑤。

再次，座架不仅仅在人与其自身和一切存在者的关系上危害着人，作为

---

① [德] 海德格尔：《演讲与论文集》，孙周兴译，生活·读书·新知三联书店 2005 年版，第 26 页。
② [德] 海德格尔：《海德格尔选集》（下卷），孙周兴选编，上海三联书店 1996 年版，第 896 页。
③ [德] 海德格尔：《演讲与论文集》，孙周兴译，生活·读书·新知三联书店 2005 年版，第 27 页。
④ [德] 海德格尔：《演讲与论文集》，孙周兴译，生活·读书·新知三联书店 2005 年版，第 27 页。
⑤ [德] 海德格尔：《林中路》，孙周兴译，上海译文出版社 2004 年版，第 307—308 页。

命运，"这种订造占统治地位之处，它便驱除任何另一种解蔽的可能性"①。海德格尔认为，座架不仅遮蔽了产出意义上的解蔽，即遮蔽了使在场者进入显现而出现的解蔽，而且挤逼入那种以对抗为指向的与存在者的关联之中，把它们作为持存物加以控制和保障，以至不再让它们自己的基本特征显露出来，也就是说，不再让这种解蔽成其为解蔽。因此，"促逼着的座架不仅遮蔽着一种先前的解蔽方式，即产出，而且还遮蔽着解蔽本身，与之相随，还遮蔽着无蔽状态，即真理得以在其中发生的那个东西"②。

最后，在海德格尔看来，现代技术之统治"已经愈来愈快、愈来愈无所顾忌、愈来愈完满地推行于全球，取代了昔日可见的世事所约定俗成的一切"③。技术的统治不仅把一切存在者设立为生产过程中可制造的东西，而且通过市场把生产的产品提供出来。人之人性和物之物性都在自身的贯彻的制造范围内分化为一个在市场上可以计算出来的市场价值。甚至人变成主体，而世界变成客体，也是自行设置着的技术之本质的结果。可以说，现在不仅人被连根拔起而失却了保护，而且整个存在者的未受伤害东西也陷于黑暗之中，世界变成了"单纯技术的白昼的世界黑夜"④。因此，海德格尔写道："座架伪装着真理的闪现和运作。遣送到订造之中去的命运因而就是极端的危险。这个危险的东西并不是技术。并没有什么技术魔力，相反地，却有技术之本质的神秘。技术之本质作为解蔽之命运乃是危险。"⑤ 一句话，哪里有座架，哪里就有危险。

5. 技术之救渡

如前所述，凡座架占统治地位之处，便具有最高意义上的危险。"但哪里有危险，哪里也生救渡"。那么，什么叫作"救"呢？救并非指抓住没落之虞的东西以保证其持续存在，而是指"把……收入其本质之中，由此才首先把

---

① ［德］海德格尔：《演讲与论文集》，孙周兴译，生活·读书·新知三联书店2005年版，第27页。
② ［德］海德格尔：《演讲与论文集》，孙周兴译，生活·读书·新知三联书店2005年版，第26页。
③ ［德］海德格尔：《林中路》，孙周兴译，上海译文出版社2004年版，第306页。
④ ［德］海德格尔：《林中路》，孙周兴译，上海译文出版社2004年版，第309页。
⑤ ［德］海德格尔：《演讲与论文集》，孙周兴译，生活·读书·新知三联书店2005年版，第28页。

本质带向其真正的显现"①。海德格尔认为，作为技术之本质的座架之统治地位并非意味着把真理的一切显现伪装起来，毋宁说恰恰是技术之本质必然于其自身中蕴含着救渡之生长。因此，只要充分洞察座架之本质，就能使其中正在升起的救渡显露出来。

在海德格尔看来，本质，并非哲学学院语言中意味着某物所是的那个什么，即普遍的、一般的种类，而是意指某种永久持续之物，他受歌德"永久允诺"（fortgewähren）这一神秘词语的启发，指出："只有被允诺者才持续，原初地从早先而来的持续者乃是允诺者。"② 座架作为解蔽之命运乃是极端的危险，然而此种危险中也生长着救渡，这就是一种允诺。任何一种解蔽之命运都是从这种允诺而来，并且作为这种允诺而发生的。"因为这种允诺才把人类送到那种对解蔽的参与中，而这种参与是解蔽之本有所需要的。作为如此这般被需要的东西，人被归本于真理之本有。这样或那样遭送到解蔽之中的允诺者，本身乃是救渡。"③ 通过对技术之本质现身在允诺者中居有自身的情形的分析，可以看出，技术之本质具有双重性，"一方面，座架促逼入那种订造的疯狂中，此种订造伪装着每一种对解蔽之本有的洞识，并因而从根本上危害着与真理之本质的关联。另一方面，座架在允诺者中居有自身，这个允诺者让人在其中持续，使人成为被使用者，被用于真理之本质的守护"④。由于救渡乃植根并且发育于技术之本质中，因此，我们观入危险并洞察到救渡之生长，但我们还没有得救，那技术救渡之途何在呢？

首先，用艺术克服技术。在海德格尔看来，艺术乃是一种唯一的、多重的解蔽，艺术是虔诚的，也是顺从于真理之运作和保藏的。由于技术之本质并非任何技术因素，所以对技术的根本性沉思和对技术的决定性解析必须在某个领域里进行，该领域与技术之本质根本不同而又有亲缘关系，"这样一个

---

① ［德］海德格尔：《演讲与论文集》，孙周兴译，生活·读书·新知三联书店2005年版，第28页。
② ［德］海德格尔：《演讲与论文集》，孙周兴译，生活·读书·新知三联书店2005年版，第32页。
③ ［德］海德格尔：《演讲与论文集》，孙周兴译，生活·读书·新知三联书店2005年版，第32页。
④ ［德］海德格尔：《演讲与论文集》，孙周兴译，生活·读书·新知三联书店2005年版，第34页。

领域就是艺术。当然只有当艺术的沉思本身没有对我们所追问的真理之星座位置锁闭起来时，才会如此"。"许是美的艺术被召唤入诗意的解蔽之中了吗？许是解蔽更原初地要求美的艺术，以便美的艺术如此这般以它们的本份专门去守护救渡之生长，重新唤起和创建我们对允诺者的洞察和信赖？"①

其次，对物泰然处之，对神秘虚怀敞开。如前所述，现代技术的统治将人连根拔起，致使当今人的根基持存性生存受到了致命的威胁，而"对物泰然处之和对神秘虚怀敞开给予我们达到一种新的根基持存性的前景。这种新的根基持存性或许甚至有一天能够唤回旧的、正在迅速消退的根基持存性，唤回到一种变换了的形态中"②。这就要求我们在切合实际地利用技术的同时，保持自身独立于技术对象的位置，即是说，我们可以对技术现象的必要利用说"是"，同时也可以说"不"。"我们可以让技术对象进入我们的日常世界，同时又让它出去。"③ 如果说"对神秘虚怀敞开"是一种对本真技术的回归，那么，"对物泰然处之"则意味着对现代技术的出离。

再次，诗与思。海德格尔指出："对物的泰然处之和对神秘的虚怀敞开从来不会自动地落入我们手中。它们不是什么偶然的东西。两者唯一从一种不懈的热烈的思中成长起来。"④ 在海德格尔看来，一切凝神之思就是诗，而一切诗就是思，两者从那种道说而来相互归属，这种道说已经把自身允诺给被道说者，因为道说即存在自身的言说。因此诗与思能使人类找回人之本身，诗思合一，也成就了人之为人的真正本质，从而，人诗意地栖居在这片大地上，守望着天地神人四重整体。

（四）海德格尔对传统技术观的超越及其局限

不论是海德格尔前期对技术的隐性探讨，还是后期的专题分析，应该说海德格尔以其独到的技术之思实现了对传统技术观的超越，具体来说，表现

---

① ［德］海德格尔：《演讲与论文集》，孙周兴译，生活·读书·新知三联书店2005年版，第36页。
② ［德］海德格尔：《海德格尔选集》（下卷），孙周兴选编，上海三联书店1996年版，第1240页。
③ ［德］海德格尔：《海德格尔选集》（下卷），孙周兴选编，上海三联书店1996年版，第1239页。
④ ［德］海德格尔：《海德格尔选集》（下卷），孙周兴选编，上海三联书店1996年版，第1241页。

在如下方面：

第一，在对技术含义的理解上，实现了由生成方式对现成手段的超越。传统的技术观认为，技术是合目的的手段，是人类的行为，是人类改造和征服自然的工具，也就是说，仅仅是从工具论、价值论的视角来理解技术，将技术看成是一种现成的东西。如古希腊的阿那克萨戈拉就曾指出："（在体力和敏捷上我们比野兽差），可是我们使用我们自己的经验、记忆、智慧和技术。"[①] 这可以看作是海德格尔所谓"流俗的技术观"即"工具的和人类学的技术规定"的源头。亚里士多德对技术进行了双重思考，其一，他主张"技术生成论"，认为："所有的技艺都使某种事物生成。学习一种技艺就是学习使一种可以存在也可以不存在的事物生成的方法。"[②] 在这里，我们看到了海德格尔主张的原初意义上的技术；其二，他主张"技术目的论"，认为技术的目的即在于生产和制造人工产品。"如果一座房子是由自然制造的，它也会像它现在为技艺所制造的一样；如果自然制造的东西也由技艺来制造，它也会像它由自然制造的一样。技术的一部分是完成自然所不能完成的东西，有一部分是模仿自然。因此，如果人工技艺产品是为了一个目的，则自然的产品也是如此。"[③] 在这里，我们隐约看到了"技术是合目的的手段"这一流俗技术观的雏形。然而，随着近代哲学的"认识论转向"与主客二分思维模式的确立，亚里士多德关于技术的第一条思考路径逐渐被遮蔽了，取而代之的则是第二条思路的盛行。最典型的莫过于培根，他认为技术是人类征服自然、改造社会、完善人性的工具。而海德格尔则认为这种"工具性的和人类学的技术规定"是正确的但非真实的，即并没有揭示出技术的真正本质，于是通过对技术的一系列追问（工具→因果性→招致→引发→产出→解蔽），揭示了人与技术之本质关系，指出技术不仅仅是一种手段，而是一种解蔽方式，现代技术的本质居于座架之中，座架则归属于解蔽之命运。因此，在海德格尔这里，技术不再是现成的东西，而是使自然向人得以生成的方式，技术也不

---

① 北京大学哲学系外国哲学教研室编译：《西方哲学原著选读》（上卷），商务印书馆1981年版，第40页。
② ［古希腊］亚里士多德：《尼各马可伦理学》，廖申白译，商务印书馆2003年版，第171页。
③ 北京大学哲学系外国哲学教研室编译：《西方哲学原著选读》（上卷），商务印书馆1981年版，第147页。

再仅仅是手段，而是一种解蔽，是座架，是天道的展现。

第二，在技术观背后的思维方式上，实现了由生存论对主客二分思维模式的超越。传统的技术观建立在主客二分的思维模式基础之上，正是这一肇始于笛卡尔的主客二分的思维模式，标志着现代主体性形而上学的确立，也酝酿着现代技术的蓬勃发展。在这种主客二分思维模式的支配下，人成为一个主体性的存在而独立于自然之外，自然则成为人类利用技术来加以征服和改造的对象，也就是步入了海德格尔所谓的"世界图像时代"，人与自然之间呈现为一种表象与被表象、征服与被征服的关系，技术随即成为人征服外在自然的一种手段，于是，流俗的技术观获得了其理论基础并迅速蔓延开来。海德格尔则从生存论的角度来把握技术，通过现象学追问，得出了技术乃是持存物的自行解蔽方式。通过促逼着的摆置，人们所谓的现实便被解蔽为持存。在这种解蔽方式的支配下，连对象也消失于持存物的无对象性中，这表明现代技术使一切事物失去了其对象性与独立性，从而消解了主客二分的思维模式。其实，海德格尔的存在论哲学本身便是对传统形而上学的解构和批判。

第三，在技术观的后果上，实现了天人和谐对人类中心主义的超越。传统的技术观在上述二分化思维模式的支配下，把人看成自然的征服者，人能够主宰自然，自然是为人来服务的，由此势必在理论上导致人类中心主义。这就是说，"对世界作为被征服的世界的支配越是广泛和深入，客体之显现越是客观，则主体也就越主观地亦即越迫切地突现出来，世界观和世界学说也就毫无保留地变成一种关于人的学说，变成人类学。毫不奇怪，唯有在世界成为图像之际，才出现了人道主义"①。而这种人道主义即人类中心主义的直接现实后果便是人类对自然的暴力掠夺，以及日益严重的生存环境危机。特别地，伴随着培根"知识就是力量"思想的流行，人们意识到了技术知识与活动在当代人们社会生产和日常生活中的不可或缺的作用，甚至认为"每一巨大的工作，如果没有工具和机器而只用人的双手去做，无论是每人用力或

---

① ［德］海德格尔：《海德格尔选集》（下卷），孙周兴选编，上海三联书店1996年版，第902页。

者是大家合力，都显然是不可能的"①。随着技术的广泛应用，人们开始了其大规模地无限制地改造与征服大自然的历程。可以说，由笛卡尔开端的主客二分的思维模式不仅为流俗的技术观提供了形而上学的理论前提，而且支配了西方思想并导致了现代技术社会的形成以及各种全球性生态环境问题的凸显。海德格尔把技术看成持存物的自行解蔽，使自然向人生成，人与自然统一于技术之中，由此人与自然形成统一而和谐的密不可分的关系，因而从理论上克服了人类中心主义，从现实上有助于缓解日益严重的生态危机。

第四，在技术观与其他理论观点的关联上，实现了整体性对孤立性的超越。传统的技术观往往是就技术论技术，仅仅局限于技术的问题上打转转，是一种独立的、封闭的理论。而海德格尔的技术观则是与其真理观、语言观乃至其存在论都是内在贯通、融为一体的，具有一种理论的整体性。例如，在前期海德格尔那里，技术乃是一种揭示，揭示即"去其遮蔽而显示出来"，而此时的海德格尔认为真理即去蔽，真理必须被理解为揭示着的存在，因此，技术作为揭示乃是真理的一种形式。由此可见海德格尔技术观与真理观的融通。在后期海德格尔那里，技术的本质是解蔽，是座架，不是人摆置技术，而是技术摆置人，要想实现技术的救渡要通过诗与思；而此时的海德格尔认为语言的本质即是存在者之无蔽的道说，不是人说语言，而是语言自己言说，要想通向语言之途同样要通过诗与思。由此可见海德格尔技术观与语言观的一致。所以，我们可以说，要想理解海德格尔的技术观（或语言观或技术观），必须从海德格尔思想的整体性入手，唯其如此，才能真正地"回到海德格尔"！

另外，传统技术观在探讨技术问题时往往采用实证的方法，而海德格尔则在继承胡塞尔的基础上，运用了现象学的方法；传统技术观在面对技术困境时，要么盲目地推动技术，要么无助地反抗技术，海德格尔则主张对技术要保持冷静的态度，既能利用技术，又能保持自身的独立，既能进入，又能出离。可以说，从上述追问技术的方法及面对技术的态度上，也可以看出海德格尔技术观对传统技术观的超越。

当然，在我们看到海德格尔的技术观深入到物化世界之生存论层面并对

---

① ［英］培根：《新工具》，许宝骙译，商务印书馆1984年版，第55页。

以往的技术观有所超越的同时,也应该意识到其局限所在:其一,正如斯蒂格勒(Bernard Stiegler)在《技术与时间》中分析的,在海德格尔那里,技术与物化世界是此在的非本真状态,因此,技术与物对此在而言更多的是一种消极的和沉沦的因素,而斯蒂格勒则在借鉴西蒙东(Gilbert Simondon)等人思想的基础上提出,技术是我们构成存在者自身的生存论入口,于是,技术反而成了此在生存的积极的和历史的建构[①],斯蒂格勒对海德格尔的批判不无道理;其二,与马克思基于政治经济学研究对物化世界的批判路径不同,海德格尔对技术时代物化世界的生存论考量实际上是一种文化批判,其所提出的救渡之路也不过是一种审美救赎,面对现实的资本主义社会而言充满了浓厚的浪漫主义色彩。事实上,整个西方马克思主义哲学思潮乃至今日的左翼激进批判理论也在不同程度上面临着类似的问题,这也是我们为什么在今天要着力强调回到马克思政治经济学批判的良苦用心,唯其如此,才能真正地思入现实、介入现实甚至建构现实。

第三节 在生态危机批判中发展马克思: 生态学马克思主义的视野

马克思的批判理论在当代哲学中引发了巨大的理论效应,不容忽视的一支力量就是蔚为壮观的国外马克思主义哲学思潮,诸多流派、人物、著作竞相登场,各种时髦的资本主义批判与社会主义和共产主义规划频频亮相,直到今天依然呈现出一片热闹喧嚣的理论景观。其中,生态学马克思主义便是近年来一股声势浩大的哲学思潮,他们在对生态危机的批判中进一步发展了马克思。在生态学马克思主义的讨论中,有三个基础性问题是其关注的焦点:生态文明仅仅是指人与自然的和谐相处吗?生态危机仅仅是人类中心主义惹的祸吗?生态社会主义仅仅是一个绿色乌托邦吗?在对这些问题的回应中,他们打开了马克思批判理论的新视野。

---

① 舒红跃:《人在"谁"与"什么"的延异中被发明》,《哲学研究》2011年第3期。

一、重释生态文明的三维内涵

概念辨析是学术研究的起点,就文献考证而言,我国生态学家叶谦吉于1987年在全国生态农业问题讨论会上首次提出要大力倡导生态文明建设,认为生态文明就是人类既获利于自然,又还利于自然,在改造自然的同时又保护自然,人与自然之间保持着和谐统一的关系。美国评论家罗伊·莫里森于1995年在其《生态民主》一书中明确使用生态文明概念,并将其视为工业文明之后的一种文明形式[①]。就文本解读而言,我国先秦时期的传统文化经典中就蕴含了丰富的生态文明思想资源,如儒家的天人合一、道家的道法自然、佛教的众生平等,而西方的生态文明思想则可以追溯到梭罗的瓦尔登湖、缪尔的国家公园设想与史怀泽的敬畏生命理念。

何谓生态文明?从广义上讲,生态文明是指人类遵循人、自然、社会和谐发展的客观规律去认识世界、改造世界而取得的物质和精神成果的总和,是指以人与自然、人与人、人与社会和谐共生、良性循环、全面发展、持续繁荣为基本宗旨的文明形态。从狭义上讲,生态文明是指人类在处理与自然的关系时达到的文明程度,是人以自然资源的承载力为基础、以自然规律为准则、以可持续的社会经济政策为手段、以致力于构建一个人与自然和谐发展的社会为目标的文明形态。从历时性的角度看,生态文明是指人类社会在经历了敬畏自然的渔猎文明、顺从自然的农耕文明、征服自然的工业文明之后所步入的更高一级的文明形态,是对以往三大文明形态的批判性继承与超越,是人类文明螺旋式进化史的新阶段。从共时性的角度看,生态文明是指除了人与自然和谐相处这一内容外还包括政治、经济、文化、社会等各方面文明成果在内的全方位、多层次的新的文明形态,其中,生态文明是物质文明、精神文明、政治文明与社会文明的基础与前提,生态文明建设内在地贯穿于人们物质财富的积累、精神境界的提升、政治体制的完善与和谐社会的构建过程之中,可以说,这五大文明相互依存、相互制约、相互促进,共同构成了中国特色社会主义五位一体的文明体系。在分别从广义与狭义、历时性与共时性等不同视角对生态文明进行了概念分析之后,我们发现了其中的

---

① 徐春:《对生态文明概念的理论阐释》,《北京大学学报》(哲学社会科学版)2010年第1期。

共性，即生态文明概念的界定始终以人与自然的关系为核心，然而，生态文明仅仅是指人与自然的和谐相处吗？

人与自然的和谐相处无疑是生态文明的核心内涵，但绝非其全部所指。生态文明作为一个总体性概念，包含自然生态、社会生态与心灵生态三重维度，其中，自然生态是指人与自然之间友好相待、和谐共生，其追求目标是人与自然之间的平等，这是生态文明的核心；社会生态是指在人与自然关系的表象背后人与人之间的相互尊重、和谐共赢，其追求目标是人与人之间的公正，这是生态文明的基础；心灵生态是指作为人处理与自然、他人关系之内在投射源的身体与心灵之间的内在相融、和谐共处，其追求目标是身体与心灵之间的平衡，这是生态文明的关键。自然生态、社会生态与心灵生态三者相互联系、相互内居、相互作用，共同构成了生态文明的完整内涵，只有实现了人与自然之间的平等、人与人之间的公正、身体与心灵之间的平衡，真正的生态文明才得以全面建成，每个人的自由全面发展才得以真正实现，我们才能最终完成从必然王国向自由王国的过渡。

自然生态作为生态文明的核心内涵已经被以往的生态学理论所反复阐明，这里不再赘述，笔者在此着重突出的是如何透过自然生态这一表象来揭示其背后的社会生态与心灵生态之本质，这就要求我们拥有一种生态现象学的视角，即借鉴胡塞尔现象学"面向实事本身"的方法来透视人与自然关系背后所蕴含的人与人、身与心关系的深刻本质。这恰恰是以往的生态学理论所忽视之处。

日本著名生态哲学家岩佐茂认为，只在人与自然关系的框架内来分析生态问题是不合适的。人与自然之间的关系本质上是自然环境中介了的人与人之间的社会关系，也就是说，人与自然之间的关系绝不仅仅是表层的物质、能量与信息交换关系，其实质是人与人之间在自然资源的占有、分配和使用上的社会利益关系，这是由人与自然的本质决定的。一方面，"人的本质不是单个人所固有的抽象物，在其现实性上，它是一切社会关系的总和"[①]。这就是说，现实的人总是处于一定的具体的历史的社会关系之中，而不是像费尔巴哈所描述的那种抽象的孤立的原子式的生物学意义上的人。另一方面，正

---

① 《马克思恩格斯选集》第 1 卷，人民出版社 2012 年版，第 139 页。

如阿尔弗雷德·施密特（Alfred Schmid）在《马克思的自然概念》中指出的，"马克思的自然概念与其它各种自然观的根本区别首先在于其社会历史性，马克思从作为所有劳动资料和劳动对象源泉的自然出发，一开始就把自然看成是与人的活动对立的东西。无论是思辨性的，还是有关认识论或自然科学的，他关于自然的一切发言都是以人类的技术学和经济学占有方式的总体，即社会实践为前提的"①。显然马克思的自然是一个社会历史概念，是"人化的自然"。再者，根据马克思在《资本论》中对劳动的经典定义，即"劳动首先是人和自然之间的过程，是人以自身的活动来中介、调整和控制人和自然之间的物质变换的过程"②。可以看出，自由自觉的劳动即实践是人的类本质，人是实践的存在物，而社会性又是实践的主要特征，这样一来，人是社会中的人，自然是社会历史性的人化自然，而把人与自然联系起来的劳动实践又具有社会性特征，由此便可以合乎逻辑地推出人与自然的关系本质上就是人与人的社会关系，而且人与自然之间的关系必须以人与人之间的关系为前提和基础，并受其影响和制约，可以说，人与自然的关系和人与人之间的社会关系是相互交织在一起而无法割裂开来的。因此我们只有通过生态现象学的视角，透过人与自然关系的表层现象把握其背后蕴含的人与人关系的深层本质，才能科学全面地认识当今生态危机的实质，即生态危机虽然表现为人与自然关系的危机，但其实质却是人与人在自然资源的占有、分配和使用上的社会利益关系危机。社会环保派代表人物布柯钦认为，人对自然的支配本质来源于人对人的支配，也就是说，要想真正解决当代生态危机，绝不能仅仅局限在人与自然关系的表层，而必须首先克服不合理的人与人之间的关系，这就要求我们必须把纯粹生态学理论研究上升到马克思式的社会批判的高度。

如果说从人与自然之间的关系透视出人与人之间的社会关系是生态现象学的外推逻辑，那么心灵生态则是其不可或缺的另一种内在化致思理路。应该承认，心灵生态是透视人与自然、人与人关系的新视角，但这并不意味着其缺乏足够的理论依据，正如科学思想史上那些最本质最内在最直接的规律

---

① ［联邦德国］A. 施密特：《马克思的自然概念》，欧力同、吴仲昉译，商务印书馆1988年版，第7页。
② 《马克思恩格斯选集》第2卷，人民出版社2012年版，第169页。

往往在时间上最晚才纳入科学家们的视野。随着现代心理学研究的深入，我们认识到人与自然、人与人之间的不和谐从根本上讲是由心灵失衡所造成的，人对他者，包括自身之外的其他人和自然的态度是其身心关系的一种外在化投射，人对外部自然的征服与掠夺，人对人的剥削与压迫都是对我们内在身心的深度伤害，因此，要想解决生态危机必须回到人自身，要想改变自然生态的恶化与社会生态的不公，必须重建心灵生态。只有保持心灵生态的和谐与平衡，才能正确处理人与自然、人与人、身体与心灵之间关系，才能走出生态危机，建构生态文明。

心灵生态与自然生态、社会生态相互联系、相互作用、相互制约，共同构成生态文明的总体性图景，三者具有内在一致性，这是由其共同的目标指向决定的，即追求人与自然、人与人、身体与心灵的总体和谐。根据系统论的观点，整体是由部分组成的，部分从属于整体，当各组成部分以有序合理结构形成整体时，整体的功能就大于各部分的功能之和。心灵生态、自然生态与社会生态三者的相互协调是生态文明的必要基础与前提，而任何一方的失衡与无序都将打破这一整体性和谐而陷入冲突与危机之中。这一点已经为近代以来的现代化进程所证明，伴随着人类在现代化的征途上高歌猛进，不仅人与自然之间的和谐状态被环境污染、资源枯竭、人口膨胀所打破，人对人也变得像狼一样，正如萨特所言，"他人就是地狱"，这突出表现在资本家对雇佣工人的剥削与压榨上，同时人的心灵更是难逃这一所谓现代性的二律背反，而陷入尖锐的身心对垒状态，一方面是物质财富的积累使身体的各种欲望得到满足，另一方面却是心灵的空虚与无聊，人们成为精神上的无家可归者，从而造成了灵魂与肉体的二元分裂。由此可见，人与自然、人与人、身与心的关系是互为前提、相互影响、和谐共生而又相辅相成的，三者的内在和谐是生态文明的题中应有之义。

需要特别指出的是，心灵生态作为生态文明的三维内涵之一有其深刻的哲学基础。首先，马克思主义人性论认为，人的本性包括自然属性、社会属性与精神属性，三者相辅相成、缺一不可。人的自然属性受社会属性的制约，并被打上了社会的烙印，即人的自然属性以扬弃了的形式包含在人的社会本质之中。人的精神属性尽管有其产生的自然物质基础，但从根本上说，它是社会关系的产物，即是说人的精神属性本质上属于人的社会属性。与人的三大属性相对应，人不仅是自然存在物，而且是社会存在物与精神存在物。人作为一种总体性存在，为了自身的生存与发展，不仅要处理与他人、与自然的外在关系，而且要关注内部身体与灵魂协调一致，只有达到了自然生态、社会生态与心灵生态三位一体的内在和谐，才能在对真善美的不断追求过程中最终实现人的自由和解放。可以说，马克思的人性论思想为心灵生态的合法性奠定了理论基础。其次，怀特海（Alfred North Whitehead）的过程哲学与柏拉图的灵魂城邦类比思想为人类走出生态危机困境开辟了一条重建心灵生态的基本路径。怀特海的过程哲学从根本上讲是一种关系哲学，他认为不同事物之间相互依存、相互联系，正是这种内在关系消解了各种僵化的二元对立，使整个世界由孤立的实体创生为有机的整体。怀特海承认人与自然之间的相互依赖，特别地，他认为，物质与精神、身体与心灵是同一过程中的两个不可分割的要素，任何事物都有其个体自身与他在宇宙中的意义两个方面，即每一实体都有心物两极，每一极只有通过双方的相互依赖关系才能在对方中实现自身。因而只有把心灵生态纳入人与自然、社会关系之中，有序和谐自由的有机整体模式才能确立，自然、社会与心灵作为整个宇宙的组成部分才能处于永恒的创造与进化过程之中。可以说，怀特海的过程哲学为人与自然、人与社会、身体与心灵的和谐建构提供了一种生存论基础。此外，柏拉图在《理想国》中为了论证何为正义，指出国家是放大的个人、个人是缩小的国家，并在灵魂与城邦之间进行类比，即心灵由理智、激情、欲望三部分构成，与之相应的国家由统治者、护卫者、生产者构成，这种由内而外的致思理路启示我们要想实现人与自然、人与社会的外在和谐，重建心灵生态才是关键。再次，中国的传统文化也为心灵生态的和谐建构提供了丰富的思想资源。中国哲学从本质上讲是心灵哲学，解决心灵问题是中国哲学的永恒主题，中国文化一向主张"内不定则外不附"，没有身心关系的内在和谐，就没有人与自然之间的平等相待以及人与人之间的公正相处。儒家哲学一向主张从内圣开出外王，即只有经过内心的修炼与本性的存养，才能尽心知性而参天地之化育，只有正心修身，才能齐家治国平天下。相反，如果心灵长期处于失衡状态，不仅人类走出生态困境面临无法逾越的障碍，就连最起码的自我认同与身心完整都将成为空话。佛教坚守"依正不二、心净则佛土净"的信念也启示我们，外在的自然环境与人的身心状况密切相关，心净则佛土净，心秽则佛土秽。因此，要想解决生态危机，首先必须解决人的心灵危机，要想改善生态环境，首先必须加强自我心性修养，保持心灵生态和谐。

二、追溯生态危机的深层根源

作为探索当代全球性生态危机根源的显学之一，非人类中心主义是对人类中心主义的理论反驳，居于当前生态伦理学研究领域的主流。非人类中心主义反对人类中心主义所主张的人是宇宙中唯一具有内在价值的存在物的观点，认为人之外的生物与自然生态系统同样具有内在价值与权利，因而人类理应对它们承担道德责任与义务。非人类中心主义主要包括辛格的动物解放论、雷根的动物权利论、史怀泽的敬畏生命伦理学、利奥波德的大地伦理学、罗尔斯顿的自然价值论与奈斯的深生态学等，尽管流派众多，但都包含有一个共同的论点，那就是认为当代生态危机产生的根源在于人类中心主义的价值观。

毫无疑问，人类中心主义以及作为其哲学基础的主客二分思维方式是生态问题产生的重要根源，反思人类中心主义以及人类主体对自然的暴政有助于人类认识自己行为的后果并在一定程度上缓解生态危机。但生态危机仅仅是人类中心主义惹的祸吗？答案是否定的，这是因为，其一，无论是人类中心主义还是非人类中心主义都局限于抽象的伦理价值观视角来探讨生态危机的根源，并把生态危机的解决简单地归结为价值观的转换，从而忽视了一定的具体的现实的社会历史条件的重要性，陷入了非历史主义和唯心主义的误区；其二，人类中心主义由于仅仅把自然看成人类主体征服与奴役的对象，从而把具有内在统一性的自然观与历史观割裂开来，非人类中心主义则由于无法从理论逻辑上得到严格科学的证明就诉诸个体的直觉和主观体验，从而导致了神秘主义与相对主义；其三，在现实社会中所谓的人类中心主义从未真正出场过，这只是发达资本主义国家借人类整体利益之口来转嫁其理应承担的环境保护责任与义务之意识形态伪饰。

既然生态危机的根源不能简单地归结为人类中心主义价值观，那么其深层根源何在？生态学马克思主义作为当代西方激进左翼思潮的最新流派之一，通过对当代资本主义社会的生态批判，揭示了生态危机与科学技术的非理性运用、异化消费的价值观、资本主义制度本身以及资本的内在扩张逻辑之间的本质关联。接下来，笔者将依循生态学马克思主义的理论逻辑分别展开对科学技术与异化消费的意识形态批判以及对资本主义制度与资本逻辑的政治经济学批判。熟悉马克思哲学发展史的人应该知道，马克思的思想也经历了一个从伦理价值批判到政治经济学批判、从人本主义异化史观到科学的唯物史观的转变过程，由此可见生态学马克思主义与马克思批判理论的家族相似。

第一，科学技术的非理性运用导致了人与自然关系的异化，因而生态学马克思主义并不反对科学技术本身，而是反对导致科学技术之非理性运用的"控制自然"的意识形态以及承载科学技术的社会制度与生产方式。科学技术的发展"在人类的解放方面并不带来必然的进步，这是因为人对自然界（人是其不可分割的一部分）的统治的代价是劳动在社会和心灵上的划分，这种分工使人类受到越来越大的压迫，甚至当它在为人类解放创造日益增长的潜力时也是如此，所以，虽然启蒙精神的理性主义提高了人统治自然的力量，但和这种作为罪恶之源的劳动分工一起的，是人同自然的异化"[①]。一方面导致人与自然关系异化的是控制自然的观念，威廉·莱斯（William Leiss）将生态危机的根源归结为源于基督教创世说的控制自然的观念，并指出，"通过科学和技术征服自然的观念，在17世纪以后日益成为一种不证自明的东西，因此，几乎所有的哲学家都认为没有必要对'控制自然'的观念做进一步的分析和解剖"[②]。也就是说，在资本主义条件下，科学技术沦为控制自然的有力工具，科学理性异化为技术理性，人与自然的关系异化为以技术为中介的征服与被征服、奴役与被奴役的关系，在控制自然观念的支配下必然导致科学技术的非理性运用从而造成生态危机。另一方面，资本主义生产方式的唯一目的就是追逐最大量的剩余价值，而这决定了在资本主义制度下，生产过程虽然以自然为前提和出发点，但并非以自然为其目的与落脚点，因此技术运用不可能遵循生态原则。"绝没有先验的理由可以保证生产技术将会是以生态原则为基础的，除非各个资本或产业相信那是有利可图的，或者生态运动和

---

① [德]霍克海默、[德]阿道尔诺：《启蒙辩证法》，渠敬东、曹卫东译，上海人民出版社2006年版，第119页。
② [加]威廉·莱斯：《自然的控制》，岳长龄译，重庆出版社2007年版，第71页。

环境立法逼迫他们那样去做。"① 此外，针对那种主张依靠科技进步来解决生态危机的观点，约翰·贝拉米·福斯特（John Bellamy Foster）指出，通过技术进步与革新虽然提高了自然资源的利用率，但其结果并非减少反而增加了对这种资源的需求和耗费，因为资源利用率的提高使得生产成本降低、利润得以增加，从而导致生产规模的日益扩大，这也就意味着不断扩张的资本主义生产规模与有限的自然资源之间的关系势必日益紧张并最终导致生态危机的加剧。因此，"认为这些技术奇迹能够解决问题的想法不仅背离热力学的基本定律，而且否定了所有我们所了解的资本主义自身的运行机制，在这种机制里，技术革新从属于市场需求"②。由此可见，造成生态危机的绝不是科学技术本身，而是承载科学技术的资本主义制度及其生产方式。

第二，生态学马克思主义通过对异化消费价值观的批判，指出人的自我价值的确证与真实需求的满足最终在于生产活动而非消费活动。正如本·阿格尔（Ben Agger）所言，"历史的变化已使原本马克思主义关于只属于工业资本主义生产领域的危机理论失去效用。今天，危机的趋势已经转移到消费领域，即生态危机取代了经济危机"③。而当代资本主义社会生态危机主要是由异化消费造成的，所谓异化消费，是指"人们为补偿自己那种单调乏味的、非创造性的且常常是报酬不足的劳动而致力于获得商品的一种现象"④。在当代资本主义社会中，消费主义价值观之所以盛行，其一是由资本追逐利润的内在逻辑所决定的。资本主义生产并非是为了满足人们的真实需求，相反，出于追逐利润的内在动机，它往往故意制造虚假需求来刺激大众的消费需要。这样一来，原先"够了就行"的消费价值观就被"越多越好"所取代，而此时人们消费的已不再是商品的使用价值本身，而仅仅是对商品的一种符号性象征性消费。其二，工人阶级为了逃避资本主义生产过程中的异化劳动就到

---

① ［美］詹姆斯·奥康纳：《自然的理由》，唐正东、臧佩洪译，南京大学出版社2003年版，第326页。
② ［美］约翰·贝拉米·福斯特：《生态危机与资本主义》，耿建新译，上海译文出版社2006年版，第31页。
③ ［加］本·阿格尔：《西方马克思主义概论》，慎之等译，中国人民大学出版社1991年版，第486页。
④ ［加］本·阿格尔：《西方马克思主义概论》，慎之等译，中国人民大学出版社1991年版，第494页。

广告媒体所宣扬的商品消费中寻求自身价值的确证,并将个人的幸福体验完全寄托在消费活动之中,致使人们把消费商品的多少作为衡量自己幸福的唯一标准,从而忽略了个人自我实现的所有其他可能性。这种近乎病态的消费主义价值观恰恰是资产阶级为维护其统治所制造出来的意识形态。生态学马克思主义认为,由于异化消费的价值观将人们导向了一种疯狂的无止境的消费之中,加上资本追逐利润的内在逻辑势必会扩大资本主义生产的规模,这种高生产高消费的模式又必然会导致资本追逐利润的无限性与自然生态资源的有限性之间的尖锐冲突。"一方面,资本主义是一种经济发展的自我扩张系统,其目的就是无限增长。利润既是资本运行扩张的手段,又是其扩张的目的。每一个资本主义机构和每一种资本主义的文化活动其目的都是为了赚钱和资本积累。另一方面,自然却是无法进行自我扩张的,自然界虽说在限制人类生产的同时,对人类来说远不是吝啬的,它的确给人类生产提供了基本的条件,但是,自然界本身发展的节奏和周期却是根本不同于资本运作的节奏和周期的。"① 而这种自然与资本的不一致决定了人与自然的关系必然会日趋紧张,从而导致生态环境的恶化。与此同时,在消费主义价值观的支配下,人们沉溺于疯狂的商品消费活动之中而丧失了对现实社会的批判意识,完全沦为马尔库塞所说的"单向度的人",其直接后果就是麻痹了工人阶级的反抗斗志,削弱了他们的革命意识,却使得资本主义政治制度及其生产方式得以巩固,从而加重了自然界的负担,强化了当今的生态危机。此外,消费主义价值观还强化了人们对待自然的功利主义态度,人与自然的关系被归结为一种控制与被控制、支配与被支配的关系,这种工具理性的逻辑显然是不会遵从自然生态系统的可承受原则的。因此为了克服生态危机,生态学马克思主义者一致主张必须解构异化消费价值观。

　　第三,资本主义制度在本质上是反生态的,要想解决生态危机,必须从根本上变革资本主义制度。生态学马克思主义与以往生态学理论的最大区别就在于它没有仅仅局限于科学技术与伦理价值观本身来探讨生态危机的根源及其解决路径,而是认为当代生态危机的症结在于承载科学技术与伦理价值

---

① [美] 詹姆斯·奥康纳:《自然的理由》,唐正东、臧佩洪译,南京大学出版社 2003 年版,第 16 页。

观的资本主义制度,因为在资本主义制度下,生态危机具有必然性。"资本主义是一种直接追求财富而间接追求人类需求的制度。实际上,第一个目的完全超越和改造了第二个目的。资本主义并没有将其活动仅仅局限于人类基本需要(如吃穿住)的商品生产和人类与社会发展所必需的服务设施上。相反,创造越来越多的利润已成为目的本身,而且产品的样式和它们最终的实用性也已无关紧要。商品的使用价值越来越多地从属于它们的交换价值。生产出的使用价值主要是为了满足虚假的消费,甚至对人类和地球具有破坏性(从满足人类需求的意义上讲毫无用途),而且在现代市场力量的驱动下,人类还产生了追求这些具有破坏性商品的欲望。这种对资本积累的痴迷是资本主义与所有其它社会制度的主要区别"①,也是当代生态危机的罪魁祸首。具体来说,其一,资本主义生产的目的是为了追逐最大限度的剩余价值,因而总是通过不断的技术革新来扩大生产规模,但是技术革新带来的自然资源利用率的提高却因为降低了原先的生产成本反而越发增加了对这种资源的需求与耗费。由于资本主义生产方式的扩张和对利润的追求具有无限性,而自然生态系统本身的可承载力是有限的,有限的自然资源终将无力支撑无限的资本扩张,这就意味着资本主义生产与自然生态系统之间存在着不可调和的矛盾,所以"应该责备的不仅仅是个性贪婪的垄断者或消费者,而且是这种生产方式本身:处在生产力金字塔之上的构成资本主义的生产关系"②。其二,在经济全球化的当今时代,由于发达资本主义国家在既有的国际政治经济秩序中占据主导地位,不仅大肆掠夺发展中国家的丰富自然资源,向发展中国家转嫁其工业垃圾等污染废弃物,而且以所谓的"人类利益、全球伦理、普世价值"为借口拒不承担其应尽的环保责任与义务,甚至对中国等发展中国家的发展道路横加指责。结果不但业已出现的环境问题难以得到有效遏制,而且导致发展中国家的人口膨胀、资源枯竭、环境污染愈演愈烈。哥本哈根会议与日本福岛核泄漏事件再次说明了这一点。所以要想真正克服生态危机,就必须变革资本主义制度,正如福斯特所言,"要想遏制世界环境危机日益恶化

---

① [美]约翰·贝拉米·福斯特:《生态危机与资本主义》,耿建新译,上海译文出版社 2006 年版,第 90 页。
② [英]戴维·佩珀:《生态社会主义:从深生态学到社会正义》,刘颖译,山东大学出版社 2005 年版,第 133 页。

的趋势，在全球范围内仅仅解决生产、销售、技术和增长等基本问题是无法实现的。这类问题提出的愈多，就愈加明确地说明资本主义在生态、经济、政治和道德方面是不可持续的，因而必须取而代之"①。

第四，资本逻辑是资本主义制度反生态的根源，生态危机在归根到底的意义上是由资本逻辑决定的，因而消除生态危机就是一场与资本逻辑做斗争的过程，只有彻底与资本逻辑决裂，才可能实现人与自然之间的和谐相处。所谓资本逻辑就是指资本通过支配雇佣劳动来达到增殖自身的目的从而获得更多的利润与剩余价值，用安德烈·高兹（Andre Gorz）的话来说，就是指以计算为基础、以效率为原则、以利润为目的的"经济理性"。在资本主义社会，生态理性服从于经济理性，资本追逐利润的内在逻辑会带来生产规模的无限扩大，也将势必造成生态危机，因此，"环境危机的解决只存在于对资本逻辑的颠倒之中"②，只存在于生态理性对经济理性的统摄与制约之中，也就是要将交换价值从属于使用价值，使抽象劳动从属于具体劳动，也就是要按照需要而不是利润来组织生产。本·阿格尔认为："生态学马克思主义之所以是马克思主义的，恰恰因为它是从资本主义的扩张动力中来寻找挥霍性的工业生产的原因，它并没有忽视阶级结构。"③ 这里的"资本主义的扩张动力"即是源于资本逻辑，因为资本"首先要关注的并不是如何通过实现生产与自然相平衡、生产与人的生活相协调，如何确保所生产的产品仅仅服务于公众为其自身所选择的目标，来使劳动变得更加愉快。它所关注的主要是花最少量成本而生产出最大限度的交换价值"④。所以，任何阻碍资本扩张道路的东西，无论是来自人类还是自然，只要干预了资本的积累，都将被视为必须克服的障碍。具体来说，其一，正如马克思在《资本论》中明确指认的，"资本不是一种物，而是一种以物为中介的人和人之间的社会关系"⑤，而且是一种

---

① ［美］约翰·贝拉米·福斯特：《生态危机与资本主义》，耿建新译，上海译文出版社2006年版，第86页。
② 韩立新：《环境思想视野中的马克思》，《伦理学研究》2002年第11期。
③ ［加］本·阿格尔：《西方马克思主义概论》，慎之等译，中国人民大学出版社1991年版，第420页。
④ ［法］安德烈·高兹：《资本主义、社会主义和生态学》，转引自俞吾金、陈学明《国外马克思主义哲学流派新编·西方马克思主义卷》，复旦大学出版社2002年版，第590页。
⑤ 《马克思恩格斯文集》第5卷，人民出版社2009年版，第877—878页。

颠倒的社会关系，具体表现为物对人的支配、死劳动对活劳动的支配。资本按其本质来说是对无酬劳动的支配权，即对剩余价值的无限追逐，这一内在本性使它本身成为一种无法驾驭的力量并驱使资本家不断进行资本积累、扩大生产规模，最终造成人与自然之间"新陈代谢的断裂"，阻碍了自然资源再生产的基本进程。在资本追逐利润最大化这一内在逻辑的支配下，自然完全沦为资本的仆役，资本为了获取更多的剩余价值，势必建构出高生产高消费的模式，而根本不把大自然当作人类赖以生存的家园来看待。资本逻辑不仅造成了人的异化，使其沦为单向度的人，而且导致了自然的异化，造成了人与自然之间物质变换的断裂。其二，"依其本性而言，资本是拙于对事物的保护的，不论这种事物是指人们的社会性福利、土地、社区价值观、城市的舒适度、乡村生活、自然，还是指私人的固定的资本。对资源加以维护或保护，或者采取别的具体行动以及耗费一定的财力来阻止那些糟糕的事情发生（如果不加阻止，这些事情是肯定要发生的），这些工作是无利可图的。利润只存在于以较低的生产成本对或新或旧的产品进行扩张、积累以及市场开拓"[①]，显然，资本追求回报的短期性与环境保护规划的长期性之间具有不可调和的矛盾，这就是说，在资本逻辑的支配下，资本家们是不会推行有利于人与自然和谐发展的环保政策的，正如戴维·佩珀（David Pepper）所言，所谓的绿色资本主义是一个骗局！其三，经济全球化实质上就是资本在全球范围内的扩张，并利用和支配全球自然资源的过程，同时也是当代生态危机的生成过程。这是因为资本"把追求利润增长作为首要目的，所以要不惜任何代价追求经济增长，包括剥削和牺牲世界上绝大多数人的利益。这种迅猛增长通常意味着迅速消耗能源和材料，同时向环境倾倒越来越多地废弃物，导致环境急剧恶化"[②]。由此可见，"只要存在着以追求利润为目的的资本，生产的目的和消费的方向就必然要服从和服务于资本的需要，技术理性就必然要发生异化，这就决定了在资本主义制度下，产品的分配和自然资源的分配必然是

[①] ［美］詹姆斯·奥康纳：《自然的理由》，唐正东、臧佩洪译，南京大学出版社2003年版，第503页。
[②] ［美］约翰·贝拉米·福斯特：《生态危机与资本主义》，耿建新译，上海译文出版社2006年版，第2页。

不合理的,生态问题和生态危机的产生具有必然性"①。所以,从根本上看,生态危机并不是不可消除的,只要能够有效限制资本逻辑,人类就可以走出生态危机。

三、重建人与自然的总体关联

不可否认,生态学马克思主义对当代生态危机深层根源的总体性批判是极为深刻的,但正像西方马克思主义由于远离现实而最终沦为一种乌托邦式的激进话语一样,生态学马克思主义同样没能真正解决理论与实践的关系问题,没有找到一条从理论构想抵达现实实践的出场道路,这种理论与实践的困境使得人们不禁怀疑:生态文明的实现仅仅是一个绿色乌托邦吗?在当前建设新时代中国特色社会主义的大背景下,生态文明建设有其坚实的理论资源与实践基础,接下来从理论与实践相统一的视角来探讨一下如何重建人与自然之间的总体关联。

首先,充分挖掘中西方丰富的生态思想资源,为生态文明建设奠定坚实的理论基础,建构新时代中国特色社会主义生态文明理论体系。具体来说,一方面,高度重视中华传统文化中的生态伦理思想。西方生态伦理学的奠基人史怀泽在其《敬畏生命》一书中充分肯定了儒道思想的生态价值,罗尔斯顿认为中国禅宗对生命的尊重是建立生态伦理学的理论基石,斯普瑞特奈克更是将中国传统文化作为建构其生态女权主义的重要思想资源,她认为:"孔子和老子都主张与自然保持和谐是最重要的,这比单单谈环境保护要深刻得多。生态后现代主义在很大程度上与老子关注自然的精妙过程,与孔子强调培养道德领袖及人类对更大的生命共同体的责任感有共同之处。"② 不仅如此,孔子的"钓而不纲,弋不射宿"告诉我们对生态资源要取之有度、用之有节;老子的"人法地,地法天,天法道,道法自然"告诉我们要效法天道,自然无为;孟子的"君子之于禽兽也,见其生,不忍见其死;闻其声,不忍食其肉。是以君子远庖厨也"告诉我们对待自然万物要有恻隐之心;荀子的"天

---

① 王雨辰:《略论西方马克思主义的生态伦理价值观》,《哲学研究》2004年第2期。
② [美]斯普瑞特奈克:《真实之复兴·超越现代性》,转引自张云飞、黄顺基《中国传统伦理的生态文明意蕴》,《中国人民大学学报》2009年第5期。

行有常，不为尧存，不为桀亡，应之以治则吉，应之以乱则凶"告诉我们要遵循自然界的客观规律；庄子的"天地与我并生，万物与我为一"告诉我们天地万物本为一体；董仲舒的"和者天地之所成也，德莫大于和"告诉我们只有和谐才能保证天地万物生生不息；张载的"民吾同胞，物吾与也"告诉我们要把自然看成自己的伙伴；佛教的"众生平等"告诉我们人与自然万物是平等的，要尊重自然；禅宗的"青青翠竹，尽是法身；郁郁黄花，无非般若"告诉我们宇宙万物皆有佛性，因此要尊重自然，敬畏自然。另一方面，合理借鉴西方生态学马克思主义的理论成果，深度整合马克思经典文本中的生态内涵，重建历史唯物主义的生态向度。福斯特认为，马克思的历史唯物主义在本质上就是生态唯物主义，并集中体现在其《1844年经济学哲学手稿》《关于费尔巴哈的提纲》《德意志意识形态》《共产党宣言》以及《资本论》等诸多经典文本中对自然与历史的辩证关系、资本主义制度及生产方式对环境剥削以及人类与自然的物质变换、新陈代谢等重大问题的深刻分析上。詹姆斯·奥康纳（James O'Connor）强调历史唯物主义潜在地包含着生态学思想，作为自然与文化中介的劳动与自然、文化是三位一体的，他通过系统阐述人类劳动的自然与文化特征，建构出马克思主义生产力与生产关系理论的自然与文化维度，开启了历史唯物主义的生态视域。在《1844年经济学哲学手稿》中，马克思通过对异化劳动的批判，提出："共产主义，作为完成了的自然主义，等于人道主义。而作为完成了的人道主义，等于自然主义。它是人和自然界之间、人和人之间矛盾的真正解决，是存在和本质、对象化和自我确证、自由和必然、个体和类之间的斗争的真正解决。"① 在此马克思描绘了一幅人与自然和谐相处的生态社会景观。在《资本论》中，马克思进一步指出："社会化的人，联合起来的生产者，将合理地调节他们和自然之间的物质变换，把它置于他们的共同控制之下，而不让它作为一种盲目的力量来统治自己；靠消耗最小的力量，在最无愧于和最适合于他们的人类本性的条件下来进行这种物质变换。"② 也就是说，在未来的共产主义社会，将实现人与自然的和解以及人类的真正自由全面发展，马克思关于共产主义能够合理调

---

① 《马克思恩格斯文集》第1卷，人民出版社2009年版，第185页。
② 《马克思恩格斯文集》第7卷，人民出版社2009年版，第928—929页。

节人与自然之物质变换的思想为生态危机的克服提供了理论指导。

其次,生态文明建设绝不仅仅是一个理论问题,更是一个实践问题,生态危机的克服也绝不仅仅是观念的更新与意识形态话语的反抗,从根本上讲,重建人与自然之间的总体性关联需要通过一系列的社会实践才能完成。这就要求我们必须从当前的国情与实际出发,树立生态意识,提高生态自觉,转变发展理念,完善法律法规,发展绿色技术,倡导循环经济,鼓励绿色消费,加强环保教育,弘扬生态文明,开展国际合作等。具体来说,第一,在文化观念上,要加强环境伦理宣传教育,提高公众的生态道德自觉,弘扬绿色文化,倡导生态文明,营造全社会关心支持环保的良好氛围;第二,在生产方式上,要彻底转变高投入、高能耗、高排放、低效益的粗放型经济增长方式,大力推行以低投入、低能耗、低排放、高效益为特征的集约型经济发展方式,依靠绿色技术不断调整优化产业结构,走出一条科技含量高、经济效益好、资源消耗低、环境污染少、人力资源优势得到充分发挥的新型工业化道路;第三,在生活方式上,要转变过去那种过度追求物质享受的生活方式,倡导绿色消费、适度消费,树立崇尚环保的生活理念,追求一种既满足自身需要又不损害自然生态的生活;第四,在社会管理上,要建立健全有利于环境保护的法律法规,完善绿色GDP政绩考核机制,综合运用经济、法律、行政和科技手段共同推进生态文明建设与环境保护工作,建立以政府为主导、以企业为主体、全体公民积极有序参与的生态文明发展机制。

再次,尽管生态学马克思主义存在着某种理论与实践的脱节,但它所提出的生态政治战略还是为当代生态文明建设以及人与自然之间总体关联的重建提供了有益的启示,这集中表现在"三个结合"上。第一,生态革命与社会革命的结合,即绿与红的结合。福斯特通过分析西北太平洋沿岸原始斗争的教训指出:"忽视阶级问题的单一环保运动取得成功的时代显然已经结束,组建更为广泛而坚强的劳工—环保联盟,比以往任何时候都显得更为重要。"[①] 也就是说,要想真正克服全球环境危机,就革命主体而言,必须坚持环保主义者与工人阶级相结合;就革命策略而言,必须坚持生态运动与社会运动相

[①] [美]约翰·贝拉米·福斯特:《生态危机与资本主义》,耿建新译,上海译文出版社2006年版,第123页。

结合；就革命目标而言，必须坚持环境正义与社会正义相结合。第二，制度变革与价值观变革相结合。如前所述，当今生态危机的加剧绝不仅仅是人类中心主义价值观惹的祸，其深层根源在于资本主义制度本身就是反生态的，也就是说，生态危机的解决已经远远超出了纯粹道德的层面，单纯的价值观变革虽然能在一定程度上缓解生态问题，但却无法予以真正解决。只有跳出资本主义制度的框架范围，把价值观变革与制度变革结合起来，建立生态社会主义才是唯一的出路，因为生态社会主义是绿色的生态文明社会，是人与自然、人与社会、身体与心灵内在和谐的社会，只有生态社会主义才能最终解决生态危机与资本主义危机。第三，全球视野与地方行动相结合。生态危机是在经济全球化过程中由于资本对自然资源的无限制掠夺而不断加剧的，其实质是不同国家民族地区和个人在自然资源的占有、分配和使用上的利益关系冲突，只有树立全球视野才能把握当代全球生态环境日益恶化的真正本质，即资本逻辑在全球范围内的无限扩张。同时，全球性环境问题的解决离不开地方行动的积极配合。不同国家和地区只有从本国实际与国情出发，自觉承担应尽的环境保护责任与义务，在治理地方生态环境问题的基础上，积极开展国际合作，建立全球和区域合作机制，才能共同应对全球环境的挑战，使全球化进程中的地方行动成为推动生态文明建设的强大动力。

最后，需要特别强调的是，我们说生态危机的加剧与科学技术的非理性运用、消费主义的价值观以及资本逻辑有密不可分的关系，但这并不是说要人们回到田园牧歌式的丛林时代，也不是要求人们拒绝消费去做禁欲主义的苦行僧，更不是要人们重蹈闭关锁国的覆辙，而是要用一种辩证思维来看待现代性进程中的诸种二律背反。其一，科学技术的迅猛发展确实极大地提高了生产力，推动了社会物质财富的积累，有助于人们生活条件的改善，与此同时，科学技术的滥用，特别是一些高能耗、高污染的技术严重破坏了人类赖以生存的家园，加剧了生态环境的恶化，这就要求我们必须理性对待科学技术这把双刃剑，既要大力发展绿色环保科技，又要有效监督，坚持走科技生态化之路。其二，消费是推动经济增长的"三驾马车"之一，这也是当前我国坚持扩大内需，努力提高居民可支配性收入的深层用意所在，但那种追求越多越好的消费观其实质上是一种虚假需求支配下的过度消费，反而造成了当代人在消费社会中的异化，这就要求我们既要刺激消费扩大内需，以此拉动经济的持续快速健康发展，又要积极倡导绿色消费、适度消费。其三，改革开放以来，资本在我国社会主义市场经济与全球化进程中扮演着双重角色，一方面不断扩大生产规模，推动经济的快速发展，另一方面，由于其本性是追逐最大限度的剩余价值，势必造成对自然资源的滥用与自然环境的危害，因此，我们既要继续利用资本，又不能对资本顶礼膜拜，而要用生态理性来统摄经济理性，限制资本逻辑的负面效应。

总体性理论为我们考察生态文明提供了一个崭新的视角，通过对生态文明概念的总体性阐释，对生态危机深层根源的总体性批判以及对生态文明建设路径的总体性探讨，如下三点结论是非常重要的：第一，生态文明不仅仅是指人与自然的和谐相处，我们必须以生态现象学的视角透视其背后人与人以及身体与心灵关系的深刻本质，可以说，自然生态、社会生态与心灵生态三位一体共同构成了生态文明概念的完整内涵；第二，生态危机绝不仅仅是人类中心主义惹的祸，生态学马克思主义通过对当代资本主义社会在生态问题上从伦理价值批判到政治经济学批判启示我们，生态危机的深层根源在于科学技术的非理性运用、异化消费的价值观、资本主义制度以及资本的内在扩张逻辑；第三，生态社会主义也不仅仅是一个绿色乌托邦，而是有其坚实的理论基础与现实依据，这就要求我们必须充分挖掘中西方丰富的生态思想资源，从全球化与本国国情出发，积极投身美丽中国建设实践，在结合上下功夫，走出一条新时代中国特色社会主义生态文明之路。尽管生态学马克思主义作为一种当代西方左翼激进思潮，不可避免地表现出一定的浪漫主义与伦理色彩，并在某种程度上陷入了理论与实践相脱节的误区，但不可否认，它对当代资本主义社会的生态批判还是极为深刻的，其提出的许多解决方案也极富启发性，这对我们进一步思考与应对当代全球性生态问题具有重要的理论与现实意义。从根本上说，这源于生态学马克思主义者运用马克思的立场、观点和方法来分析当代全球性生态危机，从而为马克思的批判理论打开了新的视野。

第四章　批判理论在当代的发展趋势

在现当代西方哲学的语境中，批判理论有狭义和广义之分，亦有大写和小写之别。一般而言，狭义的/大写的批判理论（Critical Theory）特指法兰克福学派的社会哲学，它肇端于1930年代霍克海默的《传统理论与批判理论》，经过阿多诺、哈贝马斯、霍耐特等三代批判理论家的更新发展而延续至今，基本上以德国法兰克福社会研究所为大本营，以哲学与社会科学的跨学科联盟为研究范式，以黑格尔－马克思的思想遗产为理论支援，以对实证主义的泛滥、启蒙精神的悖反、技术理性的宰制、法西斯主义的兴起、大众文化的霸权、生活世界的殖民化、政治伦理的失范等现代资本主义社会病理的诊断、批判和治疗为核心主题，要言之，通过对社会现实的内在批判来推进社会现状的变革转型，由此迈向一个更为合理、有序、美好的新社会。广义的/小写的（诸）批判理论（critical theories）则泛指各种对现存社会秩序及其对抗性矛盾和系统性危机进行揭示、反思和批判的当代国外马克思主义流派和激进左翼思潮。正如哈兹米格·科西彦所说："今日的批判理论是一个更为广义且在复数意义上使用的术语，它囊括了北美女性主义者朱迪斯·巴特勒的酷儿理论，阿兰·巴迪欧的事件哲学，弗雷德里克·詹姆逊的后现代主义，霍米·巴巴和佳亚特里·斯皮瓦克的后殖民主义，约翰·霍洛威的'开放马克思主义'以及斯拉沃热·齐泽克的黑格尔式新拉康主义等等。"[①] 不论是作为学派意义上的学术集群或拥有相近范式的学术共同体，还是单兵作战的异议者，他们对时代精神的病理性诊断、对资本主义的批判性分析、对马克思主义的创新性阐释、对美好生活的前瞻性构想共同形塑了批判理论的繁荣景观。

---

① Razmig Keucheyan, *The Left Hemisphere: Mapping Critical Theory Today*, trans., Gregory Elliott, London: Verso, 2014, p. 1.

在"批判理论"之前冠以"当代"二字，除了标示讨论对象在时间意义上更为晚近之外，更深一层的思想意涵是为了突出批判理论之不与现存秩序为伍甚至与其决裂的永不妥协之立场，是为了彰显批判理论之既源于时代又超越于时代之上而与其保持距离的自我反思之品格，也就是尼采所说的"不合时宜"。

为了进一步揭示马克思批判理论的当代价值、呈现批判理论在当代的发展趋势，接下来将首先讨论当代批判理论的问题域，随后具体结合阿克塞尔·霍耐特（Axel Honneth）、南茜·弗雷泽（Nancy Fraser）、拉埃尔·耶吉、哈特穆特·罗萨、埃里克·赖特（Erik Olin Wright）等欧美当红批判理论家的新近著述，从资本主义批判取径的分化与整合、社会主义理念的反思与复兴、社会转型的策略逻辑与主体等方面追踪勾勒近年来批判理论的最新进展，这对于我们准确把握当代资本主义的新变化新特征、正确认识资本主义社会的结构性矛盾和系统性危机及其未来发展趋势、创新发展21世纪世界马克思主义具有重要的理论价值和现实意义。

第一节 当代社会批判理论的问题域

综观当代批判理论的总体格局，不难看出，对资本主义的总体理解、对批判进路的内在整合、对解放旨趣的再次重申，共同表征了当代批判理论的新趋势，而且三者是彼此关联、相辅相成的，对资本主义的认知会影响到批判进路的选择，采用何种批判进路则直接决定着解放规划的现实可能。这就意味着一种真正充分有效的批判理论，必须既能完整把握现代社会病症，又能开出切实的疗愈之方，同时也离不开作为二者中介的内在批判的方法论自觉，这是理解和发展21世纪批判理论的基本框架。

一、主题聚焦：资本主义的一与多

新世纪以来，特别是2007—2008年的全球金融危机之后，资本主义这一极具争议性的概念在被人遗忘多年之后——冷战年代的资本主义因其承载了过多的意识形态包袱而备受学界批评甚至弃之不用——再次强势卷土重来，

第四章 批判理论在当代的发展趋势

不仅哲学界和经济学界,而且整个社会科学界都将资本主义的起源、本质、动力、结构与未来视为热门主题加以讨论,在历史学界还出现了"新资本主义史学"这一学术热潮,由于资本主义的历史必然包括对资本主义进行批判的历史,因而也将促使我们关注人类文明史的根本问题,探讨人类社会的现实状况。可以说,一个幽灵,资本主义的幽灵,正在欧美学术界游荡,资本主义批判再次迎来它的繁荣时代。

那么,如何看待资本主义的归来,以及更根本的,究竟如何理解资本主义,这成为摆在当代批判理论家面前的一个前提性问题。从词源学的考察来看,作为概念的资本主义,在其诞生之初就具有批判性与分析性双重功能,一方面,资本主义概念产生于人们对现存状况的批判,也就是说,它内在地具有一种比较的视角,或者用于比较当前与通常被理想化的、田园牧歌式的过去,或者用于比较当前与某种想象的、有时是带有乌托邦色彩的未来①;另一方面,它还是一个分析性的概念,用于对资本主义进行全球性的历史分析和结构化的社会透视,特别是用来分析它与其在理论和现实中的竞争者——社会主义——之间的区别。事实上,资本主义这一主题曾一度居于批判理论的中心,批判理论形成和发展的历史就是一部资本主义的理解史。然而,自20世纪80年代中后期以来,随着哈贝马斯的《交往行为理论》作为批判理论传统内部最后一次宏大尺度的社会理论尝试,政治经济学批判似乎被移出批判主题,所谓的后继者们则纷纷转向了独立的道德理论、政治哲学或法哲学,其后果不仅是放弃了最初的跨学科研究范式及其对"作为一个整体的社会"的关注,而且割裂了规范性原则与时代诊断和社会分析的内在关联②,人们不再理解整体的资本主义,而只是像康德一样去追问美好生活应该是怎样的,这是"自由主义对批判理论的殖民"③。另一方面,作为法国版的批判理论,尽管后结构主义对自由主义的规范性展开了强有力的抨击,但它同样回

---

① [德]于尔根·科卡、[荷]马塞尔·范德林登主编:《资本主义:全球化时代的反思》,于留振译,商务印书馆2018年版,第8页。
② [德]阿克塞尔·霍耐特:《自由的权利》,王旭译,社会科学文献出版社2013年版,第9页。
③ Nancy Fraser, Ann Pettifor, Understanding Capitalism, *IPPR Progressive Review*, Vol. 25, No. 2, 2018, pp. 154–165.

避了政治经济学问题。至此，社会分析与规范批判的统一已然瓦解。与此同时，许多新左派思潮，或者将资本主义简单等同于现代性，或者将资本主义批判让位于仅仅关注性别、种族、身份等问题的文化批评，即便那些坚持政治经济学批判的人，也倾向于以一种经济主义的方式审视现代社会整体，而将资本主义窄化为一种狭隘的经济体制。总之，诸种批判理论"明显无法提供一种令人满意的资本主义之本质的概念，一种能够建立对资本主义的变动的条件进行充分分析的概念，一种能够以指出其历史转型的可能性的方式来把握其基本结构的概念"①。

在这种情况下，作为当代批判理论的杰出代表，弗雷泽杀了一个回马枪，她坦承："资本主义社会始终处于其理论思考的显性前台，而且是自己批判理论的直接目标。"② 实际上，在她与霍耐特的那场争辩中，二人就曾达成共识："争辩再分配和承认之间的关系已经引导我们走向另一个问题，它非常难以回答，但是对连接道德哲学、社会理论和政治分析至关重要。"这个难以回答又至关重要的问题就是："资本主义，作为今天的存在，应如何理解？"③ 是一种经济体制，还是物化的伦理生活形式？是因时代和地区不同而呈现的殊异化形态——自由竞争资本主义、国家管控资本主义、金融资本主义等，抑或是当代左翼理论家们所谓的灾难资本主义、债务资本主义、数字资本主义？在弗雷泽看来，资本主义的再次归来"标志着人们对某种批判理论的渴望，来揭示出当前最主要的系统危机之深层结构性根源"④。不难看出，当前的危机已不仅仅是金融危机和经济危机，而且扩展为民主政治危机、意识形态危机、生态环境危机等不同层面，而当代批判理论的任务就是要揭示上述多重危机趋势的结构性根基——资本主义社会，这就需要在某种程度上创造出一种理解资本主义的新方式。

---

① [加] 莫伊舍·普殊同：《时间、劳动与社会统治：马克思的批判理论再阐释》，康凌译，北京大学出版社2019年版，第16页。

② Nancy Fraser and Rahel Jaeggi, *Capitalism: A Conversation in Critical Theory*, Cambridge: Polity, 2018, p.9.

③ [美] 南茜·弗雷泽、[德] 阿克塞尔·霍耐特：《再分配，还是承认？——一个政治哲学对话》，周穗明译，上海人民出版社2009年版，第4页。

④ Nancy Fraser and Rahel Jaeggi, *Capitalism: A Conversation in Critical Theory*, Cambridge: Polity, 2018, p.2.

第四章　批判理论在当代的发展趋势

毋庸置疑，在根本上重新思考马克思批判资本主义的经典范式，对于任何当代批判理论而言，都是一个绝佳的起点。尽管马克思很少使用名词意义上的"资本主义"，但他论述"资本主义生产方式"的《资本论》及其手稿群，深刻剖析了资本主义社会的发展规律，极大地影响了后世的讨论。不过，在弗雷泽看来，马克思只是讲了"台前故事（the front-story）"，要真正完整地理解资本主义，还必须深入到其背后，去揭示资本主义生产得以可能的诸多背景条件，即其所谓的"幕后故事（the back-story）"，这就是她近年来提出的关于资本主义的"双重叙事"理论。

首先，弗雷泽重述了马克思所揭示的资本主义的四个核心特征，也就是她所谓的资本主义的"台前故事"。其一是生产资料的私有制，这直接导致了资产阶级与无产阶级的社会分裂及其尖锐对抗，并颠覆了此前社会形态中人们无须诉诸劳动力市场而对衣食住行所需生产生活资料的可获得性，阻碍了多数人对公共物品的使用权。其二是自由劳动力市场的存在，与奴隶或农奴不同，资本主义社会中的工人被抛到劳动力市场上，"一方面，工人是自由人，能够把自己的劳动力当做自己的商品来支配，另一方面，他没有别的商品可以出卖，自由得一无所有，没有任何实现自己的劳动力所必需的东西"[①]。这就是工人自由的双重性：要么自由地工作，要么自由地饿死。其三是价值的自我增殖，资本主义社会的独特之处在于它以资本积累作为扩张动力，资本这种追求积累的激情永无尽头，它奉行的绝对命令就是，不扩张，即死亡。正是在这一意义上，马克思说，资本本身成为主体，而人则沦为它的奴婢。其四是市场在资本主义社会中的独特性，这主要表现在，一方面通过配置原材料、劳动力、土地等生产要素的投入将其转化为商品形式，另一方面，市场力量还决定着人们该如何生活这样的根本问题，即"资本主义通过市场机制来决定社会剩余如何被投资"[②]，如何平衡生产性工作与家庭生活休闲等活动，如何处理人与自然、与后代之间的关系等。弗雷泽认为这是资本主义最重要也最悖谬的特征，市场的存在与非市场化的社会关系相互依赖，共存

[①] 《马克思恩格斯选集》第 2 卷，人民出版社 2012 年版，第 164 页。
[②] Nancy Fraser, "Behind Marx's Hidden Abode: For An Expanded Conception of Capitalism", *New Left Review*, No. 86, 2014, pp. 55–72.

并置。

其次，弗雷泽并没有局限于简单接受马克思的经典范式，而是进一步深入到生产领域背后，追问资本主义生产何以可能，即隐蔽在上述四个核心特征背后的"幕后故事"。为了理解作为整体的资本主义，弗雷泽通过整合马克思主义与女性主义、生态主义、后殖民主义等多维理论视角，揭示了资本主义社会的三种结构性界分，由此提出了资本主义生产得以可能的三个背景条件，以及可能导致的三重危机。在弗雷泽看来，对资本主义的总体理解依赖于认知视角的深层转换，马克思正是凭借从交换到生产的视角转换，才揭示了资本主义剥削的秘密，然而在这个关于剥削（exploitation）的台前故事背后，还有一个关于剥夺（expropriation）的幕后故事，这一点马克思在《资本论》第一卷快结束的时候已经提出，而弗雷泽要做的就是接着把这个故事讲下去。其一，弗雷泽指出，资本主义社会存在着商品生产和社会再生产的界分，这已被当代女性主义理论所揭示。诸如家务劳动、情感关怀、抚养后代等再生产活动不仅维系着作为肉体的自然人的持存，而且形塑着他们的社会伦理本质，尽管再生产活动基本上外在于市场领域，但对于雇佣劳动的存在和剩余价值的积累而言却是必不可少的，这是资本主义生产得以可能的背景条件之一。资本主义的产生将再生产固定在家庭领域，不仅掩盖了女性无薪活动的重要性，还使其从属于从事雇佣劳动的男性，虽然事实上前者为后者提供了前提。当前，新自由主义更是变本加厉，甚至连社会再生产活动也难逃商品化的裹挟，由此在重划二者边界的基础上致使性别秩序不断失衡，危机一触即发。其二，根据生态马克思主义的观点，资本主义预设了客观的物质性自然与历史的社会性个人之间的界分，以及由此导致的自然领域与经济领域的对立，前者被视为免费使用的无限供应的原材料，后者才是人类生产活动创造的价值领域，在这里，自然的价值既被承认又被否认，在弗雷泽看来，逐利的本性最终驱使资本对自然的殖民和侵蚀。自然的自我更新及其对人类需要的满足，构成了资本主义经济得以维系的背景条件之二。自从工业革命以来，资本主义进入了所谓的"人类世"时代，人与自然之间的原初和谐被打破。当前新自由主义不仅通过"新圈地运动"将更多的自在自然纳入商品化的魔爪，而且还假借碳排放许可、碳补偿贸易等环境保护之名行破坏生态之实，不断加剧的生态危机就是明证。其三，弗雷泽写道："资本主义依靠公共权力来确定并强化其构成性规范,这是资本主义得以可能的政治前提。"① 这是她所谓的背景条件之三。正是依靠国家的法律框架,不仅确保了私人的经济利益,而且动用政治机器镇压了殖民地的反抗,可以说,正是民族国家型构了资本主义的经济发展。在这里,弗雷泽援引艾伦·梅克森斯·伍德(Ellen Meiksins Wood)的说法,指认在资本主义社会中,经济权力与政治权力彼此分离。而随着资本在全球范围内的跨国扩张,上述经济与政治之间的界分又同时引发了民族国家与世界体系之间的威斯特伐利亚式界分,以及中心与边缘之间的帝国主义式界分,这是从地缘政治学的角度进行的分析。在当前新自由主义条件下,资本主义在全球范围内的疯狂扩张已经使得民主政治日益空心化,民粹主义右翼势力兴起,新法西斯主义的危险再度出现。至此,弗雷泽的"双重叙事"框架已显然可见,资本主义的四个核心经济特征依赖于非经济的三个背景条件,要想完整理解资本主义,必须把马克思关于资本主义的台前叙事与这里的三个幕后故事相结合,这又与从生产到再生产、从人到自然、从经济到政治的认知视角转换密切相关。

最后,弗雷泽在其"双重叙事"的基础上回答了"何谓资本主义?"这一根本问题,她一方面拒绝了将其视作狭隘的经济体制的观点,因为通过追溯其得以可能的背景条件,我们看出资本主义绝不仅仅是一种经济体制,在其背后同时蕴含了社会的、生态的、政治的内容。另一方面,弗雷泽也否定了卢卡奇将资本主义视为物化的伦理生活形式的观点,她坚持认为,在资本主义社会中商品形式并非无处不在,一旦我们转换到之前所述的幕后故事,商品形式就被去中心化了,而且社会的、生态的、政治的等幕后领域都有其各异的规范性与本体论语法。那么,究竟资本主义是什么呢?弗雷泽说:"我以如下方式总结我的观点,资本主义既非一种经济体系,亦非物化的伦理生活形式,毋宁说,它最好被视作一种建制化的社会秩序。"② 这就意味着,其一,资本主义是经济生产从社会再生产中的制度性分离,这是一种植根于资本主义的男性统治形式的分离,由此使资本主义的劳动剥削成为可能,为资

---

① Nancy Fraser and Rahel Jaeggi, *Capitalism: A Conversation in Critical Theory*, Cambridge: Polity, 2018, p. 38.

② Nancy Fraser and Rahel Jaeggi, *Capitalism: A Conversation in Critical Theory*, Cambridge: Polity, 2018, p. 52.

本积累奠定基础；其二，资本主义是经济从政治中分离，这是一种经济事务从民族国家之政治议程的分离，由此使资本摆脱政治控制，自由地跨国流动并从中获益；其三，资本主义是自然与人之间的本体论分离，这在资本主义之前已然存在，但通过资本主义得以强化，甚至导致严重的生态危机；其四，资本主义还是剥削与剥夺之间的制度性分离，这根植于资本主义的殖民掠夺与种族压迫。弗雷泽强调，这些形塑了资本主义的制度性分离并非一劳永逸的，恰恰相反，资本主义社会在生产与再生产、经济与政治、人与非人的自然、剥削与剥夺之间的界分在不同的积累机制下呈现出了历史性的变迁[1]。正是基于此，我们才得以将资本主义概念化为自由竞争资本主义、国家垄断资本主义、全球金融资本主义等历史特定形式。这也是为什么布罗代尔（Fernand Braudel）会得出如下结论："就其结构而言，资本主义像是变色龙；变色龙改变了颜色，但还是原来的变色龙。"[2]

弗雷泽关于资本主义的"双重叙事"，在继承马克思资本主义批判之经典范式的基础上，通过整合女性主义、生态主义、后殖民主义等跨学科资源，提出了一种新的总体性的资本主义批判理论，不仅揭示了资本主义的不同历史特殊形式，而且深刻洞察了资本主义多样形态背后的那个"一"，即资本主义社会的深层本质，以一种全新的方式把握到当代资本主义的结构特征、运行机制和系统危机，引领了当代批判理论的新发展。此外，资本主义作为批判理论研究主题的回归，有助于重启哲学与经济学、政治学、生态学等社会科学之间丰富且有意义的对话，有助于恢复跨学科研究这一批判理论原初范式的活力，有助于矫正以往对资本主义的碎片化单向度误解；与此同时，资本主义作为一个极为宏阔的总体概念，也有助于我们连接不同阶段、领域和面向的社会现实，通过将其与主进程——即资本主义社会关系的转型和扩张——进行联系并加以系统整合，从而更为切近地回应晚近人类所面临的系统性危机、全球化变迁和人类世挑战。

---

[1] Nancy Fraser, "From Exploitation to Expropriation: Historic Geographies of Racialized Capitalism", *Economic Geography*, Vol. 94, No. 1, 2018, pp. 1 – 17.

[2] ［法］费尔南·布罗代尔：《资本主义论丛》，顾良等译，中央编译出版社1997年版，第49页。

二、方法勘定：批判进路的分与合

如果说对资本主义的总体认知是批判理论之自我理解所不可回避的首要前提，那么，对批判进路的厘清和批判方法的勘定则是确保批判理论之充分有效性的关键。当前的资本主义批判不仅视角多元、形式多样，而且范式不一、进路各异。那么，资本主义究竟错在何处、病在哪里，何种形式的资本主义批判才能真正切中现实矛盾、直指社会病理，这成为当代批判理论之深化发展所必须直面的问题，于是，从方法论角度为批判理论的重构乃至更新奠定基础就成为当务之急。作为霍耐特的亲炙女弟子，耶吉敏锐地把捉到了这一问题，在辨识当代资本主义批判诸进路基础上，复兴了从黑格尔到马克思并延续至今的内在批判方法论传统，提出了"生活形式批判理论（critique of forms of life）"，成为近年来批判理论发展的最新形态，并引发学界热议。

耶吉认为，并非任何所谓的"资本主义批判"都值得我们为其背书，真正的批判绝不仅仅盯着某些资本主义的偶然后果或其他社会形态同样会出现的暂时阵痛，而是必须直指资本主义所固有的、必然的、特定的社会病症，揭示资本主义社会的特定性谬误与规范性缺陷。由此出发，耶吉首先区分了当前资本主义批判中的三种主要进路及其各自的优劣短长①。其一是功能批判（functionalist critique），它认为，资本主义终将无法作为一种社会和经济体系正常运转，它在本质上是功能紊乱的，而且必然导致危机②。这一批判进路的核心是预言社会系统的瘫痪、社会实践的失败、社会制度的瓦解，如贫困化理论和马克思关于资本利润率下降趋势的原理，这些都会造成资本主义难以克服的危机直至崩溃。功能批判的优势在于它揭示了资本主义异质于其他社会体制的系统性问题和特定性病态，然而这一进路也有其不足，功能批判貌似无须另外的证成标准，但当我们说资本主义无法正常发挥其功能时，总是隐性地蕴含了特定的目标、价值判断和规范参照，这也就意味着功能批判无

---

① Rahel Jaeggi, "What（If Anything）Is Wrong with Capitalism? Dysfunctionality, Exploitation and Alienation: Three Approaches to the Critique of Capitalism", *The Southern Journal of Philosophy*, Vol. 54, Spindel Supplement, 2016, pp. 44–65.

② Nancy Fraser and Rahel Jaeggi, *Capitalism: A Conversation in Critical Theory*, Cambridge: Polity, 2018, p. 116.

法轻易地回避规范性问题。因此,耶吉强调,"在社会世界中,功能总是与规范性成分相互交织,不存在尚未卷入规范性期待的纯粹功能"①。这也就意味着,资本主义批判必须同时把握客观的功能方面与主体的规范性方面,二者缺一不可。

于是,耶吉接下来讨论了两种对资本主义的规范批判。一种是道德批判(moral critique),或称正义导向的批判,它认为,资本主义建立在剥削的基础之上,它以一种不公平不公正的方式占有了工人阶级的劳动成果,骗取了他们的应得之物,并将其置于"使人成为被侮辱、被奴役、被遗弃和被蔑视的东西的一切关系"②之中。这一批判进路的焦点在于分配关系的不公,在于剥削性的社会关系。耶吉指出,剥削是一个复杂的概念,既可指交换关系在量上的不足,比如没有按照公平交换原则之要求获得其所应得之物,也可指交换关系在质上的缺陷,如物化、工具化、蔑视等范畴所表达的,总之,"是某种不对称的、不平等的权力分配及其导致的统治和强迫"③。基于此种剥削理解的道德批判并不是专门针对资本主义社会的,因为在奴隶社会和封建社会中同样存在童工、奴隶贸易等值得谴责的罪恶行径。这就意味着道德批判虽然有其规范性标准,但却缺乏现实针对性,这是其不足。在当代哲学中,平等主义的自由主义(egalitarian liberalism)便寄希望于这样一种道德批判,但终究难逃黑格尔式的批评——"道德应当是苍白无力的"。对批判理论而言,问题的关键不仅仅是分配不公,更为根本的是导致这种分配不公的结构化机制和制度性安排。这也是自由主义道德哲学与批判理论的区别之所在。而且考虑到批判行为的实践指向性,如果这种不平等仅仅是偶然的而非资本主义制度必然所致,这种不正义也可以出现在非资本主义的其他社会形态中,那么,对不公不义的克服充其量只能是资本主义框架下的局部改良,推翻现存秩序的结构性转型更是无从谈起。因此,耶吉写道:"资本主义的特定的罪恶

---

① Nancy Fraser and Rahel Jaeggi, *Capitalism: A Conversation in Critical Theory*, Cambridge: Polity, 2018, p. 119.
② 《马克思恩格斯选集》第1卷,人民出版社2012年版,第10页。
③ Rahel Jaeggi, "What (If Anything) Is Wrong with Capitalism? Dysfunctionality, Exploitation and Alienation: Three Approaches to the Critique of Capitalism", *The Southern Journal of Philosophy*, Vol. 54, Spindel Supplement, 2016, pp. 44–65.

不在于它的不公平性和不道德性,而在于其伦理性缺陷(在黑格尔的意义上),即是说,作为一种伦理关系它不是令人满意的。"[1] 这也是马克思虽然对剥削及其双重性展开了分析但却没有对资本主义主要进行道德批判的原因之一。

随后,耶吉讨论了另外一种规范批判形式,即伦理批判(ethical critique),或称美好生活导向的批判,它认为资本主义形塑了一种非理性的病态的异化——"一种无关系的关系(a relation of relationlessness)"[2]——的生活形式,充斥着贫困、痛苦和意义丧失,并摧毁了真正自由的美好生活之必要组成部分。在这里,伦理批判将资本主义作为一种世界关系和自我关系加以主题化,这一批判进路关注的不再是公正与否,而是资本主义变迁对日常生活,特别是对我们与自身、与世界之关系的全面影响。马克思的异化批判是这一进路的典范,西美尔、韦伯等人对资本主义的批判亦然,都揭示了资本主义兴起所引发的时代病症——物化、商品化、合理化以及相伴而来的社会冷漠和"生活关系的质性贫乏"。耶吉认为,这一伦理视角是发人深省和极为有益的,"将资本主义生活形式之看似显而易见的特征去自然化"[3]。但另一方面,伦理批判的弊端也显而易见,其一,它无法阐明上述病症究竟是资本主义社会所特有的,还是由一般意义上的现代性所致;其二,伦理批判的怀旧原则不免使人质疑其规范标准的可靠性和有效性,它对前资本主义美德的浪漫化和片面倚重也使其忽略了内蕴其中的压迫性因素,以及伴随市场化来的现代自由原则,后者在某种意义上包含了我们不能轻易抛弃的解放之维。

在耶吉看来,上述三大进路就不同的方面而言是卓有成效的,但又各有其不足之处,因此,要想发展出一种解释性更强、涵盖性更广、适合于新世纪的批判理论,必须整合已然分裂的诸种批判进路,这就是她最近提出的"生活形式批判理论"。所谓生活形式(forms of life),耶吉将其界定为"一系

---

[1] Rahel Jaeggi, "What (If Anything) Is Wrong with Capitalism? Dysfunctionality, Exploitation and Alienation: Three Approaches to the Critique of Capitalism", *The Southern Journal of Philosophy*, Vol. 54, Spindel Supplement, 2016, pp. 44–65.

[2] Rahel Jaeggi, *Alienation*, trans., Frederick Neuhouser and Alan E. Smith, New York: Columbia University Press, 2014, p. 1.

[3] Nancy Fraser and Rahel Jaeggi, *Capitalism: A Conversation in Critical Theory*, Cambridge: Polity, 2018, p. 128.

列不同社会实践的惰性集合"①,由此将资本主义的经济、文化与政治等不同领域的实践整合起来,与此同时,她还融合了杜威的实用主义等欧美哲学资源,认为生活形式也是一个"不断地解决问题的学习过程",这样一来,就兼具了规范性基础与功能性内容。由于主题所限,这里只就生活形式批判理论得以可能的方法论基础——即内在批判(immanent critique)予以简要勾勒。内在批判作为从黑格尔到马克思再到批判理论的方法论基础,已成为近年来批判理论学界的自觉共识。耶吉在《生活形式批判》中专门用了两章的篇幅来讨论批判的类型学,她认为,所谓内在批判,既不同于外部批判(external criticism)即依据外在于事物的标准来批判现存的实践,也不同于内部批判(internal criticism)即依据特定共同体所共享的价值、规范与信仰来揭示其与现存实践和机制的不一致,而是依据内嵌于社会实践的规范来揭示事物的辩证矛盾和内在危机,并促进其自我转型②,这是一种主动性与被动性并存、分析性与批判性统一、破坏性与肯定性兼具、在实施过程中进行的新的批判类型。耶吉指出,内在批判具有如下的特征:现实的规范性,规范的(功能)构成性,规范的反向有效性,内在批判的危机导向,现实与规范之间的平行矛盾性,内在批判的变革性,内在批判作为经验过程和学习过程③。这就意味着,内在批判绝不是站在批判对象的外部去苛求一种超越性的应然,相反,它必须能够将这种应然反思性地置于自身的语境之内,作为现存社会的内在可能性;内在批判亦不是对现存秩序的实然加以无批判地全盘接受,相反,它必须能在这种实然之中揭示出深层的对抗性矛盾和异质性潜能,将自身理解为社会与政治转型的促动者,从而为社会历史的发展提供一种方向性动力和解放性旨趣。

耶吉对于批判进路的厘清和内在批判的勘定在今天的批判理论学界内部引发了强烈反响,同为霍耐特高足的耶拿大学社会系主任哈特穆特·罗萨不

---

① Rahel Jaeggi, "Towards an Immanent Critique of Forms of Life", *Raisons politiques*, 2015/1, N° 57, pp. 13–29.
② Rahel Jaeggi, *Critique of Forms of Life*, trans., Ciaran Cronin, Cambridge: Harvard University Press, 2018, p. 213.
③ Rahel Jaeggi, *Critique of Forms of Life*, trans., Ciaran Cronin, Cambridge: Harvard University Press, 2018, pp. 199–204.

仅接受了她关于异化的界定，还在《新异化的诞生》中展开了与耶吉相近的理论思考和批判规划。为了建构自己的社会加速批判理论（critical theory of social acceleration），罗萨首先回顾了社会批判的三种基本形式及其关联。根据他的分析，功能批判的核心是预言社会系统和社会实践最终会失败、无法运作，道德批判的基础是既有社会制度出现了不公正不公平的分配，伦理批判的重点在于揭示阻碍人们实现美好生活的社会结构和实践模式，而且，功能批判和规范批判是可以结合起来的。事实上，这种不同批判进路之间的结合在马克思早期的批判理论中已隐约呈现，罗萨要做的就是将这种结合继续下去，"我会尝试展现社会加速批判理论如何能够整合这三种社会批判的形式，并进一步扩展批判理论较早版本的传统"①。其次，罗萨指出："用以评断社会制度与社会结构的规范，不能脱离历史脉络、超脱社会立场而推导出来。批判的规范基础应该奠定在社会行动者实际的经验之上。"② 这里说的是内在批判的方法论自觉，也就是说，对于批判理论的规范基础而言，既不能仅仅根据外在于社会历史的人类天性或本质，也不能寄希望于自由主义政治哲学构想的所谓普世皆然的公正观念，唯一的出路在于揭示导致现代社会痛苦的内在性矛盾、结构化扭曲与根本性断裂，这才是内在批判的关键。最后，与新自由主义和后结构主义否定社会的总体性不同，罗萨"继续把社会生活视为一个总体形式，并在此意义上把社会视为一个整体"③。正是基于此种对资本主义社会的总体性认知，罗萨建构起了他的社会加速批判理论框架，这可以说是对社会加速导致的不同社会病症进行三大批判的整合。其一是对社会加速的功能批判，晚期现代社会令人窒息的加速过程直接导致了政治、经济和文化等领域的"去同步化"症状，这必然会造成诸多制度、过程和实践之间的界限的摩擦与张力，最终使社会再生产遭遇断裂的危险。其二是揭露潜藏的社会时间规范，指出正是时间规范破坏了现代社会最核心的对反思性和

---

① ［德］哈特穆特·罗萨：《新异化的诞生：社会加速批判理论大纲》，郑作彧译，上海人民出版社2018年版，第90页。
② ［德］哈特穆特·罗萨：《新异化的诞生：社会加速批判理论大纲》，郑作彧译，上海人民出版社2018年版，第66—67页。
③ ［德］哈特穆特·罗萨：《新异化的诞生：社会加速批判理论大纲》，郑作彧译，上海人民出版社2018年版，第70页。

自主性的承诺,社会加速的解放潜能已被耗尽,甚至沦为了奴役人们的压力,在加速机器的疯狂运转之下,启蒙运动以来所要求的个体自主和社会民主都变得不合时宜了。其三是对社会加速造成异化的伦理批判,社会加速在现代社会当中的驱动力已经超过了经济资本主义所涵盖的范畴,自我与世界的关系陷入了一种深层的结构化扭曲,造成了空间异化、物界异化、行动异化、时间异化、自我异化和社会异化,总体危险不断逼近,美好生活无处可循。

  无论是耶吉的生活形式批判还是罗萨的社会加速批判,他们对功能批判、道德批判、伦理批判等不同进路的澄清和辨识向我们展示了当代资本主义批判的整体图景,也为我们从宏观上把握当代批判理论的格局和走向提供了极具参考价值的学术指南;而且,他们对日渐分裂的批判进路的整合、对"自由主义对批判理论的殖民"的扭转、对"作为一个整体的社会"的关注等,都表现了他们在新的时空条件下复兴经典批判理论的雄心。尽管二人的批判规划有着各自不同的切入点和术语库,但他们对现代社会异化病症的深层诊断和对美好生活的不懈追求代表着新一代批判理论家们的现实关怀和理论抱负,甚至有学者称他们为"第四代批判理论两个互补的主轴"[①]。此外,耶吉等人对内在批判的方法论自觉及其背后隐藏的对黑格尔－马克思批判传统的重建,在某种程度上显示了黑格尔哲学遗产的现实潜能和马克思批判逻辑的持久生命力,这也预示着黑格尔与马克思的对话将为当代批判理论的新发展开启不一样的视界。

三、旨趣重申:解放的理论与实践

  当代批判理论家并没有仅仅停留于对资本主义的批判,因为他们深知,如果没有对人类解放特别是超越资本主义的另一条道路的思考,任何所谓的批判最终也只能沦为对资本逻辑的实际附庸,甚至成为所谓"别无选择(There is no alternative)"的注脚。众所周知,实现人的解放不仅是马克思主义的根本价值追求,也是批判理论自诞生以来延续至今的核心旨趣。霍克海

[①] [德]哈特穆特·罗萨:《新异化的诞生:社会加速批判理论大纲》,郑作彧译,上海人民出版社2018年版,"译者前言"第18页。

默直言批判理论的"目标在于把人从奴役中解放出来"①。哈贝马斯在前不久的一次访谈中说道:"我从没有停止过批判资本主义,但我也一直清楚,不痛不痒的诊断是不够的。我不是那种漫无目标的知识分子。"这也就是说,批判理论的目的不仅仅在于诊断当代社会的病症,还应该进一步通过指明社会进步的方向和发展的趋势,来为社会的转型和改造助一臂之力。这也是哈贝马斯不同于陷入叔本华式悲观主义的霍克海默、转向非同一性艺术的阿多诺、诉诸新感性爱欲冲动的马尔库塞等第一代批判理论家的地方。如果说对阿多诺等人而言,解放仅仅意味着反对现存状况的同化、抵抗既定秩序的收编,仅仅是一种说"不"的能力,一种拒绝顺从现实并与之和解的姿态,那么,哈贝马斯则还试图弄清自主性得以产生的社会条件和制度前提,解放意味着创造出真正的民主制度,这样的制度有能力反抗资本主义与国家行政力量的侵蚀。

尽管霍耐特刚已卸任社会研究所的所长,但他近年来从不同维度对解放旨趣的重申,是我们在图绘当代批判理论地形图时不容忽视的参考坐标。哈贝马斯早在《认识与旨趣》中就区分了三种基本的旨趣及其对应的科学类型,其中,解放旨趣对应的是以批判为导向的社会科学,它意在"保障理论知识同生活实践,即同在系统上受到扭曲的交往和在貌似合法的压制条件下才形成的'对象领域'的联系"②。这就是说,批判理论的解放旨趣,在于揭示那些维护现存权力关系的意识形态,使人摆脱依附和奴役,获得自由和独立,从而实现个性自主和社会解放。霍耐特在最近的一次讲演中指出,哈贝马斯的《认识与旨趣》使人类这种克服依赖性和他律性的解放旨趣重获新生,为批判理论本身提供一种认识论基础;但另一方面,霍耐特却批评哈贝马斯由于过分倚重精神分析的模型,使其在从个人向整个社会分析的转换过程中造成了一些难以解决的根本困难:"他的方法不仅造成了一种误导性印象,即人类可以被看作是单一的宏观的个体,而且它也未能与某种类型的活动建立联系,因而与所有知识的所谓先验来源建立联系。"③ 于是,霍耐特通过比较社

---

① [德]马克斯·霍克海默:《批判理论》,李小兵等译,重庆出版社1989年版,第232页。
② [德]尤尔根·哈贝马斯:《认识与兴趣》,郭官义等译,学林出版社1999年版,第328页。
③ Axel Honneth, "Is There an Emancipatory Interest? An Attempt to Answer Critical Theory's Fundamental Question", *European Journal of Philosophy*, Vol. 25, No. 4, 2017, pp. 908–920.

会理论史上的不同解释进路，最后选择黑格尔的主奴辩证法对社会斗争的模式予以规范性的阐释，在他看来，任何为了解放而斗争的团体，为了实现其实践目标，必须区分两种认识要素，其一，面对顽固的自然化倾向，既有的规范必须具有解释的开放性；其二，面对现存的、阐释实践的制度化体现，必须能够理解其背后的深层利益。这样一来，"对社会规范之霸权解释模式的去自然化，以及对利益动机的揭示，就为批判理论通过科学探究的方式朝着进一步推进社会解放进程的目标前进开辟了一条道路"①。

霍耐特认为，对于21世纪的批判理论继承者而言，其思想遗产在于如下相互联系的三个方面，即普遍合理性的规范主题，社会病理学的理念，解放旨趣的概念，其中，"正是社会合理性的缺失导致了资本主义的社会病理学"，"社会病理学必须始终以一种痛苦的形式表达自身，以保持人们对理性解放力量的旨趣"。② 由此可见，霍耐特视域中批判理论作为社会病理学（Social Pathology）具有双重任务，一是诊断病症，指认合理性缺失引起的不确定性之痛，二是疗愈痛苦，使人从病态中摆脱出来。与哈贝马斯更多地承袭康德哲学传统不同，霍耐特则是回到黑格尔，特别是通过对《法哲学原理》的规范性重构，将时弊诊断与正义理论相结合，提出了作为社会分析的正义论构想，一方面借由对不同自由概念的辨识，揭示了解放的双重内涵，另一方面，以社会自由（social freedom）为核心理念，重构了社会主义的解放规划。先看前者。霍耐特指出，在黑格尔看来，现代人的空虚、冷漠、孤独等社会痛苦从理论上看都导源于"抽象法"和"道德"中阐释的两种有缺陷的自由观，这种概念上的混乱在我们背后变成生活实践的态度的基础，若以其指导行动，不仅个人自律难以真正实现，而且还会使整个社会陷入不确定性的痛苦之中。于是，黑格尔赋予"伦理"以治疗的功能，在他看来，现代生活世界的伦理内涵在于其包含了确保自由的互动模式，使所有社会主体都可以公平地获得参与互动的机会，这是摆脱社会病症、实现个人自律的关键。霍耐特发现，在黑格尔法哲学的"伦理"部分特别是第149节，"解放"开始作为关键词—

---

① Axel Honneth, "Is There an Emancipatory Interest? An Attempt to Answer Critical Theory's Most Fundamental Question", *European Journal of Philosophy*, Vol. 25, No. 4, 2017, pp. 908 – 920.

② Axel Honneth, *Pathologies of Reason: On the Legacy of Critical Theory*, trans., James Ingram and others, New York: Columbia University Press, 2009, pp. 19 – 42.

第四章 批判理论在当代的发展趋势

再出现,"黑格尔不仅在消极的意义,即从未被洞察的依赖关系中摆脱出来的意义上,讨论'解放',而且还在积极的意义上,即'获得肯定的自由'的意义上讨论'解放'"①。正是在这里,霍耐特通过对黑格尔法哲学的再现实化,指认了解放的双重内涵,从消极方面说,指摆脱疾病痛苦和依附状态,从积极方面说,指获得真正的自由。

关于后者,霍耐特写道:"批判理论的核心不仅在于将资本主义诊断为一系列受阻碍或遭扭曲的合理性的社会关系,还在于适当的疗愈方案。"② 这就意味着,解放得以可能,不仅依赖于对资本主义社会病理的深度认知,而且在更大程度上取决于对后资本主义社会建制的实践规划,在解放旨趣的背后都隐含有一套正义理论和社会制度安排。霍耐特在其新著《社会主义的理念》中通过对社会主义原初理念的重构展开了对资本主义替代方案的思考。首先,霍耐特在回顾早期社会主义运动和思潮的基础上,指认社会主义的真正理念是社会自由,社会自由源于法国大革命的自由、平等、博爱三原则,但资本主义市场经济的发展导致了自由与博爱之间的内在抵牾,于是以马克思为代表的社会主义者尝试提出一种全新的自由观,"他们不仅将共同体成员之间的合作视为自由的必要条件,而且视为真正自由得以实现的唯一方式",这就意味着,社会自由的核心在于"共同体成员之间相互成就彼此的需要"③,这是一种"整体的个人主义(holistic individualism)"。其次,霍耐特在肯定马克思对社会自由新视界之贡献的同时,也对传统社会主义理念的三大缺陷直言不讳,一是将社会自由限定在经济领域的社会劳动,因而忽视了政治领域的解放潜能;二是将无产阶级视为社会革命的不变主体,从而忽视了工人阶级的现实变化;三是将社会主义看作资本主义的必然替代,故而忽视了主体的能动实践。最后,霍耐特提出了自己重构社会主义的更新之路。一方面,霍耐特援引杜威关于历史发展过程的实验主义(historical experimentalism)理解,

---

① [德] 阿克塞尔·霍耐特:《不确定性之痛:黑格尔法哲学的再现实化》,王晓升译,华东师范大学出版社 2016 年版,第 75 页。

② Axel Honneth, *Pathologies of Reason: On the Legacy of Critical Theory*, trans., James Ingram and others, New York: Columbia University Press, 2009, pp. 19–42.

③ Axel Honneth, *The Idea of Socialism: Towards a Renewal*, trans., Joseph Ganahl, Cambridge: Polity Press, 2017, p. 24.

指出社会主义绝不是宿命论式的线性进化逻辑决定的，而是一个通过主体的能动性实验性探索实践，不断打破交往壁垒和依附障碍，逐渐扩展社会自由范围，争取共同体承认，最终实现人类解放的过程。另一方面，霍耐特借鉴了黑格尔法哲学关于家庭关系、市场经济、民主政治这一现代社会三大领域的功能性分化框架，指出社会主义的实现既不取决于单一的革命主体，也不局限于纯粹的经济领域，而是依赖于社会自由在三大领域的相互联系和共同实现，霍耐特把这种不同领域之有机团结的整体称为"民主的生活形式（democratic form of life）"。"这种民主的生活形式的理念就是社会主义对解放社会的构想，它的优点是能够公平地对待不同社会领域的功能性分化，但又不放弃对和谐整体的希望。"① 这就是霍耐特基于其承认理论和民主伦理构想对社会主义前景的"更新的规划"。

在国际秩序剧烈变动、系统危机不断蔓延、抵抗运动风起云涌的今天，解放无疑已经成为批判理论关注的焦点，这从 2018 年 5 月在柏林洪堡大学举办的以解放为主题的国际学术会议的盛况就可见一斑，这次会议云集了欧美一众最著名的批判理论家，围绕解放的内涵、主体、策略等问题展开激烈研讨。他们认为，解放不仅仅局限在政治和经济领域，而且延伸到了包括性别和代际关系等在内的所有社会关系；解放不仅是个人的价值追求，而且是一项集体的事业；解放不仅仅意味着从诸种剥削、压迫和奴役关系中摆脱出来，而且表征着一种对更加自由、美好的生活方式的向往；解放不仅要在认知上摆脱各种知识压迫和理论陷阱，实现观念的解放，而且要在实践上整合各种不同的社会政治运动，建立起反资本主义的全球团结联盟。尽管不同的替代方案及其现实性尚待实践的检验，但这种对解放图景的描绘还是有助于激活日渐衰竭的对另一个可能世界的想象力，重新思考超越资本主义的可能性道路。特别地，以霍耐特为代表的当代批判理论对社会主义理念的重新关注，也为中国的马克思主义研究之参与乃至引领 21 世纪马克思主义的发展提供了重要契机。因为只有对现实的社会主义即中国特色社会主义的理论、道路、制度、文化的总体性研究才能真正支撑、丰富并拓展我们对社会主义理念的

---

① Axel Honneth, *The Idea of Socialism: Towards a Renewal*, trans., Joseph Ganahl, Cambridge: Polity Press, 2017, p. 92.

深度阐释。在这个意义上，我们说当代批判理论的进一步发展同样离不开对中国实践的理论反思。

第二节 资本主义批判的分化与整合

随着霍耐特卸任法兰克福大学社会研究所的所长，批判理论的发展也迎来了新的发展时期。事实上，如果综观近年来批判理论学界的最新进展，不难看出，第四代法兰克福学派的新秀们已经纷纷崭露头角：莱纳·福斯特（Rainer Forst）——与克劳斯·君特（Klaus Günther）一道——执掌法兰克福大学的"规范秩序精英集群"，聚焦全球化浪潮引发的秩序瓦解及其导致的剧烈冲突和斗争，试图以一种跨学科的研究重建现代规范秩序，他不仅凭借正义的语境理论积极介入自由主义与社群主义的政治哲学论战，而且通过对宽容概念之历史和内涵进行当代重构，提出了"证成关系批判（critique of relations of justification）"①，试图在证成范式下整合商谈理论和承认理论，同时还在回应跨国语境中的正义和民主论题时发展出了一套"跨国正义的批判理论（critical theory of transnational justice）"；拉埃尔·耶吉（Rahel Jaeggi）以其卓越的学术组织能力领衔柏林洪堡大学的人文科学与社会变迁研究中心，旨在为资本主义的危机和民主现状提供一种批判性的反思空间和行动话语，她在对异化问题进行了卓有成效的系统梳理和当代重建之后，通过整合左翼黑格尔传统的批判理论与杜威的实用主义等英美哲学资源，提出了"生活形式批判（critique of forms of life）"②，近年来又在与南茜·弗雷泽（Nancy Fraser）的对话中围绕如何理解资本主义的内涵和历史，如何展开对资本主义的批判和斗争等议题重新激活了对当代资本主义的批判；哈特穆特·罗萨（Hartmut Rosa）身兼耶拿大学社会学系主任和埃尔福特大学韦伯高等文化社会研究所所长双职，他不仅提出了极富原创性系统性的"加速社会"理论来分析现代

---

① Rainer Forst, *Justification and Critique*, trans., Ciaran Cronin, Cambridge: Polity, 2014, pp. 1–13.

② Rahel Jaeggi, *Critique of Forms of Life*, trans., Ciaran Cronin, Cambridge: Harvard University Press, 2018, pp. 315–319.

社会特别是现代时间结构的改变,并对社会加速导致的诸种新异化形式进行诊断,而且围绕美好生活何以可能这一批判理论的根本问题,进一步构想出与异化相对应的"共鸣理论(resonance)",这是其"社会加速批判理论(critical theory of social acceleration)"①的两大支柱,近年来又致力于"后增长社会"这一新的社会发展范式研究;马丁·萨尔(Martin Saar)刚刚从霍耐特手中接过了法兰克福大学哲学系的社会哲学教席,他考察了尼采和福柯以来的谱系学批判,并通过梳理从斯宾诺莎到激进民主政治理论脉络中的权力内在性问题,对权力批判(critique of power)这一社会哲学的中心任务展开了独创性的辨识与反思②,以此作为对身处其中的破碎的社会世界之时代诊断,近来他又围绕秩序、实践与主体三个层面,提出了全新的社会哲学阐释框架。

如果说新一代的批判理论家有什么共同点的话,那就是他们对批判理论的历史发展和当前现状极为熟悉,并且都试图在对既往的不同批判理论取径进行哲学省思的基础上加以创造性整合,以此直面来自理论界和现实中的那些迫在眉睫的划时代挑战——弗雷泽将其概括为如下四个方面:作为社会斗争的特殊轴心的阶级的去中心化、作为社会正义特殊维度的分配的去中心化、"威斯特伐利亚"正义观的去中心化、左翼缺乏对当前秩序的替代选择③——从而发展出一种适应于21世纪的总体性的资本主义社会批判理论。这里将以第四代批判理论的两位主将——耶吉的生活形式批判和罗萨的社会加速批判为考察基点,以点带面,宏观勾勒当代资本主义批判取径的分化与整合。

一、正义话语的诱惑与批判的迷途

资本主义既是推动创新、文明与进步的引擎,也是导致异化、剥削与危机的源头。自其诞生之日起,资本主义就伴随着对它的诸种严厉的谴责和深刻的批判。特别是2008年国际金融危机之后,资本主义这一内涵混杂、界限

---

① [德]哈特穆特·罗萨:《新异化的诞生:社会加速批判理论大纲》,郑作彧译,上海人民出版社2018年版,第86页。
② Martin Saar, "Power and Critique", *Journal of Power*, Vol. 3, No. 1, 2010, pp. 7–20.
③ [美]南茜·弗雷泽、[德]阿克塞尔·霍耐特:《再分配,还是承认?——一个政治哲学对话》,周穗明译,上海人民出版社2009年版,"中文版序言"第3—4页。

第四章 批判理论在当代的发展趋势

模糊、充满争议的概念在沉寂多年之后——冷战年代的资本主义作为一个战斗性术语因其承载了过多的意识形态包袱及其导致的简单化二元对立而备受学界批评甚至弃之不用——实现了强势复归,不仅国外马克思主义和左翼激进哲学,而且包括经济学、政治学等在内的整个社会科学界都将资本主义作为热门主题加以激烈讨论,以致像托马斯·皮凯蒂的《21世纪资本论》和斯文·贝克特的《棉花帝国:一部资本主义全球史》这些探讨资本主义历史与现实的大部头著作甫一问世便成为全球范围内的畅销书,甚至在历史学界还出现了"新资本主义史学"这一学术热潮。可以毫不夸张地说,资本主义批判再次迎来了它的繁荣时代。在这一热闹非凡的批判景观背后,一个更为根本性的问题引发了新一代批判理论家的注意:"资本主义真正的问题出在哪里?如果说资本主义有错,那它究竟错在何处?它是不公平的、不合理的,还是邪恶的、愚蠢的?换句话说,资本主义是在何种基础上受到批判的?"① 这是耶吉的生活形式批判理论的出场语境。

首先,耶吉在与弗雷泽关于资本主义的系列对话中围绕"何谓资本主义"这一批判理论的前提性问题展开讨论,并结合批判理论发展的历史和现状指出,自20世纪80年代以来,由于回避了政治经济学批判,加之自由主义政治哲学的"殖民"和"驯化",批判与分析的原初统一崩然瓦解,当代批判理论已身陷迷途。

众所周知,批判理论在形成之初便自觉以批判资本主义为鹄的,霍克海默在《传统理论与批判理论》中直言:"既存的资本主义社会是从基本的交换关系中产生出来的;它已从欧洲扩展到了全世界,而批判理论宣布适用的正是这个资本主义社会。"② 而且,"批判理论可不是今天拥有一个教义主旨,明天又拥有另一个教义主旨。只要时代本身没有发生根本的变化,理论中的变化就不是向一种全新观点的转变"③。这就意味着,对于批判理论而言,只

---

① Rahel Jaeggi, "What (If Anything) Is Wrong with Capitalism? Dysfunctionality, Exploitation and Alienation: Three Approaches to the Critique of Capitalism", *The Southern Journal of Philosophy*, Vol. 54, Spindel Supplement, 2016, p. 45.
② [德] 马克斯·霍克海默:《批判理论》,李小兵等译,重庆出版社1989年版,第215页。
③ 上海社会科学院哲学研究所外国哲学研究室编:《法兰克福学派论著选辑》(上卷),商务印书馆1998年版,第81页。

要资本主义时代尚未发生根本转变，对它的批判便是一以贯之的，这在原则高度上构成了批判理论的自我规定。那么，究竟何谓资本主义？在耶吉看来，"资本主义"一词指的是一种总体性的建制化的社会秩序，"它包括了构成资本主义社会生活形式的经济、社会、文化和政治等方面的全部内容"①，这些不同的方面彼此联系、相互影响。很明显，这是对霍克海默所说的"批判理论关注的是作为一个整体的社会"的当代重申。同时，从词源学的考察来看，作为概念的资本主义，在其诞生之初就具有批判性与分析性双重功能，一方面，资本主义概念产生于人们对现存状况的批判，也就是说，它内在地具有一种比较的视角，或者用于比较当前与通常被理想化的、田园牧歌式的过去，或者用于比较当前与某种想象的、有时是带有乌托邦色彩的未来②；另一方面，它还是一个分析性的概念，用于对资本主义进行全球性的历史分析和结构化的社会透视，特别是用来分析它与其在理论和现实中的竞争者——一般是社会主义的某种形态——之间的区别。在耶吉看来，"这种分析和批判的统一，正是社会批判理论与独立的规范理论之区别所在"③。这就是说，在对资本主义的分析中，那种试图理解资本主义社会总体结构及其历史转型的尝试，同时也是对其进行批判的关键部分，换言之，分析构成了批判的一部分，批判也构成了分析的一部分，而且批判正是在分析过程中展开的。当然，这一切还要取决于前述分析是否揭示了资本主义社会形态中固有的矛盾、冲突和解放的可能性。

然而，耶吉敏锐地观察到，在哈贝马斯的《交往行为理论》之后，资本主义这一核心主题却在批判理论中一度消失了。是什么原因致使批判理论"跑题"呢？根据耶吉的分析，一方面是因为自由主义政治哲学的强势崛起，使得罗尔斯等哲学家仅仅聚焦于分配正义，过分热衷于讨论规范问题，而根本不谈经济本身。"在过去的几十年里，我们似乎看到了这样一个转向：经济

---

① Rahel Jaeggi, "What (If Anything) Is Wrong with Capitalism? Dysfunctionality, Exploitation and Alienation: Three Approaches to the Critique of Capitalism", *The Southern Journal of Philosophy*, Vol. 54, Spindel Supplement, 2016, p. 46.

② [德]于尔根·科卡、[荷]马塞尔·范德林登主编：《资本主义：全球化时代的反思》，于留振译，商务印书馆2018年版，第8页。

③ Nancy Fraser and Rahel Jaeggi, *Capitalism: A Conversation in Critical Theory*, Cambridge: Polity, 2018, p. 58.

被置于'黑箱'之中。"① 作为批判理论之基础的政治经济学批判在哈贝马斯特别是他的继承者那里全然消失了,他们纷纷走向了独立的政治哲学、道德理论或法哲学。这一转向的严重后果是,所谓的批判理论家不再诉诸跨学科的研究来把握作为整体的资本主义,不再将规范问题与社会分析和时代诊断相结合,不再关注资本主义的深层结构、动力机制、矛盾冲突及其解放的可能,最后的结局只能是与自由主义阵营同流合污、难分彼此,这就是所谓的"左翼右转"。另一方面,作为自由主义政治哲学的对立面,后结构主义、后现代主义在20世纪后期也是大行其道,尽管二者存在差距,但这些表面的不同背后却有着共同的根基:自由主义和后结构主义都回避了政治经济学批判,实际上也就回避了社会本身的问题。在耶吉看来,自由主义和后结构主义的共谋,还扼杀了左翼黑格尔主义的规划,"社会分析与规范批判之间的联系被切断。规范性从社会领域中抽象出来,被视作独立之域,不管人们的目的是肯认它(如自由主义者),还是拒绝它(如后结构主义者)"②。这也从反面启发我们,要想真正理解今日的资本主义,批判理论必须重启政治经济学批判。

其次,耶吉通过指认资本主义批判的特异性规定,将纷繁复杂的资本主义批判图景从方法论的高度归结为三大取径——功能批判、道德批判、伦理批判,并对各自的利弊短长进行了辨识和比较,由此展开了她的批判的类型学(forms of criticism)。

从宏观上看,当前的资本主义批判不仅视角多元、形式多样,而且范式不一、进路各异。只就批判理论本身的发展而言,它便先后以对实证主义的泛滥、启蒙精神的悖反、技术理性的宰制、法西斯主义的兴起、集权主义的压迫、大众文化的霸权、生活世界的殖民化、政治伦理的失范、生活形式的异化等现代资本主义社会病理的诊断和治疗为批判主题。加之,在激进左翼学者的努力下,诸如审美资本主义批判、数字资本主义批判、金融资本主义批判、技术资本主义批判等更是层出不穷。然而,在耶吉看来,真正的资本

---

① Nancy Fraser and Rahel Jaeggi, *Capitalism: A Conversation in Critical Theory*, Cambridge: Polity, 2018, p. 4.

② Nancy Fraser and Rahel Jaeggi, *Capitalism: A Conversation in Critical Theory*, Cambridge: Polity, 2018, p. 7.

主义批判，既不能仅仅盯着某些资本主义社会的偶然后果，也不能只是关注那些在其他社会形态中同样会出现的暂时的阵痛，而是必须切中资本主义社会的内在的特定的病症，这就是耶吉为资本主义批判确立的两条标准："其一，是否抓住了资本主义的具体特征；其二，能否解释资本主义的错误性或规范性缺陷"①。由此出发，耶吉将既有的资本主义批判归纳为三大取径：功能批判，道德批判，伦理批判。这一区分也得到了罗萨的认同，后者在其《新异化的诞生》一书中进行了相似的指认②。

根据耶吉（和罗萨）的分析，其一，功能批判（functionalist critique）认为资本主义社会存在难以克服的内在矛盾，由此必定发生功能紊乱，进而导致社会危机。当然，这里的危机类型并不仅仅局限于马克思所说的资本利润率下降趋势导致的经济危机，也可能出现在丹尼尔·贝尔所指认的文化、心理等领域。这一批判取径的长处是明确指认了资本主义这一社会形态所特有的问题，短处是忽视了批判所蕴含的规范和标准。比如，资本主义在为一部分人创造财富的同时也为另一部分人创造了贫穷，如果说这是一种"失败"，那么其中势必蕴含了"资本主义应该创造什么以及为谁创造什么"的规范预设。其二，道德批判（moral critique）认为资本主义要么建立在不公正的剥削性社会结构基础上，要么产生这种社会结构并伴随着种种道德上无法接受的后果，总之它有违社会的公平正义。这一批判取径的长处是明确了规范性标准，短处是忽视了对象的针对性。比方说，如果分配不公仅仅是偶然出现的而非资本主义制度必然所致，这种不正义也可以出现在非资本主义的其他社会形态中，那么，鉴于批判行为所具有的实践指向性，人们对不公不义的克服充其量只能是资本主义框架下的局部改良，推翻现存秩序的结构性转型便无从谈起。其三，伦理批判（ethical critique）认为资本主义割裂了人们与世界和自身的联系，阻碍了对自我和世界关系的占有，从而遭遇诸种异化［在这里，耶吉独创性地将异化定义为"一种无关系的关

---

① Rahel Jaeggi, "What (If Anything) Is Wrong with Capitalism? Dysfunctionality, Exploitation and Alienation: Three Approaches to the Critique of Capitalism", *The Southern Journal of Philosophy*, Vol. 54, Spindel Supplement, 2016, p. 47.

② ［德］哈特穆特·罗萨：《新异化的诞生：社会加速批判理论大纲》，郑作彧译，上海人民出版社2018年版，第88—90页。

系（a relation of relationlessness）"①，罗萨同样接受了这一规定]，彻底切断了通往自由和美好生活的可能性。这一批判取径的长处是揭示了资本主义导致的伦理问题和异化际遇，"弱点除了其对象的特定框架之外，还存在确定规范标准的困难"②。这就是耶吉（和罗萨）对当代资本主义批判取径的类型学分析。

最后，鉴于上述三大批判取径各有利弊，于是耶吉诉诸内在批判（immanent critique）的方法论自觉提出了她的生活形式批判来将三者予以整合。这里的"生活形式"，不仅是指包括经济、政治、文化等"不同社会实践的集合"，同时也是一个"不断解决问题的学习过程"③，这样一来，她对资本主义生活形式的批判就既具有规范性基础，又包含功能性内容，从而实现了对功能批判和规范批判（道德批判和伦理批判是规范批判的两种形式）的有机整合。当然，这种三大批判取径的整合在马克思的政治经济学批判中已经出现了，马克思对资本主义危机、剥削和异化的批判，分别对应的就是功能批判、道德批判和伦理批判。

事实上，内在批判是从黑格尔到马克思再到霍克海默、阿多诺、哈贝马斯、霍耐特等批判理论家一以贯之的方法论逻辑。马丁·杰伊（Martin Jay）在回顾批判理论发展史时就曾指出："如果说批判理论确实有一个真理概念，那么它就存在于对资本主义社会的内在批判之中。这种批判把资产阶级意识形态的主张与其社会现实相比较。真理并不外在于社会，而就内在于它的要求之中，人类在实现其意识形态之中仍然怀有解放的旨趣。"④尽管围绕"何种内在批判形式更好"⑤以及"具有超越潜力的内在批判如何可能"⑥等问题

---

① Rahel Jaeggi, *Alienation*, trans., Frederick Neuhouser and Alan E. Smith, New York: Columbia University Press, 2014, p. 1.
② Rahel Jaeggi, "What (If Anything) Is Wrong with Capitalism? Dysfunctionality, Exploitation and Alienation: Three Approaches to the Critique of Capitalism", *The Southern Journal of Philosophy*, Vol. 54, Spindel Supplement, 2016, p. 64.
③ Rahel Jaeggi, Towards an Immanent Critique of Forms of Life, *Raisons politiques*, 2015/1, N° 57, pp. 13–29.
④ ［美］马丁·杰伊：《法兰克福学派史（1923–1950）》，单世联译，广东人民出版社1996年版，第76页。
⑤ ［意］A. 费拉拉、［爱尔兰］M. 库克：《作为内在批判的批判理论：关于最好形式的争论》，贺翠香译，《现代哲学》2015年第5期。
⑥ 周爱民：《内在批判与规范的矛盾：对批判理论批判方法的反思》，《哲学分析》2019年第3期。

学界尚存在争论，但内在批判作为批判理论的方法论基础这一点已成为近年来批判理论学界的自觉共识。所谓内在批判，是指根据蕴含于事物本身的规范和标准来揭示社会的内在矛盾和危机，并在其自身中寻找社会转型的可能性，由此便与诉诸外部标准的外部批判（external criticism）和诉诸共同体规范的内部批判（internal criticism）区分开来。用马克思的话说就是，通过批判旧世界来发现新世界，即是说，马克思并没有像空想社会主义那样简单地从外部谴责资本主义，而是通过揭示资本主义社会发展自身的内在矛盾来构想对其进行超越的全新的社会和文明类型，换言之，在对现实的否定中包含着对另一种可能之理想的诉求。耶吉将内在批判的特征总结如下：现实的规范性，规范的（功能）构成性特征，规范的反向有效性，内在批判的危机导向，现实与规范之间的平行矛盾性，内在批判的变革性，内在批判作为经验过程和学习过程[①]。可以说，批判理论就是通过对社会现实的内在批判来推进社会现状的变革转型，由此迈向一个更为合理、有序、美好的新社会。

二、总体视野的复归与整合的规划

如何走出批判的迷途，整合日渐分裂的批判取径，不仅仅是耶吉个人的研究规划，而且是包括霍耐特及其门徒在内的当代批判理论家们共同的致思取向。回顾霍耐特与弗雷泽关于"承认还是再分配"的论战，可以看出，尽管二人在规范基础上不尽相同，但"两人都渴望建立资本主义社会的总体性理论，致力于构建一个在规范上整合道德哲学、社会理论和政治分析诸层面的资本主义社会批判理论"[②]。在另一处文本中，霍耐特还在区分建构性批判、重构性批判和谱系学批判的基础上，提出："批判理论要通过一定的方式把前述三种不同的批判模式整合起来。批判立场的建构性理由是提供一种合理性概念，以便确立社会合理性与道德有效性之间的系统关联。这种潜在的合理性以道德理想的方式决定了社会现实，这一点是通过重构的方式展示的。而反过来，这些道德理想应处于谱系学的条件之下，它们的原初含义在社会上

---

① Rahel Jaeggi, *Critique of Forms of Life*, trans., Ciaran Cronin, Cambridge: Harvard University Press, 2018, pp. 199–204.

② ［美］南茜·弗雷泽、［德］阿克塞尔·霍耐特：《再分配，还是承认？——一个政治哲学对话》，周穗明译，上海人民出版社2009年版，"译者前言"第8页。

已经难以辨认了。"①

同为霍耐特的高足，罗萨展开了与耶吉极为相近的理论思考和批判规划，他从时间这一社会生活中无所不在的要素切入，强调社会加速（social acceleration）是现代化的核心过程，并呈现为科学技术的加速、社会变迁的加速和生活步调的加速三重面向，在"时间就是金钱"的经济引擎、"功能的分化"的社会结构引擎、"加速的预言"的文化引擎的共同推动下——罗萨还强调这三大引擎是奠基在作为机制的核心加速器的国家和军队的发展之上——上述三重面向形成了一种环环相扣并且自我驱动的"加速的循环"②，使得身处其中的人们都变成了不断重复推巨石上山的西西弗斯。有鉴于此，罗萨认为，现代社会批判必须首先而且要格外关注社会加速。需要指出的是，正是"加速社会"这一社会诊断也使罗萨成为德国继提出"风险社会"的乌尔里希·贝克之后当今最具原创性系统性的社会理论家。当然，罗萨并没有仅仅停留于对加速社会的分析和描述，而是"想试着复兴批判理论的传统"③。在他看来，驱动社会加速最明显的根源是资本主义，资本主义的核心原则并不仅仅是市场交换，而是竞争和增长逻辑，它远远超出了经济领域，成为统摄整个社会生活领域的主导原则。这是罗萨资本主义批判理论的出发点。

为了建构自己当代版本的批判理论，罗萨首先回顾了社会批判的三种基本形式及其关联。这一点与耶吉可谓是如出一辙。根据罗萨的分析，功能批判的核心是预言社会系统和社会实践最终会失败、无法运作，道德批判的基础是既有社会制度出现了不公正不公平的分配，伦理批判的重点在于揭示阻碍人们实现美好生活的社会结构和实践模式，而且，功能批判和规范批判是可以结合起来的。马克思对危机的功能批判、对分配不公的道德批判、对异化生活的伦理批判即是明证，罗萨要做的就是将这种结合继续下去，"我会尝试展现社会加速批判理论如何能够整合这三种社会批判的形式，并进一步扩

---

① Axel Honneth, *Pathologies of Reason: On the Legacy of Critical Theory*, trans., James Ingram and others, New York: Columbia University Press, 2009, p. 53.
② ［德］哈特穆特·罗萨：《加速：现代社会中时间结构的改变》，董璐译，北京大学出版社2015年版，第190页。
③ ［德］哈特穆特·罗萨：《新异化的诞生：社会加速批判理论大纲》，郑作彧译，上海人民出版社2018年版，第3页。

展批判理论较早版本的传统"①。

其次,罗萨指出:"批判理论的思想传统总是会蕴含着规范性的内涵。然而,用以评断社会制度与社会结构的规范,(至少我认为)不能脱离历史脉络、超脱社会立场而推导出来。批判的规范基础应该奠定在社会行动者实际的经验之上。"② 这里说的是内在批判的方法论自觉,也就是说,对于批判理论的规范基础而言,既不能仅仅根据外在于社会历史的人类天性或本质,也不能寄希望于自由主义政治哲学构想的所谓普世皆然的公正观念,唯一的出路在于揭示导致现代社会痛苦的内在性矛盾、结构化扭曲与根本性断裂,这才是内在批判的关键。

再次,罗萨还特别交代了他的社会加速批判理论与此前每一代批判理论的关系,以及自己理论的优越之处。一方面,罗萨强调加速界定了现代社会的动力、发展和改变逻辑,不论是知识领域还是政治领域的交往都是需要时间的,因此以相互理解情境为关怀基础,以及以此为出发点的哈贝马斯的交往行为理论,不能不去考虑交往的时间模式的改变。另一方面,罗萨认为:"为承认而斗争在竞争社会当中就是社会持续加速的驱动力,它显著地随着社会变迁速度的增加,而改变了自己的形式。"③ 这就意味着,如果忽视了时间和速度的维度,就无法完整理解霍耐特所说的这种斗争。由此出发,罗萨将哈贝马斯和霍耐特的批判理论都整合进自己的批判规划中,这样的好处就是不仅能够解释从早期现代到晚期现代之生产和消费体制的转变,而且能解释认同形式和政治文化的转变,因为这些都是正在进行的社会加速过程的必然结果。

最后,与新自由主义和后结构主义否定社会的总体性不同,罗萨"继续把社会生活视为一个总体形式,并在此意义上把社会视为一个整体"④。正是

---

① [德]哈特穆特·罗萨:《新异化的诞生:社会加速批判理论大纲》,郑作彧译,上海人民出版社2018年版,第90页。
② [德]哈特穆特·罗萨:《新异化的诞生:社会加速批判理论大纲》,郑作彧译,上海人民出版社2018年版,第66—67页。
③ [德]哈特穆特·罗萨:《新异化的诞生:社会加速批判理论大纲》,郑作彧译,上海人民出版社2018年版,第83页。
④ [德]哈特穆特·罗萨:《新异化的诞生:社会加速批判理论大纲》,郑作彧译,上海人民出版社2018年版,第70页。

基于这样一种对资本主义社会的总体性认知,罗萨建构起了他的社会加速批判理论框架,在一定意义上,这可以说是对社会加速导致的不同社会病症进行三大批判的整合。其一是对社会加速的功能批判,晚期现代社会令人窒息的加速过程直接导致了政治、经济和文化等领域的"去同步化"症状,这必然会造成诸多制度、过程和实践之间的界限的摩擦与张力,最终使社会再生产遭遇到断裂的危险。其二是揭露潜藏的社会时间规范,指出正是时间规范破坏了现代社会最核心的对反思性和自主性的承诺,社会加速的解放潜能已被耗尽,甚至沦为了奴役人们的压力,在加速机器的疯狂运转之下,启蒙运动以来所要求的个体自主和社会民主都变得不合时宜了。其三是对社会加速造成异化的伦理批判,社会加速在现代社会当中的驱动力已经超过了经济资本主义所涵盖的范畴,自我与世界的关系陷入了一种深层的结构化扭曲,造成了空间异化、物界异化、行动异化、时间异化、自我异化和社会异化,总体危险不断逼近,美好生活无处可循。

三、异化的超越与人类解放的希望

对于耶吉和罗萨而言,构想一种总体性的资本主义社会批判理论,以超越不断分化的批判图景,这并非一种纯粹的理论思辨,而是有其鲜明的实践指向——美好生活或人的解放如何可能。这是整个批判理论传统所一以贯之的。霍克海默不仅将批判理论视为"无产阶级解放进程的智识方面",而且特别强调:"无论批判理论与具体科学之间相互联系多么广泛,该理论的目的绝非仅仅是增长知识本身。它的目标在于把人从奴役中解放出来。"① 哈贝马斯在前不久接受《西班牙国家报》的访谈时说道:"我从没有停止过批判资本主义,但我也一直清楚,不痛不痒的诊断是不够的。我不是那种漫无目标的知识分子。"这也就是说,批判理论的目的不仅仅在于诊断当代社会的病症,还应该进一步通过指明社会进步的方向和发展的趋势,来为社会的转型和改造助一臂之力。这也是哈贝马斯不同于陷入叔本华式悲观主义的霍克海默、转向非同一性艺术的阿多诺、诉诸新感性之爱欲冲动的马尔库塞等第一代批判理论家的地方。如果说对阿多诺等人而言,解放仅仅意味着反对现存状况的

---

① [德] 马克斯·霍克海默:《批判理论》,李小兵等译,重庆出版社1989年版,第232页。

同化、抵抗既定秩序的收编，仅仅是一种说"不"的能力，一种拒绝顺从现实并与之和解的姿态，那么，哈贝马斯则还试图弄清自主性得以产生的社会条件和制度前提，解放意味着创造出真正的民主制度，这样的制度有能力反抗资本主义与国家行政力量的侵蚀。正是在这一意义上，罗萨写道："我们想要实现的自由、自己决定怎么过生活的自主性，以及为了实现这种自主性，向政治阻碍、结构阻碍、社会阻碍进行抗争以求解放，一向都是批判理论传统的核心。"①

关于批判理论的解放旨趣，哈贝马斯早在《认识与旨趣》一书中就从认识论的角度进行了分析，在他看来，任何形式的认识都与深深植根于人类天性中的旨趣密切相关，没有不可归结为旨趣的认识。由此出发，哈贝马斯概括了三种基本的旨趣及其对应的科学类型，技术旨趣对应的是经验分析的自然科学，实践旨趣对应的是历史－解释的精神科学，解放旨趣对应的是以批判为导向的社会科学。其中，解放的旨趣意在"保障理论知识同生活实践，即同在系统上受到扭曲的交往和在貌似合法的压制条件下才形成的'对象领域'的联系"②，这就是说，批判理论的解放旨趣，在于揭示那些维护现存权力关系的意识形态，使人摆脱依附和奴役，获得自由和独立，从而实现个性自主和社会解放。

霍耐特在最近的一次讲演中围绕"是否存在解放旨趣"这一批判理论的根本问题指出，哈贝马斯的《认识与旨趣》使人类这种克服依赖性和他律性的根深蒂固的解放旨趣重获新生，在批判实证主义哲学方法的同时，为批判理论本身提供了一种认识论基础。然而，另一方面，霍耐特却批评哈贝马斯由于过分倚重精神分析的模型（model of psychoanalysis），使其在从个人向整个社会分析的转换过程中造成了一些难以解决的根本困难："他的方法不仅造成了一种误导性印象，即人类可以被看作是单一的宏观的个体，而且它也未

---

① ［德］哈特穆特·罗萨：《新异化的诞生：社会加速批判理论大纲》，郑作彧译，上海人民出版社2018年版，第68页。
② ［德］尤尔根·哈贝马斯：《认识与兴趣》，郭官义、李黎译，学林出版社1999年版，第328页。

能与某种类型的活动建立联系,因而与所有知识的所谓先验来源建立联系。"①于是,霍耐特通过比较社会理论史上的不同解释进路,最后选择黑格尔的主奴辩证法对社会斗争的模式予以规范性的阐释,在他看来,任何为了解放而斗争的团体,为了实现其实践目标,必须区分两种认识要素,其一,面对顽固的自然化倾向,既有的规范必须具有解释的开放性;其二,面对现存的、阐释实践的制度化体现,必须能够理解其背后的深层利益。这样一来,"对社会规范之霸权解释模式的去自然化,以及对利益动机的揭示,就为批判理论通过科学探究的方式朝着进一步推进社会解放进程的目标前进开辟了一条道路"②。与此同时,霍耐特发现,在黑格尔法哲学的"伦理"部分特别是第149节,"解放"开始作为关键词一再出现,于是他就从马克思回到黑格尔,通过对黑格尔法哲学的再现实化,指认了解放的双重内涵,从消极方面说,指摆脱疾病痛苦和依附状态,从积极方面说,指获得真正的自由。对于批判理论而言,诊断和疗愈是密不可分的两种因素,如果说诊断的任务是从观察者视角揭示社会系统的内在矛盾和危机,那么疗愈的功能则着眼于从行动者的视角赋予规范性的正义理想以现实的制度安排。

那么,新一代的批判理论家如何讨论解放的可能呢?耶吉在2018年召开的主题为解放的国际会议上呼吁"现在到了重新讨论解放的时候了","有多少压迫和排斥的体制,就应该有多少解放的努力"。这里的"压迫和排斥"就是她在其博士论文中集中考察的"异化"——一种"无关系的关系",一种对世界和自我关系的阻断。耶吉写道,异化批判超越了自由主义的正义理论,包含了对"另一种不同质的社会"的理念,"异化批判总是与我们想过上何种生活的问题联系在一起"③。关于这样一种与异化相对的美好生活,罗萨写道:"在与世界产生共鸣的时间和地点,我们是非异化的。那是我们触碰、把握或移动我们面对的事物、地点和人的所在,和我们用整个存在回应的所在"④,

---

① Axel Honneth ", Is There an Emancipatory Interest? An Attempt to Answer Critical Theory's Most Fundamental Question", *European Journal of Philosophy*, Vol. 25, No. 4, 2017, pp. 918.

② Axel Honneth ", Is There an Emancipatory Interest? An Attempt to Answer Critical Theory's Most Fundamental Question", *European Journal of Philosophy*, Vol. 25, No. 4, 2017, pp. 919.

③ Rahel Jaeggi, Alienation, trans., Frederick Neuhouser and Alan E. Smith, New York: Columbia University Press, 2014, p. xxii.

④ Hartmut Rosa, "Im Reich der Geschwindijkeit", *Philosophie Magazin*, Nr. 2, 2018, S. 24–33.

这就是他的"共鸣理论"。在他看来，奠基于加速之上的异化的核心来源是晚期现代的自我与世界之间的关系出现了彻底的扭曲变形，美好生活意味着生活中有着丰富而多面向的"共鸣"体验，解放就是去追求这种充满共鸣的社会关系。所谓共鸣关系，指的是主体与世界之间彼此相互呼应，"在呼应过程当中两者始终保持自己的声音，不被对方占据、支配"[①]。根据罗萨的分析，现代社会加速导致的提升逻辑和增长社会，让我们与世界系统性地异化开来，阻碍了现代主体与世界的共鸣。所以，为了实现美好生活，罗萨引入了"后增长社会"的发展理念，主张重构"后增长"合理性的规范性基础，在后增长社会中置入对美好生活的诉求，具体来说就是要"重新阐释独立与自由、幸福与自我实现、快乐、团结和相互融入、未来几代人的发展等方面的问题"[②]。不难看出，这是一个宏大的研究计划，那么，追求共鸣真的是解放的出路吗？这应该交给历史和实践来检验。

综上所述，面对资本主义社会的系统性和结构性危机，面对自由主义对批判理论的"驯化"和"殖民"，面对后现代主义导致的批判的碎片化和政治斗争的微观化，以耶吉和罗萨为代表的新一代批判理论家试图通过复兴经典批判理论的跨学科研究计划来回到马克思式的"宏大理论（grand theory）"思考传统，无论是生活形式批判还是社会加速批判，都以全新的批判理论框架实现了对功能批判、道德批判和伦理批判的整合，这种总体性的资本主义批判理论，尽管在一定程度上尚未深入到资本逻辑批判的层面，但他们对社会异化之痛苦的敏感，对人类解放之图景的追求，对内在批判之方法的自觉，都引领了第四代批判理论发展的新方向，也为21世纪世界马克思主义的发展打开了更为广阔的空间。

---

① ［德］哈特穆特·罗萨：《新异化的诞生：社会加速批判理论大纲》，郑作彧译，上海人民出版社2018年版，"译者前言"第14页。

② 高静宇：《H. 罗萨论现代性的增长逻辑与动态稳定的终结》，载王世伟、荣跃明主编《国外社会科学前沿2012》，上海人民出版社2013年版，第65页。

第三节　社会主义理念的反思与复兴

近年来，在英国和美国等新自由主义的资本主义大本营刮起了一阵"红色旋风"，随着杰里米·科尔宾和伯尼·桑德斯相继走上政治前台，一度被边缘化的社会主义在经历了漫漫长夜之后终于迎来了复兴的曙光。而突如其来的新冠疫情，更是让人们目睹了资本主义社会的诸种弊端和中国特色社会主义的制度优势。在这样一个关键节点，欧美左翼纷纷一转颓势，变得更为乐观且具战斗性，在批判资本主义的"野蛮"和危机的同时，期盼着另一种不同的文明形态和世界秩序，援引齐泽克的说法，"一旦深陷危机，我们都是社会主义者"①。问题的关键在于，社会主义在 21 世纪的今天究竟意味着什么？作为法兰克福学派的重要代表人物，南茜·弗雷泽（Nancy Fraser）一直致力于资本主义的时代诊断和社会主义的理念重塑，并以此来重新创造适合于 21 世纪的批判理论规划。这里基于对弗雷泽新近著述的考察，在梳理法兰克福学派社会主义观之历史嬗变的基础上，从资本主义本质的深层透视、资本主义危机的总体诊断、社会主义规划的实践要素等方面，整体呈现以弗雷泽为代表的当代批判理论对社会主义理念的反思与复兴。

一、历史嬗变：从革命替代到民主驯化和规范重构

为了更好地理解弗雷泽对社会主义理念的重塑，首先对其所归属的法兰克福学派之社会主义观的历史嬗变做一简要梳理是必要的，这是其批判理论得以生发的思想语境和学术脉络。问题是时代的呼声，回顾批判理论的发展史，从霍克海默和阿多诺到哈贝马斯再到霍耐特，大致经过了三个世代，第四代的法兰克福学派新秀们也已经开始崭露头角，他们因应时代主题的变化，结合社会现实的处境，对社会主义理念展开了不同的反思，基本呈现出一种从"革命替代"到"民主驯化"再到"规范重构"的演变轨迹。

---

① Slavoj Žižek, *Pandemic! COVID-19 Shakes the World*, New York and London: OR Books, 2020, p. 93.

面对"十月革命"之后西欧诸国革命普遍失败的窘境,第一代法兰克福学派聚焦"革命何以可能"的主题,试图走出一条不同于苏联的西欧革命新路,为此他们在复兴"青年马克思"的基础上整合了精神分析、存在主义等跨学科资源,强调人们在本能、心理、阶级意识等方面的革命改造,主张通过"总体革命"来彻底改变资本主义现状。在经历了法西斯主义兴起、第二次世界大战爆发、"五月风暴"失败之后,与霍克海默的悲观不同,马尔库塞结合发达资本主义社会的技术自动化趋势和工人阶级革命潜能的弱化等新情况,主张"重新思考社会主义观念本身",并坚信社会主义的必然性。在他看来,整个资本主义社会都是病态的、破坏性的,任何资本主义内部的修正和改革已经毫无意义,只有通过革命,通过经济、政治、文化和社会关系的总体发展,创造与当前新自由主义的支配和社会控制体制彻底决裂的条件,才能推翻并取代现存秩序。马尔库塞主张,作为"一种总体上的替代方案","社会主义的理念就是把'跃入自由'视为质的改变,对资本主义的否定","社会主义本质上完全不同于资本主义"①,"社会主义社会应该被阐释为对资本主义世界的规定的否定。这种否定不是生产方式的国有化,不是它们的更大发展,也不是更高的生活水平,而是废除支配、剥削和劳动"②。由此可见,在马尔库塞的视域中,社会主义作为资本主义的革命替代,不仅意味着另一种更好的更公平运作的经济和政治制度,还意味着一种新的非异化的生活方式和一种解放了的成熟的新人类。

面对1989年东欧剧变、苏联解体的巨大冲击,哈贝马斯对"社会主义将走向何处"的问题给出了自己的回答。与马尔库塞的"革命替代"不同,哈贝马斯试图在政治实践中找到民主驯化的方案,主张从资本主义内部进行文明化,通过民主来解开"戈尔迪之结",即通过具有民主合法性和基于公共实践的政治手段来约束和调控资本主义并对其加以规制和监管③。在分别对认同

---

① [美]赫伯特·马尔库塞:《马尔库塞文集》(第6卷),高海青、连杰、陶锋译,人民出版社2019年版,第136—141页。
② [美]赫伯特·马尔库塞:《马尔库塞文集》(第1卷),高海青、冯波译,人民出版社2019年版,第269页。
③ [德]斯蒂芬·穆勒-多姆:《于尔根·哈贝马斯:知识分子与公共生活》,刘风译,社会科学文献出版社2019年版,第385—393页。

第四章 批判理论在当代的发展趋势

和批判社会主义理念的诸种诠释模式进行辨识和检视的基础上，哈贝马斯坚称，苏联解体、东欧剧变仅仅意味着国家社会主义的破产，社会主义本身依然是值得人们追求的目标，但今日的社会主义，既不同于马克思在《巴黎手稿》中那种浪漫而思辨的回答，也不仅仅是社会民主党的福利国家政策，更不是抽象地与现实对抗的纯粹道德立场，以及诸如自我实现、自主和团结、公义携手并存的规范直觉。对于社会主义，批判理论"充其量能够做到的，只是把解放的生活形式所必须具备的条件描述出来。至于采取哪种具体的方式，是由逐渐参与到其中的人自己决定的"①，这就是交往行为所打开的公共领域的力量。在哈贝马斯看来，苏联解体、东欧剧变的最大教训在于，市场对经济逻辑的调节仍具活力，以宪法为基础的行政权力不容忽视，但两者必须受到民主的公共舆论的监督。这也是哈贝马斯为什么反复强调货币、权力与团结是调控现代社会的三大资源。哈贝马斯总结说，面对21世纪关于宏大秩序及其重要性的挑战，西方社会"倘若缺乏一个以舆论和政治意愿的形成制度来达致的、彻底民主的利益普遍化过程，那是既不可能回答，也不可能付诸实现的。在这个范围内，社会主义左翼依然有其位置和作用，它可以推动一些刺激，以造就持续的政治交往过程，避免宪制民主的制度架构干瘪"②。这就意味着，西欧左翼必须"将社会主义理念转化为对资本主义社会彻底改革主义的自我批判……在国家社会主义破产之后，这种批判乃是使所有这一切成功的必经之途。"③ 显而易见，在哈贝马斯这里，社会主义已不再是通过革命替代资本主义，而变成了通过民主驯化资本主义。

面对2008年的国际金融危机及其引发的全球变局，如何理解"资本主义与社会主义的关系"成为当代批判理论家不可回避的时代之问。霍耐特在批判指认资本主义社会结构之"悖论性矛盾"的同时，竭力倡导"社会主义理念的复兴"，认为社会主义既不是关于社会正义的正当性说明，也不是对纯粹

---

① Jürgen Habermas, "What Does Socialism Mean Today? The Rectifying Revolution and the Need for New Thinking on the Left", *New Left Review*, No. 183, 1990, p. 12.

② Jürgen Habermas, "What Does Socialism Mean Today? The Rectifying Revolution and the Need for New Thinking on the Left", *New Left Review*, No. 183, 1990, p. 21.

③ Jürgen Habermas, "What Does Socialism Mean Today? The Rectifying Revolution and the Need for New Thinking on the Left", *New Left Review*, No. 183, 1990, p. 21.

道德规范的合法性论证,"而毋宁说是一种指向未来的运动,社会主义通过释放已然蕴含于现存社会之中的力量或潜能,旨在促使现代社会更加充分地'社会化'"①。通过回顾早期社会主义运动和思潮,霍耐特指认社会自由是社会主义的真正理念,在马克思等社会主义者看来,社会自由以共同体的存在为预设前提,以个体自由的实现为最终旨归,二者相互承认、彼此成就。与此同时,传统社会主义理念存在三大缺陷:一是过于关注经济领域的社会自由,贬低了政治领域的解放潜能;二是过于强调无产阶级的主体地位,忽视了工人阶级的现实变化;三是过于看重历史进步的客观趋势,排斥了主体的能动实践。为了修正上述缺陷,重新激活对另一个世界的想象,霍耐特提出了自己的"社会主义复兴规划":一方面,他借助杜威的历史实验主义观点,认为社会主义并非线性进化逻辑的产物,而是主体在能动的探索实验中扩展社会自由、实现人类解放的实践过程;另一方面,他采用了黑格尔关于家庭、市场、国家的功能性三分框架,认为社会主义的实现取决于社会自由在三大领域的共同实现和有机团结,即所谓的"民主的生活形式","这种民主的生活形式的理念就是社会主义对解放社会的构想,它的优点是能够公平地对待不同社会领域的功能性分化,但又不放弃对和谐整体的希望"②。这就是霍耐特基于其承认理论和民主伦理构想对社会主义的"规范性重构"。

  总的来看,尽管法兰克福学派三代学者以其各自的理论创构切中了不断变化发展的社会现实,对社会主义理念进行了与时俱进的阐释和富有价值的探索,但从"革命替代"向"民主驯化"和"规范重构"的转变也表明批判理论已经丧失了其原有的革命性、彻底性和激进性,也与马克思建立在唯物史观基础上的科学社会主义理论渐行渐远,那种试图在不颠覆资本主义制度的前提下通过民主驯化和规范引导来消除其弊端并实现向社会主义过渡的方案显然是不现实的乌托邦。

---

  ① Axel Honneth, *The Idea of Socialism: Towards a Renewal*, trans., Joseph Ganahl, Cambridge: Polity Press, 2017, p.52.
  ② Axel Honneth, *The Idea of Socialism: Towards a Renewal*, trans., Joseph Ganahl, Cambridge: Polity Press, 2017, p.92.

二、逻辑起点：资本主义本质的再思考

一般而言，法兰克福学派的批判理论具有双重任务，一是站在观察者的视角，诊断资本主义社会的病理症候，并对其多重危机展开批判；二是站在行动者的视角，推动现存社会的转型，并对其替代方案进行展望。这两大任务是密不可分的，或者更确切地说，要谈论社会主义的图景，首先要理解资本主义的本质及其危机，因为社会主义首先不是资本主义。只有认清资本主义的构成性动力和建制化结构，才能确切地把握必须加以转变的内容，进而以此为基础构想出社会主义替代方案的轮廓。于是，何谓资本主义，便成为弗雷泽在 21 世纪重塑社会主义规划的逻辑起点。

在当代左翼学界，对今日资本主义的认知可谓莫衷一是，诸如数字资本主义、债务资本主义、金融垄断资本主义等等，我们不禁要问，资本主义之为资本主义的本质性规定到底是什么？在弗雷泽看来，能否把握资本主义的本质在很大程度上取决于认知视角的深层拓展，这就要求我们不能仅仅停留于传统马克思主义那种狭隘的资本主义观，而应以一种扩展的资本主义观取而代之[①]。于是，弗雷泽从批判理论的方法论视角区分了透视资本主义的两种观点。所谓狭隘的资本主义观，指的是将资本主义仅仅理解为一种经济体制，并将诸如私有财产和市场交换、雇佣劳动和商品生产、利润、利息和租金等以货币计价的东西视作定义要素，将利润最大化和经济增长视为绝对命令。这种经济主义的理解不仅是被主流学界广为接受的常识，甚至在某些传统马克思主义者的视域中，资本主义也是一种以资本家与工人的生产关系为中心的阶级剥削制度，剥削是资本主义的症结所在，不仅是剩余价值的秘密，而且是技术创新和生产力提高的驱动力，也是贫穷和阶级不平等的根源，还是大规模失业和周期性经济危机的动力。但弗雷泽指出，这种未经反思的常识性观点"放弃了一种试图控制和改造社会整体的综合性视野的可能性"，"与这种方法相反，批判理论必须捍卫全面性、综合性、规范性、纲领性思想的可能性和可期性"[②]。

---

① Nancy Fraser, "What Should Socialism Mean in the Twenty-First Century?", *Socialist Register*, Vol. 56, 2020.

② ［美］南茜·弗雷泽：《正义的中断——对"后社会主义"状况的批判性反思》，于海青译，上海人民出版社 2008 年版，第 4 页。

事实上，早在批判理论创立之初，霍克海默就曾经对上述经济主义的狭隘视界进行过批判："经济主义并不在于它对经济过度重视，而是在于它给经济提供的范围过于狭窄。批判理论关注的是作为一个整体的社会，但这种广泛的视野却被经济主义所忽视，而有限的现象被经济主义当作最终的裁决。"① 正因如此，弗雷泽并没有局限于简单接受马克思的经典范式，而是将女性主义、生态主义、后殖民主义等多维视角纳入马克思主义理论，就像当年马克思从交换领域深入到生产领域一样，她则进一步深入到了生产领域背后，追问资本主义生产何以可能。这就意味着，所谓扩展的资本主义观，旨在探索资本主义劳动剥削、经济生产和资本积累得以可能的诸种非经济条件，揭示资本主义社会关系内含的结构性划分和制度性分离及其内生性危机趋向，解蔽隐匿在表面的"台前故事"背后的"幕后故事"②，从而以一种关于资本主义的总体图景实现对主流和传统观念的超越。

于是，弗雷泽深入到生产这一隐秘之地的背后，分别讨论了资本主义经济得以可能的四个非经济条件：其一是用于社会再生产的无薪劳动，包括家务劳动，生育和抚养子女，照护老年人和失业者等，所有这些都旨在维系家庭、社区乃至人类的生存和发展，并由此构成资本谋利不可或缺的前提③。然而，资本却没有赋予它们任何价值，也不关心如何予以补偿。其二是从被征服者，特别是种族化人群那里剥夺（expropriated）来的大量财富，既包括依赖性的、不自由的、无薪的或低薪的劳动，也包括被剥夺的土地、被掠夺的矿产和能源储藏。资本主义社会自从产生起便一直与种族压迫长期纠缠，并没有随着自身的成熟和所谓的文明而有所收敛④。资本积累明明依赖于这种对臣服民族的剥夺——与对雇佣劳动的剥削（exploitation）相互交织——但对此却矢口否认，并拒绝为其买单。其三是来自非人自然的"免费礼物"，它们为资本主义生产提供了必不可少的原材料和能量，如可耕种的土地，可呼吸的

---

① ［德］马克斯·霍克海默：《批判理论》，李小兵等译，重庆出版社1989年版，第235页。
② Nancy Fraser, "Behind Marx's Hidden Abode: For An Expanded Conception of Capitalism", *New Left Review*, No. 86, 2014, p. 60.
③ Nancy Fraser, "Contradictions of Capital and Care", *New Left Review*, No. 100, 2016, p. 99.
④ Nancy Fraser, "From Exploitation to Expropriation: Historic Geographies of Racialized Capitalism", *Economic Geography*, Vol. 94, No. 1, 2018, p. 4.

空气，可饮用的水源以及地球大气的碳承载能力。资本将自然视作极其廉价的礼物之源，它帮助了资本，却未能得以修复。其四是国家和其他公共权力提供的公共物品，包括保证财产权、合同和自由交换的法律命令，确保秩序、制止叛乱、管理异议、进行剥夺的镇压力量，能够跨越时间和空间进行交易的货币供应，运输和通信的基础设施，以及管理系统危机的各种机制。不过，资本对公共权力有一种天然的憎恨，并试图逃避维系公共权力所必需的税收。由此可见，在资本主义的经济特征——生产资料私有制、自由的劳动力、价值的自我增殖、市场交换——背后存在着必要的支撑条件：家庭、殖民地、大自然、领土国家，这些条件共同构成了资本积累的必要前提，也是资本主义社会的构成性要素。

至此，弗雷泽得出结论："资本主义不仅仅是一种经济（体制），而是意味着更多的东西。它是一种建制化的社会秩序，其中经济活动和关系的领域被显著地划分出来，并与其他非经济的领域相区分，前者依赖于后者，但后者却被否认。资本主义社会包含不同于（并依赖于）'政治'或政治秩序的'经济'；包含不同于（并依赖于）'社会再生产'领域的'经济生产'领域；包含一套不同于（并依赖于）剥夺性背景关系的剥削性关系；以及一种人类活动的社会历史领域，它不同于（并依赖于）非人自然的假定的非历史性物质基础。"① 这就是弗雷泽所提出的扩展的资本主义观，这里的"扩展"绝不仅仅意味着某种特征数量的增加，关键在于通过分析资本主义经济与非经济的隐性前提之间的矛盾性关系，将以往视作次要之物的性别、种族、生态、民主等构成性要素纳入其中，图绘了资本主义社会关系所内蕴的经济生产与社会再生产、社会的人与非人的自然、剥削与剥夺、经济与社会等建制性划分，从而呈现了一种关于资本主义的全新的总体性叙事。

三、理论要务：危机的多重性及其疗愈

作为当代法兰克福学派的主要代表，弗雷泽深知，批判理论与传统理论的根本异质性在于，不仅仅要解释世界，更要改变世界，不仅仅要揭示资本

---

① Nancy Fraser, "What Should Socialism Mean in the Twenty-First Century?", *Socialist Register*, Vol. 56, 2020.

主义经济运行得以可能的隐性前提，更要诊断当前社会秩序的病态现象并为其从痛苦中解放出来实现健康发展提供指引。由此观之，她提出扩展的资本主义观是为了重塑社会主义理念，因为在她看来，社会主义是对资本主义必然产生却无法解决的问题的回应，是对资本主义固有且在其内部无法克服的结构性危机的疗愈，只有准确把脉资本主义错在何处，才能采取针对性的救治措施，这是重构社会主义规划的理论要务。

综观当代左翼对资本主义的病理学诊断，可以说，资本主义主要存在三大错误：不公正（injustice），非理性（irrationality），无自由（unfreedom）。其一，资本主义的核心不公正在于资本家阶级对无产阶级工人的剥削。工人创造了巨额财富却无法自由分享，资本家不仅占用工人的剩余价值，还在不断强化对他们的支配。其二，资本主义的主要的非理性是指其内在固有的经济危机倾向。由于它以剩余价值的无限积累为定向，因而在结构上具有自我去稳定化（self-destabilizing）的趋势。即便采取金融化等补救措施，充其量也只能推迟而无法避免逐渐加剧的周期性经济危机。其三，资本主义就其深层本质而言是不民主的，无自由可言。诚然，它时常承诺政治领域的民主，但阶级的权力和社会不平等已经从系统上削弱了这一承诺。工人的劳动场所是一个资本发号施令而工人唯命是从的空间，所谓民主自治的伪装在现实面前不堪一击。

然而，在弗雷泽看来，这些都源于资本主义经济的内在动力，归根结底都是基于一种狭隘的资本主义观，因此，上述图景"尽管正确地揭示了资本主义固有的经济弊病，但它没有反映出一系列非经济的不公正、危机倾向和诸种形式的不自由"[1]，也就是说，以往左翼的病理学诊断是不完整的。这也是她为什么强调扩展的资本主义观"改变了——甚至是扩大了——我们关于资本主义错在何处以及必须采取何种措施来改变资本主义的认识"[2]。

首先，扩展的资本主义观在阶级剥削之外揭示了一系列系统性的不公正。弗雷泽认为，这种系统性的不公正并非局限于经济领域内部，同时还奠基于

---

[1] Nancy Fraser, "What Should Socialism Mean in the Twenty-First Century?", *Socialist Register*, Vol. 56, 2020.

[2] Nancy Fraser, "What Should Socialism Mean in the Twenty-First Century?", *Socialist Register*, Vol. 56, 2020.

资本主义经济与其得以可能的四种非经济前提之间的划分之上。其一，资本主义存在着经济生产与社会再生产之间的划分，与经济生产中工人劳动以现金工资形式获得报酬不同，在社会再生产中，往往是无薪的照护（care）或情感劳动，只能在"爱"中得到补偿。由此确立起一种性别不对称，并为女性的从属地位、性别二元论和异性恋奠定了基础。其二，资本主义在所谓自由的工人与依赖性他者之间存在划分，如果说前者尚能通过自己的劳动换取些微的报酬，后者的人格和财产则被直接剥夺。这种剥削与剥夺之间的划分与资本主义的发展始终纠缠在一起，并导致了种族压迫、驱逐土著甚至种族灭绝等。其三，资本主义预设了人类与自然之间的区分，后者不仅被当成无尽材料来源的蓄水池，而且被作为吸纳各种废弃物的污水坑，这种对自然的残酷压榨不仅是对自然本身的不公，还是对子孙后代的代际不公。其四，资本主义在经济与政治之间也建立起了结构性划分，一方是资本的私人权力，一方是国家的公共权力，二者博弈的后果是将一系列生死攸关的问题排除在已然萎缩的民主议程之外，本应自治的公民被置于资本的专制统治之下，这是名副其实的政治不公正。弗雷泽强调，与阶级剥削一样，这些不公正都是结构性的，如果社会主义要纠正资本主义的不公正，就不仅要改变经济关系，而且要改变包括性别秩序、种族秩序、生态秩序、民主秩序在内的整个建制化社会秩序，即资本主义本身。

其次，扩展的资本主义观在经济危机之外揭示了多重性的危机倾向。与马克思过于关注经济危机不同，弗雷泽认为，资本主义经济得以运行很大程度上是搭了社会再生产、非人自然、种族人群、政治权力等的便车，而其对利润最大化的无尽追逐则势必会破坏这些隐性背景的稳定性，从而催生了各种危机倾向以及与之伴随的边界斗争。其一，社会再生产危机，或照护危机（crisis of care）。"今日照护危机的根源在于资本主义内在的社会矛盾，或者更确切地说，正是今日金融资本主义的形式在产生这样一种危机"[①]，因为它在试图避免为其所依赖的无薪照护工作买单的同时，既要求削减社会服务的公共供给，又要增加每个家庭和妇女的有偿工作时间。其二，生态危机。资本对非人自然的榨取，并没有随着新技术的提高有所缓解，反而加剧了对自然

[①] Nancy Fraser, "Contradictions of Capital and Care", *New Left Review*, No. 100, 2016, p.117.

的吞噬和商品化过程，结果不仅耗尽了土壤，污染了海洋，暖化了大气，使得地球的碳承载力不堪重负，而且拒不承担任何修复成本，日益严重的生态危机已成为"人类世"的极大威胁。其三，种族冲突。弗雷泽强调，种族压迫存在于从种植园资本主义到金融资本主义等各个不同阶段，从臣服族群那里掠夺来的巨额财富与从雇佣工人那里剥削来的剩余价值共同揭开了所谓资本自我扩张的无耻谎言。新自由主义的盛行更是使新帝国主义时代的种族冲突和对抗有增无减。其四，政治危机。资本为了利润的最大化，不仅逃避本应承担的税收，还倾向于掏空其所依赖的公共权力，削弱国家的监管能力，结果只能是重大的治理危机，这在当前的新冠疫情危机应对中已经展现得淋漓尽致。不难看出，弗雷泽视域中的资本主义危机是一种"总体危机"，涉及照护危机（社会再生产危机）、生态危机、种族冲突、政治危机等多重维度，而且这些领域的相互交叉又加剧了彼此之间的冲突。

最后，扩展的资本主义观还揭示了一种扩展的民主缺陷。伴随全球化而来的资本疯狂扩张，不仅使得民族国家内部的民主政治日益空心化，而且通过军事霸权行径破坏着世界主义的民主氛围。在弗雷泽看来，问题不在于经济不平等和阶级权力阻碍了政治领域民主的可能性，也不在于将重要之事排除在民主决策的范围之外，问题的关键是，"我们应该如何组织产品的生产，以及满足需求的使用价值？基于什么样的能量基础以及通过什么样的社会关系？我们应当如何一方面将商品生产与人的再生产联系起来，另一方面与非人的自然联系起来？而且或许最重要的是：我们该如何处理我们集体生产的社会剩余？在资本主义社会中，我们在这些问题上基本上没有发言权。那些追求最大积累的投资者在我们背后决定了一切"[①]。

总体而言，弗雷泽通过扩展的资本主义观揭示了资本主义社会的多维弊端和总体危机，这是那些深陷经济主义狭隘视界的左翼所看不到的。这同时意味着，如果社会主义旨在纠正资本主义的错误，那么，它所创造的另一种新的社会秩序，不仅要克服阶级剥削，而且要克服性别不对称、种族压迫、生态退化和政治统治，以及更根本的，还要将导致多重危机倾向的那些结构

[①] Nancy Fraser, "What Should Socialism Mean in the Twenty-First Century?", *Socialist Register*, Vol. 56, 2020.

性划分去制度化。

四、实践规划：建制边界、社会剩余与市场空间

与那些痴迷于正义话语的道德哲学家、热衷于身份政治的激进左翼以及执着于民主共识和规范承诺的主流学院派不同，弗雷泽的批判理论一直致力于构建一个整合道德哲学、政治分析和社会理论的新的总体框架，进而为另一种"后社会主义"——与作为现实存在的社会主义的苏联模式迥然不同——开辟道路。因为如果仅仅停留于对资本主义社会的理论批判，而缺少对社会主义替代方案的实践规划，不仅会导致在理论上陷入认同"资本主义是别无选择的"误区，而且在实践上会动摇甚至最终背弃马克思主义。在她看来，"至少在当前，尚未出现能够取代社会主义的一种新的广泛的公正社会秩序的进步前景"①。

那么，回到起初的问题，社会主义在 21 世纪的今天究竟意味着什么？这是弗雷泽于 2019 年 5 月 8 日在华盛顿大学所作的"所罗门·卡茨杰出人文讲座"的题目，在她看来，重新思考 21 世纪的社会主义规划本身是一项相当艰巨的任务，这需要理论家和行动派的共同努力才能完成。根据一种扩展的资本主义观，我们也需要一种扩展的社会主义观，"社会主义必须要做的不仅仅是改变生产领域，它还必须改变生产与其得以可能的背景性条件之间的关系。我们时代的社会主义不仅必须克服资本对雇佣劳动的剥削，而且还必须克服对无薪照护、公共物品以及从种族化臣民和非人的自然所剥夺来的财富的搭便车行为"②。当然，弗雷泽早就意识到，"我们现在没有能力为社会主义构想一个全面的后续方案。但我们可以尝试设想一些暂时性的现存秩序替代，这些替代能够为进步性政治的发展提供基础"③。具体来说，她从三个方面作出了回答。

---

① [美] 南茜·弗雷泽：《正义的中断——对"后社会主义"状况的批判性反思》，于海青译，上海人民出版社 2008 年版，第 1—2 页。
② Nancy Fraser, "What Should Socialism Mean in the Twenty-First Century?", *Socialist Register*, Vol. 56, 2020.
③ [美] 南茜·弗雷泽：《正义的中断——对"后社会主义"状况的批判性反思》，于海青译，上海人民出版社 2008 年版，第 4 页。

第一，社会主义意味着建制边界的结构化重组。弗雷泽对边界问题尤为重视，这与其对资本主义本质的界定密切相关。在她看来，社会主义不应只是单方面关注经济领域，还要重新考虑经济与其隐性前提之间的边界，重新想象生产与再生产、人与自然、社会与政治之间的关系。这并不是说社会主义要完全取消这些区分，苏联模式已经为我们提供了前车之鉴，而是说要重新审视构成资本主义社会的诸种建制性划分，既可以将其重新安置，把曾属于经济范畴的问题变成政治议题，也可以软化边界，缓和不同领域之间的对抗。"更重要的是，我们必须扭转这些领域当前的优先排序：资本主义社会将生态和社会再生产的要求从属于旨在追求积累的商品生产之下，而社会主义者则要把这些事情颠倒过来：将抚育人民、保护自然和民主自治作为社会的最高优先项，这比效率和增长更为重要。实际上，它必须明确把那些资本所贬低甚至是否认的背景事实摆在前台。"① 弗雷泽还特别强调，21世纪的社会主义必须使确定和修改建制边界的过程民主化，也就是说，社会主义的"领域重组"必须服从于集体的民主决策，遵循非支配原则的约束。此外，这种领域重组必须尽可能以量入为出原则为指导，这就意味着，社会主义必须确保所有生产和再生产条件的可持续性，对照护工作予以补偿，对自然生态进行修复，对外来财富加以取代，并补充其在满足其他需要过程中所运用的政治能力和公共物品。一句话，不能在那些不被承认的背景性事务上搭便车。只有这样，21世纪的社会主义才能克服资本主义的非理性，并将其内在的危机倾向去制度化。

第二，社会主义意味着社会剩余的民主化控制。与资本主义社会中的剩余被视为资产阶级的私有财产，并用于再投资以便生产更多的剩余不同，社会主义必须通过集体决策来决定如何处理现有的过剩产能和资源，弗雷泽反复强调："不论社会主义的内涵多么丰富，它一定包含着对社会剩余进行配置的集体的民主的决定。"② 这就要求必须将植根于资本主义社会的增长要求去制度化，当然，这并不意味着把"去增长"作为一种反向要求制度化，而是

---

① Nancy Fraser, "What Should Socialism Mean in the Twenty-First Century?", *Socialist Register*, Vol. 56, 2020.
② Nancy Fraser and Rahel Jaeggi, *Capitalism: A Conversation in Critical Theory*, Cambridge: Polity, 2018, p. 25.

说，要将增长问题视作政治问题，关于生产什么、生产多少、如何生产以及将社会剩余投资到何处，所有这些问题都要经过民主决策。然而，弗雷泽指出，问题在于，马克思几乎完全将剩余视为在工人创造的价值满足其生存所需之后，资本从雇佣工人那里占有的劳动时间，相比之下，他对资本剥夺的各种免费或廉价之物的关注要少得多，而对资本无法弥补其再生产成本的关注更是少之又少。这就意味着，社会主义社会将从资本主义那里继承数个世纪以来的巨额欠账，那些照护劳动、生态修复、种族补偿、公共物品等原本资本拒绝为之买单的东西，以及全球范围内大量未被满足的衣食住行等人类需求，都不应被视为剩余投资，而应被视作绝对必要之事。也就是说，随着资本主义观的扩展，对于何谓必要、何谓剩余的问题，会呈现出不同的外观。这样一来，"我们将不再只是从外部调节经济，而是从内部转变经济，这是对资本主义的根本转变"[①]。

第三，社会主义意味着市场功能的社会化转型。关于市场在社会主义社会中的作用，弗雷泽概括如下，"在顶层（the top）没有市场，在底层（the bottom）也没有市场，但中间（the in-between）可能有一些市场"[②]。在她看来，这里的"顶层"指的是社会剩余的分配，如果存在社会剩余有待分配，它必须被视为整个社会的集体财富，任何个人、公司或国家都无权占有或处置，而是必须通过决策和计划的集体过程以民主的方式来进行分配。即是说，市场机制在这一层面上不应发挥任何作用。这里的"底层"指的是衣食住行等基本需求的满足，至于何谓基本需求本身也必须成为民主讨论、辩论和决策的主题。但是，无论如何，我们为满足这些需求而生产的使用价值不能是商品，只能是公共物品。这也是为什么弗雷泽并不赞同"无条件基本收入（Universal Basic Income）"，因为这一方案通过向人们发放现金来购买满足其基本需求的东西，也就意味着将基本需求的满足当作商品来对待，而社会主义社会应该将它们视作公共物品。因此，在底层也没有市场。那么中间地带呢？弗雷泽指出："我把中间地带想象成一个混合了多种可能性的实验空

---

① Nancy Fraser and Rahel Jaeggi, *Capitalism: A Conversation in Critical Theory*, Cambridge: Polity, 2018, p.184.

② Nancy Fraser, "What Should Socialism Mean in the Twenty-First Century?", *Socialist Register*, Vol.56, 2020.

间——一个'市场社会主义'可以在其中找到一席之地的空间,还有合作社、共同体、自我组织的协会和自我管理的项目。"① 在这种情况下,市场的运作既不会被驱动资本积累的机制所影响,也不会被社会剩余的私人占有所扭曲。换句话说,一旦顶层和底层都被社会化和去商品化了,市场在中间地带的功能就将实现社会化转型。

正如弗雷泽自己所说,这里所勾勒出的只是社会主义相关问题的最基本、最初步的轮廓,但即便如此,"21世纪的社会主义规划是值得追求的,社会主义绝不仅仅是一个时髦的术语,而是必须成为现存秩序的名副其实的替代方案,当前这个现存的秩序不仅正在摧毁我们的星球,而且阻碍了我们自由、民主和健康地生活的机会"②。在弗雷泽这里,与对社会主义的传统理解不同,我们不能仅仅关注剥削和生产,还必须同时挑战资本主义社会中再生产与生产、剥夺与剥削、人与自然、经济与政治之间的联系,只有从一种扩展的资本主义观出发,才能进而发展出一种扩展的社会主义观,唯其如此,才能实现社会秩序的整体转型。

综上所述,弗雷泽对资本主义本质的透视是深刻的,她通过整合女性主义、生态主义、后殖民主义等跨学科资源,揭示了资本主义经济生产得以可能的诸多背景性条件和构成性要素,以一种资本主义的总体图景实现了对以往经济主义狭隘视界的超越。弗雷泽对资本主义社会的病理诊断是全面的,她扩展了人们对现存秩序之系统性不公正、多重性危机和民主缺陷的理解,以对照护危机、生态危机、种族冲突、治理危机的敏锐洞察丰富和发展了马克思主义的危机理论。但是,弗雷泽仅仅围绕建制边界、社会剩余和市场功能重塑的21世纪社会主义规划却略显单薄,甚至表现出某种知识分子的浪漫特质,不仅未能彻底摆脱民主社会主义的窠臼(弗雷泽在最近的一次访谈中自称"是一个民主社会主义者,就像伯尼·桑德斯一样"③),而且离马克思通过生产力与生产关系的矛盾运动来论证社会主义必然性的思路渐行渐远。

---

① Nancy Fraser, "What Should Socialism Mean in the Twenty-First Century?", *Socialist Register*, Vol. 56, 2020.
② Nancy Fraser, "What Should Socialism Mean in the Twenty-First Century?", *Socialist Register*, Vol. 56, 2020.
③ Nancy Fraser, "Capitalism's Crisis of Care", *Dissent*, Vol. 63, No. 4, Fall 2016, p. 34.

需要特别指出的是，弗雷泽的社会主义观未能将新时代中国特色社会主义的实践成就和制度优势纳入考量范围，这一中国视角的缺失在一定程度上限制了其批判理论的现实潜能。

第四节 社会转型的策略逻辑与主体

在对资本主义现实的批判和社会主义未来的规划进行了讨论之后，如何实现从前者向后者的社会转型便成为当代批判理论不可回避的关键论题。埃里克·欧林·赖特（Erik Olin Wright）是当代美国著名的马克思主义理论家、社会学家，在国际左翼学界享有盛誉，不幸因罹患血癌，于2019年1月23日病逝。赖特早年凭借对阶级概念的重构和中产阶级"矛盾定位（contradictory locations）"的分析①，挑战主流社会学，成为分析的马克思主义学派的重要代表，在苏联解体、东欧剧变之后转向"现实的乌托邦"规划②，致力于对资本主义替代方案的探索，为向社会主义的转型勾画路线图，弥留之际依然坚持完成《如何成为一个21世纪的反资本主义者》的写作和修改③。正如赖特在一次访谈中所说，"反对资本主义的分析贯穿了我的学术生涯"④，这里试图通过对新近出版的赖特遗著的解读，从规范基础、策略逻辑、替代方案和政治主体等方面勾勒其资本主义批判理论的总体图景，也以此表达对赖特的纪念。

一、规范基础与左翼的价值立场

一般而言，批判理论作为解放的社会科学，具有三重基本任务，一是对现存社会秩序的诊断和批判，二是对可行替代方案的展望和构想，三是阐明

---

① ［美］埃里克·欧林·赖特：《阶级》，刘磊、吕梁山译，高等教育出版社2006年版，第23页。
② Erik Olin Wright, *Envisioning Real Utopias*, London and New York：Verso, 2010.
③ Erik Olin Wright, *How to Be an Anticapitalist in the Twenty-First Century*, London and New York：Verso, 2019.
④ Erik Olin Wright, "Why ClassMatters", http：//www.jacobinmag.com/2015/12/socialism-marxism-democracy-inequality-erik-olin-wright.

实现社会转型的策略和主体①。其中，对现存的资本主义的认知构成了批判理论之自我理解所不可回避的前提性问题。在当代左翼学者的知识图景中，诸如数字资本主义、信息资本主义、债务资本主义、金融垄断资本主义等各种界定可谓纷繁复杂，那么，究竟何谓资本主义？赖特指出，作为一种组织社会经济活动的特定方式，资本主义包含两个核心要素，其一是生产资料私有制及其导致的资本家剥削雇佣工人的阶级结构，其二是通过去中心化的市场交换组织起来的经济协调机制，二者结合造就了资本积累的独特动力体系。资本主义在推动社会发展的同时，也伴随着或显性或隐性、或个体或集体的种种不满与反抗，溯其原因，一般有二：阶级利益与道德价值。基于对当代资本主义社会阶级结构之复杂性的考察，赖特强调，以往那种二元化、简单化的阶级理解使得许多传统的马克思主义者认为没有必要从社会正义或道德缺陷的角度对资本主义提出系统性批判，"这种纯粹奠基于阶级利益之上的反资本主义论点不适用于 21 世纪"②。在赖特看来，任何对资本主义的诊断和批判背后都隐含着一套规范理论，这就意味着，当我们说现存的社会关系和制度对人们造成压迫、苦难和伤害时，已经加入了道德判断。因此，辨识资本主义究竟如何损害了特定群体的物质利益固然重要，但也必须厘清构成反对资本主义道德基础的价值观。

赖特写道："针对资本主义的道德批判有三组核心价值：平等/公平，民主/自由，社群/团结。这些价值在社会抗争当中历史悠久，至少可以追溯到法国大革命标举的自由、平等、博爱这三个理想。"③ 具体而言，其一，平等的观念存在于几乎所有社会正义概念的核心。但平等主义理想的实质内容则歧见纷纭，当代政治哲学围绕"什么的平等"之争，先后涌现出机会平等、资源平等、能力平等诸多理解。赖特主张用以下的方式思考平等价值："在一个公正的社会里，所有人都拥有大致平等的进路可以取得享有美好生活所需

---

① Erik Olin Wright, *Envisioning Real Utopias*, London and New York: Verso, 2010, p. 10.
② Erik Olin Wright, *How to Be an Anticapitalist in the Twenty-First Century*, London and New York: Verso, 2019, p. 7.
③ Erik Olin Wright, *How to Be an Anticapitalist in the Twenty-First Century*, London and New York: Verso, 2019, p. 9.

的物质与社会条件。"① 这里的关键不是指所有人都拥有同样美好的生活——消极意义上没有疾病和缺陷,积极意义上能够实现自身的潜能和目标——而是说所有人对于追求美好生活所需的社会物质条件拥有平等的获取进路,不论种族、性别、阶级、宗教,也不分穷人富人、今人后人,这体现了平等主义的公平原则。其二,与那些认为民主与自由具有紧张关系的流俗之见不同,赖特指认二者反映了同一种核心的潜在价值,自我决定的价值:"在完全民主的社会里,所有人对于有意义地参与影响自身生活的决策所需的必要条件,都享有大致相等的获取进路。"② 在这里,自我决定就是人应该最大限度地决定自己生活的条件,这对于实现美好生活尤为重要。自由与民主的差别在于影响个人生活的行为所带有的背景条件,即在于决策的影响对象是自我抑或他人,而不在于背后的价值本身。因此,我们需要一套界划上述背景条件的规则,这就是公共领域与私人领域之间的界限,这一界限本身也必须受到民主审议与决定。其三,赖特指出:"社群/团结表达了人应当互相合作的原则,不仅是因为他们个人能够从中得到好处,也是因为他们真心关注别人的福祉,并且认为自己有这么做的道德义务。"③ 这就意味着,合作的动机不该仅是来自于对个人自我利益的工具性考量,而是应该结合道德义务以及对别人的关怀。社群/团结之所以有价值,不仅是由于它们是实现美好生活的要素之一,还因为它们对于平等和民主也相当重要。于是,要对任何一种社会制度或社会结构进行评价,都离不开这三组价值,不论家庭、社会,还是国家,都可以依据它们促进或阻碍这些价值的实现来加以评估。

综观当代资本主义批判理论的总体格局,不仅批判进路各异,如功能批判、道德批判、伦理批判等各有优长,而且批判范式不一,如社会加速批判、生活形式批判、生命政治批判等层出不穷,但赖特"主要聚焦的批判则是关

---

① Erik Olin Wright, *How to Be an Anticapitalist in the Twenty-First Century*, London and New York: Verso, 2019, p. 10.
② Erik Olin Wright, *How to Be an Anticapitalist in the Twenty-First Century*, London and New York: Verso, 2019, p. 15.
③ Erik Olin Wright, *How to Be an Anticapitalist in the Twenty-First Century*, London and New York: Verso, 2019, p. 18.

乎反资本主义抗争最深层的价值：即平等、民主与社群"①。之所以反对资本主义，就是因为这种组织社会经济活动的方式阻碍了上述价值的充分实现。

根据赖特的分析，第一，资本主义社会中收入与财富的不平等，违反了社会正义的平等原则，致使有些人对实现美好生活所需的条件不仅无法拥有平等的获取进路，甚至遭到彻底的剥夺，这是由其内在的运行机制决定的。在资本主义社会结构中，由于资本与劳动之间的权力不平衡，加之全球化条件下资本的高流动性与劳动力的相对稳定性，造成了一种独特的经济不平等——剥削，富人之富恰恰来自于穷人之贫。而资本主义市场竞争的本质以及应对风险能力的差异，又逐渐拉大个人之间原本存在的不平等。在竞争压力之下，资本主义在不断发展科技、创新工作形式的同时，也伴随着被迫失业的工人遭到边缘化以及陷入贫困的悲剧，由此加剧了日渐扩大的社会不平等。

第二，尽管资本主义在一定意义上会促进自由与民主的兴起以及有限程度的发展，但也会阻碍这两种价值的完全实现。比如，资本主义对公共领域和私人领域的划分，致使许多影响普通民众生活的决策被排除在民主控制之外，当局在制定规则时也往往于资本家更为有利，而且富人相比穷人更容易接触政治权力，资本家相比雇佣工人拥有更高的自主权，凡此种种，都是对民主与自由原则的违背。赖特还特别强调："自由的价值不仅是说不的能力，也是积极实现个人人生规划的能力。资本主义在这方面剥夺了许多人的实质自由。富裕当中的贫穷不只让人无法平等获取美好生活所需的条件，也让人无法取得自我决定所需的资源。"②

第三，资本主义在制造不公、限制民主的同时，还会滋生将个人竞争成果置于集体福祉之上的文化理想，直接导致社群价值的衰弱。赖特援引 G. A. 柯亨的如下观点，"在市场社会里，生产活动的直接动机，通常是贪婪与恐惧

---

① Erik Olin Wright, *How to Be an Anticapitalist in the Twenty-First Century*, London and New York: Verso, 2019, p. 23.
② Erik Olin Wright, *How to Be an Anticapitalist in the Twenty-First Century*, London and New York: Verso, 2019, p. 30.

的混合"①，并指认贪婪和恐惧是竞争市场的本质所造成的动机，竞争越激烈，这两种运作动机就越会受到强化，由此便形成了资本主义的腐蚀性元素——竞争式个人主义与私有化消费主义。这两种文化元素与前述个人动机"相互作用，造就出了一种对于社群/团结价值充满敌意的环境"②。而且，日渐激烈的竞争还会导致处境相似的人形成某些狭小的边缘群体，这种阶级区隔的形式如果与植根于种族、性别或宗教等身份认同的社会分歧彼此吻合的话，社群/团结的价值最终将会因其狭隘而变得支离破碎。这是赖特基于三大价值原则对资本主义社会的病理诊断。

二、策略逻辑与社会转型的可能性

要想彻底批判资本主义，并最终实现这一复杂社会体系的解放性转型，仅仅立足左翼的价值立场展开道德批判是远远不够的，21世纪的反资本主义者还必须为社会转型拟定切实可行的策略。这是赖特资本主义批判理论的第二个层面，也是对当代西方左翼"因策略储备匮乏难以引领和驾驭反对资本主义的洪流"这一困境③的突围。

于是，赖特首先检视了反资本主义抗争史上五种特别重要的策略逻辑。其一，摧毁（smashing）资本主义，这是革命的马克思主义之经典策略逻辑，其认为资本主义体系已然腐朽不堪，那种试图通过小修小补将其改良为一种良性社会秩序的主张纯粹是一种幻想，资本主义的核心根本无法改良，唯一的希望就是加以摧毁，并予以重建。由于统治阶级的阻挠，解放性替代方案的完全实现可能需要逐步达成，但达成这种逐步改变的必要条件，就是要对现有权力体系造成决定性的断裂。革命政党的任务就是抓住危机时刻，夺取国家权力，摧毁现有政权，建立替代制度。尽管这一策略激发了革命人士的想象力，并在一段时间内改善了人们的生活，但20世纪的历史告诉我们，那些断裂性的革命尝试并未产生预想的新世界。不论是由于社会环境的不利、

---

① Gerald Allan Cohen, *Why Not Socialism?*, Princeton and Oxford: Princeton University Press, 2009, pp. 39–40.
② Erik Olin Wright, *How to Be an Anticapitalist in the Twenty-First Century*, London and New York: Verso, 2019, p. 34.
③ 姜辉：《21世纪世界社会主义的新特点》，社会科学文献出版社2016年版，第59页。

策略领导的失误抑或革命动机的不纯等复杂原因，20世纪的革命悲剧表明以断裂方式摧毁资本主义并不是可行的社会解放策略，尽管它迎合了人们的不满和愤怒。

其二，拆解（dismantling）资本主义，即通过国家主导的持续性改革自上而下逐渐推行社会主义元素，由此逐步拆解资本主义，并建立一套替代方案。要做到这一点，必然会有一段漫长的时期是资本主义关系与社会主义关系——如私有经济与国有经济——共存于一套混合经济体系当中。这一策略得以可行的前提是要有稳定的选举和民主政体，以及拥有广大民众基础的社会主义政党，唯其如此，才能将新的国有经济结构有效制度化。这种混合经济在20世纪上半叶颇受欢迎，但随着"二战"后的意识形态对垒，这种国有化的做法惨遭挫败，在新自由主义的攻势之下，私有化再次跃居政治议程的中心。

其三，与摧毁和拆解资本主义这两种"怀有革命抱负"的策略不同，驯服（taming）资本主义认为，如若放任资本主义行事，必将为祸甚巨，会导致社会撕裂、引发社会风险、破坏生态环境，对此可以通过精心设计的国家政策来消除资本主义对社会的诸多严重伤害，但依然提供足够的利润使其维持良性的运作，这是社会民主党和非革命性社会主义政党的主要策略。在战后三十年的"黄金时代"，诸如社会保险、公共产品、监管制度等国家新政在一定程度上矫正了资本市场的三大缺陷——个体对风险的脆弱性、公共资源供应不足、私营经济的负外部性，资本主义在主要面向上受到驯服。但这只是历史的异数，在新自由主义的狂澜之下，加之全球化、金融化趋势的影响，资本主义如猛兽出笼再次回归其本然状态。

其四，抵抗（resisting）资本主义，赖特在狭义上"用于指涉在国家机器以外反对资本主义但不试图获取国家权力的抗争行动"[①]。与驯服和拆解资本主义诉诸国家权力进行高度持续性的集体行动不同，抵抗资本主义则希望通过诸如环保抗议、消费抵制、工会罢工等工人运动来减轻资本主义体系带来的伤害。这一策略植根于公民社会，经常受到阶级以外的各种认同所驱使，如种族、宗教、性别等。即便工会势力薄弱难以发动集体社会抗议，工人至

---

① Erik Olin Wright, *How to Be an Anticapitalist in the Twenty-First Century*, London and New York: Verso, 2019, p.49.

少可以不用竭尽所能而有所保留,这是抵抗资本主义最基本的形态。

其五,逃离(escaping)资本主义,这是面对资本主义掠夺所能采取的最古老且本能的反应,其认为资本主义体系过于庞大复杂,不仅无法摧毁,驯服也近乎无望,人们能做的顶多就是自外于资本主义的负面影响,或逃到隐蔽的环境中,"我们也许无法改变世界,但可以尽可能让自己远离其统治网络,创造自己的迷你替代世界,在其中自由生活"①。19世纪美国的西进运动、阿米希人的宗教社群以及把家庭视作避风港等都体现了这一策略,尽管由于其通常对参与政治和集体行动无感,甚至被看作是一种个人主义的生活方式,但诸如合作社、共享经济等却也可以成为挑战资本主义的元素。

在赖特看来,上述五种策略逻辑的差异表现在两个层面,第一个层面指策略的目标是消除伤害还是超越结构,据此,驯服与抵抗试图消除伤害,而摧毁、拆解与逃离则旨在超越资本主义的结构。第二个层面指策略的对象,即指向社会体系的哪个层级——赖特用游戏比喻资本主义的政治冲突并将其区分为指向游戏本身、游戏规则、游戏里的行为三个层级。赖特指出,游戏、规则、行为这三者对应三种社会转型的逻辑:断裂式转型、共生式转型、间隙式转型②。断裂式转型涉及社会结构的断绝,即在一瞬间打断当下这个游戏的本质;共生式转型是对社会体系的规则作出改变,一方面让这套体系运作得更为顺畅,同时也为后续的转型扩展空间;间隙式转型则是在游戏的既有规则当中从事行为,由此累积成效所带来的结果。由此观之,摧毁资本主义属于游戏本身的层级,驯服与拆解属于游戏规则层级,抵抗与逃离属于游戏里的行为层级。

回顾20世纪史可以看出,实际的社会和政治运动通常不会局限于单一策略,而是不同策略的结合。革命的共产主义明确倡导抵抗与摧毁资本主义的结合,但在时机成熟之前,共产党会积极参与工人运动对资本主义的激进抵抗;民主社会主义寻求逐步拆解资本主义,结合了为消除资本主义伤害而推行的改革,同时致力于强大国家部门的打造以及支持工人运动;社会民主主

---

① Erik Olin Wright, *How to Be an Anticapitalist in the Twenty-First Century*, London and New York: Verso, 2019, p.51.

② Erik Olin Wright, *How to Be an Anticapitalist in the Twenty-First Century*, London and New York: Verso, 2019, p.56.

义也包含抵抗资本主义的策略，不过是与驯服资本主义相结合；无政府主义的社会运动则结合了抵抗资本主义的行为与那些试图建立资本主义替代方案的做法。赖特指出，这四种布局是20世纪对资本主义社会造成的不公与压迫所采取的主要策略，但到了20世纪末，随着苏联垮台，革命共产主义不再可信，民主社会主义被边缘化，社会民主主义也已衰退，并失去与工人运动的联结。21世纪以来最活跃的反资本主义形态基本都奠基在带有无政府主义色彩的社会运动当中，但这种抵抗与以国家权力为目标的总体政治计划脱离关系，因此与政党也没有联结。不过，赖特通过对拉美和南欧等全球反资本主义实践的考察，提出了一种新式的策略观念："结合了抵抗与逃离资本主义那种自下而上并以公民社会为中心的行动，还有驯服与拆解资本主义那种自上而下并以国家为中心的策略。这种新式的策略布局可以称之为削弱资本主义（eroding capitalism）。"①

赖特强调，这一削弱策略的基础在于对资本主义经济体系的独特理解，在他看来，纯粹的资本主义经济体系从未出现过，也不可能出现，现有的经济体系都是结合了资本主义以及其他多种生产和分配的安排方式，"在这种复杂的经济体系当中，如果生活的经济条件与大多数人的谋生方式都受到资本主义主导支配，我们就把这种经济体系称为'资本主义'体系"②。因此，要想挑战资本主义，一种方法就是在这套复杂经济体系当中任何找得到的空间建立更平等、更民主也更具参与性的经济关系。赖特以自然界的生态系统为喻，对这一策略构想进行了阐释："削弱资本主义的策略愿景，就是在资本主义的生态系统里引进非资本主义经济活动当中各种最有活力的解放性物种，然后加以培育发展，包括保护其生存角落以及设法扩展其栖息地。最终的希望，是这些外来物种终究能够从自己的小角落当中溢出，转变整个生态系统的性质。"③ 由此可见，这一削弱资本主义的过程，是一个长时段的过程，也

---

① Erik Olin Wright, *How to Be an Anticapitalist in the Twenty-First Century*, London and New York: Verso, 2019, p.58.

② Erik Olin Wright, *How to Be an Anticapitalist in the Twenty-First Century*, London and New York: Verso, 2019, p.60.

③ Erik Olin Wright, *How to Be an Anticapitalist in the Twenty-First Century*, London and New York: Verso, 2019, p.61.

是体现平等、民主、团结特质的生产关系在资本主义主导的经济体系中出现、成长、壮大,直至取代其支配地位的运动过程。

在赖特的视域中,这一"削弱资本主义"策略整合了双重愿景,一是进步社会民主主义与民主社会主义的愿景,也就是自上而下改变资本主义遵循的游戏规则,以便消除资本主义最严重的伤害,并且创造出奠基在国家当中的替代制度,另一种是比较属于无政府主义的愿景,也就是自下而上创造出新式经济关系,体现解放的目标。应该承认,在资本主义批判史上,还没有一种政治运动明确采取这种抵抗、驯服、拆解与逃离资本主义的策略组合,企图通过一个长期的过程来削弱资本主义的主导地位,尽管在科尔宾和桑德斯等中间偏左的政党中存在某些类似的因素。作为一种策略愿景,赖特的削弱资本主义可谓是既相当诱人,又颇为牵强。言其诱人,是因为即便国家不支持解放性的社会变革,我们依然可以有所作为,在资本主义主导的社会里,致力于打造"真实的乌托邦"这一解放理想的构成要素。言其牵强,是因为资本主义财雄势大,多数人的生计更是依赖资本市场的顺畅运作,那种试图在资本主导的经济体系中开拓解放空间的尝试,必然遭遇种种打压而困难重重。为了证明削弱资本主义"这种方式是在 21 世纪超越资本主义看起来最可行的策略构想"①,赖特必须为替代资本主义的解放理念注入更多的实质内容。

三、替代方案与社会主义的构成要素

在对资本主义进行道德批判并提出反抗策略之后,赖特将目光转向了资本主义替代方案的讨论。对于当代左翼而言,能否设计一套可欲的、可行的、可实现的替代方案是衡量其资本主义批判理论之现实性的试金石,如果付之阙如,不仅会导致在理论上陷入认同"资本主义是别无选择的"误区,而且在实践上会动摇甚至最终背弃马克思主义。在赖特看来,马克思对资本主义替代方案的思考,不仅在智识上深具创见,而且在实践上富有激情,不仅对资本主义的命运作出了前瞻性的预测,而且对历史主体的形塑给出了精彩的

---

① Erik Olin Wright, *How to Be an Anticapitalist in the Twenty-First Century*, London and New York: Verso, 2019, p. 38.

论证①。但另一方面，他认为马克思的观点又具有某种不确定性，即"马克思本人并未过多地关注社会主义的具体设计问题以及建设社会主义的实际工程"②。于是，赖特的任务就是"接着讲"，为超越资本主义之后的目的地打造一个社会主义的"指南针"③。

长期以来，社会主义作为资本主义的替代方案，一直是左翼的共识，然而苏联解体、东欧剧变特别是高度集中的政治经济体制带来的恶果却动摇了人们的坚定信念。进入新世纪特别是2008年金融危机以来，以霍耐特、弗雷泽为代表的欧美左翼批判理论家掀起了一股重思、复兴社会主义的思潮④，赖特也提出了以社会权力为基础、以经济民主为主要内容的社会主义构想。

与以往那种将社会主义简单置于与资本主义非此即彼、二元对立的思维框架中进行讨论不同，赖特独辟蹊径，基于一种以行动者为中心的权力观，发展出一种经济结构类型学，将社会主义视作与资本主义、国家主义不同的经济结构类型。赖特指出，权力就是在世界上行事并产生效果的能力，依据权力产生效果所依赖的社会基础可以区分出三种重要的权力形式，即奠基于经济资源控制之上的经济权力，奠基于控制规则制定与执行能力之上的国家权力，奠基于动员人们从事合作性而且自愿性集体行动的能力之上的社会权力。根据三种权力对经济资源的分配、控制与使用的不同方式，赖特提出了资本主义、国家主义、社会主义三种经济结构类型。"在社会主义这种经济结构里，资源为了不同目的而受到的配置与使用，是通过行使社会权力而发生的。在社会主义里，投资与生产过程都是由可以让平民百姓集体决定怎么做的制度所控制。就其根本而言，这也就意味着社会主义等于经济民主。"⑤ 接着，赖特补充道，这种界定只是社会学意义上的"理想型"，现实的经济体系

---

① Erik Olin Wright, *Envisioning Real Utopias*, London and New York: Verso, 2010, pp. 89–90.
② [美]埃里克·欧林·赖特：《持存的现实性：超越资本主义的马克思主义传统》，梅沙白译，《国外理论动态》2018年第10期。
③ [美]埃里克·欧林·赖特：《指南针：指向社会主义的替代性选择》，闻翔译，《开放时代》2012年第6期。
④ Axel Honneth, *The Idea of Socialism: Towards a Renewal*, trans., Joseph Ganahl, Cambridge: Polity Press, 2017.
⑤ Erik Olin Wright, *How to Be an Anticapitalist in the Twenty-First Century*, London and New York: Verso, 2019, pp. 69–70.

都是上述三种经济结构复杂互动形成的混合体,只不过居于主导地位的权力形式不同而已。

赖特在指认了社会主义的核心是经济民主之后,便开始对后资本主义的经济制度展开设计,他指出:"无论如何,一种可持续的后资本主义民主经济当中的经济制度设计,必然会经由实验与民主审议演变而来。"① 首先,赖特列出的民主社会主义经济的建构元素主要包括如下五种:一是无条件基本收入,这是一种定期定额的现金给付,以个人而非家庭为对象,无条件地发给一国所有合法居民,无须审查有多少资金,亦不强制工作②。这种基本收入不仅能为农民提供生计支持,消除贫穷、减少不平等并提升社会正义,又能够将大量资源转移至艺术领域,为人开启各种全新的可能性,而且能使各种去商品化照顾服务的价值得到社会肯定,此外还能成为社会经济与合作式市场经济的一大资金来源。二是合作式市场经济,这是一种不同于资本主义的安排市场导向经济活动的方式,如生产合作社、信用合作社等,由于合作社本身受到民主原则的支配,而且不会为了逃避国家规范而迁移,因此合作社不仅能够强化经济民主、扩展民主程序的范围,而且比较容易服从国家制定的民主优先目标。赖特还特别强调,工人合作社对于经济民主的实现尤其重要,通过推行公共管理方案、设置公共信用机构、提高公共资金支持等,工人合作社在 21 世纪将成为合作式市场经济中一个蓬勃发展的部分。三是社会与团结经济,涵盖了各种植根于社群、体现平等与团结价值,并且致力于某种需求导向或社会正义使命的经济活动与组织,如合作社、非营利组织、社区组织、互助会、教会等。社会与团结经济不仅是面对边缘化和危殆处境的因应方式,也是那些想"在资本主义经济中打造解放性飞地"的人士促成的结果。由于这种经济形态可能是提供诸如儿童托育、老人照护、残疾照顾等特定服务的恰当方式,因而其空间必然会更加扩张。四是资本主义公司的民主化,即削弱公司本身的资本主义性质,就是通过最低工资法、安全卫生法、就业保障法等限制伴随着拥有生产资料而来的各种权利。赖特指出,在民主社会

---

① Erik Olin Wright, *How to Be an Anticapitalist in the Twenty-First Century*, London and New York: Verso, 2019, p. 72.
② [比利时] 菲利普·范·派瑞斯:《基本收入:21 世纪一个朴素而伟大的思想》,成福蕊译,《国外理论动态》2008 年第 6 期。

主义经济里，不仅对私有财产权施加的限制会更加扩张，而且公司员工的民主力量也会不断深化，由此便可大幅限缩经济权力在企业内部的行使，并扩张社会权力所发挥的作用。五是把银行转变为公共事业，与银行在资本主义经济体系中的使命是追求利润最大化不同，在社会主义经济中，银行被视为公共事业，其使命将包含各种社会优先目标，就是说，银行将获得授权，根据贷款给不同种类的公司与计划所带来的正外部性加以考量。

其次，赖特还看到，尽管市场在社会主义经济中扮演着重要角色，但从属于民主的经济却不该完全由为了市场的公司构成，甚至也不应以其为主，"与当前的资本主义相比，各种形态的非市场导向经济活动在有效民主化的经济当中所发挥的作用将会更为重要"①。具体而言，各种非市场的经济组织主要包括：一是国家供应的物品与服务，或者由国家直接安排这类物品与服务的生产，或者由国家资助并监督各式各样非国家形态的组织。主要包括照顾服务，如医疗照护、儿童托育、老人与残疾照护；公共场所，如社区中心、公园与休闲设施、剧院、博物馆；各级教育，如进修教育、终身学习中心、技能培训课程；运输的基础设施以及各种公共事业等。它们对整体社会能带来极大的效益，即所谓的正外部性。二是朋辈合作生产，这是网络时代的一种特别引人注目的非市场经济活动，赖特以维基百科的例子加以说明，指认朋辈合作生产不单纯只是非资本主义，而是奠基于根本上反对资本主义的价值，尤其是平等与社群的价值。三是知识共享，通过创造私有知识产权的替代方案即"开放取用"的授权，如开放版权、开放专利、创用授权、生物开源授权等，让知识普及到全人类。赖特强调，以上所列诸种元素的混合方式以及相互联结的方式可能会有极大的差异，实际的布局方式则是一段漫长的民主实验过程所造成的结果。

此外，赖特在其遗著中专章处理了资本主义批判语境中的国家问题。他认为，鉴于其阶级性质和制度结构，资本主义国家就其本质而言不利于解放性的社会转型，但另一方面，资本主义国家再生产自身的功能具有自我矛盾性，即有些国家干预措施在短期内有助于切实解决问题、维持社会稳定，但

---

① Erik Olin Wright, *How to Be an Anticapitalist in the Twenty-First Century*, London and New York: Verso, 2019, p. 85.

长期而言却会削弱资本主义的主导地位、扩展社会主义元素的空间，因此，"社会主义政治力量的诀窍就在于利用国家内部的这种不一致性，为创造民主、平等、团结的经济替代方案扩张可能性"①。赖特援引桑托斯关于民主化的观点，强调"为国家进行民主化"，既要颠倒新自由主义对国家造成的反民主影响，又要通过制度创新来深化民主。为了扭转反民主的趋势，赖特提出，要对资本的全球移动重新制定充足的控制，以便让国家对经济事务的优先次序拥有更多的操控能力；要规范管制金融部门，降低经济的高度金融化；要恢复国家直接参与提供已经私有化的公共服务；要创造一种比较有利于劳动结社的法治环境。关于深化民主的制度创新，主要包括如下四个方面：一是民主赋权的去中心化，与新自由主义的去中心化实质是私有化、市场化不同，真实的决策如果交给比较接近那些问题的民主公共当局，问题就可以获得比较有效的解决，这就要赋予城市、社区等次级权力单元以更多的管辖权、自治权和必要的资源，这种大众参与不仅更易做到，而且会开启另一种可能性，即带有高度公民参与的积极民主实验。二是公民参与的新形式，即在各个层级的分权政府中深化民主，并为其赋予行事的必要权力与资源。"参与式预算以及地方层级的其他直接民主形态所采取的制度原则，仍然渴望借着扩大赋权民众参与的可能性，而成为深化民主的一种重要方式。"② 三是民主代表的新制度，即随机挑选公民参与特定种类的决策机构，例如陪审团，这种制度比较能够反映社会中各种不同的利益，而不受精英阶层的主导。四是选举规则的民主化，由于资本主义社会中的经济不平等必然会溢入政治当中，因此选举过程难以与私人财富的影响隔离开来，于是问题的关键在于确保选举政治的核心资金来自公众而非私人。赖特提出一种平等分配的民主资金方案，借此制衡私人资助的不平等现象。当然，上述这些制度设计和构想要想真正落地，最终还离不开作为政治主体的集体行动者。

---

① Erik Olin Wright, *How to Be an Anticapitalist in the Twenty-First Century*, London and New York: Verso, 2019, pp. 111–112.

② Erik Olin Wright, *How to Be an Anticapitalist in the Twenty-First Century*, London and New York: Verso, 2019, p. 115.

四、政治主体与集体行动者的生成

在当代左翼学者的理论规划中，政治主体一直是争论不休的焦点问题，因为反对资本主义的策略不会自动产生，作为替代方案的社会主义亦不会自行实现，赖特写道："这些替代方案若要真的可以达成，就必须要有能够利用那些策略来实现这些替代方案的政治转型行动者。"① 但与众多欧美左翼对今日之政治主体的明确指认——如朗西埃的"无分之分"，哈特和奈格里的"诸众"，阿甘本的"剩余之民"等②——不同，赖特"希望能够厘清我们在创造这些集体行动者的过程中必须要面对的任务"③，也就是说，他更关注的是集体行动者的生成逻辑。

如前所述，赖特提出的"削弱资本主义"策略布局实际上整合了抵抗、逃离、驯服与拆解四种策略，这就意味着，要实现解放性的社会转型必将涉及不同类型的集体行动者及其联盟。赖特援引戈兰·瑟伯恩对"能动性"的解释，指出人"在这个有结构而且有意义的世界里是有意识而且具有反思能力的行为发动者"，而"集体行动者的能动性，指的就是各种各样的组织和社团，可以让人们共同合作追求实现的目标"④。那么，集体行动者究竟何在，如何产生呢？

首先，赖特分析了集体行动者得以形成的重叠基础——认同、利益与价值。所谓认同，简单地说就是人们如何根据生活中的重要事物来区分自己与他人，认同不仅是个人主观认为重要的描述性属性，而且与社会关系和权力密切相关。认同之所以能在集体行动者的生成中发挥关键作用，是因为共有的认同能提高集体行动的可能参与者之间的信任感和可预测性，从而能够促成可持续的集体行动所需的团结。特别是那些植根于现存社会结构所强加的

---

① Erik Olin Wright, *How to Be an Anticapitalist in the Twenty-First Century*, London and New York: Verso, 2019, p. 119.
② Razmig Keucheyan, *The Left Hemisphere: Mapping Critical Theory Today*, trans., Gregory Elliott, London: Verso, 2013, pp. 169–189.
③ Erik Olin Wright, *How to Be an Anticapitalist in the Twenty-First Century*, London and New York: Verso, 2019, p. 119.
④ Erik Olin Wright, *How to Be an Anticapitalist in the Twenty-First Century*, London and New York: Verso, 2019, pp. 120–122.

各种不平等和支配之上的认同——如阶级、种族、性别等，会导致人们遭受蔑视、虐待、伤害等生活经验，由此为群体性抵抗运动提供了社会基础。如果说认同更多地体现的是主体的选择与体认，那么利益则是基于解决现实问题的客观效果。由于生活和认同的复杂性，因此，现实的人拥有许多不同方面的利益，彼此之间可能具有紧张关系。"人如果要思考自己的利益，总是必须先考虑某些利益，而暂时搁置其他利益。政治抗争当中的核心议题，就是哪些利益应该受到最大的重视。"① 价值在解放性抗争中一直扮演着重要角色，因为行为的意义之关键部分即在于其价值，人固然会参加那些目标合乎自己利益的社会抗争，但道德信念和价值有助于强化他们的参与以及扩大抗争运动的吸引力。因此，价值是行事动机的强力来源。概而言之，认同对于打造集体行动者的团结最为关键，利益是形塑集体行动者目标的核心元素，价值的重要性在于能够把各种不同的认同和利益连接于共同的意义当中。

随后，赖特指明了建构从事政治行动的集体行动者所面对的三大主要挑战，即生活世界的私人化、阶级结构的碎片化、认同来源的多元化。根据赖特的分析，现实的人总是处在殊异的家庭、工作和社区的网络之中，日常生活的实际事务在时间和精力的限制下无疑会加剧私人生活与公众参与之间的鸿沟，加之，消费社会的误导和竞争式个人主义的文化氛围，"对于在现代资本主义国家当中动员协同一致的政治集体行动者造就了困难的环境"②。这是其一。其二，赖特指出，资本主义社会的阶级结构并没有完全按照当年马克思预料的那样发展，工人阶级非但没有日趋同质化，阶级结构反而变得日渐复杂化和碎片化，因此削弱了彼此拥有相同命运和生活条件的感受，这样就使得人们没有共同的生活经验，故而也就难以打造出共同的阶级认同。其三，赖特观察到，近年来进步主义政治的一个趋势是，立足于种族、族裔和性别等非阶级的认同，相比阶级认同而言，在政治上似乎更为重要。这些多元认同拥有共同的基本解放性价值，但又各有不同的利益。

最后，尽管由于各国的社会情境和政治制度具有高度的复杂性和差异性，

---

① Erik Olin Wright, *How to Be an Anticapitalist in the Twenty-First Century#*, London and New York: Verso, 2019, p.131.

② Erik Olin Wright, *How to Be an Anticapitalist in the Twenty-First Century*, London and New York: Verso, 2019, p.134.

面对上述挑战和问题不可能有通用的公式予以解答，但赖特还是提出了建构反对资本主义的集体行动者的指导原则。其一，关于价值的讨论应该构成进步政治的核心。如前所述的三组核心价值，平等/公平、民主/自由、社群/团结，应该明确提出并加以阐释，为了使这一讨论避免沦为冠冕堂皇的空话，必须将这些价值与作为替代方案的具体制度设计联系起来。其二，这些价值可以为削弱资本主义的核心阶级利益和其他带有解放性抱负的认同与利益提供重要的联结。所谓的认同政治应该被视为广义的解放政治之不可或缺的元素，反资本主义的任务就在于不仅承认这些认同和利益，而且要将它们与削弱资本主义的规划相联系。其三，在设计进步政治的具体方案时，民主的价值应予以特别强调。一种深层的真正的民主必须要符合更为广泛的人们的利益，而不仅仅是工人阶级的利益。面对资本主义之虚假的形式的民主，恢复和深化民主的努力能够提供一种团结一致的目标。其四，削弱资本主义的整体规划不是只以国家为中心，政党亦不是推行这种策略所需的唯一集体行动者。削弱资本主义除了依靠驯服和拆解资本主义这种自上而下的集中行动，也同样离不开抵抗和逃离资本主义这种自下而上的社会行动，二者相互结合才能真正建立起"真实的乌托邦"。尽管当前气候变迁日渐加剧、难民危机愈演愈烈、贫富差距日趋极化、风险冲突层出不穷，但赖特并没有悲观认命，而是始终秉持着一种"智识乐观主义"[①]："为进步政治的新时代建立广泛社会基础的潜能确实存在。历史事件的偶然性与集体行动者的能动性将决定这一潜能是否得以实现。"[②]

综上所述，赖特在其遗著中对资本主义批判理论的探讨可谓是集其以往研究之大成，从规范基础、策略逻辑、替代方案和政治主体等方面勾勒了21世纪反对资本主义的总体规划，在一定意义上表征着对长期以来欧美左翼之"批判有余、建构不足，理想丰满、策略骨感"等困境的突围，特别是在左翼右转的宏观背景之下，赖特反对资本主义的价值立场、理论勇气、智识抱负和实践探索堪称真正左翼的良心，代表了21世纪欧美左翼马克思主义思潮的

---

① Leo Panitch, "Erik Olin Wright's Optimism of the Intellect", *New PoliticalScience*, No. 1, Vol. 42, 2020, pp. 42–51.

② Erik Olin Wright, *How to Be an Anticapitalist in the Twenty-First Century*, London and New York: Verso, 2019, p. 145.

第四章 批判理论在当代的发展趋势

新发展。

赖特对资本主义的批判诊断，不再仅仅是简要罗列资本主义的诸多弊端和局部危机，而是从确立批判的核心价值基础入手，彰显了道德批判的力量；他对资本主义转型策略的讨论，实现了对社会抗争史上不同策略逻辑——自上而下和自下而上的双向互动——的有机整合，图绘了通过一个长时段过程来逐渐削弱并取代资本主义的愿景；他对社会主义规划的制度设计，如无条件基本收入、合作社和非市场经济组织等，吸收了世界范围内当代社会主义实践的有益探索，丰富了社会主义理论；他对政治主体生成逻辑的分析，提出围绕认同、利益和价值来建构反资本主义的集体行动者联盟，体现了他试图扭转当前左翼各自为战、日渐分裂的涣散现状的不懈努力。

另一方面，赖特的批判理论规划也存在难以克服的局限，其一，赖特对当代资本主义的批判在根本上是一种道德批判，他试图以基本的道德原则为切入点来诊断现存秩序之弊端，并以道德愿景来推动社会抗争追求更美好的世界，这样一种道德批判范式更多地还停留在伦理学意义上的人本主义批判，而尚未深入到资本主义社会历史过程的客观内在矛盾运动这一历史唯物主义的原则高度，在一定意义上背离了马克思从生产力与生产关系的矛盾运动来指认资本主义危机并论证社会主义的科学理论。其二，赖特提出的以经济民主为主要内容的社会主义观，就其本质而言仍然没有摆脱民主社会主义的窠臼，他在赋予公民社会和民主参与过多希望的同时，却忽视了政党在社会主义规划中的重要领导作用，致使其偏离了马克思关于社会主义的重要原则，表现出了某种程度的退步，甚至流露出了后马克思主义的多元化倾向和偶然性特质。其三，尽管赖特的批判规划致力于兼顾理论与实际，但他关于社会转型策略和政治主体的思考，更多地还带有学院派的浪漫理想色彩，没有给出切中实际的答案。正如赖特的好友、著名社会学家迈克尔·布洛维（Michael Burawoy）在最近的纪念文章中所指认的，"赖特从没有乌托邦的阶级分析，转变到了没有阶级分析的乌托邦"[1]，"赖特的学术轨迹将其从科学的马克思主义带到了批判的马克思主义，但现在后者亟须融入一种关于资本主义

---

[1] Michael Burawoy, "A Tale of Two Marxisms: Remembering Erik Olin Wright (1947–2019)", *New Left Review*, No. 121, 2020, p. 69.

的动力学,以及一种整合分散斗争的意识形态"①,这也意味着,如何将对资本主义的病理诊断与社会主义的政治规划、将科学分析与社会批判内在联系起来,不仅是赖特始终面临的难题,也是当代马克思主义的理论要务。这就要求我们回到马克思,回到马克思的批判理论,通过分析资本逻辑及其在新的全球化时空中的运动布展,批判资本主义生产方式的内在矛盾,以便更好地服务于社会主义规划。

---

① Michael Burawoy, "A Tale of Two Marxisms: Remembering Erik Olin Wright (1947-2019)", *New Left Review*, No.121, 2020, p.95.

附录一 "马克思时刻"

——德国马克思主义研究前沿扫描

2018 年是马克思诞辰 200 周年,世界各地都掀起了纪念马克思的热潮,而马克思的故乡——德国更是以丰富多样的纪念活动为这位曾经影响了 20 世纪世界历史进程并在 21 世纪的今天仍然不断释放着思想威力的伟人庆祝生日。据笔者 2018 年在德国访学期间的观察,以马克思为主题的图书成为出版界的一大热门,关于马克思生平与思想传记的书籍摆在了书店的显要位置,各大学术期刊纷纷开设纪念马克思的专栏(甚至专刊),欧美著名的马克思主义理论家先后发表专门的评论文章,不同高校和科研机构举办系列讲座和多场研讨会聚焦马克思的思想遗产及其当代性,关于马克思的电影、纪录片和访谈节目也在电视荧屏蔓延,在马克思的故乡特里尔还专门举办了"马克思 1818—1883 年——生平、著作和时代"大型主题展览等,可以说,2018 年的德国迎来了"马克思时刻"。接下来,笔者想以马克思的纪念活动为考察对象,从如下三个方面对 2018 年德国学界的马克思主义研究情况做一概要介绍。

一、在传记回顾中重现马克思的智识历程

在 2018 年的德语图书出版市场上,关于马克思生平及其思想传记类的书籍乘着 200 周年诞辰纪念的东风,成为出版界的一股"红流"。以笔者到访的柏林杜斯曼书店、慕尼黑胡根杜贝尔书店等大型书店为例,马克思主题的著作不仅摆在了橱窗和入口的显要位置,有的甚至占据了三个书架的空间,据不完全统计,今年出版(含再版)的德语马克思传记和思想研究类作品就有 30 种以上。如果不了解马克思的生平,不了解马克思出场的思想史语境和面对的政治斗争现实,不了解马克思论战的对象和当时工人阶级的生活处境,

就无法理解马克思一以贯之的人文情怀、哲学革命的实质及其资本主义批判理论的现实性。马克思的一生,不仅为了追求科学真理而勇攀思想高峰,而且为了全人类的解放而"通过批判旧世界来发现新世界"。在传记回顾中重现马克思的智识历程,有助于我们从思想史的语境中走向马克思思想的深处。

综观今年出版的德语马克思传记类作品,呈现出不同的特点。其一,从传记的书写风格看,既有学术性的研究专著,如库尔特·拜耶茨(Kurt Bayertz)的《从解释到改变:马克思及其哲学》,乌尔斯·马蒂-布兰德(Urs Marti-Brander)的《马克思的自由:资产阶级时代的启蒙者》,也有通俗性的畅销读物,如尤尔根·内夫(Jürgen Neffe)的《马克思:一个未完成的人》(位列德国《明镜周刊》的畅销书排行榜),加雷斯·斯蒂德曼·琼斯(Gareth Stedman Jones)的《卡尔·马克思传:伟大与幻想》。

其二,从传记的叙事内容看,既有对马克思一生思想历程的整体回顾,如沃尔夫冈·科恩(Wolfgang Korn)的《卡尔·马克思:一个激进思想家》,也有对马克思青年时代或晚年时期的深度考察,如简·戈尔柏(Jan Gerber)的《马克思在巴黎》,迈克尔·海因里希(Michael Heinrich)的《马克思与现代社会的诞生(第一卷:1818—1841)》(这是海因里希教授三卷本马克思全新传记计划的第一卷),马塞洛·穆斯托(Marcello Musto)的《晚年马克思:1881—1883年的知识传记》。

其三,从传记的写作时间看,既有马克思传记之经典作品的修订再版,如弗兰茨·梅林(Franz Erdmann Mehring)的《马克思传》,伊林·费切尔(Iring Fetscher)的《马克思导论》,也有专门为马克思诞辰200周年而写的全新力作,如罗尔夫·霍斯菲尔德(Rolf Hosfeld)的《卡尔·马克思:哲学与革命——一部传记》,米歇尔·宽特(Michael Quante)的《永不妥协的马克思》,格雷戈·吉西(Gregor Gysi)的《马克思与我们》。

其四,从传记的篇幅容量看,既有厚重翔实的大部头,如斯文·埃里克·里德曼(Sven-Eric Liedman?)的《赢得世界:马克思的生平与著作》(全书近800页),也有短小精悍的小册子,如迪特玛尔·达特(Dietmar Dath)的《马克思100页》。

其五,从传记的研究视角看,既有从经济哲学等特定视角对马克思的深层解读,如托马斯·彼得森(Thomas Petersen)、玛尔塔·费伯(Malte Faber)

的《卡尔·马克思和经济哲学》，也有对马克思总体思想图景的跨学科、多维度、立体化呈现，如米歇尔·宽特、戴维·施韦卡德（David P. Schweikard）主编的《马克思手册：生平、著作与影响》。

其六，从传记的考察对象看，既有关于马克思本人及其思想发展的个人传记，如威尔弗里德·尼佩尔（Wilfried Nippel）的《马克思》，克里斯蒂安·施密特（Christian Schmidt）的《卡尔·马克思：一个导论》，也有关于马克思的战友恩格斯、马克思的爱人燕妮、马克思的女儿艾琳娜乃至马克思的后继者们的全景图绘，如尤尔根·赫雷斯（Jürgen Herres）的《马克思与恩格斯——一对知识分子的友谊肖像》，卡洛琳·冯里斯（Caroline Vongries）的《燕妮与马克思——作为资本的爱情》，伊娃·威斯韦勒（Eva Weissweiler）的《自由女神——马克思的小女儿艾琳娜的一生》，克里斯托弗·亨宁（Christoph Henning）的《马克思之后的哲学——百年马克思接受史与当代规范社会哲学的批判》和《马克思及其门徒》等。

现将德国近年出版的几本代表性著作简介如下：

（1）《卡尔·马克思与经济哲学——论资本主义的不满与政治的力量》（*Karl Marx und die Philosophie der Wirtschaft*，2018），托马斯·彼得森，玛尔塔·费伯著。这是一本从经济哲学视角透视马克思学说及其与前辈哲人内在关联的思想史专著。鉴于马克思本人的多重身份及其复杂面向，人们对究竟什么是马克思主义一直晦暗不明，本书概述了马克思在哲学、经济学与政治学上的核心理论。本书第一部分首先交代了马克思与黑格尔的思想关系，特别是与黑格尔的辩证法和历史哲学的关系，由此引出马克思对何谓经济这一问题的回答。随后本书揭示了马克思经济哲学的基本内容，研究了资本主义经济概念，重点讨论了马克思关于价值、货币、劳动价值论、转型问题、利润率下降规律等的观点。与此同时，还系统考察了唯物主义历史观和马克思对政治、国家、正义的理解，并在此基础上对马克思的著作进行了中肯的评价。本书第二部分着重阐述了马克思对亚里士多德、黑格尔等前辈哲人之经济学说的批判性吸收和借鉴，也展现了其他哲学家如霍布斯、洛克、卢梭、斯密等人对马克思不同程度的影响，正是在与其思想先驱的甄别和比较中，马克思经济哲学的独创性和深刻性才得以澄明。第三部分，作者结合2008年以来的金融危机的现实背景以及托马斯·皮凯蒂揭示的贫富分化的日渐加剧，对马克思的经济思想与布罗代尔和黑格尔的经济概念进行比较,由此重点突出了政治的力量。最后,本书以"马克思要对今天的我们说些什么"作为总结,并对马克思学说的成就与局限进行了评价。

(2)《从解释到改变:卡尔·马克思及其哲学》(*Interpretieren,um zu verändern:Karl Marx und seine Philosophie*,2018),库尔特·拜耶茨著。这是一部基于对经典文本的细致分析来重新审视马克思的唯物主义哲学的专题研究著作。本书从回应"哲学终结论"这桩公案入手,首先回顾了唯物主义思想传统的发展史及其与唯心主义的差异,作者分别从本体论、心灵哲学、伦理学与政治学等方面总结了唯物主义和唯心主义的基本原则,指出二者不是完全排斥,而是呈现为相互交融的发展历程,这是马克思哲学出场的历史语境。由于唯物主义在解释秩序问题上的偶然性观点存在缺陷,唯心主义"秩序基于设计"的观点更具说服力,因此唯心主义在历史上长期占据统治地位。随着17世纪以来唯物主义的新变化,特别是在费尔巴哈人类学唯物主义的启发下,加上对自身记者现实经历的反思,马克思最终走上了唯物主义道路。在对理论与实践、哲学与科学的关系进行了说明之后,本书聚焦于社会的经济基础及其与上层建筑和意识形态的关系展开了详尽的讨论。其中,第三章通过与霍布斯的对比,作者建构了一种关于自我保存、劳动、生产关系等概念的全新阐释模型,并由此提出了马克思的社会本体论的三个核心命题:社会是由结构组成的一个系统,其中的每个要素都是相互联系的;社会关系,特别是生产关系是物质的;人类社会关系是历史的,随着时间而变化。需要指出的是,作者虽然认为马克思的唯物主义是结构主义的(而非霍布斯式的个人主义),但对阿尔都塞的"认识论断裂"和"理论上的反人道主义"等观点提出了批评,同时拒绝对唯物主义进行自然主义的阐释。本书最后一章对历史的动力、进程与社会革命进行了唯物主义的解释,指出历史是生产力的发展进程,也是人的本质的发展进程,人的实践创造了历史,这也就意味着马克思的唯物主义并没有排斥观念的因素,这也是马克思哲学所实现的对传统唯物主义的超越。

(3)《马克思及其门徒》(*Marx und die Folgen*,2017),克里斯托弗·亨宁著。这是一部关于马克思的著作、思想及其当代效应的概论性著作。本书第一部分简要回顾了马克思作为一个革命者的一生,这是理解马克思全部著作的历史背景和实践基础。第二部分围绕马克思思想的核心主题,依次讨论了马克思关于新闻出版自由、宗教批判、政治批判、劳动生存论、社会批判理论、动态的社会本体论、政治经济学批判、剥削理论、利润率下降趋势等的基本观点,这是对马克思思想总体图景的全面展现。第三部分揭示了马克思在当代政治和文化领域的深远影响,在20世纪和21世纪,马克思思想的当代效应不仅表现在其关于资本主义运行机制的分析、对后资本主义的替代方案的探索上,还直接呈现为女权主义、生态主义与后殖民主义等左翼政治思潮的延续,以及对赛博格、资本主义新精神等文化领域新动向的分析。

(4)《马克思手册:生平、著作与影响》(*Marx-Handbuch:Leben – Werk – Wirkung*,2016),米歇尔·宽特,戴维·施韦卡德主编。这是一部从总体上介绍马克思的生平、著作、思想及其影响的辞典性质的工具书。本书首先简要地回顾了马克思的生平,随后以学科为划分原则,分别对马克思的哲学著作、政治经济学批判著作、政治学著作进行了宏观概览,接下来对马克思著作中的核心范畴进行了重点阐释,包括自然、现实、总体、辩证法、人、劳动、异化、意识形态等哲学概念,商品、货币、价值、资本、利润、拜物教、危机等经济概念,以及历史唯物主义、历史哲学、自然主义、人道主义、意识形态批判、革命、科学社会主义等马克思主义理论的基本概念。然后,本书从不同视角考察了马克思及其思想在世界范围内的接受史,既有对马克思不同形象的展示,如作为正义理论家的马克思、作为异化理论家的马克思、作为政治经济学批判家的马克思,又有对国外马克思主义流派、人物的考察,如卢卡奇及其布达佩斯学派、自治主义的马克思主义、存在主义的马克思主义、法兰克福学派批判理论、批判的理性主义、新马克思阅读、分析的马克思主义、新辩证法学派以及葛兰西、卢森堡、布洛赫、阿尔都塞等,既对马克思在经济学、社会学、政治学、历史学、人类学、教育学、文学、逻辑学、数学、自然科学等领域的广泛性影响进行了集中勾勒,又以列宁和毛泽东为例对马克思主义在不同社会主义国家的现实实践进行了重点探讨。最后,本书还附录了马克思著作的不同版本及其在世界范围内的流布等。

二、在经典编释中重塑马克思的思想肖像

如果说不同版本的马克思传记为我们全面深入地理解马克思提供了重要

的思想史坐标，那么，马克思主义经典著作的编辑和出版则成为我们在21世纪的今天重塑马克思思想肖像之不可或缺的文献依据。在马克思主义经典文本的编辑和诠释方面，近年来德国学术界可谓是成果丰硕。

其一，《马克思恩格斯全集》历史考证版第二版（MEGA²）的编辑出版继续推进，继第二部分"《资本论》及其手稿"在2012年全部出齐之后，国际学界广受关注且期盼已久的《德意志意识形态》即第一部分第5卷终于在2017年底正式出版。由于国际学界围绕《形态》的编辑历来分歧众多，柏林－勃兰登堡科学院MEGA²工作组负责人格哈尔特·胡布曼（Gerald Hubmann）、乌尔里希·帕格尔（Ulrich Pagel）在正式版的基础上于2018年又专门编辑出版了一个按照文本写作时间顺序来编排的单行本《德意志形态：哲学的批判——按时间顺序排列的手稿》（*Deutsche Ideologie：Zur Kritik der Philosophie. Manuskripte in chronologischer Anordnung*，2018）。对此，《德国哲学杂志》2018年第1期发表了丹加·维莱西斯（Danga Vileisis）、弗里德·奥托·沃尔夫（Frieder Otto Wolf）的文章《处于转型期的马克思和恩格斯》，专题评论了《形态》的最新历史考证版，通过与梁赞诺夫版、陶伯特版等不同版本的比较，作者指出这一最新版本"为我们全面理解马克思和恩格斯在哲学与政治上的转型提供了可靠的文献学基础"，文章还特别突出了苏格兰启蒙运动代表人物亚当·弗格森（Adam Ferguson）的市民社会理论对马克思唯物史观的影响。

其二，在MEGA²稳步推进的同时，像《共产党宣言》《资本论》等马克思重要著作的单行本、节选本、导读本和专题摘编本等也成为"马克思年"的畅销读物。历史和实践一再证明，马克思对资本主义社会运行规律及其内在矛盾的理解"深入到历史的本质性的一度中去了"，马克思对现代性本质和资本逻辑的洞察依然是我们时代"唯一不可超越的哲学"。如弗洛里安·布托洛（Florian Butollo）、奥利弗·纳希韦（Oliver Nachtwey）编选的《资本主义批判：马克思关于哲学、经济学、政治学、社会学著作选辑》，蒂姆·格拉斯曼（Timm Graßmann）编选的《马克思的资本主义观》等，都将目光聚焦于马克思对资本主义社会的分析、诊断和批判，为人们把握身处其中的社会提供了"批判的武器"。

（1）《资本主义批判：马克思关于哲学、经济学、政治学、社会学著作选辑》（*Kritik des Kapitalismus：Schriften zu Philosophie，Ökonomie，Politik und Soziologie*，2018），弗洛里安·布托洛、奥利弗·纳希韦编选。这是一本汇集了马克思在不同著作中关于资本主义批判之重要论述的专题摘编。尽管马克思一生著述浩繁，论域更是囊括了哲学、经济学、政治学乃至社会学等不同学科，但对资本主义的批判始终是一以贯之的。伴随着资本主义的全球化扩展及其周期性的经济危机，马克思对资本主义的诊断和批判一次又一次成为人们阅读和讨论的焦点。本书便试图再现马克思资本主义批判理论在当代的重要性，在编者前言"马克思及其资本主义批判"之后，本书分六大部分依次选编了"实践哲学""历史唯物主义""劳动与社会""政治经济学""现代化与全球化""政治著作"等方面的关键文献和相关段落，而且，在每一部分之前，编者都有一篇导论性的文章，介绍所选文本的语境、内涵和意义。

（2）《马克思的资本主义观》（*Kapitales von Karl Marx*，2018），蒂姆·格拉斯曼编选。这是一本关于马克思的资本主义观的专题摘编，编者格拉斯曼系《马克思恩格斯全集》历史考证版（MEGA²）和《马克思恩格斯年鉴》（*Marx-Engels-Jahrbuchs*）的编辑。马克思终其一生不仅反对资本，而且反对资本霸权所导致的现代生活世界中的种种苦难，他不仅谴责自然的枯竭、河流的干涸、土壤的贫瘠、工人的疲惫、家庭的衰败、危机的持续等，而且还向往一个包含更高形式的家庭和两性关系等在内的美好生活世界。本书集中收录了马克思关于德国、辩证法、家庭、资本、共产主义、危机、自然、政治经济学、无产阶级、宗教、国家等问题的重要论述和评论，全面展示了马克思在资本主义问题上立场、观点和方法。

其三，除了经典作家本人的著作，德国学界在2018年还出版了一批重量级本土理论家研究和阐释马克思思想的补遗性著作，如法兰克福学派代表人物阿尔弗雷德·施密特（Alfred Schmidt）的《作为哲学家的马克思》和《唯物主义的历史》，法兰克福学派著名经济学家弗里德里希·波洛克（Friedrich Pollock）的《马克思主义著作集》等。值得一提的还有法兰克福学派第三代学术领袖阿克塞尔·霍耐特（Axel Honneth）在2018年推出了全新力作《承认：一部欧洲观念史》，对"承认"概念进行了思想史的溯源。这些都反映了以法兰克福学派为代表的德国本土学者在马克思主义研究上既一脉相承又与时俱进的理论探索。

（1）《作为哲学家的马克思——批判理论观点研究》（*Marx als Philosoph：Studien in der Perspektive Kritischer Theorie*，2018），阿尔弗雷德·施密特著。本书由伯纳德·格里奇（Bernard Görlich）、迈克尔·杰斯克（Michael Jeske）编辑出版，除了前言"阿尔弗雷德·施密特对马克思哲学的贡献"、结语"阿尔弗雷德·施密特对西方马克思主义的复活"之外，本书主要收录了施密特关于马克思哲学研究的代表性论文，如"自然历史中的人""马克思的自然概念""政治经济学批判的认知概念""当前讨论中的马克思的科学概念""主体的统治：关于海德格尔的马克思解释""唯物主义与主体性""人道主义作为自然的支配""为一种生态唯物主义辩护"等。本书不仅展示了马克思唯物主义思想的哲学基础，而且阐释了政治经济学批判的哲学含义。

（2）《马克思主义著作集》（*Marxistische Schriften*，2018），弗里德里希·波洛克著。本书由菲利普·雷哈德（Philipp Lenhard）编辑出版，是《弗里德里希·波洛克著作全集》的第1卷，本书开头的前言"弗里德里希·波洛克与西方马克思主义"是一篇详细介绍波洛克的生平、著作、思想及其影响的长文，书中收录了波洛克的博士论文"马克思的货币理论（1923）"及其缩略版（1928）、"桑巴特对马克思主义的反驳""社会主义与农业"等，针对每篇文章，书后还附上了编辑撰写的评论。本书的出版，不仅是对马克思主义政治经济学的专题研究，而且预示着对作为法兰克福学派经济学家的波洛克思想遗产之深度挖掘的开始。

（3）《承认：一部欧洲观念史》（*Anerkennung：Eine europäische Ideengeschichte*，2018），阿克塞尔·霍耐特著。这本书是霍耐特继《为承认而斗争》之后对承认理论的进一步完善和发展，是为"承认"概念奠定思想史基础的哲学力作。本书将"承认"概念置于欧洲现代性的历史背景之下，通过追溯欧洲三国源远流长的思想史传统以及由于各种社会政治挑战而经历的不同哲学解释范式的嬗变，系统揭示了承认这一欧洲古老观念的多维内涵，作者以深厚的哲学史功底和极富创新性的理论思辨实现了英法启蒙运动与德国古典哲学之间的内在沟通。全书首先在思想史与概念史的比较中交代了方法论上的考量，随后依次讨论了"从卢梭到萨特：承认与自我丧失""从休谟到密尔：承认与自我控制""从康德到黑格尔：承认与自我决定"，最后对法、英、德三国思想史上的承认概念进行了相互比较和系统总结，指出承认观念之多维内涵的相互联系有助于我们澄清关于当前政治和文化的自我理解。

三、在现实诊断中重释马克思的当代效应

除了回溯马克思的智识历程、编辑出版马克思的著作，德语学界在出版期刊、举办系列讲座和研讨会等活动时尤为关注的是马克思及其思想遗产的当代性，他们聚焦当代资本主义社会的贫富分化、生态破坏、难民危机、民粹泛滥、风险加剧等问题，深度剖析马克思在资本逻辑批判和未来社会构想方面的积极潜能，试图在回应社会现实问题的过程中重释马克思的当代效应。

其一，重估马克思的理论贡献及其对理解当下社会现实的挑战成为学术期刊的热门选题。欧美一众马克思主义理论家纷纷撰文以示纪念，有的回顾自己走上（或转向）马克思主义的心路历程，有的结合当前社会发展趋势阐发对马克思主义经典著作或基本理论的全新理解，有的反思当前左翼政党政治和社会反抗运动，有的探讨当代语境中的社会主义或共产主义理念，寻求超越资本主义的替代方案。

《异见：慕尼黑哲学杂志》（总第65期）出版了纪念马克思诞辰200周年的专刊，围绕"马克思思想的现实性"这一主题，对埃尔玛·阿尔特瓦特（Elmar Altvater）、安德里亚斯·阿恩特（Andreas Arndt）、豪克·布鲁克霍斯特（Hauke Brunkhorst）、沃尔夫冈·弗里茨·豪格（Wolfgang Fritz Haug）、让-吕克·南希（Jean-Luc Nancy）、格哈特·施威蓬豪依塞尔（Gerhard Schweppenhäuser）、丹尼尔·洛伊克（Daniel Loick）、多米尼克·芬克尔德（Dominik Finkelde）、迈克尔·希尔施（Michael Hirsch）、卡尔·霍曼（Karl Homann）等20余位著名思想家进行了问卷调查，请他们就如下三个问题进行回答：（1）马克思通过整合辩证唯物主义方法和政治经济学批判，突破了旧哲学的界限，创立了一种崭新的理论，今天这一理论是否仍然构成对哲学和社会批判理论的挑战？（2）在马克思的理论建构中是否存在直到今天依然有效的基本见解，如果有，它的哪一方面可以为今天的理论或思维有所贡献？（3）马克思的批判思想是否包含对未来的看法，哪些在目前可以被哲学、经济学和生态学方面所吸收和延续？调查问卷的回答不尽相同，但无一例外都

充分肯定了马克思的理论贡献及其在当下的相关性。

创刊于1963年的德国传统左翼刊物《马克思主义杂志》也推出了"马克思200周年"专号。其中,迪特玛尔·达特(Dietmar Dath)回忆了自己第一次接触马克思的经历,并强调没有马克思,就没有对不公正政策的反对。霍格尔·温特(Holger Wendt)指出,真正的马克思主义是一个内涵丰富的系统整体,不能予以碎片化肢解。格奥尔格·弗尔贝特(Georg Fülberth)描绘了作为产品的马克思在今天意味着什么,理查德·索尔格(Richard Sorg)分析了马克思对辩证思维的发展,克劳斯·穆勒(Klaus Müller)讨论了马克思关于服务劳动的论述,托马斯·迈特舍尔(Thomas Metscher)概括了马克思主义在当代社会的广泛影响,并对启蒙、政治伦理与新人文主义等问题进行了反思,詹妮·法雷尔(Jenny Farrell)回应了布莱希特对《共产党宣言》的讨论,沃尔夫冈·詹特伦(Wolfgang Jantzen)探讨了马克思关于人与自然、资本与解放的辩证法,沃尔夫冈·加尔贝斯(Wolfgang Garbers)呼吁第四次工业革命以来的数字化问题应引起关注。

德国著名批判理论家、社会哲学家豪克·布鲁克霍斯特(Hauke Brunkhorst)在《德国哲学杂志》2018年第3期撰文《历史的界标:马克思与规范秩序的危机》,从社会哲学的视角对马克思的危机理论进行了全新的阐发。文章指出,根据马克思的观点,危机被理解为历史的一种消极表征,马克思对危机的分析建立在资本主义制度摧毁平等主义的个人主义之基础上,这对于当今日益复杂而多元的世界而言略显不足。作者认为马克思低估了国家的历史作用,一种修正的危机理论将会重新评价现代资本主义危机的应对之道,凯恩斯主义福利国家的混合经济为后续的危机即新自由主义的预防性反革命埋下了伏笔,这种反革命使民主陷入危机,前景渺茫。

德国著名哲学家、马格德堡大学教授乔治·洛赫曼(Georg Lohmann)在《德国哲学杂志》2018年第4期发表长篇文章对马克思在《资本论》中批判资本主义的方法进行了重要的分析。《马克思主义创新杂志》2018年3月号(总第113期)刊发了德国已故著名马克思主义理论家沃尔夫冈·阿本德罗特(Wolfgang Abendroth)的文章《大学生们走向马克思主义的道路》,表达了对这位"德国左翼马克思主义精神导师"的怀念,揭示了以其为核心的"马堡学派"对德国校园马克思主义发展的巨大贡献。维尔纳·戈德施密特(Werner

Goldschmidt)在《马克思主义创新杂志》2018年12月号（总第116期）发表论文《"机器论片段"与"劳动的解放"——对一种政治建构的批判》，细致考察了近年来在国际马克思学界引起争议的马克思《大纲》中关于"一般智力"的论述，在此基础上对以安东尼·奈格里（Antonio Negri）为代表的意大利自治主义学派从纯粹主体逻辑出发的政治重构方案进行了批判。沃尔夫冈·弗里茨·豪格（Wolfgang Fritz Haug）继续领导柏林批判理论研究所的团队编纂《马克思主义历史考证大辞典》，并在2018年将《作为一个马克思主义者》的词条以小册子的形式重印再版。德国著名左翼理论家迈克尔·布里（Michael Brie）和批判理论家亚历克斯·黛米洛维克（Alex Demirović）分别在罗莎·卢森堡基金会网站刊文《"首先是一个革命者"——马克思与策略问题》和《马克思的理论与实践哲学——在学术与意识形态之间》，将目光聚焦当前形势下理论（科学）与社会主义世界观之间的张力，试图通过对马克思理论的批判性反思为左翼解放实践提供一种激进视角。

其二，如何运用马克思的立场、观点和方法来理解当代资本主义的运行机制、最新特征、内在危机及其转型成为德国高校和科研机构等举办系列讲座和研讨会的核心主题。纪念马克思不仅仅是为了回到马克思的经典著作，重温马克思对资本主义的批判，更重要的旨在通过对马克思著作的重新阅读、对马克思批判理论的再度思考，不断回应新时代和高科技发展状况对马克思及其思想的新挑战，在回应全球资本主义多重危机、探索"另一个可能的世界"的同时将马克思主义推向前进。

2018年5月3日至5日，汉堡社会研究所举办了主题为"资本主义的动力：诞辰200周年之际追问马克思"的研讨会，会议邀请了托马斯·皮凯蒂（Thomas Piketty）、阿克塞尔·霍耐特、沃尔夫冈·施特雷克（Wolfgang Streeck）等蜚声国际的重量级理论家，力图通过重新审视马克思政治经济学的基本问题来追问诸如货币、劳动、市场、价值、技术、利润、所有权、阶级等概念在今天如何发挥作用。与会学者围绕当代资本主义日趋金融化、数字化、美学化的新趋势，在反思和继承马克思理论遗产的同时，通过修正或扩展马克思主义的分析范式，进一步揭示了当代资本主义的运行机制及其发展规律。《21世纪资本论》的作者、法国著名经济学家托马斯·皮凯蒂通过分析当今社会日渐加剧的不平等，指出资本主义社会政治冲突的结构发生了明显的变化。科隆马克斯-普朗克社会研究所名誉所长沃尔夫冈·施特雷克探讨了资本主义社会的驱动力问题，将马克思的社会理论阐释为一种历史理论。法兰克福社会研究所所长阿克塞尔·霍耐特强调资本主义不仅仅是一种经济体制或社会形态，同时也是一种生活形式，并在此基础上总结了马克思社会理论的伟大和局限。弗里德里希·伦格（Friedrich Lenger）以一种永无止境的故事为喻回应了"资本主义的终结"问题，延斯·贝克特（Jens Beckert）对马克思的价值理论进行了新的阐释，基恩·伯奇（Kean Birch）发展了一种当代高科技资本主义状况下的租借理论，格雷塔·克里普纳（Greta R. Krippner）考察了马克思关于货币与信用的思想，亚伦·萨尔（Aaron Sahr）对比了货币生产在早期资本主义与当代资本主义情境下的不同，戴夫·埃尔德-瓦什（Dave Elder-Vass）梳理了从生产方式到复合式专业实践的演变，马里昂·福卡德（Marion Fourcade）关注了人工智能阶级的兴起。

2018年5月23日至25日，特里尔大学举办了主题为"马克思1818—1883年：星丛、转型与视角"的大型国际学术会议，欧美学界的众多马克思主义学者们齐聚马克思的故乡，共同回顾马克思从特里尔走向全世界的历史过程，全面评估马克思的精神遗产，充分揭示了马克思在21世纪的现实相关性。关于"21世纪马克思研究的问题与范式"，乔纳森·斯珀伯（Jonathan Sperber）继续了他在《马克思：一个19世纪的人》一书中的思想史进路，不仅将马克思还原到19世纪的欧洲历史背景中，通过对与其同时代人的关联性描写，重塑了马克思的历史形象，而且对马克思主义在20世纪的历史嬗变和实践效应进行了宏观勾勒。阿克塞尔·霍耐特基于法兰克福学派社会批判理论的立场，结合当代资本主义的多样性复杂性现实，考察了马克思的资本主义分析范式的贡献与局限。海因茨·布德（Heinz Bude）则强调经典著作的现实性，提出要充分利用MEGA^{2}提供的新文献新材料，力图完整呈现马克思思想的多维面向和现实解释力。关于"马克思政治学的自我理解"，沃伦·布莱克曼（Warren Breckman）系统梳理了从青年黑格尔派到社会主义和共产主义的历史演变，尤尔根·赫雷斯（Jürgen Herres）细致分析了《共产党宣言》对西欧1848/1849年革命的影响，沃尔夫冈·希德（Wolfgang Schieder）全面考察了马克思的政治思想。关于"马克思与现代福利史"，戈兰·瑟伯恩（Göran Therborn）交代了马克思对福利（国家）批判的历史背景，分析了西方福利国家的产生以及社会主义和共产主义的应对规划。索亚·米切尔（Sonya Michel）回顾了20世纪后半叶东西方国家的福利（关怀）政策，并从女性主义的视角展开了批判。约翰·克拉克（John Clarke）揭示了当代福利国家存在的新矛盾，指出要重新组合福利、国家与民族三者之间的关系。保罗·斯塔布斯（Paul Stubbs）通过对东西方国家的比较，进一步反思了马克思主义与福利之间的关联。比特里斯·穆勒（Beatrice Müller）基于女性主义马克思主义的视角，揭示了护理工作的贬值趋势。乔恩·安森（Jon Anson）对以色列的城镇发展进行了马克思主义的分析，解释了无产阶级的边缘化和过剩人口现象。关于"马克思与19世纪西方传统"，迪特雷夫·马雷斯（Detlef Mares）重塑了马克思作为第一国际政治家的形象，托马斯·马格尔（Thomas Mergel）对肇始于近代的全球化展开了政治经济学的批判，詹姆斯·布洛菲（James M. Brophy）分析了非欧洲世界对马克思和恩格斯的影响。关于"自由、国家、法权与革命"，格尔德·科宁（Gerd Koenen）讨论了马克思关于无产阶级专政和革命的思想，汉斯·吉斯勒·弗兰（Hannes Giessler Furlan）对马克思作为自由人联合体的国家进行了考察，安德里亚斯·阿恩特（Andreas Arndt）阐明了马克思关于个人自由与法权的关系，斯蒂芬·莱芬尼奇（Stephan Lessenich）从社会权利的冲突和运行视角论述了民主的辩证法。关于"马克思在全球南方国家的接受史"，克里斯托弗·马克斯（Christoph Marx）介绍了马克思主义在当今非洲的发展情况，乔治·格雷斯潘（Jorge Grespan）反思了马克思和社会运动在拉丁美洲的历史和现实，卡维塔·菲利普（Kavita Philip）总结了马克思的遗产在南亚国家的接受情况，苏迪普塔·卡维拉吉（Sudipta Kaviraj）描绘了马克思和马克思主义在全球南方国家的总体图景。关于"马克思之后作为政治规划的手稿出版"，威尔弗里德·尼佩尔（Wilfried Nippel）考察了从恩格斯到考茨基对马克思著作手稿的出版所作的贡献，格哈尔特·胡布曼（Gerald Hubmann）介绍了MEGA^{2}版《德意志意识形态》的编辑出版情况及其对再现马克思之本真形式的重要作用，乌尔里希·帕格尔（Ulrich Pagel）阐述了马克思意识形态概念的起源。关于"马克思、政治经济学与社会关系"，克里斯托弗·亨宁（Christoph Henning）揭示了马克思危机理论的现实性和系统性，强调马克思的危机理论涉及金融危机、再生产危机、生态危机等多维内涵。吉塞拉·诺茨（Gisela Notz）讨论了马克思的劳动概念，并从女性主义的哲学视角展开了历史的和系统的批判。关于"马克思、社会不平等结构与当代资本主义"，托马斯·皮特森（Thomas Petersen）强调要从马克思政治经济学批判的高度来透视市场经济、资本主义生产方式与政治之间的结构关系。迈克尔·韦斯特（Michael Vester）比较了马克思和布尔迪厄对于阶级社会的不同分析视角，卡琳·费舍尔（Karin Fischer）聚焦全球资本主义条件下的阶级结构，指出马克思的阶级理论在今天仍然具有现实性和生命力。

2018年3月19日至23日，由海因茨·容克基金会、《马克思主义创新杂志》等主办的"马克思主义学习周2018"在美茵河畔的法兰克福举行，此次学习周围绕"今日阶级问题"为广大青年学生开设了系列讲座、工作坊和圆桌会议。近年来，阶级问题一直是德国马克思主义学界讨论的热点问题，克劳斯·多雷（Klaus Dörre）首先考察了马克思关于社会阶级和剥削的观点，强调阶级问题在今天的现实性。约翰·卢顿（John Lütten）和安德烈·莱塞维茨（André Leisewitz）针对"什么是阶级"这一问题，讨论了马克思主义在阶级问题上的基本立场、观点和方法。理查德·迪杰（Richard Detje）根据最新的民意调查，分析了阶级关系与工资依赖意识之间的关系。德国著名政治哲学家弗兰克·德佩（Frank Deppe）回顾梳理了阶级与政治关系的历史演变，托马斯·约斯（Thomas Goes）讨论了当前阶级斗争中的工会、工资权利等现实问题，乌尔丽克·艾芙勒（Ulrike Eifler）介绍了阶级斗争中的妇女问题，荷兰国际社会史研究专家马塞尔·范德林登（Marcel van der Linden）阐述了对全球劳动与阶级关系的新认识，汉斯-尤尔根·乌尔班（Hans-Jürgen Urban）探讨了工会是否依然是阶级组织等问题。

2018年5月25日至27日，柏林洪堡大学和柏林工业大学联合举办了主题为"解放"的大型国际学术会议，聚焦马克思毕生的思想主题——为人类解放而斗争，此次会议云集了德、法、英、美等当代世界著名的马克思主义批判理论家和左翼政治哲学家，他们围绕解放的内涵、主体、方式、条件、目标、策略等问题展开了集中研讨。关于"什么是解放"，美国著名批判理论家塞拉·本哈比（Seyla Benhabib）梳理了批判理论语境中解放概念内涵的历史演变与现实潜能，强调当前要超越左派的忧郁和致命的民族主义，为一种全球团结的新形式辩护；左翼政治学家温迪·布朗（Wendy Brown）抨击了新自由主义之不受约束的自由观所导致的灾难性后果，倡导关注正义和责任的价值观，认为解放不应被视为一次性的革命行动，而应被理解为一种持续的解放过程；法国哲学家迪迪埃·埃里蓬（Didier Eribon）阐述了解放的条件和界限问题，通过分析社会运动和政治团体的关系，呼吁用一种更具社会意义的代表概念来补充他认为过于个人主义的解放概念；德国政治哲学家克里斯托弗·门克（Christoph Menke）通过回顾左翼解放运动的历史，指出尽管过去的革命和解放斗争往往不可避免地会产生剥削和压迫的新形式，但解放和统治的辩证法并非不可解决，要想克服解放所包含的内在悖论，需要其他形式的解放实践和新的言说方式；会议发起人、德国新一代批判理论家拉埃尔·耶吉（Rahel Jaeggi）指出，解放并不仅仅局限在政治和经济领域，而是延伸到包括性别关系和代际关系等在内的所有社会关系，解放表征着一种对更加美好、更加自由的生活方式的向往，应当从理论和实践双重维度来谈论解放问题。关于"解放的认知维度"，德国哲学家马丁·萨尔（Martin Saar）援引康德的启蒙概念说明知识压迫是解放的必要前提，由于知识永远不可能中立，而总是嵌入现有的社会结构之中，因此，知识的获取必然发生在一定的政治空间和权力关系中；美国哲学家莎莉·哈斯兰格（Sally Haslanger）延续了意识形态批判的进路，指出面对上述知识压迫，唯一的选择在于提出"对立的意识"；查尔斯·米尔斯（Charles W. Mills）谴责了解放话语的理论陷阱，强调知识解放总是存在于任何解放运动的过程中；詹森·斯坦利（Jason Stanley）分析了等级制与非现实性的关系。关于"解放运动与社会斗争"，亚历克斯·黛米洛维克（Alex Demirović）讨论了解放的两条道路，提出解放不仅仅指向社会斗争的平权目标，而更是一种更具开放性的"对解放（观念）的解放"；美国著名女性主义批判理论家南茜·弗雷泽（Nancy Fraser）将解放斗争置于当前霸权危机的语境中加以审视，她重申资本主义不仅仅是一种经济活动形式，而且是一种形塑社会诸领域的生活方式，因此，左派的任务是要整合迄今为止世界上的各种不同社会政治运动，建立起一种反对资本主义的全球团结联盟；弗雷德·纽豪斯（Fred Neuhouser）在国内团结与国际团结之间进行了区分，萨宾·哈克（Sabine Hark）论述了后解放时代团结的（不）可能性问题，瑞金纳·克雷德（Regina Kreide）分析了社会斗争的矛盾心理，英国著名左翼政治哲学家尚塔尔·墨菲（Chantal Mouffe）探讨了激进民主与民粹主义的关系，提出解放的关键不在于政治要求本身而在于政治运动的方法。其他与会学者还对马克思主义视域下的权力与统治、异化与意识形态、革命与团结、希望与乌托邦、性别与自治、公共领域与生活形式等问题提出了极富创见的阐释。

除此之外，弗莱堡大学、爱尔福特大学、卡塞尔大学、柏林批判理论研究所、法兰克福社会研究所等高校和科研机构都举办了以纪念马克思诞辰200周年为主题的系列讲座，不仅围绕马克思的政治经济学批判、意识形态批判、社会自由学说、阶级斗争理论、民主政治构想、社会再生产理论、法权理论、转型理论、生态思想、技术哲学等展开热烈研讨，而且对马克思与后马克思主义的政治分歧、社会学马克思主义的问题、民主社会主义的规划、马克思之后批判理论的格局、今日批判理论家的起源、特征与功能以及存在主义、精神分析、人类学中内蕴的马克思主义幽灵遗产等进行了回溯性总结和前瞻性分析。

回顾德国2018年关于马克思的纪念活动，不难看出，这里既有学术性的专业研究，又有通俗性的民间探讨；既有重量级世界思想大师的高峰对话，又有德国本土化学者的专题争鸣；既有关于马克思经典文献的历史解读，又有针对现实社会问题和挑战的批判回应。可以说，这是一场学术性与意识形态性兼具、世界性与本土化交融、理论性与现实性并重的德国盛宴，它宣告着"马克思时刻"的到来，展现了马克思主义研究的多元范式和最新成果，预示着21世纪世界马克思主义发展的蓬勃生机，在这里，谨以上述文字纪念与马克思相遇在2018年的德国。

附录二 恩格斯归来
——国外学界恩格斯研究聚焦的几个问题

2020年是恩格斯诞辰200周年，在这样一个特殊的时间节点，重读恩格斯的经典著作，回顾恩格斯的思想历程，总结恩格斯的智识贡献，澄明恩格斯的当代价值，已然成为国内外学术界的焦点。放眼欧美学界，各种纪念恩格斯的学术活动并没有因为突如其来的新冠疫情而中断停止，恰恰相反，这次疫情给人们提供了反思恩格斯思想——比如他关于人与自然辩证关系的论述——的独特视角。国外学界纪念恩格斯的活动可谓形式多样，比如各种关于恩格斯的传记和研究著作纷纷出版；德国伍伯塔尔大学专门举办了主题为"弗里德里希·恩格斯：经典作家的现实性（Friedrich Engels: Die Aktualität eines Klassikers）"的大型国际学术会议，围绕恩格斯的自然哲学、社会理论、政治经济学、社会主义与共产主义、文学评论等不同维度，欧美著名学者沃尔夫冈·施特雷克（Wolfgang Streeck）、肖恩·塞耶斯（Sean Sayers）、保罗·布莱克里奇（Paul Blackledge）等纷纷发表精彩评论以示纪念；德国《马克思主义创新杂志（Zeitschrift Marxistische Erneuerung）》（第122期）设置"纪念恩格斯专栏"，对恩格斯的自然辩证法、商品价值论、性别关系思想、工人运动理论等展开专门探讨；许多高校和科研机构举办系列讲座和研讨会聚焦恩格斯的思想遗产及其当代性。这里以新近出版的《恩格斯与现代社会政治理论》[1]《恩格斯与〈自然辩证法〉》[2]《重新发现恩格斯：〈自然辩证法〉

---

[1] Paul Blackledge, *Friedrich Engels and Modern Social and Political Theory*, New York: SUNY Press, 2019.

[2] Kaan Kangal, *Friedrich Engels and the Dialectics of Nature*, London and New York: Palgrave Macmillan, 2020.

与积累和增长批判》①《解决矛盾：弗里德里希·恩格斯诞辰200周年》② 为重点考察对象，以点带面，从整体上勾勒国外学界恩格斯研究的最新进展。

一、总体评价恩格斯与马克思的思想关联

长期以来，恩格斯给人的印象往往是"马克思的合作伙伴""第二小提琴手"，在诺曼·莱文（Norman Levine）等西方马克思学家和卢卡奇（Georg Lukács）等西方马克思主义者的阐释之下，恩格斯甚至成为贬低、歪曲马克思的始作俑者，各种版本的"马恩对立论"一时间甚嚣尘上。那么，究竟如何看待恩格斯与马克思之间的思想关联，如何评价恩格斯在马克思主义发展史上独特的智识贡献，如何从学理上反驳"马恩对立论"，这成为国外学界关注的一大焦点。

为了使恩格斯从马克思的光环中走出来，还原其独特的智识与政治贡献，英国著名马克思主义理论家保罗·布莱克里奇在《恩格斯与现代社会政治理论》一书中，通过细致考察恩格斯在马克思主义形成和发展中所发挥的作用，从整体上概述了恩格斯对现代社会政治理论的贡献，回击了那些反对、贬低甚至丑化恩格斯的错误偏见，恢复了恩格斯在社会主义理论和实践中的重要地位。布莱克里奇聚焦"恩格斯之争"，分别从批判"马恩差异论"的错误和重估恩格斯的学术贡献两个方面再现了恩格斯与马克思之间的思想关联。

一方面，布莱克里奇指出，恩格斯之所以在欧美学界声誉起伏，除了政治上的原因之外，还与20世纪的许多批评意见有关，他们要么认为恩格斯从根本上歪曲了马克思的思想，要么将青年马克思的人本主义与恩格斯的科学主义相对立，由此谴责恩格斯将马克思主义简化为实证主义、机械唯物主义、庸俗决定论，这就是诺曼·莱文、特里尔·卡弗（Terrell Carver）、乔治·里希特海姆（George Lichtheim）等人提出的"马恩对立论"（及其温和变体"马恩差异论"）。与此相反，斯蒂芬·亨利·里格比（Stephen Henry Rigby）

---

① Elmar Altvater, *Engels neu entdecken. Die "Dialektik der Natur" und die Kritik von Akkumulation und Wachstum*, Hamburg：VSA Verlag, 2015.

② Rainer Lucas, Reinhard Pfriem, Hans-Dieter Westhoff, *Arbeiten am Widerspruch-Friedrich Engels zum 200. Geburtstag*, Marburg：MetropolisVerlag, 2020.

的《恩格斯与马克思主义的形成》和迪尔·亨利（Dill Hunley）的《恩格斯的生平与思想》则主张"马恩一致论"，他们不仅通过运用解释学的研究方法对文本的语境进行历史还原，澄清了对立论者对马恩著作的"选择性引用"，从而有力反驳了马恩之间的分歧神话，而且强调两人在大多数方面已经达成共识。里格比甚至还提出，"恩格斯在1842—1844年间的现实历史分析预示了他和马克思后来的思想发展"①，由此突出了恩格斯在马克思主义形成中的"核心"作用。为了彻底反驳以卡弗为代表的"马恩差异论"，布莱克里奇从四个方面展开批判：其一，卡弗对差异论的辩护依赖于一个稻草人式的预设，即马恩是一个完美的整体，但二人的密切合作绝不意味着不存在任何意见分歧；其二，卡弗错在忽视了马恩之间学术分工的重要性，二人之间的思想分工实际上加强了相互合作的必要性；其三，马恩的分工恰恰反映出恩格斯在某些方面更具智识上的优势，如恩格斯对现实社会矛盾的深刻洞察与敏锐体认；其四，卡弗对马恩之间合作程度的评估并不符合事实，二人的合作绝不仅仅限于三部合写的著作（即《神圣家族》《德意志意识形态》《共产党宣言》），两人在许多问题上的书信往来表明了恩格斯对马克思的影响。此外，布莱克里奇还通过仔细甄别马克思的用语（如反复使用"我们"、"我们的态度"、"共同的计划"、"他从另一条道路得出同我一样的结果"、"首先，我对一切事物的理解是迟缓的，其次，我总是踏着你的脚印走"等），援引马克思的小女儿艾琳娜（Eleanor Marx）和马克思的二女婿保尔·拉法格（Paul Lafargue）等人关于马恩友谊及其合作关系的肯定评论，指认恩格斯的自谦品格（如自称"第二小提琴手"、"马克思是天才，我们至多是能手"），得出结论："那些持分歧论观点的人更多地是被意识形态而非事实证据所驱动。"②

另一方面，布莱克里奇在分析和批判"马恩对立论"的同时，还从整体上回顾了恩格斯的学术发展历程，从他对英国工人阶级状况的分析和国民经济学的批判，到1840年之后对战争、革命和民族等问题的经验总结，再到马克思去世后编辑和出版《资本论》第二、三卷，反驳洛贝尔图斯指责马克思

---

① S. H. Rigby, *Engels and the Formation of Marxism: History, Dialectics and Revolution*, Manchester and New York: Manchester University Press, 1992, p. 40.
② Paul Blackledge, *Friedrich Engels and Modern Social and Political Theory*, New York: SUNY Press, 2019, p. 10.

剽窃的污蔑，以及对工会斗争、民主运动和妇女压迫等问题评述，由此描绘了恩格斯思想的总体图景。不难看出，布莱克里奇对恩格斯作为独立思想家的学术成就给出了自己的分析，这为我们全面把握恩格斯和马克思之间的思想关联提供了重要的思想材料和理论借鉴。尽管在他看来，恩格斯在改良主义、价值理论、民族主义等问题的论述中存在某些尚待讨论的空间，但这丝毫无损恩格斯对马克思主义哲学和现代社会政治理论的巨大贡献，借用列宁评价卢森堡的话说，不论其弱点如何，恩格斯始终是一只思想和政治上的雄鹰，他的著作对于今日左派而言仍然具有原则上的重要性。

与此同时，许多国外学者还从理论和历史等不同视角对"马恩对立论"进行了反驳，为恩格斯的理论贡献及其与马克思思想的关联进行了翔实的论证。众所周知，关于"马恩对立论"的一种常见论据是，马克思关注的是纯粹的社会批判理论，而恩格斯则主导了自然科学的研究，特别是他的自然辩证法歪曲了马克思关于辩证法的原初构想。为了纠正这一偏见，土耳其青年学者康加恩（Kaan Kangal）通过跟踪 MEGA^2 中马克思关于生态学、矿物学、植物学、化学、地质学、物理学等自然科学札记新文献的出版，揭示了马克思对自然科学同样具有浓厚的兴趣和深入的研究，这样一来，那些诉诸分工论来制造马恩对立的企图就不攻自破了。康加恩写道："如果可以表明马克思在进行一个包罗万象的、包括各种各样的自然与社会科学的跨学科研究时，在把握自然与社会作为一个整体的相互关系时，与恩格斯把辩证法定义为普遍的相互联系的科学是完全一致的，那么我们就可以说那个马克思恩格斯在自然辩证法这个方面的老问题算是解决了。"①

此外，美国著名生态学马克思主义理论家、《每月评论》主编约翰·贝拉米·福斯特（John Bellamy Foster）针对西方学界对恩格斯的种种批评，从思想史的视角系统梳理了历史学家、经济学家和自然科学家对恩格斯的辩护及其对马克思主义的贡献。福斯特指出，在当代马克思主义理论中，英国历史学家 E. P. 汤普森（Edward Palmer Thompson）1978 年出版的《理论的贫困》一书"是 20 世纪末英国文人为数不多的壮举之一——挺身支持弗里德里

---

① 康加恩：《卡尔·马克思的自然科学札记——1990—2016 德国 MEGA^2 研究综述》，韩许高译，《现代哲学》2018 年第 3 期。

希·恩格斯这个'老兄',而后者是阿尔都塞大部分批判所指向的目标"①。汤普森认为,恩格斯那里的辩证的经验主义对历史唯物主义分析来说是必不可少的。几年之后,马克思主义经济学家保罗·斯威齐(Paul Sweezy)在《马克思主义四讲》的开头便大胆重申恩格斯的辩证法进路及其对机械论和还原论的批判的重要性②。在福斯特看来,"真正恢复恩格斯作为与马克思并列的伟大经典马克思主义理论家之声誉的改变,不是来自历史学家和政治经济学家,而是来自自然科学家"③。他以斯蒂芬·杰伊·古尔德(Stephen Jay Gould)和霍华德·维茨金(Howard Waitzkin)为例进行说明,前者在其《自然史》一书中公开赞美了恩格斯强调劳动作用的人类进化论,称其为"维多利亚时代对人类进化发展的最先进构想";后者在其《第二病》中用了很大篇幅来描述恩格斯作为一名社会流行病学家的角色,展示了恩格斯对后来公共卫生领域的前瞻性构想,以及对疾病病理学的先驱性探索。恩格斯的这些理论成就充分表明,他非但没有故意歪曲马克思,而且通过另一条道路为马克思主义理论的形成和发展作出了自己的独特贡献。可以说,恩格斯不仅对于马克思主义的形成不可或缺,而且对于当今时代的资本主义批判更是必不可少。正是在这一意义上,福斯特指出:"在21世纪的今天,我们正在见证恩格斯的回归,他和马克思一起,继续影响着我们的斗争,并激起定义我们自己这个充满危机的、必将革命的时代的希望。"④

二、重新激活《自然辩证法》的当代价值

面对近年来不断加剧的生态危机,恩格斯的未竟之作《自然辩证法》日渐成为人们不断加以深耕的经典。特别是在今年新冠肺炎疫情的冲击之下,如何认识人与自然之间的辩证总体关系成为当下学界的讨论热点,这使得恩格斯的自然哲学在所谓的"人类世(Anthropocene)"时代再次升温。近年来,国外学者纷纷从文本语境、思想内涵及其现实潜能等不同方面深度挖掘《自然辩证法》的当代价值。

---

① John Bellamy Foster, "The Return of Engels", *Monthly Review*, Vol. 68, No. 10, March 2017.
② Paul M. Sweezy, *Four Lectures on Marxism*, New York: Monthly ReviewPress, 1981, pp. 11–25.
③ John Bellamy Foster, "The Return of Engels", *Monthly Review*, Vol. 68, No. 10, March 2017.
④ John Bellamy Foster, "The Return of Engels", *Monthly Review*, Vol. 68, No. 10, March 2017.

康加恩基于对《马克思恩格斯全集》历史考证版（MEGA²）的文本解读，对恩格斯的《自然辩证法》乃至整个恩格斯哲学进行了恰当的阐释，不仅批判性回应了前人的争论，而且提出了自己独特的见解。在康加恩看来，与学术界关于马克思的整体性研究已取得丰硕成果不同，时至今日，人们对恩格斯思想的综合性评价，特别是结合作者、文本、读者等不同层次关系的总体性研究依然付之阙如，因此，在历史诠释学的启发下，他倡导一种"新恩格斯阅读（Neue Engels-Lektüre）"①。首先，康加恩详细回顾了"恩格斯之争"的历史缘起，从卢卡奇对自然辩证法的指责开始，扩展到整个20世纪苏联、德国、奥地利、法国、美国和英国等政治语境中的相关争论。接着，他概述了《自然辩证法》的编辑和传播史，指出它原本不是一本书，而是恩格斯把一组手稿放进四个大文件夹里，只是后来在编辑的手中，这部作品才成了一本书②。随后，康加恩用较大篇幅详细分析了恩格斯撰写《自然辩证法》的政治哲学意图和目标。具体而言，康加恩从理论的功能、知识分子的角色和哲学的相关性出发，从四个方面揭示了恩格斯致力于自然辩证法的原因③：一是为了回应政治行动派以及社会和自然科学家对哲学理论的依赖，由此阐明参与运动的合理理由；二是为了反驳当时在自然科学家中盛行的反哲学趋势，由此揭示辩证法在自然科学中的不可或缺性；三是为了彻底批判长期占据主导地位的形而上学思维方式，科学阐明马克思的唯物主义观点，这就要求对黑格尔的辩证法进行改造和调整，并引导人们增加对科学知识特别是自然科学的兴趣；四是为了证明黑格尔的辩证法未能经受住自然科学的检验，因此，迈向马克思主义哲学的重要步骤就是要"批判地消灭它的形式，但是要救出通过这个形式获得的新内容"④。

同时，康加恩基于对MEGA²的细致研究发现，恩格斯从来没有像在《反杜林论》中那样对辩证法问题进行如此系统的处理，甚至可以说，《反杜林

---

① Kaan Kangal, *Friedrich Engels and the Dialectics of Nature*, London and New York: Palgrave Macmillan, 2020, p. 1.
② Kaan Kangal, *Friedrich Engels and the Dialectics of Nature*, London and New York: Palgrave Macmillan, 2020, pp. 56–60.
③ Kaan Kangal, *Friedrich Engels and the Dialectics of Nature*, London and New York: Palgrave Macmillan, 2020, pp. 111–114.
④《马克思恩格斯全集》第28卷，人民出版社2018年版，第330页。

论》比《自然辩证法》本身提供了更为详细的论证。恩格斯首先区分了矛盾的三种类型：本质上的矛盾，理论不一致的矛盾，任何科学理论固有的矛盾。在对矛盾进行了三重划分之后，恩格斯提出了三种相互兼容的辩证法的定义：本质上矛盾的结构，特定的思维方法，哲学的总体理论[1]。恩格斯在1879年9月曾明确表示，他并不想撰写一本辩证法的册子，而是想证明辩证法是自然界发展的规律，因此也适用于关于自然的理论研究。此外，康加恩还考察了哲学史上的辩证法谱系，尤其是比较了亚里士多德、康德、黑格尔辩证法的异同及其对恩格斯自然辩证法的影响。[2] 例如，矛盾可以是合乎逻辑的，而不必是辩证的（亚里士多德）；对立可以是辩证的而不必是现实的（康德）；对立是辩证的，但矛盾是思辨的（黑格尔）。这些概念的替代组合可能导致对自然辩证法的不同理解。最后，康加恩重申《自然辩证法》在很多方面都具有启发性，恩格斯不仅认真地对待辩证法的哲学传统，而且探讨了辩证法与形而上学、唯物主义与唯心主义的对立等新的哲学问题，这是我们理解马克思主义哲学史及其重大基本问题的出发点，这部开放性的哲学经典理应得到人们的更多关注，恩格斯的思想遗产理应得到当代学人更深入的挖掘。

如果说康加恩代表了欧美学者基于 MEGA² 最新文献对《自然辩证法》文本的深度耕犁，那么德国著名左翼马克思主义理论家、政治经济学家、PROKLA 杂志创办人埃尔玛·阿尔特瓦特（Elmar Altvater）则致力于通过对当代资本主义社会现实问题的分析和介入来彰显《自然辩证法》之当代价值。《重新发现恩格斯：〈自然辩证法〉与积累和增长批判》一书延续了阿尔特瓦特一贯的批判风格，坚持运用马克思主义政治经济学的分析方法，将对恩格斯《自然辩证法》的重新阐释与当代资本主义增长之替代方案的追寻结合起来，既深化了其早期作品中对资本主义全球化的批判，又为历史唯物主义如何应用于现实社会分析进行了理论上的探索。

在简要概述了恩格斯的生平之后，阿尔特瓦特着重回顾了《自然辩证法》引发的争论，特别是在这一经典著作的传播过程中出现的种种误解、曲解和

---

[1] Kaan Kangal, *Friedrich Engels and the Dialectics of Nature*, London and New York: Palgrave Macmillan, 2020, p. 199.

[2] Kaan Kangal, *Friedrich Engels and the Dialectics of Nature*, London and New York: Palgrave Macmillan, 2020, pp. 186–192.

过度诠释。其中，针对恩格斯被批评为简单反映论者，阿尔特瓦特援引恩格斯1890年致康拉德·施米特的信中关于货币市场参与者如何看待经济的重要论述——"在货币市场中，总的说来，并且在上述条件之下，反映出，而且当然是头足倒置地反映出工业市场的运动"①，指认恩格斯显然非常了解马克思对资本主义拜物教的批判②，这使其能够洞穿资本主义社会表象背后的深层本质，而非简单地予以认同。针对卢卡奇主张辩证法仅仅适用于社会而非自然、赫尔穆特·赖希尔特（Helmut Reichelt）将资本主义描述为一个完全没有自然因素而只是交换价值生产和流通的社会系统以及尼克拉斯·卢曼（NiklasLuhman）的社会系统理论等，阿尔特瓦特指出他们的错误根源于一种总体性视野的缺失。在他看来，自然对社会的发展作出了贡献，并被社会的发展所改变，人与自然之间的新陈代谢是一个总体的过程，资本主义生产得以可能取决于从外部的自然界吸收能量，人类历史过程是自然、经济与社会之间相互作用的辩证总体③。

正是从这样一种"辩证的总体性"出发，阿尔特瓦特还讨论了资本世（Capitalocene）及其经济理性对地球的塑造、人与自然的关系本质上是一种权力关系、经济增长与时空辩证法、新陈代谢与社会形态的变化、合理化即外部化、没有外部世界就没有资本主义、经济危机与生态危机的关系等问题。阿尔特瓦特的基本论点是，恩格斯的《自然辩证法》特别是关于"自然报复论"的重要论述——"我们不要过分陶醉于我们人类对自然界的胜利。对于每一次这样的胜利，自然界都对我们进行报复。"④——极具前瞻性地预见了不断加速的经济增长势必威胁自然的存在，不受限制的增长趋势势必引发风险问题，这表明了尊重人与自然辩证关系的必要性。阿尔特瓦特认为，资本主义经济增长的动力是建立在如下三个要素的基础之上，即化石能源的提供、劳资关系的维系、金融市场的剥夺，当前新自由主义的盛行已然决定了经济

---

① 《马克思恩格斯选集》第4卷，人民出版社2012年版，第610页。
② Elmar Altvater, *Engels neu entdecken. Die "Dialektik der Natur" und die Kritik von Akkumulation und Wachstum*, Hamburg: VSA Verlag, 2015, S. 13.
③ Elmar Altvater, "The Capitalocene, or, Geoengineeringagainst Capitalism's Planetary Boundaries", in Jason W. Moore ed., *Anthropocene or Capitalocene? Nature, History, and theCrisis of Capitalism*, Michigan: PM Press, 2016, p. 139.
④ 《马克思恩格斯全集》第26卷，人民出版社2014年版，第769页。

和社会发展的方向。所谓的"后增长（Postwachstum）运动"及其倡导的"非帝国"生活方式、"绿色"资本主义等等，没有考虑到资本主义生产关系与增长之间关联的实质，实际上是一种新古典经济学的观点，即一切都围绕市场展开，但是，市场机制无法解决自然资源的最终枯竭问题。因此，阿尔特瓦特得出结论，如果不尊重人与自然之间的和谐相处以及重建社会与自然之间整体关系的条件，人类迟早会走入死胡同①。在当前关于"资本世"还是"人类世"的争论中，恩格斯关于自然与社会、经济与政治的辩证总体方法比以往任何时候都更为重要，这也是阿尔特瓦特重释自然辩证法的当代价值之所在。

此外，以福斯特为代表的生态学马克思主义者结合当前的生态危机，深入阐发了恩格斯生态辩证法的重要意义。众所周知，肇始于卢卡奇的西方马克思主义对恩格斯的自然辩证法一直颇有微词，指责其将辩证法从社会领域转移到自然领域，自然辩证法忽略了作为历史过程本质的主体与客体之间的辩证关系和相互作用，结果不仅遏制了辩证法的革命潜能，而且导致了对马克思主义的机械唯物主义和实证主义诠释。针对这一对自然辩证法的贬低和拒斥，福斯特重申恩格斯的教诲——"蔑视辩证法是不能不受惩罚的"②，他聚焦于恩格斯与生态辩证法之形成的关系，充分肯定了恩格斯自然辩证法的当代价值。"恩格斯的自然辩证法不仅预示了现代生态学对人与自然之统一性的关注，而且打开了一个空间，将生态危机与资本主义社会关系的异化本质联系起来。"③ 这就是说，社会主义革命不仅涉及社会和政治关系的转型，而且必然涉及人与自然关系的根本转变。福斯特认为："对于恩格斯而言，就像对马克思来说那样，社会主义的关键在于理性地调节人与自然之间的新陈代谢，由此充分地发挥人类可能具有的潜能，同时又保障后代人的需要。"④ 正是基于此，福斯特将恩格斯的名言"自然界是检验辩证法的试金石"⑤ 改写

---

① Elmar Altvater, *Engels neu entdecken. Die "Dialektik der Natur" und die Kritik von Akkumulation und Wachstum*, Hamburg：VSA Verlag, 2015, S. 121.
② 《马克思恩格斯全集》第 26 卷，人民出版社 2014 年版，第 516 页。
③ Paul Blackledge, *Friedrich Engels and Modern Social and Political Theory*, New York：SUNY Press, 2019, p. 16.
④ John Bellamy Foster, "The Return of Engels", *Monthly Review*, Vol. 68, No. 10, March 2017.
⑤ 《马克思恩格斯全集》第 26 卷，人民出版社 2014 年版，第 25 页。

为"生态是检验辩证法的试金石"①。这是福斯特对恩格斯生态辩证法的当代重释。应该承认，恩格斯不仅彰显了辩证法的生态维度，而且阐明了生态问题与资本主义批判之间的内在联系，因而在当代生态社会主义讨论中占有重要位置，认真重估恩格斯自然辩证法的理论贡献对于21世纪的左翼和社会主义运动而言必将受益匪浅。

三、全面展示恩格斯思想的多维面相及其现实性

自恩格斯逝世以来，随着资本主义社会的巨大变迁，当时的许多特殊性矛盾已经被普遍化甚至扩展至全球层面，在这种背景下，重新审视恩格斯对时代问题的诊断和社会矛盾的解决及其在21世纪的相关性成为欧美学者热议的话题。正如伍珀塔尔历史中心主任拉尔斯·布鲁玛（Lars Bluma）所言："恩格斯不仅是《共产党宣言》的合著者，还是一位企业家、革命家、哲学家、社会评论家、作家和新闻工作者，而且是一个有远见的儿子、忠诚而慷慨的朋友以及善于交际的人。"② 因此，整体呈现恩格斯思想的多维面相及其现实性，便成为德国伍珀塔尔市"恩格斯诞辰200周年纪念计划"的核心主题，作为这次纪念活动的重量级理论成果，《解决矛盾：弗里德里希·恩格斯诞辰200周年》一书便代表了欧美学者们在21世纪的今天从不同维度重塑恩格斯思想肖像的努力。

第一，在对时代问题的探索中寻求人类解放，这是恩格斯的理论进路。对此，学者们进行了多维度的阐释。汉斯－迪特·韦斯霍夫（Hans-Dieter Westhoff）将恩格斯刻画为一个现代人，因为恩格斯出生时的社会关系和当今存在有着惊人的相似之处，他不仅是对不断发展的资本主义社会的批判家，而且是一名革命的政治家，此外还仔细研究了他那个时代的道德状况。恩格斯之所以是现代人，是因为他处理了直到他去世之前最新的知识和科学发展，并且比其他人更早地强调了性别关系的重要性。迈克尔·布里（Michael Brie）的目标是从恩格斯对社会危机时刻的战略探索中为未来汲取经验教训。在布里看来，为了从偏执的虔诚父母家的狭小空间中解放出来，恩格斯一步一步

---

① John Bellamy Foster, "The Return of Engels", *Monthly Review*, Vol. 68, No. 10, March 2017.
② Lars Bluma, *Friedrich Engels：Ein Gespenst geht um in Europa*, Bergischer Verlag, 2020.

地制订了一个包括问题、对象和方法在内的战略计划，这就是为什么现在是时候让他走出马克思的光环了。海因茨·D. 库尔兹（Heinz D. Kurz）讨论了恩格斯的早期文本《国民经济学批判大纲》，23 岁的恩格斯敏锐地将国民经济学视为"发财致富的科学"，揭示了私有财产和竞争的"不道德性"以及经济学家的伪善面目。这是一部令人印象深刻的著作，不仅是因为恩格斯将马克思带入了经济学的研究领域，而且还因为恩格斯提出了许多批判性的新见解。迈克尔·克雷特克（Michael Krätke）强调了恩格斯作为资本主义重大变革观察者的身份，恩格斯在早期就对政治经济学进行了批判，并彻底分析了工业革命的技术和社会方面，这帮助恩格斯比其他人更早地仔细研究了资本主义危机的不可避免性。他晚年关于哲学、人类学和科学问题的著作，以及在马克思死后编辑出版《资本论》第二、三卷都表现了恩格斯对时代问题的深刻洞察。

第二，在宗教批判中确立唯物主义世界观，这是恩格斯的哲学立场。对此，学者们展开了多层面的分析。苏珊·舒恩特·克莱曼（Susanne Schunter-Kleemann）重构了恩格斯年轻时所进行的思想解放过程。当年乌培河谷在经济上日益成功，但其宗教特征却是几近狂热的虔信主义。随着对宗教的怀疑日渐增加，恩格斯开始沉浸于文学，这是他走向唯物主义世界观的中间步骤。从今天来看，世俗化的过程还远未结束，相反，带有宗教色彩的极端保守主义运动具有很高的政治危险性。亨里克·勒奇（Henrike Lerch）考察了 19 世纪的自由宗教运动，不同的团体以截然有别的方式对教会的制度及其权力进行了明确的批判，并将其与自由和进步的潮流联系在一起。与最初的恩格斯一样，这是积极意义上的宗教自由，在某些情况下，与工人运动的增加有所重叠。自由的宗教运动将以他们的方式促进社会的进一步世俗化。维尔纳·普卢佩（Werner Plumpe）分析了恩格斯从超自然主义者向共产主义者的思想转变。他指出了救赎历史取向的连续性，即使在他完全放弃基督教信仰之后，恩格斯仍继续支持这一观点。恩格斯晚年关于早期基督教历史的著述以及他关于早期基督教运动和社会主义运动存在相似之处的论述也可以清楚地表明这一点。随着社会问题的发现，恩格斯从一个完全虔诚的基督徒到一个共产主义者的思想转变历程不超过四年，而且他还公开表达了自己世界观发展的突破。伊娃·博肯海默（Eva Bockenheimer）努力回应这样一个事实：自从 20

世纪的实际发展使社会主义声名受损以来,"辩证法"一词也遭遇质疑,恩格斯的自然辩证法甚至成为批判的对象。面对当前的生态危机,辩证思维的价值亟待恢复。马丁·布歇尔(Martin Büscher)通过回顾恩格斯的政治经济学研究对经济机制独立性和经济范畴狭隘化的批判,指出经济学并非凭空发生的,确定经济学的现实基础在今天尤为关键。正如亚当·斯密的著作所揭示的,对于资本主义市场经济的早期发展,意识形态或直接宗教信仰的嵌入仍然至关重要。今天,我们必须将独立的经济实践和类别(例如竞争,绩效和自身利益)重新融入社会、文化和生态之中。

第三,在社会进步中实现城市、自然与女性的协调发展,这是恩格斯的现实关怀。对此,学者们进行了多角度的论述。赖纳·卢卡斯(Rainer Lucas)论述了生产力对于社会转型过程的重要性,他将马克思和恩格斯对生产力的理解与卡尔·波兰尼(Karl Polanyi)和乌韦·施奈德温德(Uwe Schneidewind)的转型方法联系起来。卢卡斯概述了技术进步、市场自律与提高劳动生产率之间的相互依赖关系,并批评了基于技术解决方案对可持续性的理解。针对不同的设计维度,卢卡斯为未来的技术设计了标准,这也为技术的使用和生活、创意工作开辟了新的视角。伯格哈特·弗里格(Burghard Flieger)研究了恩格斯在多大程度上推动了可持续住房合作社的构想。为此,他概括了恩格斯关于改善穷人居住条件的解决方案的讨论,据此,弗里格提出了三项合作倡议:由建筑工人协会建造新住房,将合作住房建设作为解决城市问题的办法,以及国家支持合作自救的活动。丹尼尔·洛伯格(Daniel Lorberg)和凯瑟琳娜·西蒙(Katharina Simon)认为,有充分的理由再次回到恩格斯,以解决当今的城市发展和生活问题。在20世纪,人们进行了许多重要的尝试来克服19世纪混乱的城市发展及其破坏性影响,其中包括《雅典宪章》和《关于可持续欧洲城市的莱比锡宪章》,但是今天新旧问题依然尖锐。恩格斯提到的城市生活质量与私人资本主义财产之间的联系绝对是值得深入讨论的热门话题。目前,无论是合作尝试,还是征用举措都表明了这一点。吉塞拉·诺兹(Gisela Notz)强调说,恩格斯和马克思一样,早就指出了资本主义社会对妇女的特殊压迫和剥削,尤其是在《家庭、私有制和国家的起源》中,恩格斯成为19世纪最早的民族学家和家庭理论家之一。时至今日,正确认识小家庭不是自然的产物,而是作为历史的,因此也是过去的产物,仍然是当前教育的重要内容。例如，这可以在德意志联邦共和国的整个历史中以及在新右翼和极端保守主义潮流中看到。乌塔·冯·温特费尔德（Uta von Winterfeld）、阿德莱德·比塞克（Adelheid Biesecker）、弗里加·豪格（Frigga Haug）以作者来信的形式表达了他们对恩格斯的看法。他们主要关注的是恩格斯对性别关系的处理，以及在社会转型过程中如何理解自然的问题。在他们看来，性别和自然关系必须从解放的视角理解为对历史上确定的权力结构的巩固。

第四，在应对数字、气候、科学的开放性挑战中实现社会转型，这是恩格斯的政治追求。对此，学者们结合当下的社会现实展开了多方面的阐释。卢茨·贝克尔（Lutz Becker）认为，在思考当今资本主义的社会转型时，恩格斯及其著作仍具有极大的现实性。19 世纪的经济危机创造了新的社会活动形式，导致了经济体制的重新安排。目前，面对社会生产关系的数字化趋势，贝克尔提出了一种在数字化条件下进行合理化的方案。彼得·亨尼克（Peter Hennicke）考察了恩格斯是否会为今天的"后增长"而战。他认为，首先要弄清楚的是，恩格斯对于打破当今主流经济学和社会思想的多元化有多大帮助。今天，在解决社会问题和生态问题时，恩格斯是值得深入挖掘和利用的理论资源。气候变化不是一个可以简单纠正的市场失灵问题，而是源于一种根本性的系统性缺陷，后增长本身并不能提供充分的解决方案。但是，应立即采取一切可能的措施来应对这一情况。亨尼克希望有一个社会转折点，使得社会运动、技术突破以及金融和实体资本的自我转化共同发挥作用。拉斯·霍赫曼（Lars Hochmann）的贡献集中在矛盾概念上，他认为只有矛盾的思想才能改变世界。正如恩格斯所说，知识的开放是一个基本的先决条件，作为思维方式的研究方法，应该接受这个条件，而不是遵循既定的程序。与经济学有着确定性的对象不同，恩格斯是一位倡导可能性的科学家。克劳斯·托马斯伯格（Claus Thomasberger）追溯了恩格斯特别是他晚年关于未来"自由王国"乌托邦的相关著述，尽管在资本主义条件下对社会关系的批判已经成功地解决了异化问题，但对于"自由王国"如何形成，仍然有许多问题悬而未决。即使对于后资本主义经济和社会来说，经济关系的组织也面临着巨大的挑战，当然，它绝不是自动实现的。自 20 世纪以来，各种理论都可能利用这一缺失来捍卫资本主义。乌尔里希·科兰（Ulrich Klan）回顾了他年轻时是如何接触恩格斯的，以及直到今天他是如何认识恩格斯的。尽管恩格斯令人钦佩，但他在表达自己的理论观点并与政敌作战方面在早期就存在问题。来自伍珀塔尔的人们，包括诗人阿明·T. 韦格纳（Armin T. Wegner）和哲学家海伦·斯托克（Helene Stöcker），比恩格斯更一贯地反对战争，恩格斯对军队有着非常积极的亲和力。当然，科兰强调，对恩格斯的公正评判必须考虑到 19 世纪的时代精神，而且为捍卫他免遭日后的极权主义俘获，还有很多事情要做。莱因哈特·普弗里姆（Reinhard Pfriem）仔细地考察了恩格斯的《社会主义从空想到科学的发展》，他指出，19 世纪的时代精神推动了自然科学的爆炸式发展，在当时，知识是作为一种可能的客观规律的知识而构成的，恩格斯和马克思一样，也不能摆脱这种时代精神。因此，今天有必要将恩格斯与马克思所承认的"历史运动规律"相对化，并考虑历史上始终存在的矛盾、社会多元化、行动者的异质性以及由此产生的偶然性。除此之外，这将导致乌托邦之概念和内容的复兴。

综观当前国外学界对恩格斯思想的研究，不论是对恩格斯与马克思思想关联的总体评价，还是对《自然辩证法》当代价值的重新激活，抑或是对恩格斯思想多维面相的整体展示，可以看出，恩格斯作为一位独立思想家的身份已被广泛承认，他在自然哲学、政治经济学研究、社会主义理论、资本主义批判等方面的思想贡献是巨大的，甚至对马克思也产生过重要影响。面对当前日益严重的生态危机和不断加剧的社会矛盾，回到恩格斯的思想遗产去寻找回应现实挑战的理论武器正在成为欧美学者的关键智识取径，这不仅表征着恩格斯哲学的现实性，也预示着 21 世纪世界马克思主义发展的蓬勃生机。

参考文献

一　中文文献

（一）著作类

《马克思恩格斯选集》第 1—4 卷，人民出版社 2012 年版。
《马克思恩格斯文集》第 1—10 卷，人民出版社 2009 年版。
《马克思恩格斯全集》第 1 卷，人民出版社 1995 年版。
《马克思恩格斯全集》第 3 卷，人民出版社 2002 年版。
《马克思恩格斯全集》第 26 卷，人民出版社 2014 年版。
《马克思恩格斯全集》第 28 卷，人民出版社 2018 年版。
《马克思恩格斯全集》第 30 卷，人民出版社 1995 年版。
《马克思恩格斯全集》第 31 卷，人民出版社 1998 年版。
《马克思恩格斯全集》第 47 卷，人民出版社 2004 年版。
《列宁选集》第 1—4 卷，人民出版社 2012 年版。
《列宁专题文集》第 1—5 卷，人民出版社 2009 年版。
《列宁全集》第 55 卷，人民出版社 2017 年版。

［德］阿多尔诺：《否定辩证法》，王凤才译，商务印书馆 2019 年版。
［德］特奥多·阿多尔诺：《阿多尔诺基础读本》，夏凡编译，浙江大学出版社 2020 年版。
［法］路易·阿尔都塞：《黑格尔的幽灵：政治哲学论文集》，唐正东、吴静译，南京大学出版社 2005 年版。
［法］路易·阿尔都塞、艾蒂安·巴里巴尔：《读〈资本论〉》，李其庆、冯文光译，中央编译出版社 2008 年版。

［法］路易·阿尔都塞:《哲学与政治:阿尔都塞读本》(上、下卷),陈越译,吉林人民出版社2010年版。

［法］阿尔都塞:《保卫马克思》,顾良译,商务印书馆2010年版。

［美］凯文·安德森:《列宁、黑格尔和西方马克思主义:一种批判性研究》,张传平译,南京大学出版社2012年版。

［意］吉奥乔·阿甘本:《例外状态:〈神圣之人〉二之一》,薛熙平译,西北大学出版社2015年版。

［意］吉奥乔·阿甘本等:《好民主,坏民主》,王文菲、沈健文译,上海社会科学院出版社2014年版。

［美］汉娜·阿伦特:《马克思主义与西方政治传统》,孙传钊译,江苏人民出版社2012年版。

［加］本·阿格尔:《西方马克思主义概论》,慎之等译,中国人民大学出版社1991年版。

［英］奥诺拉·奥尼尔:《理性的建构:康德实践哲学研究》,林晖等译,复旦大学出版社2013年版。

［美］詹姆斯·奥康纳:《自然的理由》,唐正东、臧佩洪译,南京大学出版社2003年版。

［英］以赛亚·伯林:《启蒙的三个批评者》,马寅卯、郑想译,译林出版社2014年版。

［美］艾伦·布坎南:《马克思与正义》,林进平译,人民出版社2013年版。

［法］埃蒂安·巴利巴尔:《马克思的哲学》,王吉会译,中国人民大学出版社2007年版。

［日］柄谷行人:《跨越性批判:康德与马克思》,赵京华译,中央编译出版社2010年版。

［美］朱迪斯·巴特勒等:《偶然性、霸权和普遍性——关于左派的当代对话》,胡大平等译,江苏人民出版社2003年版。

［德］伊林·费切尔:《马克思与马克思主义:从经济学批判到世界观》,赵玉兰译,北京师范大学出版社2009年版。

［德］库诺·费舍尔:《青年黑格尔的哲学思想》,张世英译,吉林人民

出版社 1983 年版。

［法］米歇尔·福柯：《什么是批判：福柯文选Ⅱ》，汪民安编，北京大学出版社 2016 年版。

［美］约翰·贝拉米·福斯特：《生态危机与资本主义》，耿建新译，上海译文出版社 2006 年版。

［美］南茜·弗雷泽、［德］阿克塞尔·霍耐特：《再分配，还是承认？——一个政治哲学对话》，周穗明译，上海人民出版社 2009 年版。

［美］南茜·弗雷泽：《正义的中断——对"后社会主义"状况的批判性反思》，于海青译，上海人民出版社 2008 年版。

《费尔巴哈哲学著作选集》（上、下卷），荣震华等译，商务印书馆 1984 年版。

［意］安东尼奥·葛兰西：《狱中札记》，曹雷雨等译，河南大学出版社 2014 年版。

［德］R. 贡尼、［德］H. 林古特：《霍克海默传》，任立译，商务印书馆 1992 年版。

［德］马丁·海德格尔：《德国观念论与当前哲学的困境》，庄振华、李华译，西北大学出版社 2016 年版。

［德］海德格尔：《海德格尔选集》（上、下卷），孙周兴选编，上海三联书店 1996 年版。

［德］海德格尔：《物的追问：康德关于先验原理的学说》，赵卫国译，上海译文出版社 2010 年版。

［德］海德格尔：《存在与时间》，陈嘉映、王庆节译，生活·读书·新知三联书店 2006 年版。

［德］海德格尔：《演讲与论文集》，孙周兴译，生活·读书·新知三联书店 2005 年版。

［德］海德格尔：《路标》，孙周兴译，商务印书馆 2004 年版。

［德］海德格尔：《林中路》，孙周兴译，上海译文出版社 2004 年版。

［德］黑格尔：《精神现象学》（上、下卷），贺麟、王玖兴译，商务印书馆 1979 年版。

［德］黑格尔：《法哲学原理》，范扬、张企泰译，商务印书馆 1961 年版。

［德］黑格尔：《小逻辑》，贺麟译，商务印书馆1980年版。

［德］黑格尔：《逻辑学》（上、下卷），杨一之译，商务印书馆1976年版。

［德］黑格尔：《黑格尔早期著作集》，贺麟等译，商务印书馆1997年版。

［德］黑格尔：《精神哲学——哲学全书·第三部分》，杨祖陶译，人民出版社2006年版。

［德］黑格尔：《历史哲学》，王造时译，上海书店出版社2006年版。

［德］黑格尔：《黑格尔政治著作选》，薛华译，中国法制出版社2008年版。

［德］黑格尔：《哲学百科全书纲要》（1817年版、1827年版、1830年版），薛华译，北京大学出版社2010年版。

［德］黑格尔：《耶拿体系1804—1805：逻辑学和形而上学》，杨祖陶译，人民出版社2012年版。

［德］黑格尔：《黑格尔全集》第6卷，郭大为、梁志学译，商务印书馆2017年版。

［德］黑格尔：《黑格尔著作集》第2卷，朱更生译，人民出版社2017年版。

［德］阿克塞尔·霍耐特：《权力的批判：批判社会理论反思的几个阶段》，童建挺译，上海人民出版社2012年版。

［德］阿克塞尔·霍耐特：《为承认而斗争》，胡继华译，上海人民出版社2005年版。

［德］阿克塞尔·霍耐特：《不确定性之痛：黑格尔法哲学的再现实化》，王晓升译，华东师范大学出版社2016年版。

［德］阿克塞尔·霍耐特：《自由的权利》，王旭译，社会科学文献出版社2013年版。

［德］霍克海默：《批判理论》，李小兵等译，重庆出版社1989年版。

［德］霍克海默：《霍克海默集》，曹卫东编选，上海远东出版社1997年版。

［德］马克斯·霍克海默、西奥多·阿道尔诺：《启蒙辩证法》，渠敬东、曹卫东译，上海人民出版社2006年版。

［德］于尔根·哈贝马斯：《现代性的哲学话语》，曹卫东译，译林出版社 2011 年版。

［德］尤尔根·哈贝马斯：《理论与实践》，郭官义、李黎译，社会科学文献出版社 2010 年版。

［德］哈贝马斯：《公共领域的结构转型》，曹卫东等译，学林出版社 1999 年版。

［美］悉尼·胡克：《理性·社会神话和民主》，金克、徐崇温译，上海人民出版社 2006 年版。

［美］麦克尔·哈特、［意］安东尼奥·奈格里：《帝国：全球化的政治秩序》，杨建国、范一亭译，江苏人民出版社 2003 年版。

［英］斯蒂芬·霍尔盖特：《黑格尔导论：自由、真理与历史》，丁三东译，商务印书馆 2013 年版。

［德］迪特·亨里希：《在康德与黑格尔之间：德国观念论讲座》，乐小军译，商务印书馆 2013 年版。

［美］大卫·哈维：《资本的限度》，张寅译，中信出版集团股份有限公司 2017 年版。

［美］大卫·哈维：《资本社会的 17 个矛盾》，许瑞宋译，中信出版集团股份有限公司 2016 年版。

［美］大卫·哈维：《马克思与〈资本论〉》，周大昕译，中信出版集团股份有限公司 2018 年版。

［英］尼尔·哈丁：《列宁主义》，张传平译，南京大学出版社 2014 年版。

［美］马丁·杰伊：《法兰克福学派史（1923—1950）》，单世联译，广东人民出版社 1996 年版。

［德］H-G. 伽达默尔：《伽达默尔论黑格尔》，张志伟译，光明日报出版社 1992 年版。

［美］大卫·库尔珀：《纯粹现代性批判：黑格尔、海德格尔及其以后》，臧佩洪译，商务印书馆 2006 年版。

［英］特里·卡弗：《政治性写作：后现代视野中的马克思形象》，张秀琴译，北京师范大学出版社 2009 年版。

［英］G. A. 科恩：《卡尔·马克思的历史理论——一个辩护》，段忠桥

译，高等教育出版社 1998 年版。

［法］科耶夫：《黑格尔导读》，姜志辉译，译林出版社 2005 年版。

［德］科尔施：《马克思主义和哲学》，王南湜、荣新海译，重庆出版社 1989 年版。

［德］于尔根·科卡、［荷］马塞尔·范德林登主编：《资本主义：全球化时代的反思》，于留振译，商务印书馆 2018 年版。

［德］康德：《未来形而上学导论》，庞景仁译，商务印书馆 1978 年版。

［德］康德：《纯粹理性批判》，邓晓芒译，人民出版社 2004 年版。

［德］康德：《历史理性批判文集》，何兆武译，商务印书馆 1991 年版。

［加］威廉·莱斯：《自然的控制》，岳长龄译，重庆出版社 2007 年版。

［匈］卢卡奇：《青年黑格尔》（选译），王玖兴译，商务印书馆 1963 年版。

［匈］卢卡奇：《历史与阶级意识》，杜章智等译，商务印书馆 1999 年版。

［美］诺曼·莱文：《不同的路径：马克思主义与恩格斯主义中的黑格尔》，臧峰宇译，北京师范大学出版社 2009 年版。

［美］诺曼·莱文：《辩证法内部对话》，张翼星等译，云南人民出版社 1997 年版。

［德］卡尔·洛维特：《从黑格尔到尼采》，李秋零译，生活·读书·新知三联书店 2006 年版。

［德］卡尔·洛维特：《海德格尔——贫困时代的思想家：哲学在 20 世纪的地位》，彭超译，西北大学出版社 2015 年版。

［德］卡尔·洛维特：《韦伯与马克思以及黑格尔与哲学的扬弃》，刘心舟译，南京大学出版社 2019 年版。

［法］皮埃尔·罗桑瓦隆：《乌托邦资本主义——市场观念史》，杨祖功、晓宾、杨齐译，社会科学文献出版社 2004 年版。

［美］约翰·罗尔斯：《正义论》，何怀宏、何包钢、廖申白译，中国社会科学出版社 1988 年版。

［美］约翰·罗尔斯：《作为公平的正义：正义新论》，姚大志译，中国社会科学出版社 2011 年版。

［美］约翰·罗尔斯：《政治哲学史讲义》，杨通进、李丽丽、林航译，

中国社会科学出版社 2011 年版。

［联邦德国］罗曼·罗斯多尔斯基：《马克思〈资本论〉的形成》，魏埙等译，山东人民出版社 1992 年版。

［德］哈特穆特·罗萨：《新异化的诞生：社会加速批判理论大纲》，郑作彧译，上海人民出版社 2018 年版。

［美］埃里克·欧林·赖特：《阶级》，刘磊、吕梁山译，高等教育出版社 2006 年版。

［美］汤姆·洛克曼：《马克思主义之后的马克思——卡尔·马克思的哲学》，杨学功、徐素华译，东方出版社 2008 年版。

［意］洛苏尔多：《黑格尔与现代人的自由》，丁三东等译，吉林出版集团有限责任公司 2008 年版。

［英］I. 梅扎罗斯：《超越资本：关于一种过渡理论》（上、下卷），郑一明等译，中国人民大学出版社 2002 年版。

［英］尚塔尔·墨菲：《政治的回归》，王恒、臧佩洪译，江苏人民出版社 2001 年版。

［民主德国］曼弗雷德·缪勒：《通往〈资本论〉的道路》，钱学敏等译，山东人民出版社 1992 年版。

［意］马塞罗·默斯托主编：《马克思的〈大纲〉——〈政治经济学批判大纲〉150 年》，闫月梅等译，中国人民大学出版社 2010 年版。

［德］维尔纳·马克思：《黑格尔的〈精神现象学〉》，谢永康译，人民出版社 2014 年版。

［美］赫伯特·马尔库塞：《马尔库塞文集》（第 1—6 卷），高海青等译，人民出版社 2019 年版。

［美］乔治·麦卡锡：《马克思与古人——古典伦理学、社会正义和 19 世纪政治经济学》，王文扬译，华东师范大学出版社 2011 年版。

［美］杰瑞·穆勒：《市场与大师：西方思想如何看待资本主义》，佘晓成、芦画泽译，社会科学文献出版社 2016 年版。

［德］斯蒂芬·穆勒－多姆：《于尔根·哈贝马斯：知识分子与公共生活》，刘风译，社会科学文献出版社 2019 年版。

［意］奈格里：《〈大纲〉：超越马克思的马克思》，张梧等译，北京师范

大学出版社 2011 年版。

［美］R. G. 佩弗：《马克思主义、道德与社会正义》，吕梁山、李旸、周洪军译，高等教育出版社 2010 年版。

［英］戴维·佩珀：《生态社会主义：从深生态学到社会正义》，刘颖译，山东大学出版社 2005 年版。

［加］莫伊舍·普殊同：《时间、劳动与社会统治：马克思的批判理论再阐释》，康凌译，北京大学出版社 2019 年版。

［英］培根：《新工具》，许宝骙译，商务印书馆 1984 年版。

［英］培根：《培根论说文集》，水天同译，商务印书馆 1986 年版。

［斯洛文尼亚］斯拉沃热·齐泽克：《意识形态的崇高客体》（修订版），季广茂译，中央编译出版社 2014 年版。

［斯洛文尼亚］斯拉沃热·齐泽克：《视差之见》，季广茂译，浙江大学出版社 2014 年版。

［斯洛文尼亚］斯拉沃热·齐泽克：《自由的深渊》，王俊译，上海译文出版社 2012 年版。

［斯洛文尼亚］斯拉沃热·齐泽克：《暴力：六个侧面的反思》，唐健、张嘉荣译，中国法制出版社 2012 年版。

［英］肖恩·塞耶斯：《马克思主义与人性》，冯颜利译，东方出版社 2008 年版。

［德］施密特：《历史和结构》，张伟译，重庆出版社 1993 年版。

［联邦德国］A. 施密特：《马克思的自然概念》，欧力同、吴仲昉译，商务印书馆 1988 年版。

［葡萄牙］鲍温图拉·德·苏撒·桑托斯：《全球左翼之崛起》，彭学农等译，上海人民出版社 2013 年版。

［德］叔本华：《作为意志和表象的世界》，石冲白译，商务印书馆 1982 年版。

［德］叔本华：《伦理学的两个基本问题》，任立、孟庆时译，商务印书馆 1996 年版。

［德］叔本华：《充足理由律的四重根》，陈晓希译，商务印书馆 1996 年版。

［德］冈特·绍伊博尔德：《海德格尔分析新时代的技术》，宋祖良译，中国社会科学出版社1993年版。

［美］迈克尔·瓦尔泽：《阐释和社会批判》，任辉献、段鸣玉译，江苏人民出版社2010年版。

［德］罗尔夫·魏格豪斯：《法兰克福学派：历史、理论及政治影响》（上、下卷），孟登迎等译，上海人民出版社2010年版。

［瑞士］埃米尔·瓦尔特－布什：《法兰克福学派史：评判理论与政治》，郭力译，社会科学文献出版社2014年版。

［美］勒内·韦勒克：《批评的概念》，张金言译，中国美术学院出版社1999年版。

［美］勒内·韦勒克：《辨异：续〈批评的诸种概念〉》，刘象愚等译，上海人民出版社2015年版。

［古希腊］亚里士多德：《尼各马可伦理学》，廖申白译，商务印书馆2003年版。

［英］休谟：《人性论》（下册），关文运译，商务印书馆1980年版。

［英］特里·伊格尔顿：《历史中的政治、哲学、爱欲》，马海良译，中国社会科学出版社1999年版。

［美］詹姆逊：《晚期资本主义的文化逻辑》，张旭东译，生活·读书·新知三联书店1997年版。

［美］弗雷德里克·詹姆逊：《黑格尔的变奏：论〈精神现象学〉》，王逢振译，中国人民大学出版社2012年版。

陈岱孙：《从古典经济学派到马克思》，商务印书馆2014年版。
陈先达：《走向历史的深处》，中国人民大学出版社2010年版。
陈先达：《历史唯物主义与当代中国》，中国人民大学出版社2019年版。
慈继伟：《正义的两面》（修订版），生活·读书·新知三联书店2014年版。
陈乔见：《公私辨：历史衍化与现代诠释》，生活·读书·新知三联书店2013年版。
邓安庆：《启蒙伦理与现代社会的公序良俗：德国古典哲学的道德事业之

重审》，人民出版社 2014 年版。

邓晓芒：《思辨的张力：黑格尔辩证法新探》，商务印书馆 2008 年版。

高全喜：《论相互承认的法权——〈精神现象学〉研究两篇》，北京大学出版社 2004 年版。

郭湛：《主体性哲学——人的存在及其意义》，中国人民大学出版社 2011 年版。

郭湛主编：《社会公共性研究》，人民出版社 2009 年版。

郭湛等著：《公共性哲学——人的共同体的发展》，中国社会科学出版社 2019 年版。

顾肃：《自由主义基本理念》（修订版），译林出版社 2013 年版。

贺麟：《黑格尔哲学讲演集》，上海人民出版社 2010 年版。

侯才：《青年黑格尔派与马克思早期思想的发展》，中国社会科学出版社 1994 年版。

侯才：《马克思的遗产》，黑龙江人民出版社 2009 年版。

贾英健：《公共性视域：马克思哲学的当代阐释》，人民出版社 2009 年版。

姜丕之：《马克思和黑格尔》，中国青年出版社 1983 年版。

姜辉：《21 世纪世界社会主义的新特点》，社会科学文献出版社 2016 年版。

刘森林：《物与无：物化逻辑与虚无主义》，江苏人民出版社 2013 年版。

李淑梅：《政治哲学的批判与重建：马克思早期著作研究》，人民出版社 2014 年版。

梁树发主编：《社会与社会建设》，人民出版社 2007 年版。

梁树发主编：《马克思主义经典作家关于辩证唯物论和历史唯物论一般原理的基本观点研究》，人民出版社 2017 年版。

梁树发主编：《马克思恩格斯列宁论社会主义社会建设》，中国人民大学出版社 2018 年版。

梁树发等著：《中国特色社会主义理论体系之逻辑体系研究》，中国人民大学出版社 2020 年版。

孟锐峰：《马克思政治哲学对自由主义的超越》，南开大学出版社 2013

年版。

苗立田译编：《黑格尔通信百封》，中国人民大学出版社 2015 年版。

乔戈：《国家的伦理：从马克思回到黑格尔》，广西师范大学出版社 2014 年版。

邱立波编译：《黑格尔与普世秩序》，华夏出版社 2009 年版。

任剑涛：《政治哲学讲演录》，广西师范大学出版社 2008 年版。

石元康：《当代西方自由主义理论》，上海三联书店 2000 年版。

舒远招：《德国古典哲学——及在后世的影响与传播》，湖南师范大学出版社 2005 年版。

孙乐强：《马克思再生产理论及其哲学效应研究》，江苏人民出版社 2016 年版。

童世骏：《批判与实践：论哈贝马斯的批判理论》，生活·读书·新知三联书店 2007 年版。

唐正东：《斯密到马克思：经济哲学方法的历史性诠释》，南京大学出版社 2002 年版。

汪晖：《去政治化的政治：短 20 世纪的终结与 90 年代》，生活·读书·新知三联书店 2008 年版。

汪晖：《世纪的诞生：中国革命与政治的逻辑》，生活·读书·新知三联书店 2020 年版。

汪晖、陈燕谷主编：《文化与公共性》，生活·读书·新知三联书店 2005 年版。

王福生：《求解"颠倒"之谜：马克思与黑格尔理论传承关系研究》，中国社会科学出版社 2010 年版。

吴冠军：《第十一论纲：介入日常生活的学术》，商务印书馆 2015 年版。

吴晓明：《黑格尔的哲学遗产》，商务印书馆 2020 年版。

夏莹：《拜物教的幽灵——当代西方马克思主义社会批判的隐性逻辑》，江苏人民出版社 2014 年版。

夏莹：《从批判到抗争：西方马克思主义的嬗变及其当代形态》，清华大学出版社 2019 年版。

郗戈：《超越资本主义现代性——马克思现代性思想与当代社会发展》，

中国人民大学出版社 2014 年版。

徐大同主编：《西方政治思想史》（第四卷·十九世纪至二战），天津人民出版社 2005 年版。

俞吾金：《问题域的转换：对马克思和黑格尔关系的当代解读》，人民出版社 2007 年版。

俞吾金：《从康德到马克思》，广西师范大学出版社 2004 年版。

应奇：《从自由主义到后自由主义》，生活·读书·新知三联书店 2003 年版。

叶秀山、王树人主编：《西方哲学史》（第六卷·德国古典哲学），江苏人民出版社 2005 年版。

杨祖陶：《德国古典哲学的逻辑进程》，武汉大学出版社 2003 年版。

杨祖陶、邓晓芒：《康德〈纯粹理性批判〉指要》，人民出版社 2001 年版。

郁建兴：《自由主义批判与自由理论的重建：黑格尔政治哲学及其影响》，学林出版社 2000 年版。

张严：《"异化"着的"异化"：现代性视域中黑格尔与马克思的异化理论研究》，山东人民出版社 2013 年版。

张世英主编：《新黑格尔主义论著选辑》（上卷），商务印书馆 1997 年版。

张世英主编：《新黑格尔主义论著选辑》（下卷），商务印书馆 2003 年版。

张盾、田冠浩：《黑格尔与马克思政治哲学六论》，学习出版社 2014 年版。

张一兵：《回到马克思：经济学语境中的哲学话语》，江苏人民出版社 1999 年版。

张一兵：《马克思哲学的历史原像》，人民出版社 2009 年版。

张一兵、胡大平：《西方马克思主义哲学的历史逻辑》，南京大学出版社 2003 年版。

周嘉昕：《马克思的生产方式概念》，江苏人民出版社 2020 年版。

朱学平：《古典与现代的冲突与融合：青年黑格尔思想的形成与演进》，湖南教育出版社 2010 年版。

赵敦华：《马克思哲学要义》，江苏人民出版社 2018 年版。

(二) 论文类

［德］黑格尔：《论自然法的科学探讨方式》，程志民译，《哲学译丛》1997 年第 3、4 期，1999 年第 1、2 期。

［德］海德格尔：《晚期海德格尔的三天讨论班纪要》，丁耘摘译，《哲学译丛》2001 年第 3 期。

［英］罗伯特·法恩：《马克思与黑格尔的关系：一种新阐释》，山小琪编译，《马克思主义与现实》2010 年第 1 期。

［意］A. 费拉拉、［爱尔兰］M. 库克：《作为内在批判的批判理论：关于最好形式的争论》，贺翠香译，《现代哲学》2015 年第 5 期。

［美］埃里克·欧林·赖特：《持存的现实性：超越资本主义的马克思主义传统》，梅沙白译，《国外理论动态》2018 年第 10 期。

［美］埃里克·欧林·赖特：《指南针：指向社会主义的替代性选择》，闻翔译，《开放时代》2012 年第 6 期。

［美］诺曼·莱文：《马克思与黑格尔思想的连续性》，赵玉兰译，《马克思主义与现实》2008 年第 5 期。

［意］马塞罗·默斯托：《〈大纲〉在世界上的传播和接受》，李楠译，《马克思主义与现实》2011 第 1 期。

［比利时］菲利普·范·派瑞斯：《基本收入：21 世纪一个朴素而伟大的思想》，成福蕊译，《国外理论动态》2008 年第 6 期。

白刚、张同功：《历史唯物主义的内在批判性》，《学习与探索》2018 年第 10 期。

包国光：《海德格尔前期的技术与真理思想》，《世界哲学》2011 年第 6 期。

卞绍斌：《公共生活的批判与重建：从黑格尔到马克思》，《社会科学研究》2009 年第 6 期。

陈学明：《回归政治经济学批判》，《哲学动态》2014 年第 9 期。

崔唯航：《重思"颠倒"之谜：从马克思对黑格尔的"颠倒"问题看辩证法本质》，《南京大学学报》（哲学·人文科学·社会科学版）2011 年第 6 期。

崔唯航等：《重估马克思与黑格尔关系的当代价值与中国意义——青年哲

学对话录（2014）》，《江海学刊》2015 年第 3 期。

韩立新：《环境思想视野中的马克思》，《伦理学研究》2002 年第 11 期。

贺来：《我们应从黑格尔哲学中吸取什么思想资源》，《现代哲学》2015 年第 2 期。

季书琴、陈鹏：《从伦理批判到社会内在批判》，《唯实》2010 年第 9 期。

李成旺：《内在批判：马克思哲学的本真语境》，《学术研究》2004 年第 4 期。

李佃来：《究竟如何理解马克思哲学的黑格尔起源》，《学术研究》2010 年第 9 期。

梁树发：《当代马克思主义哲学史书写中的三个问题》，《中国人民大学学报》2014 年第 1 期。

梁树发：《马克思主义发展史研究的几个方法问题》，《马克思主义研究》2012 年第 12 期。

孙乐强：《哲学与经济学的双重演绎：黑格尔劳动哲学的逻辑嬗变》，《南京工业大学学报》（社会科学版）2012 年第 4 期。

唐正东：《政治经济学批判的唯物史观基础》，《哲学研究》2019 年第 7 期。

汪行福：《自由主义与现代性的命运——从黑格尔到马克思》，《中共浙江省委党校学报》2004 年第 6 期。

王雨辰：《略论西方马克思主义的生态伦理价值观》，《哲学研究》2004 年第 2 期。

王凤才：《从批判理论到后批判理论——对批判理论三期发展的批判性反思》（上、下），《马克思主义与现实》2012 年第 6 期，2013 年第 1 期。

吴晓明：《论马克思学说的黑格尔渊源》，《云南大学学报》（社会科学版）2015 年第 6 期。

吴晓明：《社会现实的发现：黑格尔与马克思》，《马克思主义与现实》2008 年第 2 期。

徐春：《对生态文明概念的理论阐释》，《北京大学学报》（哲学社会科学版）2010 年第 1 期。

夏莹、崔唯航：《政治经济学批判与社会现实》，《哲学研究》2009 年第

7 期。

郗戈：《从黑格尔到〈资本论〉：现代性矛盾的调和与超越》，《学术月刊》2014 年第 4 期。

谢永康：《理论批判与改变世界——从康德到阿多诺的哲学实践》，《马克思主义与现实》2013 年第 6 期。

仰海峰：《社会批判理论：从马克思到法兰克福学派》，《理论视野》2011 年第 2 期。

仰海峰：《市民社会批判：从黑格尔到马克思》，《哲学研究》2018 年第 4 期。

俞吾金：《重新认识马克思的哲学与黑格尔哲学的关系》，《哲学研究》1995 年第 3 期。

张志伟：《说不尽的康德哲学——兼论哲学史研究的几个方法论问题》，《安徽大学学报》（哲学社会科学版）2004 年第 5 期。

张志伟：《伦理学中的"哥白尼式革命"——兼论康德的道德世界观》，《中国人民大学学报》1993 年第 1 期。

张一兵：《"回到马克思"的原初理论语境》，《中国社会科学》2001 年第 3 期。

张一兵：《劳动与市民社会：黑格尔与古典经济学》，《哲学动态》2012 年第 7 期。

张云飞、黄顺基：《中国传统伦理的生态文明意蕴》，《中国人民大学学报》2009 年第 5 期。

周嘉昕：《政治经济学批判与当代激进哲学》，《世界哲学》2015 年第 1 期。

周爱民：《内在批判与规范的矛盾：对批判理论批判方法的反思》，《哲学分析》2019 年第 3 期。

周爱民：《人的解放与内在批判——再思早期批判理论的"活遗产"》，《哲学研究》2020 年第 3 期。

二、外文文献

Theodor W. Adorno, *Against Epistemology：A Metacritique*, trans., Willis Domingo,

Oxford: Basil Blackwell, 1982.

Theodor W. Adorno, *Hegel: Three Studies*, trans., Shierry Weber Nicholsen, Cambridge: The MIT Press, 1993.

Christopher Arthur, *The New Dialectic and Marx's Capital*, Boston: Brill, 2004.

Christopher Arthur, *Dialectics of Labour: Marx and his Relation to Hegel*, Oxford: Basil Blackwell, 1986.

Seyla Benhabib, *Critique, Norm, and Utopia: A Study of the Foundations of Critical Theory*, New York: Columbia University Press, 1986.

Karin de Boer and Ruth Sonderegger, *Conceptions of Critique in Modern and Contemporary Philosophy*, London: Palgrave Macmillan, 2012.

Werner Bonefeld, *Critical Theory and the Critique of Political Theory*, London: Bloomsbury, 2014.

Frederick C. Beiser ed., *The Cambridge Companion to Hegel*, Cambridge: Cambridge University Press, 1993.

Buchwalter Andrew, *Dialectics, Politics, and the Contemporary Value of Hegel's Practical Philosophy*, New York: Routledge, 2012.

Cohen Gerald Allan, *Why Not Socialism?*, Princeton and Oxford: Princeton University Press, 2009.

Cook Maeve, *Re-Presenting the Good Society*, Cambridge: The MIT Press, 2006.

Frederick Charles Copleston, *Arthur Schopenhauer: Philosopher of Pessimism*, London: Barnes & Noble Books, 1975.

Nancy Fraser and Rahel Jaeggi, *Capitalism: A Conversation in Critical Theory*, Cambridge: Polity, 2018.

Rainer Forst, *Justification and Critique*, trans., Ciaran Cronin, Cambridge: Polity, 2014.

Ian Frase and Tony Burns, *The Hegel-Marx Connection*, London: Macmillan Press Ltd, 2000.

Sebastian Gardner, *Routledge Philosophy Guidebook to Kant and the Critique of*

Pure Reason, London and New York: Routledge, 1999.

H. S. Harris, *Hegel's Development: Toward the Sunlight* (1770 – 1801), Oxford: Clarendon Press, 1972.

H. S. Harris, *Hegel's Development: Night Thoughts* (Jena1801 – 1806), Oxford: Clarendon Press, 1983.

G. W. F. Hegel, *System of Ethical Life and the First Philosophy of Spirit*, trans., H. S. Harris and T. M. Knox, Albanty: State University of New York Press, 1979.

G. W. F. Hegel, *Hegel and the Human Spirit: A translation of the Jena Lectures on the Philosophy of Spirit* (1805 – 1806), trans., Leo Rauch, Detroit: Wayne State University Press, 1983.

G. W. F. Hegel, *System of Ethical Life* (1802 – 1803) *and First Philosophy of Spirit* (Part Ⅲ *of the System of Speculative Philsophy*1803/4), trans., H. S. Harris and T. M. Knox, Albany: State University of New York Press, 1979.

Axel Honneth, *Pathologies of Reason: On the Legacy of Critical Theory*, trans., James Ingram and others, New York: Columbia University Press, 2009.

Axel Honneth, *The Idea of Socialism: Towards a Renewal*, trans., Joseph Ganahl, Cambridge: Polity Press, 2017.

Jean Hyppolite, *Studies on Hegel and Marx*, trans., John O'Neill, New York: Basic Books, 1969.

Rahel Jaeggi, *Alienation*, trans., Frederick Neuhouser and Alan E. Smith, New York: Columbia University Press, 2014.

Rahel Jaeggi, *Critique of Forms of Life*, trans., Ciaran Cronin, Cambridge: Harvard University Press, 2018.

RazmigKeucheyan, *The Left Hemisphere: Mapping Critical Theory Today*, trans., Gregory Elliott, London: Verso, 2014.

Nikolas Kompridis, *Critique and Disclosure*, Massachusetts: The MIT Press, 2006.

Georg Lukacs, *The Young Hegel: Studies in the Relations Between Dialectics and Economics*, trans., Rodney Livingstone, London: Merlin Press, 1975.

Fred Moseley and Tony Smith, *Marx's Capital and Hegel's Logic: A Reexamination*, Leiden&Boston: Brill, 2014.

Bryan Magee, *The Philosophy of Schopenhauer*, Oxford: Clarendon Press, 1997.

Raymond Plant, *Hegel: An Introduction*, Second Edition, Oxford: Basil Blackwell, 1983.

Tom Rockmore, *In Kant's Wake: Philosophy in the Twentieth Century*, Oxford: Blackwell Publishing, 2006.

Titus Stahl, *Immanent Kritik. Elemente einer Theorie sozialer Praktiken*, Frankfurt a. M.: Campus, 2013.

Darrow Schecter, *Critical Theory in the Twenty-First Century*, London: Bloomsbury, 2013.

Trent Schroyer, *The Critique of Domination: The Origins and Development of Critical Theory*, New York: George Braziller, 1973.

Sean Sayers, *Marx and Alienation: Esays on Hegelian Themes*, New York: Palgrave Macmillan, 2011.

Allen W. Wood, *Hegel's Ethical Thought*, New York: Cambridge University Press, 1990.

Erik Olin Wright, *Envisioning Real Utopias*, London and New York: Verso, 2010.

Erik Olin Wright, *How to Be an Anticapitalist in the Twenty-First Century*, London and New York: Verso, 2019.

Slavoj Žižek, *Pandemic! COVID-19 Shakes the World*, New York and London: OR Books, 2020.

Michael Burawoy, "A Tale of Two Marxisms: Remembering Erik Olin Wright 1947-2019)", *New Left Review*, No. 121, 2020.

Nancy Fraser, "Behind Marx's Hidden Abode: For An Expanded Conception of Capitalism", *New Left Review*, No. 86, 2014.

Nancy Fraser, "Contradictions of Capital and Care", *New Left Review*, No. 100, 2016.

Nancy Fraser, "Capitalism's Crisis of Care", *Dissent*, Vol. 63, No. 4, Fall 2016.

Nancy Fraser, "From Exploitation to Expropriation: Historic Geographies of Racialized Capitalism", *Economic Geography*, Vol. 94, No. 1, 2018.

Nancy Fraser, "What Should Socialism Mean in the Twenty-First Century?", *Socialist Register*, Vol. 56, 2020.

Jürgen Habermas, "What Does Socialism Mean Today? The Rectifying Revolution and the Need for New Thinking on the Left", *New Left Review*, No. 183, 1990, p. 12.

Axel Honneth, "Is There an Emancipatory Interest? An Attempt to Answer Critical Theory's Most Fundamental Question", *European Journal of Philosophy*, Vol. 25, No. 4, 2017.

Rahel Jaeggi, "Towards an Immanent Critique of Forms of Life", *Raisons politiques*, 2015/1, N° 57.

Rahel Jaeggi, "What (If Anything) Is Wrong with Capitalism? Dysfunctionality, Exploitation and Alienation: Three Approaches to the Critique of Capitalism", *The Southern Journal of Philosophy*, Vol. 54, Spindel Supplement, 2016.

Leo Panitch, "Erik Olin Wright's Optimism of the Intellect", *New Political Science*, No. 1, Vol. 42, 2020.

Hartmut Rosa, "Im Reich der Geschwindijkeit", *Philosophie Magazin*, Nr. 2, 2018.

Martin Saar, "Power and Critique", *Journal of Power*, Vol. 3, No. 1, 2010.